Advanced Jurisprudence

孙春增 /主编

法理学要义

北京大学出版社

图书在版编目（CIP）数据

法理学要义/孙春增主编.—北京：北京大学出版社，2008.1
ISBN 978－7－301－13014－8

Ⅰ.法… Ⅱ.孙… Ⅲ.法理学－高等学校－教材 Ⅳ.D90

中国版本图书馆 CIP 数据核字（2007）第 177573 号

书　　　　名：	法理学要义
著作责任者：	孙春增　主编
责 任 编 辑：	白丽丽
标 准 书 号：	ISBN 978－7－301－13014－8/D·1904
出 版 发 行：	北京大学出版社
地　　　　址：	北京市海淀区成府路 205 号　100871
网　　　　址：	http://www.pup.cn　电子邮箱：law@pup.pku.edu.cn
电　　　　话：	邮购部 62752015　发行部 62750672　编辑部 62752027
	出版部 62754962
印 刷 者：	北京宏伟双华印刷有限公司
经 销 者：	新华书店
	890 毫米×1240 毫米　A5　13.5 印张　350 千字
	2008 年 1 月第 1 版　2019 年 6 月第 7 次印刷
定　　　　价：	35.00 元

未经许可，不得以任何方式复制或抄袭本书之部分或全部内容。
版权所有，侵权必究
举报电话：010－62752024　电子邮箱：fd@pup.pku.edu.cn

前　言

　　自 1978 年改革开放始,中国在重新进入世界结构的同时启动了认识和实践中国法治之全面建设的历史进程。经由二十多年的努力,中国不仅在法治建设方面取得了很大的进步,而且在法学研究方面也取得了诸多重大的成就。但是,值得注意的是:近二十年来,有关法理学教学、教材问题的研究一直是比较沉闷、薄弱的。实际上无论是所谓"规范教材系列"、"核心教材系列"、"主干教材系列"还是高校的"自编教材",从内容、体系的科学性以及教学效果等方面均不同程度地存在值得商榷的地方。"20世纪 90 年代中期以来,法理学教材教学上的主要变化趋势则是一分为二。……应该看到,我国法理学这种一分为二式的改革自有自己的合理之处:因为传统法理学教学教材体系中的确包含了许多非法理学的内容。这部分内容多属于法律制度的知识,比较适宜于一年级学生。而法理学本身的内容,对一年级学生来说,却过于深奥难懂。一分为二有助于合理区分两者的界限。否则,前一个部分的内容无法安置,因此,这类改革的前提和归宿最终会归结为对法理学自身问题的理性把握,向有利于法理学学科的完整性、合理性、科学性的方向发展。"[①]

　　我国目前的法理学课程,从内容和功能来看实际上是由两大部分组成:法学入门和法的一般原理。如张文显教授认为:法理学"是法学的一般理论、基础理论和方法论"[②]。闫国智教授认为:法理学"是部门法学的入门导向和总体概括。……有利于训

[①] 葛洪义:《论法理学教学与教材的改革——从"一分为二"谈起》,载葛洪义:《探索与对话:法理学导论》,山东人民出版社 2000 年版,第 335—353 页。

[②] 张文显:《法理学》(第二版),高等教育出版社 2003 年版,第 23 页。

练法律思维方式和提高法律思维能力"①。在我国以往的法学教育体制中,这两个部分统一在一门课程(《法理学》或称《法学基础理论》)中并安排在大学一年级第一学期讲授。根据法理学学科的特点以及编者多年的教学经验,结合我国法学教育的实际情况,参考有关高校在此方面的做法,为帮助学习者更好地理解和掌握法学的基本知识和法理学的一般原理,我们根据教育部高等教育司"全国高等学校法学专业核心课程教学基本要求",结合部分学生参加国家司法考试和研究生考试的需求,对传统的法理学体系作了较大调整,将教学的相关内容分别安排在两门课程中讲授,即《法理学基础》和《法理学要义》,分别设在第一学期和第五学期。由于此项改革主要是针对法学本科的教学,故在我国目前存在的相当比例的法学专科层次中,则本着"够用"的原则只开设《法理学基础》,此部分学生待"专升本"后再开设《法理学要义》。

诚然,《法理学基础》和《法理学要义》在体系上是一个整体,之所以"一分为二",主要是基于方便教学、优化教学效果的考虑。

《法理学基础》主要介绍法学、法律的一般知识和我国法治建设的基本情况。该部分的教学内容设置完全是知识性的,即以法律常识或国家法律规定为依据,将相关法律和法学的基础知识介绍给学生,目的是帮助学生系统、概括地了解和掌握有关法学和法律、特别是我国法学教育和法治建设的基本情况,帮助学生了解和掌握"法律是什么"的问题(即"know what"),侧重于学生法学知识的"入门",为学生今后分门别类地学习法学其他学科奠定基础。《法理学要义》的教学目的是使学生掌握法的一般理论和方法论,训练学生的法律思维能力,使学生能够结合我国社会主义法治建设的实践经验,以马克思主义的基本立场、基本方法以及吸收、借鉴其他法学理论中的积极因素去分析、解决当前我国法治建设中的各种法学论题和法律问题(即"know why"),侧重于学生法学知识的"升华"。进而解决目前法理学教学中,因学生刚

---

① 闫国智:《法理学》,山东大学出版社2003年版,第10—11页。

刚从中学进入大学即学习此类抽象理论知识而不能很好接受的问题,相当一部分学生直到高年级甚至参加法律工作以后才真正体会到法理学对于一个法律职业者的重要意义。该项改革的开展,希望对我国法理学的教学产生积极的意义,在法理学的内容体系更加规范化、科学化方面作出我们的努力,提高法理学的教学质量,实现法科学生由"法律工匠"到真正的法律职业者的培养目标。

《法理学要义》共分为四编,内容上"超越了实在法规范,甚至更多地以相关法律思想和学说为研究的直接对象,从中获得思考现实法律问题的精神养料,目的是建构和探索法律的理论问题。因此,法理学的意义主要在于开启心智、启蒙思想,提高法律职业者的理论思维能力"[①]。其体系构成为:第一部分是法律价值,包括法的价值、法与自由、法与秩序、法与正义、法与效率、法与人权、法治;第二部分是法与社会,包括法与政治、法与经济、法与文化、法与科学技术;第三部分是法律方法,包括法律方法概述、法律解释、法律推理、法律论证;第四部分是法理学简史,包括中国法理学的历史、西方法理学的历史、马克思主义法理学的产生和发展。

《法理学要义》为山东政法学院教学改革项目"《法理学》课程体系改革"的成果之一。

本书由孙春增任主编、都玉霞任副主编并负责统稿、定稿,参加编写的人员及分工如下:

孙春增:导论、第1章、第18章;

都玉霞:第2章、第3章;

李克杰:第4章、第5章;

窦衍瑞:第6章;

徐永涛:第7章、第17章;

谢秀珍:第8章、第9章;

[①] 葛洪义:《法理学的定义与意义》,载《法律科学》2001年第3期。

王德玲：第 10 章、第 11 章；
白岱恩：第 12 章、第 13 章、第 14 章；
侯学勇：第 15 章；
赵玉环：第 16 章。

  从《法理学要义》运用哲学方法研究法律基本问题、探讨法律的一般性问题这一学科定位出发，我们在坚持学科的完整性、系统性和科学性的前提下，着力于法理学研究的新成果和博采现行法理学教材之优长，以期在学科内容上达到传统与创新的统一、理论与实践的结合，力求培养学生思考与解决法律问题的能力。当然，由于本套教学用书属于在教学内容和课程体系方面的改革尝试，加之受我们水平所限，不当之处在所难免，恳望学界同仁赐教。

  本套教学用书在编写过程中内容上尽可能采用"通说"，参考了大量国内外的同类教科书及法理学论著，作者及其著作不完全地列于书后，谨向他们致以诚挚的谢忱。

编 者

2007 年 5 月于济南

目 录

导 论 …………………………………………………………（1）
    第一节 法理学的研究对象 …………………………………（1）
    第二节 法理学的体系 ………………………………………（7）
    第三节 法理学的意义及研究方法 …………………………（9）

第一编　法　律　价　值

第一章 法的价值概述 ……………………………………（17）
    第一节 法的价值释义 ……………………………………（17）
    第二节 法的价值体系 ……………………………………（25）
第二章 法与自由 …………………………………………（33）
    第一节 自由释义 …………………………………………（33）
    第二节 法对自由的保障 …………………………………（40）
第三章 法与秩序 …………………………………………（48）
    第一节 秩序释义 …………………………………………（48）
    第二节 法对秩序的维护 …………………………………（56）
第四章 法与正义 …………………………………………（64）
    第一节 正义释义 …………………………………………（64）
    第二节 法对正义的实现 …………………………………（73）
第五章 法与效率 …………………………………………（81）
    第一节 效率释义 …………………………………………（81）
    第二节 法对效率的促进 …………………………………（89）
第六章 法与人权 …………………………………………（94）
    第一节 人权释义 …………………………………………（94）
    第二节 法对人权的保障 …………………………………（106）

第七章 法治 …………………………………………（121）
  第一节 法治释义 …………………………………（121）
  第二节 法治的基础 ………………………………（133）
  第三节 法治的基本理念 …………………………（135）
  第四节 现代中国的法制实践 ……………………（142）

第二编 法与社会

第八章 法与政治 …………………………………（155）
  第一节 法与政治的一般关系 ……………………（155）
  第二节 法与国家 …………………………………（160）
  第三节 法与政党及其政策 ………………………（163）
  第四节 法制与民主 ………………………………（170）
  第五节 法治国家与政治文明 ……………………（176）

第九章 法与经济 …………………………………（185）
  第一节 法与生产方式 ……………………………（185）
  第二节 法与市场经济 ……………………………（192）
  第三节 法与经济全球化 …………………………（198）

第十章 法与文化 …………………………………（204）
  第一节 法与传统 …………………………………（204）
  第二节 法与道德 …………………………………（208）
  第三节 法与宗教 …………………………………（215）
  第四节 法律文化 …………………………………（218）

第十一章 法与科学技术 …………………………（231）
  第一节 科学技术概说 ……………………………（231）
  第二节 科学技术与法的联系和区别 ……………（235）
  第三节 科学技术与法的相互作用 ………………（237）

第三编 法律方法

第十二章 法律方法概述 …………………………（244）
  第一节 法律方法的含义与特征 …………………（244）

第二节　法律方法的地位与作用 …………………………（251）
第十三章　法律解释 ………………………………………………（260）
　　第一节　法律解释概述 ……………………………………（260）
　　第二节　法律解释的目标 …………………………………（266）
　　第三节　法律解释的方法 …………………………………（271）
第十四章　法律推理 ………………………………………………（291）
　　第一节　法律推理概述 ……………………………………（291）
　　第二节　法律推理的方法 …………………………………（297）
第十五章　法律论证 ………………………………………………（314）
　　第一节　法律论证概述 ……………………………………（314）
　　第二节　法律论证的方法 …………………………………（319）
　　第三节　法律论证与其他法律方法的关系及其
　　　　　　意义 …………………………………………………（324）

第四编　法理学简史

第十六章　中国法理学的历史 ……………………………………（329）
　　第一节　中国古代法理学思想的产生和发展 ……………（329）
　　第二节　中国近代法理学的探索与变革 …………………（343）
　　第三节　新中国的法理学 …………………………………（348）
第十七章　西方法理学的历史 ……………………………………（355）
　　第一节　古希腊、罗马的法理学 …………………………（355）
　　第二节　中世纪的法理学 …………………………………（362）
　　第三节　资产阶级革命时期的法理学 ……………………（366）
　　第四节　近现代西方法理学 ………………………………（374）
第十八章　马克思主义法理学的产生和发展 ……………………（389）
　　第一节　马克思早期的法律思想演变 ……………………（390）
　　第二节　马克思主义法理学的形成 ………………………（395）
　　第三节　马克思主义法理学的发展 ………………………（401）
　　第四节　马克思主义法理学在中国的发展 ………………（408）
主要参考文献 ………………………………………………………（418）

导 论

☞ **本章提示**
- 法理学的研究对象
- 法理学的理论体系
- 法理学的意义
- 法理学的研究方法

第一节 法理学的研究对象

一、法理学概念的缘起

"法理学"的英文一词 jurisprudence，是由拉丁文 jurisprudentia 转化而来的。原意是"法律的知识"或"法律的技术"。《牛津法律大辞典》在解释"法理学"（jurisprudence）一词时清楚地指出这两种用法："'法理学'一词包括有多种含义。第一，作为'法律知识'或'法律科学'，在最为广泛的意义上使用，包括法律的研究与知识，与最广义理解的法律科学一词同义。第二，作为最一般地研究法律科学的一个分支，有别于某一特定法律制度的制定、阐述、解释、评价和应用，是对法律的一般性研究，着重于考察法律中最普遍、最抽象、最基本的理论问题。该词的这种含义常常可以与法律理论、法律科学（狭义上的）、法哲学等词相通。……第二种意义上的法理学，即对法律及其问题进行一般性研究的学科，很早就产生了，至少可以说哲学家们、社会（学家们）和国家（学家们）、法学家们也同样对这些问题加以研究。哲学家们致力于总结具有抽象性和普遍性的理论，而法学家们则注重于研究具体的法律制度、法律原则和法律问题中产生的一般问题。……在英语世界中，从边沁和奥斯丁开始，法学一词才在上述第二种意义上使用。因为他们两个(尤其是后者)强调对英格兰(法)的结构、理论及术语加以分析,所以在英格兰,直到 20 世纪中叶为止,法理学多被认为就是分析法学。"①

在 19 世纪之前,法学还没有从哲学和政治学等学科中彻底独立出来,其内部当然也没有学科划分,不可能有现代意义上的法理学。一般认为,一个学科的存在,须具备以下条件或因素:第一,以本学科名称开设专门的课程;第二,标志本学科存在的权威教科书的出版;第三,确立本学科地位的学术人物的产生。② 学界普遍认为,1832 年,英国法学家约翰·奥斯丁所著《法理学范围之限定》(The Limits of Jurisprudence Defined,1782)一书问世,标志着法理学开始成为一门独立的法学分支学科。奥斯丁在该书中强调:法理学只应研究"事实上是什么样的法律"(即"实在法"),而不是"应当是什么样的法律"(即理想法或"正义法"),力图将道德、功利、伦理和正义的模糊观念排除于法理学的领域以外,创立一个逻辑自足的法律概念体系。基于此,后世许多法学家称奥斯丁为"分析法理学之父"。

美国当代著名法学家波斯纳指出:"我并不认为'法理学'这个词有一个确定的含义;其实它没有。……我使用这个词来指可以以哲学来说明的、法律中的或有关法律的一系列问题。"③英国的莫里森说:"我认为,法理学的词根来源于'juris',意指法律或权利,另一个词根'prudence'意指智慧。因而我把法理学看做是寻求法律的智慧,或者寻求对法律的明智理解的学问。"④

中文的"法理学"一词是由日文转用过来的。是由日本法学家穗积陈重根据中文创造的。他采用了上面所说的英国对"法理学"一词的广义用法,即把法理学和法哲学融合在一起。1881 年

---

① 〔英〕沃克:《牛津法律大辞典》,光明日报出版社 1989 年版,第 489 页。
② 舒国滢:《法理学学科的缘起和在当代所面临的问题》,载《法学》1998 年第 10 期。
③ 〔美〕A. 波斯纳:《法理学问题》,苏力译,中国政法大学出版社 1994 年版,绪论第 2 页注释。
④ 〔英〕韦恩·莫里森:《法理学——从古希腊到后现代》,李桂林等译,武汉大学出版社 2003 年版,第 2 页注释。

他在日本东京大学开设关于法律根本问题的课程时,考虑到当时日本所说的"哲学"一词"形而上"味太重,故取名"法理学"。①

我国,法理学的发展经历了复杂而曲折的过程。自梁启超先生开始(1904年的《中国法理学发达史论》),"法理"二字便为我国学界所接受,后来在大学里开设了法理学课程。1928年,商务印书馆翻译出版了日本法学家穗积重远的《法理学大纲》作为教材;新中国第一任武汉大学校长李达先生开创出了崭新的科学"法理学"体系,早在新中国建立前的1946年至1947年,李达先生就开始讲授具有科学性和先进性的"法理学"。新中国成立后,按照苏联模式将"法理学"改称"国家与法的理论",法理学严重政治化。在"左"倾思潮泛滥的时期,"法理学"(法哲学)曾被视为资产阶级的意识形态和专用名词而被禁止使用。《苏联大百科全书》明确宣布法理学或法哲学是"资产阶级法学的一个分科"。我国1979年出版的《法学词典》还把"法理学"解释为"资产阶级法哲学的别称",同时把法理学定性为"剥削阶级法学家用唯心主义哲学的方法抽象地研究法的一般问题的思想学说"。到20世纪80年代初,我国法学界把国家理论与法的理论作了适当的分离,使法学理论摆脱政治理论的限制而成为一门独立学科。但此时仍不敢名正言顺地使用"法理学",而是采用了被某些学者称为"不伦不类"的"法学基础理论"作为"法理学"的别称。经过拨乱反正的思想论辩,到20世纪80年代中期,"法理学"才获得了"合法"的地位,出现在法学殿堂。其中一个标志是李达先生写于1947年的《法理学大纲》于1983年由法律出版社出版。此后,我国法学教育界陆续出版了一些"法理学"教材。现在,法理学的概念已为法学界所普遍接受。

---

① 穗积陈重没有出版以"法理学"命名的专著,不过,他的儿子穗积重远却出版了一本影响很大的《法理学大纲》。此书1928年由李达(化名李鹤鸣)译成中文,由上海商务印书馆出版。

二、法理学与法哲学

法哲学,即法律哲学(philosophy of law 或 legal philosophy),是从哲学的角度和用哲学的方法来研究和思考法学问题的一种综合学科。它既是应用哲学(或部门哲学)的一个门类,又是理论法学的一个分科,也还带有边缘学科和交叉学科的性质。这个词最早见之于19世纪的德国哲学家黑格尔关于法的专著,名为《法哲学原理》。

大部分学者对"法理学"和"法哲学"两个概念不加以区分,混用者居多,也有学者主张法哲学与法理学是两个不同性质的学科,认为它们各自思考的对象是不同的,至少其各自思考的视角、深度不同。前者如沈宗灵主编的《法理学》一书中说:"法理学,即法学基础理论的简称,……在西方各国,相应学科和课程一般称为'法律哲学'或'法理学'(英语该词作狭义解时的汉语名称),也有的称为'法学理论'"[①]。李龙教授认为:"法理学,原名法学基础理论;在西方法学中,亦称法哲学。它是当代中国法学中的基础理论学科,也是高等法学院系中的专业基础课,属于理论法学的范围"[②]。甚至有学者认为"法哲学"只是"法理学"的代名词。法理学和法哲学两个概念混用的情况在西方,特别是普通法系国家也很多,最典型的是博登海默的《法理学:法律哲学与法律方法》一书,其书名即视法理学为法哲学;《不列颠百科全书》解释道:"在英语国家里,jurisprudence(法理学)一词常被用作法律哲学的同义词,并且总是用以概括法学领域的分支学科的。"[③]后者如武步云先生认为:法理学与法哲学不是同一概念,"法哲学是哲学与法学之间的一个中间层次的科学"[④]。谢晖教授则明确指出"法哲学与法理学是两码事:法理学以对法律现象的学理描述为

---

① 沈宗灵:《法理学》,高等教育出版社1994年版,第20页。
② 李龙:《法理学》,武汉大学出版社1996年版,第12页。
③ 美国不列颠百科全书公司编著:《不列颠百科全书》,中国大百科全书出版社不列颠百科全书编辑部编译,中国大百科全书出版社1999年版,第714页。
④ 武步云:《法与主体性原则的理论》,法律出版社1995年版,序。

其基本精神,而法哲学则以对法律现象、法律观念的哲理思辨为其基本精神"①。吕世伦、文正邦先生在其主编的《法哲学论》中认为法理学有广义与狭义之分:狭义是指以研究实证法律为对象的法律学(黑格尔语),或者叫作法学基础理论或可叫作法学原理,广义则是指可以包括法伦理学、法社会学、法经济学等理论学科甚至某些基础性应用法学学科在内的一个学科群,以显示法理学与法哲学的区别和联系。②魏德士教授则明确表示,对于法哲学与法理学的"这种分类已经过时。……这种争论常常演变为无谓的文字游戏,于结构而言毫无意义"③。

我们认为,尽管法理学和法哲学不是也不可能是并列的关系,法理学源出于英美国家的经验主义,法哲学则出于欧洲大陆国家的理性主义④,但两者都是运用哲学方法研究法律问题的学术门类,不同之处仅在于它们的哲学观念不同。⑤

在我国,法理学是一个包容性极强的概念,它既包含法哲学的成分,也包含"一般法学"的成分,因此我们认为,法理学是一门运用哲学方法研究法律基本问题的法学的分支学科。这一定义包含三个层次:第一,法理学必然是哲学方法的运用。从这个意义上说,法理学问题本身并没有严格的界限,凡是运用哲学方法形成的系统法律见解,都属于法理学范围。第二,法理学对法律问题的见解一定是抽象的、概括的。从这个意义上说,法理学的问题具有反思性,即对思想的思想。而对法律问题知识性的解答,不是法理学。第三,法理学面对的是法律的根本问题,即法律是什么。从这个意义上说,法理学的问题具有根本性,对法学具

---

① 郑永流:《法哲学是什么?》,载《法哲学与法社会学论丛》(一),中国政法大学出版社1998年版,第69页。
② 吕世伦、文正邦:《法哲学论》,中国人民大学出版社1999年版,第49页。
③ 〔德〕魏德士:《法理学》,丁晓春、吴越译,法律出版社2005年版,第8页。
④ 经验主义认为我们所有的知识来源于感觉经验并通过经验而得到说明。理性主义认为感觉经验是不可靠的,只有理性才能为科学知识提供坚实的基础,我们的知识只能从理性固有的先天要素中演绎而来。两种不同的哲学思维方式影响了英美思想家和大陆思想家对法律现象的理解。
⑤ 葛洪义:《法理学的定义与意义》,载《法律科学》2001年第3期。

有指导作用。①

三、法理学的研究对象

法理学研究的对象,是指法理学作为一个完整的学科所指向的对象。对此,法学家们有着不同的看法。英国法理学家哈里斯曾风趣地指出:"法理学是一袋杂七杂八的东西。关于法律的各种各样的一般思辨都可以投入这个袋中。法律是干什么的?法律要实现什么?我们应当重视法律吗?对法律如何加以改进?可以不要法律吗?谁创制法律?我们从哪里去找法律?法律与道德、正义、政治、社会实践或赤裸裸的武力有什么关系?我们应当遵守法理吗?法律到底为谁服务?等等。这些就是一般法理学所包括的问题,人们可以不管这些问题,但是这些问题却并不消失。"②奥斯丁认为,一般法理学的任务并不是对特定国家的法律制度进行研究,而在于对"一切成熟的法律体系共同的原则、概念和特征"进行阐释。霍兰德指出,法理学是实在法的形式科学,故此,法理学永远是后验的(a posteriori),而不是先验的(a priori);作为科学,它永远是一般的,而不是特殊的。③

法理学应以"一般法"为研究对象,这一点已为不少学者所主张。但对于何为一般法这一问题仍有待深入认识。有学者指出:"一般法"有两层含义:一是指古今中外的一切法,法理学应是对古今中外一切类型的法及其各个发展阶段的情况的综合研究,它的结论应能解释法的一切现象;二是指法的整个领域或整个法律现实,包括宪法、行政法、刑法、民法、经济法、诉讼法等在内的整个法律领域,以及从制定到实施的全过程。法理学应当以各个部门法和部门法学为基础,应是对各个部门法的总体研究,是对各个部门法学研究成果的高度概括。

我们认为,"一般法"应从抽象法的意义上来界定。法理学对

---

① 葛洪义:《探索与对话:法理学导论》,法律出版社 1996 年版,第 23 页。
② 转引自沈宗灵:《现代西方法理学》,北京大学出版社 1992 年版,第 2—3 页。
③ 转引自葛洪义:《法理学》,中国政法大学出版社 2002 年修订版,第 6 页。

法的研究是在对各种形式的具体的法或法现象加以抽象化的基础上进行的,作为法理学研究对象的法或法现象,是在不同范围、不同层次上被抽象为具有某种普遍性的观念形态的法或法现象。唯其如此,法才可能作为一个整体被认识。当然,法理学并不排斥对具体法律制度、法律规范的研究,但在进行这样的研究时,法理学的着眼点始终是放在个别与一般、特殊与普遍、部分与整体的内在联系上,以揭示或检证某种普遍性为目的。

第二节 法理学的体系

关于法理学的体系,在理论上学者有不同的见解。例如霍尔主张可分为四个部分:法律价值论(legal axiology)、法律社会学(sociology of law)、形式法律科学(formal legal science)、法律本体论(legal ontology)。① 美国著名法理学家波斯纳认为:法理学是关于法律这种社会现象最基本、最一般的和最理论化的分析。法理学问题通常包括法律是否以及在什么意义上是客观的(确定的、非个人的)和自主的,而不是政治性的和个人的,法律正义的含义是什么;法官的恰当的和实际的角色是什么;司法中裁量的作用;法律的来源是什么;法律中社会科学和道德哲学的作用;传统在法律中的作用;法律能否成为一种科学;法律是否会进步;以及法律文本解释上的麻烦。② 美国法学家帕特森认为:法理学是由法的一般理论(general theory of law)和关于法律的一般理论(general theory about law)构成的。用这样的两个命题,人们可以表明有两类法律理论和分析。一类关于法律的内在方面,另一类关于法律的外在方面。③ 国内学者如李步云主张分为四个部分:法的一般

---

① 转引自沈宗灵:《现代西方法理学》,北京大学出版社1992年版,第3页。
② 〔美〕A.波斯纳:《法理学问题》,苏力译,中国政法大学出版社1994年版,序言第1—2页。
③ 〔美〕帕特森:《法理学》,美国 Foundation Press 公司1953年版,第2页,转引自张文显著:《二十世纪西方法哲学思潮研究》,法律出版社1996年版,第8页。

原理、法的基本范畴、法与其他社会现象的联系、法的制定与实施。① 张文显主张划分为法学导论、法的本体、法的起源与发展、法的作用与价值、法的运行、法与社会。②

从法理学迄今的发展状况来看,其理论体系问题至少包括两个方面:第一,法理学作为法学的一个分支学科,应当研究哪些理论问题;第二,按照什么样的逻辑线索把这些相对独立的理论问题组织起来,使它们成为一个结构严谨的逻辑整体。我们将法理学的内容概括为五类基本理论问题,并按照以下的逻辑线索加以组织和分析:

第一类基本理论问题:法是什么?这类问题通常被称作法的本体论问题。它是法理学乃至整个法学体系的核心问题之一,也是历经数千年争论而经久不绝的问题。在这一问题上得出不同的结论,往往意味着形成了不同的法律观和法律理论。要回答"法是什么",就要探讨法的定义、本质、特征,分析法是由哪些要素构成的,研究法的分类、渊源、效力、法律体系等具体问题,由于法和法学是用语言来表达的,它们要运用一系列专门的概念描述、评价和规范人们的行为与关系,因此,要回答"法是什么",必须对法和法学中最基本的概念和范畴加以研究。这些基本概念和范畴包括权利、义务、法律行为、法律关系、法律程序、法律责任等。

第二类基本理论问题:法应当是什么?这类问题通常被称作法的价值论问题。法的价值论涉及法的理想、目标,因而在法理学中占有特别重要的位置。法的价值论包括法的价值的概念以及法与人权、秩序、自由、正义、效率的关系等问题。

第三类基本理论问题:法在人类历史上是如何产生和发展的?这类问题可以称为法的历史问题。对这一类问题的研究,实际上是在时间的维度上继续回答"法是什么"和"法应当是什么"的问题。法理学所研究的法的历史问题包括法的起源、法的历史

---

① 李步云:《法理学》,经济科学出版社 2000 年版。
② 张文显:《法理学》,高等教育出版社、北京大学出版社 1999 年版。

类型、古代法律制度、近现代法律制度、法律发展、法制现代化等理论问题。

第四类基本理论问题:法在现实生活中是如何运行的？此类问题又具体包括立法、守法、执法、司法、法律监督、法律职业、法律方法和法治国家等问题。

第五类基本理论问题:法与社会其他方面是如何相互作用的？法是社会体系的一部分,与社会体系的其他方面存在着密切的联系。一方面,法能够影响、改变社会的其他方面;另一方面,社会的其他方面也能影响、改变法,乃至决定法的内容及其发展。脱离开法与社会之间复杂的互动关系,同样不可能科学地和合理地解答法"是什么"和"应当是什么"的问题。此类问题又具体包括法与经济、法与政治、法与文化、法与科技等问题。对于这些问题的讨论,可以使法理学的学习者在更加开阔的视野中思考法理学的核心问题。

法理学是一个开放的理论体系,它随着法的发展和哲学、社会人文科学以及自然科学的进步,而不断拓展总体研究范围。在其内部,研究的具体方向和内容也不断发生分化和调整,从而形成不同的法理学流派(如注重价值的哲理法学派和自由法学派、注重法的社会联系的社会法学派和注重法律形式的分析法学派),每个学派都是站在不同的角度上,从不同的方面或侧面对"一般法"进行研究,它们的分化与整合,是人类不断深化对"一般法"认识的必要条件。

第三节 法理学的意义及研究方法

一、法理学的意义

法理学是一门思辨性很强的学问,因而极易使人望而生畏,加之其所涉问题与所取视角大部分与法律实务并非直接相关,就容易导致人们缺乏学习和研究的热忱。然而,学习和研究法理学,对于一个法律人或未来的法律人来说却是至关重要的,进而对于一个国家法学发展和法治进步而言也同样关系重大。因此，西方许多政治家和社会活动家十分重视法哲学。美国前总统尼克松说过："回顾我自己在法学院（在北卡罗来纳州的杜克大学）的岁月，从准备参加政治生活的观点来看，我所选修的最有价值的一门课程就是朗·富勒博士讲授的法理学即法哲学……这不是一门要考学位的必修课。但是在我看来，对于任何一个有志于从事公共生活的法律系学生来说，它是一门基础课。因为从事公职的人不仅必须知道法律，还必须知道它是怎样成为这样的法律以及为什么是这样的法律的缘由。"①

（一）学习法理学是学习法学其他学科的需要

法理学是法学的基础理论和一般理论，研究的内容是法律的一般性、普遍性问题，提供的是法律的基本概念、基本知识和基本原理。这些基本概念、基本知识和基本原理是从其他法学学科中概括出来，又用以指导其他法学学科的。法理学是法学的入门向导，是学习其他法学学科的基础。

（二）学习法理学是培养法律思维方式的需要

法理学的一个重要功能是培养人们的法律思维方式。所谓法律思维方式，是指从法律的角度和逻辑观察问题、分析问题和解决问题的思维方式。② 法律思维方式是法律职业者所特有的思维方式，是法律职业者必须具备的职业能力。在法治国家中，一切法律问题都必须用法律思维方式来观察、分析和解决。法律职业者只有用法律思维方式来思考和分析法律问题，才能得出合乎法律精神和逻辑的结论。法律思维方式的养成离不开法理学的学习。

首先，法律思维所运用的基本概念由法理学加以清晰地界定和解释。概念是思维的基本要素。只有学好法理学，掌握法的基本概念，才有可能形成法律思维方式。其次，法律思维规律的领悟和把握离不开法理学的学习。法理学不仅揭示法律实践活动

---

① 转引自沈宗灵：《现代西方法理学》，北京大学出版社1992年版，第12页。
② 郑成良：《论法治理念与法律思维》，载《吉林大学社会科学学报》2000年第4期。

的规律,也揭示法律思维、认知活动的规律。因此,领悟和把握法律思维规律,必须认真学习法理学。

(三) 学习法理学是培养法律理论素质的需要

对于一名学习法律的人来说,法律理论素质的提高比任何事情都更为重要。而深入学习法理学正是提高法律理论素质所必需的。

首先,部门法学和法律实务所要解决的问题大都是实证性、实践性、技术性很强的问题,这些问题的解决需要法理学作指导。这是因为我们不仅要知道有关的法律规范,而且必须知道它们是怎样成为这样的法律规范以及为什么是这样的法律规范;不仅要知道解释和运用法律规范的技术,而且必须知道解释和运用法律规范时应当坚持的价值标准。

其次,现代社会各方面的发展都很迅猛,社会对法律的需要不断增加和变动。与此相适应,新的法律源源不断地制定出来,旧的法律则接连不断地修改和废止,有关法律的知识总量日益增加。在这种情况下,学习法理学,培养法律理论素质和法律思维能力,比仅仅习得具体的法律知识更重要得多。显然,具有较高法律理论素质和法律思维能力的人比起那些仅仅掌握法律的某些细节性知识的人,能更好适应法律和社会的进步、变化。

最后,法律职业者容易受自身的法律偏见和法律经验的束缚,容易盲从现行的法律制度。通过学习法理学而培养良好的法律理论素质和理性思维能力,能够帮助人们超越自身的法律偏见和法律经验的局限性,对现行法律制度保持反思和批判的能力。

(四) 学习法理学是培养实际工作能力的需要

大部分学习法律的人都要从事法律实际工作。这种人才流向容易导致忽视法理学的倾向。其实,要想成为一名合格的、出色的法律实务工作者,学习法理学,掌握法的精神是相当重要的。第一,任何法律的实践问题都不是孤立的,而是同整个法律制度和社会实践连在一起的,需要根据法理学的理性来把握和解决,这样才能平衡互相对立的利益,实现各种价值的合成,避免形式主义地对待法律问题,处理具体案件。第二,具体案件的解决固然依据具体的法律、法规,需从具体的法律规定找答案,但是,要能够找到正确的答案则取决于对法律精神、法律原则、法律价值的深刻理解。正像一个人如果仅仅知道某种花卉的栽培技术,而不懂得光合作用、寒暑温差、土壤结构等园艺学的一般原理,就不可能成为一名技术高超的园丁一样。

二、法理学的研究方法

所谓法理学的研究方法,就是指正确地进行法理学研究所应遵循的一套原则、手段、程序和技巧。研究方法在法理学的发展过程中承担着特别重要的职能,它在一定程度上制约着法理学发展的水平和风格。没有成熟、科学的研究方法,就不会产生成熟、发达的法理学。

法理学的研究方法是与法理学同步发展的。英国19世纪法学家詹姆斯·V.布赖斯(James V. Bryce)在其所著的《历史与法理学研究》一书中将法理学中所运用的方法归结为四种,即形而上学方法或先验方法(纯哲学方法)、分析方法、历史方法和比较方法,并且分析了这些方法的适用范围、价值和局限性。布赖斯指出,形而上学方法适用对权利、法律的抽象观念及其与道德、自由和人类意志之间相互关系的一般考察,它所探究的是基本的法律概念或主体范围(如主权、政治服从、权利、请求、义务、损害、责任),同时也研究与一定的基本而普遍的法律制度相关的观念(家庭、财产、继承、婚姻、契约等)。分析方法往往从具体事物着手,研究法律实际存在的事实本身,力图界定各种概念,对其进行归纳,解释概念的内涵,揭示概念之间的相互关系。历史方法是将法律作为一种资料来研究,试图探求法律的起源和发展的过程。比较方法是四种方法中最晚出现的,它的作用在于收集、考察、整理那些在一切发达的法律体系中存在的概念、原理和规则,指出它们之间的相同点和不同点以建构一个新的理论体系。布赖斯认为,上述四种方法都是正当合理的,都能够运用于真正科学的原则之中。因此,其中任何一种方法都是不可忽视或贬低的。①

日本法学家穗积重远也对法理学方法论进行了归纳。在他看来,法学的方法除了哲学方法、历史方法、分析方法、比较方法以外,还应包括社会学方法。我国著名学者李达认为各种研究方法与法学流派之间存在一定关联。他指出,五种法理学方法,是"各派标明其研究的重心或研究的方向"。哲学的方法是哲学派法理学所专用的方法;分析的方法是分析派法理学所专用的方法;历史的方法,是历史派法理学所专用的方法;比较的方法,是比较学派法理学所专用的方法;社会学的方法,是社会学派法理学所专用的方法。② 这说明:西方诸法学流派,不仅是理论学派,而且也是各种方法学派。在19世纪及其以前的若干世纪,科学的分化不仅表现为各学科的相互独立,表现为方法的分化和独立,而且表现为同一学科在方法运用上的分别和差异。

从总体上看,我国当代法理学的研究方法也大致分为哲学的方法、历史的方法、分析的方法、比较的方法和社会学的方法五大类,但与西方法理学相比较,又有自己显著的特点。

(1)中国法理学是马克思主义法理学,它的哲学方法就是马克思主义的唯物辩证法,即辩证唯物主义和历史唯物主义。唯物辩证法在法理学研究中的要求是:第一,坚持实事求是、一切从实际出发的原则,即分析和评价某项法律制度时,必须从客观实际出发,切忌主观臆断。第二,坚持动态的、发展的观点,即将法律作为一个特殊的历史现象、一个发展过程来研究:法不是静止不变的,而是动态的、发展着的;法不是与生俱来的,也不是永恒存在的。第三,坚持经济—阶级分析观点,即通过经济决定论和阶级分析方法,揭示阶级社会中法律的阶级性质,划清不同法律制度之间的本质界限。第四,坚持普遍联系的观点,认识法与其他社会现象(如地理环境、民族传统、伦理道德、风俗习惯、宗教等)

---

① 转引自舒国滢:《法学研究方法的历史演进》,吉林大学理论法学研究中心(http://www.legaltheory.com.cn/info.asp? id=4892,访问于2007年4月3日)。
② 李达:《法理学大纲》,法律出版社1983年版,第18—19页。

之间的相互关系和相互影响,从而全面、科学地考察法的本质、特征、作用和职能。根据普遍联系的原理,法理学的研究应当批判地吸收一些新的哲学方法的合理因素,例如现象学方法、诠释学方法、价值论方法等。新的哲学方法的引进,可以不断丰富和发展马克思主义法理学,拓展法理学研究的视野和领域。

(2)历史的方法,也称"历史考察的方法",即把法律现象同一定的历史条件联系起来予以考察的方法。也就是说,法理学通过对法或法律现象作历史的考察,研究法律制度是怎样产生和发展的,以及其现状如何;研究一定社会的政治、经济、文化等条件对法律制度的影响。法理学的历史方法自然离不开马克思主义历史观的指导,但不应排斥一些法律史学的具体方法(如考据的方法)的应用。

(3)分析的方法是指从逻辑分析和语义分析角度对法律或法律规范的结构进行解释的方法。随着逻辑实证主义和语言分析哲学的发展,法的逻辑和语言分析方法已愈来愈具有重要的地位。法理学通过逻辑的手段,对法律概念的语源、语境、语脉进行分析,目的在于揭示法律规范内容、法律概念的确切含义,以避免概念的混用、误用和滥用。

(4)比较的方法就是对不同国家、地区、民族或法系的法律或同一国家的不同时期的法律加以比较研究的方法。比较方法是验证普遍性与发现特殊性的重要手段,其应用的领域是十分广泛的,不仅包括本国法和外国法的比较,而且包括不同地区、民族、法系之法律的比较,甚至还包括同一国家不同历史时期的法律(历史上的法和现行法)或国家之内各州(省、邦)间法律的比较。法的比较,不仅包括宏观比较,而且也包括微观比较。前者是指不同种类法律文化的总体比较;后者是对某些具体的法律制度、原则、概念等所作的比较研究。

(5)社会学的方法,又称"社会调查的方法",是通过社会调查的手段对立法、执法、守法等法律运行机制进行实证研究的方法,将会为法理学研究提供现行法律制度的可靠的实证材料。社会学方法包括收集材料和分析材料两大部分。材料收集的主要方法有：第一，调查法（抽样、问卷、访谈等）；第二，观察法；第三，文献法。材料分析方法主要包括对原始材料的整理、加工、验证和利用的过程。

需要注意的是，各种方法是互相支持、配合应用的，虽然我们在具体研究中可以侧重于应用某种方法，但对于整个法理学科而言，却不可以厚此薄彼，偏执一方。

【课后阅读文献】

1. 邓正来：《中国法学向何处去》，载《政法论坛》2005 年第 1 期。
2. 葛洪义：《法理学的定义与意义》，载《法律科学》2001 年第 3 期。
3. 《"法理学向何处去"专题研讨会纪要》，载《法学研究》2000 年第 1 期。
4. 严存生：《法理学、法哲学关系辨析》，载《法律科学》2000 年第 5 期。
5. 谷安梁：《我国法理学的二十年》，载《法学杂志》1999 年第 1 期。
6. 舒国滢：《法理学学科的缘起和在当代所面临的问题》，载《法学》1998 年第 10 期。

【思考题】

一、选择题

　1.《法理学大纲》的作者是（　　）。
　　A.穗积陈重　　B.穗积重远　　C.约翰·奥斯丁　　D.哈特
　2.标志着法理学开始成为一门独立的法学分支学科的著作是（　　）。
　　A.《法理学范围之限定》　　B.《法理学大纲》
　　C.《饮冰室文集》　　　　　D.《法哲学论》

二、名词解释

　1.法理学
　2.法律思维方式

二、简答题

　1.如何理解法理学的研究对象是"一般法"？
　2.法理学的理论体系是如何构成的？
　3.法理学的意义表现在哪些方面？

三、论述题

试论述法理学对于培养法律理论素质的重要性。

四、材料分析题

1. 在西方法理学史中,19世纪就出现了实证主义法学和自然法学之间的论争。其中一个重大的争论是"应当是这样的法"(the law as it is)和"实际上是这样的法"(the law as it ought to be)之间的关系。实证主义法学认为"应当"和"现实"是截然分立的,法学仅研究"实际上的法";新自然法学则反对"应当"和"现实"之分,认为这种划分模糊了对法的本质的认识,甚至导致对专制和暴政的支持。

问题:结合法理学研究对象的理论,谈谈对"应当是这样的法"和"实际上是这样的法"的理解。

2. 学界普遍认为,1832年,英国法学家约翰·奥斯丁所著《法理学范围之限定》(The Limits of Jurisprudence Defined,1782)一书问世,标志着法理学开始成为一门独立的法学分支学科。

问题:结合上述材料说明为什么在19世纪之前不可能有现代意义上的法理学。

第一编
法 律 价 值

第一章　法的价值概述

☞ **本章提示**
- 价值的一般含义
- 法的价值的概念
- 法的价值判断与事实判断
- 法的价值冲突
- 法的价值体系

第一节　法的价值释义

一、价值的一般含义

价值(value)一词在英、德、法等民族的语言中,与拉丁文中的"掩盖、保护、加固"词义有渊源关系,是它派生出"尊敬、敬仰、喜爱"的意思才形成了价值一词的"起掩护和保护作用的,可珍贵的,可尊重的,可重视的"①基本含义。在我国,价值一词通常有两种用法,一是指体现在商品中的社会必要劳动,二是指客观事物

---

① 李德顺:《价值论》,中国人民大学出版社1987年版,第11页。

的有用性或积极作用。其中前者是从经济学意义上讲的,后者则属于哲学的范畴。

马克思在《评阿·瓦格纳〈政治经济学教科书〉》中指出:"价值这个普遍的概念是从人们对待满足他们需要的外界物的关系中产生的。"①可以看出,马克思在此强调,完整的价值概念不单纯地来源于客体,也非纯粹来源于主体,而是主客体相互作用、相互关系的产物。虽然马克思没有明确地为价值下定义,但却揭示了这样的思想:价值的形成必须具备三个基本条件,即人、外界物和关系。把这一思想纳入其整个思想体系,就可以作出以下理解:其一,具有一定需要的主体。主体需要与价值存在具有必然联系,主体需要是实现价值的必备前提之一,没有主体需要就不可能形成价值。事实上,在人的实践和关注范围之外的客观外界物就无所谓价值,它们只是具有一种物理、化学、生物等属性,而不具有价值属性。正是在这一意义上,马克思才说:"人在把成为满足他的需要的资料的外界物……进行估价,赋予它们以价值或使它们具有价值属性。"②其二,具有一定机制的客体。亦即具有一定的结构、功能和关系的客观事物。没有客体,无论主体有无需要,都谈不上价值。所有事物都由其内在的结构、功能和关系构成一定的机制,因而它们都具有作用于周围存在的属性或功能。这种属性或功能被人所关注,就演化为一种价值属性,一旦被人们利用就会转变为现实的价值。就此而言,任何事物都存在实现一定价值的可能性,只是性质、大小不同而已。可是,仅仅只有客体也不会形成价值,如同只有主体一样。其三,形成价值还必须具备另外一个条件,即主客体的相互关系。马克思主义哲学给予我们深刻的启示,就是要紧紧抓住实践这把钥匙。事物的价值只有在实践中才能展现自身。这不仅由于实践是联结主客体的桥梁,而且更重要的是主体需要的种类、大小和客体的存在状况均受到实践发展水平的影响。可见,价值既不能将其单方面地归结

---

① 《马克思恩格斯全集》第19卷,人民出版社1963年版,第406页。
② 同上书,第407页。

为客体,也不能一味地强调主体,而应该从主客体的相互关系中去寻找。价值是一个表征关系的范畴,它反映的是人(主体)与外界物(客体)的关系,这种关系经常被界定为客体满足主体需要的积极意义或客体的有用性。

简言之,从哲学的意义上讲,价值这一概念可以从两个基本的方面来理解:首先,价值是一个表征关系的范畴,它反映的是作为主体的人与作为客体的外界物——自然、社会的关系,揭示的是人的实践活动的动机和目的。其次,价值是一个表征意义的范畴,是用以表示事物所具有的对主体有意义的、可以满足主体需要的功能和属性的概念。

在理解价值这一概念时,必须注意以下两点。第一点是价值存在于且仅仅存在于主体与客体的关系之中,离开了主体,客体就无所谓有无价值,因此,主体是一切价值的原点和标准,主体赋予客体以一定的意义,就此而论,价值反映着主体的态度和评价。第二点是事物的客观属性是主体进行价值评价的必要参照,也就是说,某种事物是否有价值?具有何种价值?具有多大的价值?这些问题并不能完全由主体单方面决定,价值既反映着主体的主观情感和意向,也反映着客体呈现给主体的客观属性。总之,单纯地把价值归结为主观现象或客观现象都是不正确的。

二、法的价值的概念

法的价值,一般地说,也可以被称为法律价值[①],是以法与人的关系作为基础的,法对于人所具有的意义,是法对于人的需要的满足,是人关于法的绝对超越指向。法的价值主体是人,是具有社会性的个人、群体、人的类的统一。法的价值客体是法,作为法的价值客体的法是广义的法,或者可以称之为法的现象或法律

[①] 从严格的意义上讲,法的外延比法律的外延更为广泛。它除了包括制度状态的法外,还包括观念状态的法和社会状态的法。如果说法更倾向广义的整体描述,法律则更侧重于制度含义,那么,法的价值与法律价值还是有所区别的。见卓泽渊:《论法的价值》,载《中国法学》2000年第6期。

现象,首先是指法的制度,作为制度的法及其规范;其次是指以社会状态存在的法,包括法行为和其他法现象;最后是指以观念形态存在的法,包括意识中的法和法意识。法的价值以法与人之间的客体与主体的关系为客观基础。法的价值是以法的属性为基础的,任何价值都是客体自身所具有的属性在一定条件下的外化。

在法学研究中,"法的价值"这一术语的含义可以因如下三种不同的使用方式而有所不同。

第一,目的价值。是用"法的价值"来指称法律在发挥其社会作用的过程中能够保护和增加哪些价值。例如,人身安全、财产安全、公民的自由、社会的公共福利、经济的可持续发展,善良风俗的维持、环境的保护与改善,等等,都是美好的和值得珍视的,都是有价值的,其中,本书后面几章中专门讨论的秩序、自由、效率和正义等,更是倍受重视的基本价值,法律发挥社会作用的目的就在于对这些有价值的事物予以保护并促进其增加。这种价值构成了法律所追求的理想和目的,因此,可以称之为法的"目的价值"。

第二,评价价值。是用"法的价值"来指称法律所包含的价值评价标准。在许多法学著作中,法的价值问题也就是法律评价的标准问题。例如,美国学者博登海默把从评价标准的角度研究法律问题的法学理论称为"价值侧重法理学",即属于按第二种方式来使用"法的价值"的概念。

第三,形式价值。是用"法的价值"来指称法律自身所具有的价值因素。此种意义上的法的价值可被称为法的"形式价值",它与法的目的价值不同,并不是指法律所追求的社会目的和社会理想,而仅仅是指法律在形式上应当具备哪些值得肯定的或"好"的品质。在任何一个理性的人看来,法律都应该逻辑严谨,而不应当自相矛盾;应当简明扼要,而不应当含混繁琐;应当明确易懂,而不应当神秘莫测,等等。两种品质相对而言,前者是有价值的和好的,后者则是无价值的和不好的。例如,美国学者富勒认为任何法律制度都必须具备一般性、明确性、不矛盾性等八项"内在的道德"属性，否则，就根本不宜被称为法律制度。此处所提及的法律所应具备的各种品质，均为法的形式价值。此种价值虽然可以有助于实现法的目的价值，但它与目的价值本身并非等同的概念。

三、法的价值判断与事实判断

（一）价值判断与事实判断的含义

对于法律问题的判断可以分为价值判断和事实判断。价值判断即关于价值的判断，是指某一特定的客体对特定的主体有无价值、有什么价值和有多大价值的判断。

事实判断，在法学上是用来指称对客观存在的法律原则、规则、制度等所进行的客观分析与判断。换句话说，与价值判断不同的是，法律中的事实判断主要解决客观存在的法律究竟是怎么样的这一问题，它并不主张或者根本抵制从应然的角度追问法律应当怎样的问题。在法学中，代表事实判断的研究方法主要有以下三类：一是规范分析方法，强调研究法律规范本身存在的机制、蕴涵的意义、解决的问题等，以凯尔森的分析法学为代表；二是社会实证方法，认为对法律问题的研究应当将其置于社会存在的具体环境中，用社会需求、社会效果等标准来判断法律的正当性，法社会学采用的正是这种方法；三是历史实证方法，认为只有对历史上的法律资料的挖掘，才能整理出法律沿革的脉络，历史法学派即通过这种方法研究现行法律的制定问题。

（二）价值判断与事实判断的区别

在法学上关于价值判断与事实判断的区别，主要表现在以下几个方面：

（1）判断的取向不同。法的价值判断由于是作为主体的人所进行的判断，因而他以主体为取向尺度，因主体的不同而呈现出差异。如法律制度上是公平优先还是效率优先的问题，不同的主体会根据自己的认识或者处境作出不同回答。法的事实判断是以现存的法律制度为判断的取向,即事实判断是为了得出法律的真实情况,如果该种判断是正确的话,那么他的结论就是不以人的意志为转移的。如"法律的强制性是法律的基本属性"这一事实判断,就可以为法律生活中的具体事实所证明。

(2)判断的维度不同。法的价值判断明显地带有个人的印记,具有很强的主观性。甚至可以说与主体的情绪、情感、态度以及利益、需要等无关或中立的判断,不能称为价值判断。法的事实判断的目的在于达到对现实法律的客观认识,因而无论是认识的过程或是结果,都应当尽可能地排除主观性因素对认识问题的介入,尽可能地做到情感中立或者价值中立。

(3)判断的方法不同。法的价值判断是一种规范性判断的方法,它关注法律应当是怎样的,什么样的法律才符合人性及社会的终极理想,其基本的目的在于引申出应然的法律状态与法律理想。法的事实判断则是一种描述性判断,其任务主要在于客观地确定现实法律制度的本来面目,是典型的实然判断。

(4)判断的真伪不同。法的价值判断的真伪,取决于主客体之间价值关系的契合程度。换句话说,就法的价值而言,它必须经历"历时性"的考验,由社会来选择、取舍。法的事实判断的真伪,主要取决于其与客体的真实情况是否符合。

区分价值判断与事实判断的意义在于:第一,有利于明确认识、评价法律的多维角度,从而拓宽法学研究与法律分析的视野。第二,有利于协调事实与价值之间的固有张力,从而使法学研究能寻求事实与价值之间的固有平衡。

四、法的价值冲突

法的价值是一个多元化的庞大体系,其中包含着不同的价值准则,每一种价值又都有自身相对的独特性。法的各种价值之间有时会发生矛盾、冲突,从而导致法的价值之间的相互抵牾。要保证社会正义的实现,在很大程度上就会以牺牲效率为代价;同样,在秩序与自由之间、平等与自由之间等也会出现矛盾,甚至某些情况下还会导致"舍一择一"的局面出现。例如,当一个国家遭遇紧急状态时,政府往往需要牺牲部分自由来保障法律的秩序价值。我国在2003年遭遇"非典"时,政府为了有效遏制疫情的蔓延和社会秩序的稳定,就采取了严格的隔离措施来限制公民的部分自由。

就主体而言,法的价值冲突常常出现于三种场合:第一,个体之间法律所承认的价值发生冲突,例如行使个人自由权可能导致他人利益的损害。第二,共同体之间价值发生冲突,例如国际人权与一国主权之间可能发生的矛盾。第三,个体与共同体之间的价值冲突,例如个人自由与社会秩序之间的矛盾。

由于立法不可能穷尽社会生活的一切形态,在个案中更可能因为特殊情形的存在而使得价值冲突难以避免,因而必须形成相关的平衡价值冲突的规则。主要原则有:

(1)价值位阶原则:这指在不同位阶的法的价值发生冲突时,在先的价值优于在后的价值。法的价值冲突的出现,一般为以下两种情况:自由、秩序、效率、正义等基本价值与基本价值以外的其他价值的冲突;基本价值之间、一般价值之间的冲突。第一,一般而言,自由代表了人的最本质的人性需要,它是法的价值的顶端;第二,正义是自由的价值外化,它成为自由之下制约其他价值的法律标准;第三,秩序表现为实现自由、正义的社会状态,必须接受自由、正义标准的约束。例如紧急避险制度对生命权的保护优先于财产权:我国《刑法》第21条第1款规定,为了使国家、公共利益、本人或者他人的人身、财产和其他权利免受正在发生的危险,不得已采取的紧急避险行为,造成损害的,不负刑事责任。

(2)个案平衡原则:这是指在处于同一位阶的法的价值之间发生冲突时,必须综合考虑主体之间的特定情形、需求和利益,以使个案的解决能够适当兼顾双方的利益。例如,在美国的"马修诉埃尔德雷奇"案中,最高法院申明,在决定正当程序于特定的情况下所要求的具体内容时,它将审视三个因素:首先,因官方行动将受到影响的私人利益;其次,通过所诉诸的程序而错误剥夺此类利益的风险；再者，政府的利益，包括牵涉的职能和其他的或替代的程序要求将需要的财政及行政方面的负担。① 可见，法院对此案的处理并不以"公共利益"高于"个人利益"的价值标准来看待，而是结合具体情形来寻找两者之间的平衡点。

（3）比例原则：是指为保护某种较为优越的法的价值必须侵犯另外一种价值时，不得逾越此目的所必要的程度。例如，为维护公共秩序，必要时可能会实行交通管制，但应尽可能实现"最小损害"或"最少限制"，以保障社会上人们的行车自由。这就是说，即使某种价值的实现必然会以其他价值的损害为代价，也应当使被损害的价值减低到最小限度。

五、法的价值与法的作用

法的价值和法的作用是两个有联系但又有区别的法学概念和范畴。仅从认识论上来看，法的价值反映的是体现在法律中的人类价值要素和价值需求，具有主观性，属于主观性范畴；而法的作用则反映了法律（实在法）作用于社会实际生活的客观过程，具有客观性，属于客观性范畴。② 但法的价值指导着法的作用，法的作用实现着法的价值。没有法的价值作指导，法的作用将无法得到很好的发挥；没有法的作用，法的价值就无法实现。法的价值与法的作用也有重要的区别，主要表现在以下几个方面：

（1）法的价值与法的作用对于整个法的意义不同。法的价值是法的信仰或精神指导，对于法的制定、实施都具有重要的指导意义，而法的作用对于法则不具有这样的指导意义，它是法的社会效果。任何法律在创制、实施时，乃至在创制、实施前都已经存在了价值问题，确定了相应的价值目标，并要接受一定的价值准则的指引。法的作用却不能指导法律的制定与实施，它仅是法律实施的结果。

---

① 〔美〕欧内斯特·盖尔霍恩、罗纳德·M.利文：《行政法和行政程序法概要》，黄列译，中国社会科学出版社1996年版，第132页。
② 刘作翔：《法律的理想与法治理论》，西北大学出版社1995年版，第24页。

（2）法的价值与法的作用在是否具有主观性上存在不同。法的价值包含着相当大的主观性,而法的作用则是客观的甚至很少具有主观的成分。法的价值的确定、认识、评价都无法摆脱人的主观方面的影响,甚至必须依赖人的主观方面;而法的作用除了对其进行认识需要和无法脱离一定的主观性之外,就法的作用本身来说,是不存在主观性的。为了准确地把握法的作用状况,人们甚至要努力地摆脱主观方面的影响,而尽力使对法律作用的认识更加准确。

（3）法的价值与法的作用在是否具有应然性上存在不同。应然性是法的价值的基本属性之一,法的作用则更多地具有实然性而不是应然性。

（4）法的价值和法的作用与立法的关系不同。法的价值是立法的直接指导,而法的作用是指法律通过实施而对社会产生的影响。法的价值可以先于立法而存在,法的作用必须在法律制定之后才可能产生。

（5）法的价值与法的作用中是否包含着对法律及其实施状况的评价不同。法的价值包含着基于法的作用状况而作出的价值评价,而法的作用却不包含任何意义的法律评价。法的作用描述的是法在客观上对社会产生的影响。从本来意义上讲,它不涉及对这种影响进行的评价。而法的价值则包含着立足于法律作用状况而对其进行的评价在内。

第二节 法的价值体系

一、法的价值体系的概念

价值体系也称价值系统。有的学者将价值系统界定为"一个人所持的或一个团体所赞同的一组相关价值"[①]。法的价值体系

[①] 〔美〕普拉诺等:《政治学分析词典》,胡杰译,中国社会科学出版社1986年版,第187页。

也可以被看做由一组相关价值所组成的系统,它具有以下三个基本特征。

首先,从价值属性上看,法的价值体系是由一组与法的创制和实施相关的价值所组成的系统。换言之,法的价值体系所包含的各种价值是与法律直接相关的价值,而不是所有的价值。例如,爱情、友谊、谦逊的美德和高雅的审美情趣都是美好的事物,也都是价值的存在形态,但是,它们并不具有(至少在通常情况下不具有)法律上的意义,因此,它们可能是道德意义上的或美学意义上的价值体系的组成部分,而不是法律意义上的价值体系的组成部分。相反,不重婚、不欺诈、不侮辱他人人格是好的和有价值的,生命安全、人身自由和财产的占有也是好的和有价值的,这些价值在法律上有意义,可以转化为人们的义务或权利,因此,它们便构成了法的价值体系的一部分。

其次,从价值主体上看,法的价值体系是由占统治地位的社会集团所持有的一组价值所组成的系统。法的价值体系是群体现象,而不是个体现象。个人可以有自己独特的价值目标或价值观念,但是,法的价值体系并不是社会上每个人所持有的价值的简单总和,而是占统治地位的价值目标和价值观念的权威式表达,即通过国家立法权的行使而建立起来,并通过国家执法和司法权的行使而获得国家强制力保障的权威性价值系统,因此,在阶级社会中,法的价值体系不可避免地带有阶级性,而不论那些支持或论证这一价值体系的人们在主观上是否意识到这一点。当然,在阶级矛盾比较缓和、革命危机尚未到来的条件下,这种权威性的价值系统也不能不反映社会的公共利益和下层群众在现存秩序之内的某些合理要求,并且因此而具有一定程度的社会性。不过,只要社会中存在着一个有效控制了立法权、执法权和司法权的统治集团,那么,它的根本利益和期待就必然在法的价值体系中占据主导的地位。

最后,从价值体系的结构上看,法的价值体系是由法的目的价值、评价标准和形式价值三种成分所组成的价值系统。由于法的价值这一概念具有三种基本的含义和使用方式,因此,法的价值体系又包含着目的价值系统、评价标准系统和形式价值系统三个子系统。其中,目的价值系统在整个法的价值体系中占据突出的地位,它是法的社会作用所要达到的目的,反映着法律制度所追求的社会理想;评价标准系统是用来证成目的价值的准则,也是用以评价形式价值的尺度;形式价值系统则是保障目的价值能够有效实现的必要条件,离开了形式价值的辅佐,目的价值能否实现就要完全由偶然性的因素来摆布。法的目的价值、评价标准和形式价值之间是相互依存、不可分离的关系,失去任何一方,都会导致法的价值体系的瘫痪和死亡。

二、法的目的价值系统

法的目的价值构成了法律制度所追求的社会目的,反映着法律创制和实施的宗旨,它是关于社会关系的理想状态是什么的权威性蓝图,也是关于权利义务的分配格局应当怎样的权威性宣告。法的目的价值与法的评价标准和形式价值之间并没有绝对的界限,因而,三者间有时是以难以区分彼此的方式交织在一起的,不过,相对而言,法的目的价值总是居于主导地位。评价标准与形式价值都是为一定的目的价值服务的,目的价值最集中地体现着法律制度的本质规定性和基本使命。任何法律制度的目的价值都具有以下两方面的重要属性。

第一,法的目的价值的多元性。凡是可以借助于法律上的权利、义务来加以保护和促进的美好事物,都可以被视为法的目的价值,因而很难用简单枚举的方式把法的各种目的价值一一列举出来。即使使用归类的方法把它们概括成若干基本的类型,也仍然可能有所遗漏。本书后面几章专门讨论的秩序、自由、效率和正义等都是最重要的目的价值,但也并非目的价值的全部。法的目的价值的多元性,是与法所调整的社会关系的多样性和人的需求的多样性直接联系在一起的。由于现代社会在此种多样性方面大大超过了古代社会,因而,法的目的价值的多元性在现代法律制度中也就更显突出。

第二，法的目的价值的有序性。如果法的目的价值仅仅具有多元性，那么，相互独立的各种目的价值就如同一盘散沙形不成一个有机的系统，因此，任何法律制度的目的价值系统都不能不具有某种内在的统一性。这种统一性就集中地体现在目的价值的有序性之上，即法所追求的诸多目的价值是按照一定的位阶排列组合在一起的，当那些低位阶的价值与高位阶的价值发生冲突并不可得兼时，高位阶的价值就会被优先考虑。尽管这种位阶顺序具有一定的弹性，而且必须联系具体的条件和事实才能最后确定，然而，若没有此种有序性，诸多的目的价值之间就会经常发生无法控制的对立和冲突。

三、法的评价标准系统

在西方许多民族的语言中，价值一词也具有评价、估价之意。因而，法的价值与法的评价也是合为一体的。法的评价标准也就是在法律上对各种事物进行价值判断时所遵循的准则。它主要是用来解决两类问题：第一类问题是价值确认，即按一定的标准来确定什么样的要求、期待、行为或利益是正当的，是值得肯定和保护的，并根据每种价值的大小来确定其在价值体系中的位阶。第二类问题是价值平衡，即按一定的标准来寻求各种价值得以共存的条件，并在两种价值发生冲突不可得兼时确定如何取舍。

根据马克思主义的原理和邓小平建设有中国特色的社会主义理论，在我国的法治建设中，应当坚持下述评价标准：

（1）生产力标准。我们在对法律现象进行价值评价时，必须首先坚持生产力标准。也就是说，一种行为是应予保护还是应予废止，一项具体的法律措施是应予肯定还是应予否定，首先要根据其是否有利于我国的社会生产力的进步，是否有利于我国的综合国力的提高，是否有利于我国人民生活条件的改善而定。

（2）人道主义标准。这一标准的核心含义是：一切政治、法律措施，一切社会活动，只有当它有助于实现人类解放和人的自由与能力的全面发展时,才是有价值的。以任何借口去粗暴践踏人权的行为,都是对人类尊严的亵渎,都是不能为社会主义法治所允许的。

（3）现实主义原则。对法律现象进行价值评价必须从社会实际出发,而不能从脱离现实的"美妙理想"出发。同时,价值评价的标准必须适应现实需要的变化而调整,一切以时间、地点和具体条件为转移。列宁曾指出:随着形势的发展和变化,"马克思主义这一活的学说的各个不同方面也就不能不分别提到首要地位"①。这一深刻思想,同样适用于对法律现象的价值评价。

（4）历史主义原则。对历史上出现过的各种法律现象进行价值评价时,必须持一种历史主义的态度。某些在现在是无价值甚至是反动的东西,在历史上可能不一定如此。在研究民族法律文明史的时候,尤其应注意,否则,必然导致历史虚无主义而犯错误。

对法律现象进行价值评价,是一种极为复杂的科学工作,必须以严谨的科学态度来对待。上述四条原则只是马克思主义法学在进行价值评价时必须遵循的主要原则,而不是全部原则。前两条原则是实质性原则,后两条原则是程序性原则。它们之间的逻辑联系并非像几何定理那样简单,只有通过深入的社会实践才能学会准确而灵活地运用它们进行价值评价。如果以教条主义的或经验主义的态度来运用它们,就难以得出正确的结论。

四、法的形式价值系统

如前所述,法的形式价值是指法律制度在形式上所具有的优良品质,尽管这些品质并不直接反映法的社会目的,但是却构成了"良法"或"善法"在形式上所必须具备的特殊品质。这品质被认为是值得珍视和追求的,是合乎期望和理想的,因而,也是有价值的;而与之相反的那些品质则是"不好"的和应当避免的,因而,

---

① 《列宁选集》第2卷,人民出版社1995年版,第279页。

是无价值或负价值的。

法的形式价值也包含着许多具体的内容。例如,法律应当具有公开性,而不应诡秘难知;应当具有稳定性,而不应朝令夕改;应当具有连续性,而不应陡然巨变;应当具有严谨性,而不应破绽百出;应当具有灵活性,而不应过于僵化;应当具有实用性,而不应华而不实;应当具有明确性,而不应含混不清;应当具有简练性,而不应冗长繁琐,等等。在上述各种形式特点中,前者往往被认为是有价值的,后者则否,甚至往往被普遍视作一种应予拒斥的"恶"。对于实现法的目的价值而言,形式价值具有无以复加的重要性。如果一个法律制度不具备形式上的优良品质,它就不是"良法",即使它追求良好的社会目的,也必然会归于虚幻。

对于一个正在走向法治的社会而言,法的诸种形式价值中,有四种价值显得特别重要,这就是法的权威性、普遍性、统一性和完备性。作为法的一种形式价值,权威性指的是任何个人或团体都必须无条件服从法律的支配,法律的尊严神圣不可侵犯;普遍性指的是不因人设法,用一般性的规则来调整所有人的同类行为;统一性指的是保持法律制度本身的和谐一致,消除矛盾和混乱;完备性指的是实现有法可依,在应由法律加以调整的行为领域消除法律空白和漏洞。

【课后阅读文献】

1. 徐国栋:《法律的诸价值及其冲突》,载《法律科学》1992年第1期。
2. 谢晖:《价值法律化与法律价值化》,载《法律科学》1993年第4期。
3. 孙国华、何贝倍:《法的价值研究中的几个基本理论问题》,载《法制与社会发展》2001年第4期。
4. 陈东升:《冲突与权衡:法律价值选择的方法论思考》,载《法制与社会发展》2003年第1期。
5. 谢鹏程:《法律价值概念的解释》,载《天津社会科学》1996年第1期。

第一章　法的价值概述 ★

【思考题】

一、选择题

1. 法的价值中最本质的价值是自由,所以马克思说:"法典就是人民自由的圣经。"针对这一观点,下列哪些说法是正确的?（　　）
   A. 自由是至上和神圣的,限制自由的法就不是真正的法
   B. 虽然自由是神圣的,但自由也应有限度,这个限度应由法来规定
   C. 自由对人至关重要,因此,自由是衡量法律善恶的唯一标准
   D. 自由是法律其他价值的基础

2. 对于"任何不符合自由意蕴的法律,都不是真正意义上的法律"这句话,下列理解正确的是?（　　）
   A. 法律的最高价值就是保障人的自由
   B. 从应然层面来讲,真正意义上的法律应当以保障公民权利和自由为根本目的
   C. 真正意义上的法律不会对人的行为进行任何限制和约束
   D. 是否保障公民权利和自由是评价法律好坏的一种标准

3. 我国《刑法》第21条规定,为了使国家、公共利益、本人或者他人的人身、财产和其他权利免受正在发生的危险,不得已采取的紧急避险行为,造成损害的,不负刑事责任。紧急避险超过必要限度造成不应有的损害的,应当负刑事责任,但是应当减轻或者免除处罚。该条采取的解决价值冲突的方法是下列哪种原则?（　　）
   A. 价值位阶原则　　　　　　　B. 个案平衡原则
   C. 比例原则　　　　　　　　　D. 功利原则

4. 在现代法律实践中,当法的价值发生冲突时,通常采取哪些原则?（　　）
   A. 价值排序原则　　　　　　　B. 秩序优先原则
   C. 个案平衡原则　　　　　　　D. 比例原则

二、名词解释

1. 法的价值
2. 价值判断
3. 事实判断

三、简答题

1. 法的价值的含义。

— 31 —

★ 第一编 法律价值

　　2. 法的价值判断与事实判断的区别。
　　3. 平衡价值冲突的原则有哪些？
四、论述题
　　论述法的价值体系。
五、材料分析题
　　2005年12月15日的一场车祸，让年仅14岁的重庆市江北区某中学女生何某和另外两个同伴离开了人世。一辆大货车将一三轮车压在了下面，三轮车上的何某和两个好朋友被当场压死。然而，属于城镇户口的何某的两名女同学的家人均得到约20万元赔偿，而户口在江北农村的何某家人仅得到5万元的赔偿和肇事单位、司机5万元的补偿。为什么会出现这种"同命不同价"的现象？因为依据最高人民法院2003年12月4日通过的《关于审理人身损害赔偿案件适用法律若干问题的解释》(以下简称《解释》)，死亡赔偿金依据受诉法院所在地上一年度城镇居民人均可支配收入或者农村居民人均纯收入标准，按20年计算。《解释》自2004年5月1日起施行，而所有交通事故中的人身损害赔偿都得遵照该规定执行。依此规定，何某户口在江北区的农村，赔偿的标准是2004年度的重庆市全年农村居民人均纯收入；其他孩子是城市居民，应基于重庆市全年城市居民人均可支配收入计算。农村户口的居民因此就和城市居民拉开了大大的距离。重庆市权威统计数据显示，该市全年城市居民人均可支配收入为9221元，全年农村居民人均纯收入2535元，这两个数字分别乘以赔偿年限(20年)后，自然产生出近20万元和5万元两个存在巨大差距的结果。
　　问题：结合本章内容，谈谈你对这个事件的看法。

第二章 法与自由

☞ **本章提示**
- 哲学上的自由概念
- 法学上和法律上的自由概念
- 自由对于人的价值意义
- 法对自由的保障

第一节 自由释义

一、自由的词源和自由思想的历史发展

"自由"无论是作为哲学中的概念,还是作为政治(政治学)和法律(法学)中的概念,都源自西方文化。在拉丁语中,"自由"一词的含义是从束缚中解放出来。在古希腊、古罗马时代,"自由"与"解放"同义。一个男子达到一定年龄,便被从父权的束缚下解放出来,具有独立的人格,享有公民的权利,承担公民的义务,拥有妻室、财产和奴隶,就成为自由民。少数奴隶一旦从主人的统治下解放出来,也就获得了自由。英语中的 liberty 即源自拉丁文,出现于14世纪。而 freedom 则在12世纪之前就已形成,同样包含着不受任何束缚地自然生活和获得解放等意思。在西方,最初意义上的自由,主要是指自主、自立、摆脱强制,意味着人身依附关系的解除和人格上的独立。近代以来,自由成为西方思想中的最根本价值,一些西方学者认为,自由分为两个方面:第一,自由就是不受他人的干预和限制,即所谓"免于……的自由"(be free from...);第二,自由就是"自己依赖自己,自己决定自己",即所谓"从事……的自由"(be free to do...)。英国政治学思想家、牛津大学政治学教授伯林把前一种自由称作"消极自由"(negative liberty），把后一种自由称作"积极自由"（positive liberty）。①

"自由"这一术语，中国古代确已有之。在《汉书·五行志》中就有"自由"一词；汉朝郑玄《周礼》注有"去止不敢自由"之说。到宋朝时，"自由"已成为流行的俗语。然而，我国长期处于封建君主专制统治之下，广大人民是少有自由的，我国历史上还不像古希腊、古罗马那样出现过"自由民"阶级。

实际上，"自由"一词不论在西方还是东方都是表达人们内在需求的最光辉、最神圣的字眼，都是人类追求的目标，一直是人类极为关注的焦点，是哲学上和法学上的永恒命题，历朝历代的思想家、哲学家、法学家留下了大量宝贵的关于自由的精辟论述。

自由思想的发展贯穿着西方思想的历史。早在古希腊、古罗马时代，自由的思想就已产生。古希腊的亚里士多德最早提出自由理论，他在《形而上学》这部著作中第一次提出了"人本自由"这一命题，对自由进行了自觉的探索。古罗马的法学家注重从自由与法的关系中谈自由。西塞罗提出"为了得到自由，我们才是法律的臣仆"的名言。

在封建社会的欧洲，以阿奎那为代表的经院哲学家们认为，自由来自承认和服从上帝，并认为人的精神始终是自由的，只有肉体才可能处于奴隶状态。将人的肉体自由和精神自由相分割。到了欧洲封建社会后期，随着文艺复兴的发展，逐步开启了一个人类迈向自由的新时代。但丁的《神曲》、《君道论》以不同的笔法歌颂了自由的理性。薄伽丘的《十日谈》、拉伯雷的《巨人传》都朦胧地批判了神权政权与教会至上，肯定了人的自由。空想社会主义者莫尔的《乌托邦》、康帕内拉德的《太阳城》等提出了自己的自由理论。自由理论的发展为资产阶级革命及其政权的建立奠定了思想基础。

资产阶级的著名思想家霍布斯、洛克、孟德斯鸠、卢梭、黑格尔等人更是极大地推进了自由理论。霍布斯把对自由的探讨转

---

① 〔英〕以赛亚·伯林：《自由论》，胡传胜译，译林出版社2003年版，第25页。

向社会领域,认为人在国家中的自由不是免除法律的自由,而是在法律未加规定的一切行为中去做自己理性认为最有利于自己的事情的自由。洛克第一个提出较为系统的近代自由学说,认为自由是自然法为人类规定的基本权利,是不可剥夺和转让的自然权利(生命、自由、财产权),"法律的目的不是废除和限制自由,而是保护和扩大自由"。为了保证人的自由不被政府所侵犯,他首先提出了分权学说,国家权力应当分立与制衡。其自由学说对后世政治法律思想具有重大影响。孟德斯鸠认为"自由是做法律所许可的一切事情的权利。如果一个公民能够做法律所禁止的事情,他就不再自由了,因为其他的人也同样会有这个权利"①。"在一个有法律的社会里,自由仅仅是:一个人能够做他应该做的事情,而不被强迫去做他不应该做的事情。"②他将政治自由分为公共自由和公民自由,认为每个公民的自由是公共自由的一部分,而公民的自由又包括人身自由、信仰自由、思想自由、言论自由、出版自由及财产自由等。卢梭的自由思想十分激进,在自由理论发展史上也占有重要的一席之地。他揭露了现实不自由与天赋自由间的激烈冲突,他说:"人是生而自由的,但却无往不在枷锁之中。"③黑格尔的辩证自由论,可谓集自由之大成,他全面而系统地论述了自由,认为自由是人的本质,说,禽兽没有思想,只有人类才有思想,所以只有人类——而且就因它是一个有思想的动物——才有自由。

在中国,自由的思想也自古就有而且绵延不绝。在先秦诸子百家中,自由的理论已有了相当大的发展。儒家创始人孔子提出了自己的人生自由观。其关于人生历程的描述即表明了这一观念,他说:"吾十有五而志于学,三十而立,四十而不惑,五十而知天命,六十而耳顺,七十而从心所欲,不逾矩。"④孟子发展了孔子的自由思想,提出了"天人合一"的自由理论,设计了"上下与天地

---

① 〔法〕孟德斯鸠:《论法的精神》(上),张雁深译,商务印书馆1982年版,第154页。
② 〔法〕孟德斯鸠:《论法的精神》(下),张雁深译,商务印书馆1982年版,第194页。
③ 〔法〕卢梭:《社会契约论》,何兆武译,商务印书馆1980年版,第8页。
④ 朱熹:《四书集注》,岳麓书社1987年版,第76页。

同流"、"万物皆备于我"的自由境界。道家创始人老子把自由归结为"无为"状态。庄子则将道家自由观的"无为"学说推向极端,提出了"无己"的自由观。荀子又在批判儒家和道家自由观的基础上提出了"制天命而用之"的自由观。

在中国后来的封建社会中,首要而突出的是董仲舒的"纲常自由观"。这种自由观实际上是对自由的压抑和束缚。后来的王夫之对中国各种自由思想进行了总结和批判,提出了自己新的"发展自由观",他认为"昔之为天之天者,今之为人之天也。他日之为人之天者,今尚为天之天也"。① 与其同时代的黄宗羲提出了"政治自由"观。

在近代中国,龚自珍、魏源、严复、梁启超等思想家,他们在批判传统自由思想,介绍西方自由观念的基础上,结合中国的情况建立了自己的自由理论。此后的资产阶级革命党人接受了西方自由思想,高举自由的旗帜,进行民族独立斗争和民族民主革命。孙中山先生提出了三民主义的自由观。

总之,古今中外人们从不同的立场如政治、经济、法律、道德、宗教与哲学等观点出发或从个人与国家(或社会)的观点以及其他观点出发,对自由进行了广泛而深入的讨论。为了准确地把握自由的含义,进而科学地阐述法与自由的关系以及法对自由的保障价值,我们从哲学上、政治学和社会学上、法学上揭示自由的内涵和意义。

二、哲学上的自由概念

自由的哲学含义是主体意志与客观规律的统一。这里的统一包含双重意义。

其一,自由是对客观规律的认识和对必然的驾驭。客观规律是不依人的意志而存在的必然的东西,它既不能被创造,也不能被消灭。在它未被认识的时候,是一种盲目的力量在起作用,人

---

① 王夫之:《诗广传·大雅》,转引自卓泽渊:《法的价值论》,法律出版社1999年版,第391页。

们为这种异己的力量所束缚、压抑,因而是不自由的。但是,随着人类的社会实践的不断深化和发展,人们对各种各样的客观规律的认识也越来越深入。然后,人们可以利用这些规律来实现自己的目的,驾驭必然,从而获得行动的自由。自由与必然相对应,构成辩证法的一对重要范畴。人们只有依据规律、运用规律,才能获得行动的自由,所以必须认识规律。而人们对规律认识的越全面、越深刻,运用规律、驾驭客体、改造世界的能力也就越强,获得的自由也就越多。

其二,自由是对客观规律的认同。认识规律,掌握控制和运用规律的能力,只是实现意志自由的前提,而不是自由本身。主体要想实现自由,还应与规律融为一体,顺应客观规律,克服各种偏见与短视,还要对自己的本能实施必要的减压,超越或摆脱本能对自己的限制。假如人们认识到了客观规律,然而这种客观规律不是意志所希求的,而恰恰是意志所反对的,人们照样没有自由可言。根据上述意义,应把自由理解为建立在认识必然性和自愿选择基础上的行动自由。意志自由与行动自由的统一,也就是对客观规律加以认同,才能达到真正自由的状况。意志自由是自由的内在状态,行动自由是自由的外在状态,两者都是建立在客观必然性的深刻认识和对目标选择和支配的能力上。总之,自由就是在认识必然性的基础上,进而在实践中遵照必然的规律行事,以实现对世界的改造。

三、政治学和社会学上的自由概念

自由的政治学和社会学含义是主体利益与社会秩序的统一。任何社会都是由众多个体所组成的共同体。在这一共同体中,每个个体都相对地独立于整体,既有与他人一致的共同利益,也有与他人不一致甚至相互排斥的特殊利益。社会若要存在下去,就必须由一个占主导地位的统治集团按一定的标准对各种利益要求加以整合,否则就无法建立社会赖以存在和发展的基本秩序。尽管不同的社会由不同的统治集团来统治,并按不同的标准来界定公共利益,但是,在下面这一点上,所有的社会都是一样的,即个体的自由必须存在于社会秩序之内。在此种角度上看自由,它实质上就是主体的利益与社会秩序的统一。当主体所追求的利益与秩序相一致时,就能得到社会的承认,主体就是自由的;当主体追求的利益冲破了秩序所允许的界限时,就会受到社会压力的抑制甚至惩罚,主体就是不自由的。在政治上,专制主义者试图扼杀个人的自由,以此保持对社会的统治和其政权的巩固;极端自由主义者(无政府主义者)则把任性当作自由并滥用自由,似乎个人自由就等于社会的自由。历史事实证明,这两种"调节"方法都是失败的。真正有效的、良好的调节方法是社会承认和保护个人的自由,并把自由置于社会的共同利益之中,使社会成员平等地享有基本自由。

四、法学上和法律上的自由概念

自由的法律含义是主体的行为与法律规范的统一。在法律上,自由是指一定社会中人们受到法律保障或得到法律认可的按照自己的意志进行活动的人的权利,即自由权。这一概念至少应包含以下几个方面的内容:

其一,法律上的自由是人的权利,属于人权的范畴。马克思曾指出,自由确实是人所固有的东西,连自由的反对者在反对实现自由时也实现着自由。没有一个人反对自由,如果有的话,最多也只是反对别人的自由。[①] 在马克思那里,自由无疑是人权的组成部分。自由是人的权利。就连黑格尔也认为,禽兽谈不上自由的问题,自由是人的自由。自由不是任何人赐予的,它无疑是一种基本人权;法律自由是一种个人按照自己的意志,在现行法律范围内行动的权利。权利是获得或实现自由的方式,并且可以成为人们争取自由的依据。所以,"权利"一词和"自由"一词往往通用,比如政治权利又叫政治自由,人身权利又叫人身自由,等

[①] 《马克思恩格斯全集》第 1 卷,人民出版社 1956 年版,第 63 页。

等。许多国家的宪法中所规定的自由权,如人身自由、迁徙自由、通讯自由、言论自由、出版自由、集会结社自由等,实际上正是个人在政治和人身方面所享有的权利。我国宪法也作了类似规定。

其二,法律上的自由受到法的认可或得到法的保障。法律上的自由都是由法律所记录的,并由法予以保障。这是法律上的自由的外部特征,是法律上的自由与其他自由的重要区别。因为,自由是一个相当广泛的概念,它至少包括道德自由、习惯自由、哲学上的自由、法律上的自由、思想自由、行为自由等或并列或交叉的范畴。法律上的自由仅是众多自由之一种,是由法律认可或保障的,即法律化了的自由。这种被法律化了的自由既不可以随意扩大,更不可随意侵犯,因为它已经具有了国家意志的属性,受国家强制力的保障。

其三,法律上的自由是人按照自己的意志进行活动的权利。法律上的自由属于行为自由的范畴,并不是指思想自由或意志自由。思想和意志本身就应当是自由的。法是行为的规则而不是思想或意志的准则。思想或意志无需法来调整,法也无法调整思想或意志。这并不是说法、法律上的自由对思想自由或意志自由毫无用处。法、法律上的自由都对思想自由或意志自由具有或多或少、或大或小的影响。但这并不否认法律上的自由是行为自由。

其四,法律上的自由是一定社会中的法的自由,具有特定的时代性。不同的社会,由于社会的发展程度和阶级性质的不同,法律上的自由就有不同的状况。不同的社会,法律上的自由的经济基础不同、阶级属性不同、主体构成不同、内容范围不同、文明程度不同等等。在有法的社会中,每一时代都有一定的法的自由。这种法的自由是为该社会的经济发展、社会状况、阶级本质、历史条件等多方面因素决定和制约的。从这个意义上说,自由是有条件的,而非无条件的。任何法律上的自由都不可能超过社会物质生活条件所提供的可能而独自发展。

自由在法律价值体系中处于重要地位。自由作为一种价值理想,是法律的灵魂。法应当奠定在自由的基础之上,必须确认、体现和保障更多人的更多自由。否则,就是不正义的法,就应当受到谴责。同时,法也要限制自由,甚至在特定的情况下取消自由。

五、自由对于人的价值意义

首先,自由是人的潜在能力的外在化。人一旦存在,就拥有发展的潜在能力。人的潜在能力能否发挥,其影响和制约是多方面的。一切不利的影响和制约都是人发挥其潜能的客观局限。人如果能有自由,排除影响和制约潜能发挥的否定因素,人的潜能就可以得到发挥,就能够外在化,就可以说,人在自由的环境中获得了自由。人的潜能的发挥程度标志着人的自由的享有状况。

其次,自由是人的自我意识的现实化。人都要谋求自我生存和发展,拥有生存和发展的自我意识。人在生存和发展中离不开人自我的主观能动性的存在和发挥。人的自由从一定意义上讲正是人的自我意识的现实化,是人发挥主观能动性的表现。人的自由在于满足人的自身需要,自由是人的自我意识的现实化。

最后,自由是人类发展的助动力。人类对自由的追求,以及社会自由程度的提高既是人类发展的表征,也是人类向新的自由度迈进、获得新的发展的保证。人类社会的层层递进,也是人类自由的渐进发展。自由是人们奋进的动力和目标之一,人类沿着奔向更高自由的自由之路不断否定过去开创未来。

第二节 法对自由的保障

追求自由是人类固有的本性,人类的历史就是不断实现自由的过程。"文化上的每一进步,都是迈向自由的一步。"[1]自由在社会中的实现过程始终离不开规则,无规则则无自由。在法是社

---

[1] 《马克思恩格斯选集》第3卷,人民出版社1995年版,第456页。

会主要规则的时代,自由需要通过法和在法律的范围内来实现。"法律按其真正的含义而言,与其说是限制还不如说是指导一个自由而有智慧的人去追求他的正当利益……法律的目的不是废除或限制自由,而是保护和扩大自由。"①法对自由的实现起着多方面、多环节的作用。

一、法律以自由为目的

法律以自由为目的,早已为法学家所认同。古罗马法学家西塞罗有一句名言:为了得到自由,我们才是法律的臣仆。洛克明确指出"不管会引起人们怎样的误解,法律的目的不是废除或限制自由,而是保护和扩大自由。这是因为在一切能够接受法律支配的人类的状态中,哪里没有法律,哪里就没有自由。这是因为自由意味着不受他人的束缚和强暴,而哪里没有法律,哪里就不能有这种自由。"②洛克指出法律以自由为目的旨在保护和扩大自由,这一论述揭示了自由对于法律的意义。马克思在启蒙思想的基础上,也认为法律应以自由为目的,并作出极其深刻、明晰的论述。他说:"法律在人的生活即自由的生活面前是退缩的。"③"法律不是压制自由的手段"④,正如重力定律不是阻止运动的手段一样……恰恰相反,法律是肯定的、明确的、普遍的规范,在这些规范中自由的存在具有普遍的、理论的、不取决于别人的任性的性质。"法典是人们自由的圣经。"⑤法律不能与自由相抵触,法律应以自由为目的。即使是法律的强制问题也是如此,法律的强制也只能以自由为目的。

法律以自由为目的,具体地说,第一,从法律权利和法律义务来看,法律权利和法律义务都是为自由而设定的。如果法律权利的设定与自由相抵触,就必然会违反法律的初衷;如果法律义务

---

① 〔英〕洛克:《政府论》(下篇),叶启芳、瞿菊农译,商务印书馆1964年版,第35—36页。
② 同上书,第36页。
③ 《马克思恩格斯全集》第1卷,人民出版社1956年版,第72页。
④ 同上书,第71页。
⑤ 同上书,第72页。

的设定与自由相抵触,法律权利就成为乌有,自由也就没有法律的根据和保障。第二,从法律的授权、义务规定来看,法律的授权固然是对自由的确认,法律的义务性规定也是为确保自由而设立。离开了自由的法律授权和法律义务,其本身就失去了灵魂。第三,从法律的制定和实施来看,法律的制定要以自由为出发点和归宿,以自由为核心;法律的实施必须以自由为宗旨,法律的保护或打击、奖励或制裁都应以自由为依归。简而言之,法律以自由为前提和目的,同时,自由需要法律的保障才能实现。

二、自由需要法律的保障

首先,用法律保障自由是保证自由免受侵犯的需要。在社会中,人是以个体以及由个体集合而成的群体存在的。个体与个体之间、群体与群体之间、个体与群体之间,各有独立的利益和独立的意志,它们各自谋求自己的需要或利益,各自谋求自身的自由。各主体的需要、利益、自由之间就难免会发生冲突,乃至相互侵犯。要保证自由不被侵犯,就必须对自由的侵犯者及其侵犯自由的行为予以严厉的惩罚。人类惩罚罪恶的最严厉的外在手段莫过于法律,法律是对侵犯自由者予以惩办的有力措施。法律通过制裁侵犯自由的违法犯罪,保障自由免受侵犯。

其次,用法律保障自由是保证自由不被滥用的需要。自由存在着被侵犯的可能性,也存在着被滥用的可能性。自由的滥用是由自由享有者任意扩展其自由的范围和内容所致,它同样会导致其他个体或群体的自由受损害或被剥夺。侵犯自由,是自由主体之外的外力作用的结果;滥用自由,则是自由主体自身的内在能动的产物。对自由的侵犯可能是因自由的滥用所致,而自由的滥用必然导致对自由的侵犯。法必须在防止自由被侵犯的同时,防止自由被滥用,全面保障自由的存在、实现,以及向更高的自由发展。

最后,保障自由是宪法的使命,也是其他法律、法规的重要追求。宪法作为国家的根本大法,肩负着确认自由并保障自由的重任。但自由仅有宪法的原则规定,很难转化为社会的客观现实,它还需要社会整个法律体系予以足够的保障。保障自由,并不仅是刑法的任务,行政法、民法、诉讼法、劳动法等,都应从自身特定的方面为自由提供保证,使自由在法律的保障下获得应有的社会意义。

三、法律确定自由的范围

洛克认为,自由是在他所受约束的法律许可范围内,随心所欲地处置或安排他的人身、行动、财富和他的全部财产的那种自由,在这个范围内他不受另一个人的任意支配,而是可以自由地遵循他自己的意志。① 自由是法许可范围内的自由,并不是任何人的任性。自由的范围以法律准则为准绳。孟德斯鸠就认为,在一个国家里,也就是说,在一个有法律的社会里,自由仅仅是:一个人能够做他应该做的事情,而不被强迫去做他不应该做的事情。② 马克思认为:"自由就是从事一切对别人没有害处的活动的权利。每个人所能进行的对别人没有害处的活动的界限是由法律规定的,正像地界是由界标确定的一样。"③具体说来:

首先,法律确定自由的基本内容。人们的自由是广泛的。法律总是对人们最基本的自由予以确定,对一般的自由则通过法律不予禁止的方式赋予。通观世界各国的宪法和法律都把公民的基本自由规定在自己的宪法性法律文件之中,并将其宣布为不可侵犯者。各部门法也总是以宪法性法律文件的类似规定作为自己的立法根据,具体地规定对何种自由予以何种保护。当各种自由遭到侵犯时,法律会对侵犯自由的违法犯罪给予适当的制裁,给自由以强制性保障。

其次,法律确定自由的限度。自由并不是无限的,一个公民应当享有,其他公民也同样应当享有。共同享有同一个自由的情

---

① 《中外法学原著选读》,群众出版社1986年版,第462页。
② 同上书,第472—473页。
③ 《马克思恩格斯全集》第1卷,人民出版社1956年版,第438页。

况是普遍而经常的。自由的资源并不都是无限的,因此,人们就可能在自由资源的分配与利用上产生矛盾和冲突。于是,法在确认人们基本自由的同时,又对一些基本的自由予以限定,使各行为主体都能在不侵犯他人自由的同时拥有和实现自己的自由。法对人们自由作出限定,有利于人们适当地享有自己的自由,并不会对他人的自由形成威胁或者侵犯。

最后,法律确定自由的边际。自由与自由之间会有一定的交叉,甚至冲突,这已经是不争的事实。法律规定的自由会有交叉乃至冲突,人们在享有这些自由的时候也难免会发生矛盾。为了避免矛盾或冲突的发生,法律就在事前对某些自由作出边际规定,使各种自由不至于彼此矛盾或冲突。法律对自由边际的确定,有利于人们准确地把握自由和享有自由。一旦因此而发生纷争,也便于依法解决。

法律确定自由的范围的意义在于:第一,把法律所要保护的自由突现了出来,在权利的边界所指的范围之内,权利主体确实可以为所欲为,任何人不得非法干涉,否则要承担一定的不利后果。第二,法律禁止任何人超过权利范围之外去行使"权利",因为自由权范围之外乃是他人自由权区域,任何人如此行使"权利"都必然会给他人的合法权益造成损害。而法律严禁"界外行权",则保障了每个个人的平等的自由权利。也就是说,对自由权加以必要限制可以更好地保护自由。

法律确定各种自由的范围可以采取多种多样的形式,主要可以归纳为两类:一是限制自由权的滥用,直接界定自由权的范围,各种法律条文后的但书,大抵都是对这种限制的明确表述;二是对等地设定义务,通过促进彼此自由权的共同实现,来间接地确定自由权的范围。自由是法律确定的多种权利和义务的复杂集合,各种基本自由被看成是一个整体和一个体系,一种自由的价值在正常情况下要依赖于对其他自由形式的规定。因此,在创设宪法和法律时,必须坚持整体性原则,从而决定各种自由的范围,使整个法律体系都贯彻自由的原则。

四、法律保证自由的实现

自由无法实现的原因是多方面的,法律保证自由实现的方式也是多方面的。

第一,为解决自由与其他价值的张力和冲突提供法律准则。自由不是社会的唯一价值,其他的社会价值还有秩序、安全、平等、正义等。它们构成了一个社会的价值体系,许多价值本身就是法律直接追求的目标。自由与其他各种价值之间难免存在张力或冲突。为此,法律平衡这些价值准则之间的关系,以解决它们之间的冲突。法律为不同的价值准则设定不同的法律地位,甚至不同的实现方式和过程,使各种价值准则各得其所。这样就可以在一定意义上减少部分价值冲突,使众多价值中的自由价值能与其他价值并存,事先为冲突的解决设定制度模式,为冲突的解决提供法律准则。

第二,法律解决自由之间的冲突,确保自由的共同实现。自由中的此种自由与彼种自由之间也可能因彼此冲突而难以实现,法律要为自由间的冲突的解决提供解决机制。如公民的游行示威自由与公民的正常生活自由之间就会产生冲突,法律必须为这种冲突提供解决的机制。

第三,法律为自由的享有者提供实现自由的法律方式、方法。凡是法律没有规定实现方式、方法的自由,只要行使中不违反法律的禁止性规定即可。凡是法律规定了实现方式、方法的自由,其行使就得依照法律规定的方式、方法进行。

第四,法律以防止自由被滥用的方式来保障自由的存在和实现。自由被滥用的情形是客观存在的。自由一旦被某个或某些主体滥用,其他主体的自由就会受到伤害。任何自由都是以无害于他人,无害于其他自由为前提条件的。为此,必须把自由与责任相联结,一方面它要求个人在行使自由权利时要对他人负责,对社会负责;另一方面自由主体应当、而且必须对自己的出于自由意志和自由选择、伤害他人的违法行为承担法律责任。这种责任的设定否定了破坏自由的自由,对于保障每个人的平等的自由是绝对必要的。

第五,法律防止对于自由的破坏和妨碍。对于自由的破坏和妨碍的最大力量是不当运行的权力。法律首先就应当是约束权力的,尤其是法治之中的法律,约束权力、防止权力的滥用——包括防止权力对于自由的破坏和妨碍,是法律的一个极为重要的使命。对于自由的破坏和妨碍的一个极为多见的原因是其他社会成员对于另一些社会成员自由的妨碍和破坏,法律为此设定了一系列具体的制度和规范。法律保障自由的一个重要表现即为法律对于各种破坏和妨碍自由的违法犯罪的制裁。

【课后阅读文献】
1. 刘星:《对"法不禁止便自由"的重新审视》,载《法律科学》1995年第5期。
2. 付子堂:《关于自由的法哲学探讨》,载《中国法学》2000年第2期。
3. 周永坤:《自由·秩序·规则——孙志刚案的法理思考:严格规范的进口与出口制度》,载《法学》2003年第7期。
4. 廖申白:《正义论对古典自由主义的修正》,载《中国社会科学》2003年第5期。

【思考题】

一、选择题

1. "法律的目的不是废除和限制自由,而是保护和扩大自由"出自于( )。
    A. 洛克　　　B. 黑格尔　　C. 卢梭　　　D. 马克思
2. 法律保证自由的实现表现在( )。
    A. 为解决自由与其他价值的张力和冲突提供法律准则
    B. 法律为自由的享有者提供实现自由的法律方式、方法
    C. 法律防止对于自由的破坏和妨碍
    D. 法律以防止自由被滥用的方式来保障自由的存在和实现

二、简答题

1. 如何认识自由对人的价值?
2. 如何认识法律以自由为目的?

3. 为什么自由需要法律保障？
4. 法律确定自由范围的方式有哪些？
5. 法律如何保证自由的实现？

三、材料分析题

"一个人挥舞胳膊的自由止于别人鼻子的地方。"

问题：试用自由与法律的关系理论分析这句话。

第三章 法与秩序

☞ **本章提示**
- 法律秩序的含义
- 秩序是法的基础价值
- 法对秩序的维护

第一节 秩序释义

一、秩序的词源与语义

在古代,"秩"、"序"两字,和英文的 order 一样,都有"次序"、"常规"的含义。许慎《说文解字》:"秩,积也。"段玉裁注释为:"积之,必有次叙,成文理,是曰秩。"①进一步引申为"常规"、"常度"。现代新华字典把秩序解释为"有条理、不混乱的情况"。在中国的法文化中,秩序是为人们所一贯推崇的法的价值。

从广义上来讲,秩序与混乱、无序相对,指的是在自然和社会现象及其发展变化中的规则性、条理性。美国法理学家博登海默认为,秩序概念意指"在自然进程和社会进程中都存在的某种程度的一致性、连续性和确定性。另一方面,无序概念则表明存在着断裂(或非连续性)和无规则性的现象,亦即缺乏智识所及的模式——这表现为从一个事态到另一个事态的不可预测的突变情形"②。"秩序"一词的含义可以进一步从静态和动态两方面来把握。从静态上来看,秩序是指人或物处于一定的位置,有条理、有规则、不紊乱,从而表现出结构的恒定性和一致性,形成为一个统

---
① 段玉裁:《说文解字注》,上海书店 1992 年版,第 325 页。
② 〔美〕博登海默:《法理学:法律哲学和法律方法》,邓正来译,中国政法大学出版社 2004 年修订版,第 227—228 页。

一的整体。就动态而言,秩序是指事物在发展变化的过程中表现出来的连续性、反复性和可预测性。

秩序可分为自然秩序和社会秩序。自然秩序就是表现在各种自然现象之中的规律。而社会秩序则是体现在社会生活领域中的秩序。社会秩序具有以下几个特征:(1)社会性,即反映人与人或者人与自然的关系,离不开人的行为;(2)稳定性,即意味着某种状态的持续存在;(3)可预测性,即人们能够事先知道或者估计到自己和他人行为的发展变化;(4)功能性,即社会秩序是社会生活得以存在和发展的基础和前提。

社会秩序按照不同的标准,可以有不同的划分。按照社会领域来划分,则有经济秩序、政治秩序、文化秩序,等等。以地域为标准,则有国内秩序和国际秩序。依照社会规范的不同,则可以将社会秩序分为宗教秩序、道德秩序和法律秩序等。因此,法所追求的价值意义上的秩序是一种社会秩序,而且是一种有益于人类的社会秩序。各种社会规范交互作用,共同维护人类社会得以生存和发展的基本秩序。所以,一定社会秩序的存在是人类活动的必要前提。除了极少数心怀叵测试图从混乱中渔利的人,绝大多数人无论生活背景、所属阶层及社会角色有何不同,在期望着某种秩序存在这一点上是相通的。因此,我们说秩序乃是构成人类理想的要素,同时也是人类社会活动的基本目标,而法律也在建立和维护秩序的过程中成为秩序的象征。

尽管大多数人都承认社会应当处于一种有序状态,但在应当建立什么样的秩序这个问题上,由于时代和阶级背景的差异,则远没有形成共识。以历史阶段为线索,大体出现过四种代表性的秩序观:

第一,等级结构秩序观。古希腊哲学家柏拉图和亚里士多德认为,并非所有的人都具备发展其美德的能力,正如人有不同的体质,所以人天生就应分为不同的等级。这个等级结构的标准因才定分,各得其所,然后社会才能和谐。西方中世纪最权威的经院哲学家托马斯·阿奎那把封建等级制度看成是不可侵犯的秩序,认为整个世界就是一个以上帝为最高主宰的严格的不可逾越的等级结构;教会是上帝在人间的代表,具有最高统治权;直接管理社会的世俗君主政府则必须服从教会的命令;而所有社会成员都受到理性、神法和政治权威三种秩序的支配;任何人都不得破坏这种秩序,否则便是违背上帝的旨意,要受到上帝的惩罚。我国古代法家的代表人物韩非也是等级制的支持者,其宣称:"臣事君,子事父,妻事夫;三者顺则天下治,三者逆则天下乱,此天下之常道也。"①这一思想为历代统治者所采纳,并且为官方思想家所继承。自西汉董仲舒"罢黜百家,独尊儒术"以来,"三纲五常"被明确宣布为封建社会秩序的基本内容。等级结构秩序观的主要目的在于维护贵族的特权地位,其核心内容是维护特权阶层对劳动人民的统治。

第二,自由、平等的秩序观。在自由资本主义时期,资产阶级思想家所追求和强调的是一种使自由而平等的竞争和人道主义生活成为可能的秩序。这种社会秩序如何建成呢?按照卢梭等人的设想,这种社会秩序应以社会契约的形式来建立。即通过人民之间的自由协议,每个人都将自然权利让渡给集体而组成国家。在此过程中,人们的"自然平等"、"自然自由"转化成了社会自由及生命、财产的安全和社会契约的平等及法律上的平等。人们虽服从国家,但因这是服从公意,因而也就是服从了自己的意志,而国家则必须为实现公意而进行统治,一旦偏离了公意,并严重损害了人民的自由平等,人民就有权解除契约,夺回其失去的权利。这种自由、平等的秩序观是从个人权利的角度出发而提出的一种政治主张,它集中反映了当时资产阶级保护自由、平等的竞争、反对政府干预、消除封建专制势力的愿望,对于发展资本主义的政治、经济和文化起了巨大的推动作用。

第三,"社会本位"秩序观。资本主义进入垄断阶段之后,由于阶级冲突和各种社会矛盾的加剧,自由竞争资本主义时期流行

---

① 《韩非子·忠孝》。

的秩序观开始显现出局限性,于是资产阶级学者对秩序的思考开始从人的角度转向了社会的角度。美国法学家庞德认为,秩序的标志是在人的"合作本能"与"利己本能"之间建立并保持均衡的状态,而要维持这种秩序则必须要以"社会化"的法律取代过分强调个人权利、自由的法律。① 社会本位的秩序观更强调对社会利益的维护,侧重于促进平等的真正实现。资产阶级试图通过此种秩序的建立和维护,来调整各种相互冲突的利益,减少人们之间的相互摩擦和无谓的牺牲,以使社会成员在最少阻碍和浪费的情况下享用各种资源,从而保障资产阶级的统治地位。

第四,历史唯物主义秩序观。等级结构秩序观是与古代社会的生活条件相适应的,在现代文明中已经完全过时。自由、平等秩序观和"社会本位"秩序观是现代文明的产物,其中分别包含着一定的合理因素。然而,它们都是以历史唯心主义为基础建立起来的理论,并不能深刻地揭示出秩序的深刻本质。历史唯物主义秩序观认为,秩序的特殊性取决于生产方式的历史特性。不同的社会有着不同的秩序,任何社会的秩序都是该社会生产方式的内在本质的展开。秩序的力量最终来源于生产关系的历史合理性。现行秩序能否维持以及国家机构体系和法律规范体系能否有效运转,要以现行生产关系是否仍然具有历史合理性为前提条件。阶级社会的秩序首先是阶级统治的秩序,真正意义上的自由、平等的秩序,只有在消灭了私有制、剥削阶级后,才能建立起来。

尽管上述秩序观存在各种差别和对立,秩序总是意味着某种程度的关系的稳定性、结构的一致性、进程的连续性、行为的规则性、事件的可预测性以及财产和心理的安全性。当无序状态出现时,关系的稳定性消失了、结构的有序性混淆不清了、进程的连续性和行为的规则性被打破了,偶然的和不可预测的因素不断地干扰人们的社会生活,从而使人们之间信任减少、不安全感增加。为了保护正常的社会秩序,人类必须采取措施消除无序状态或预

---

① 参见〔美〕庞德:《通过法律的社会控制·法律的任务》,沈宗灵译,商务印书馆1984年版,第89页。

防其发生。在文明的社会中,法律是预防无序或消除无序状态的首要的、经常起作用的手段。

秩序在法的价值目标体系中,具有工具性价值的属性,它为其他价值目标的实现提供了现实的条件,没有秩序的存在,很难有法的其他价值。

二、法律秩序

法律秩序是社会秩序的一部分,有的学者也称之为法的秩序。法律秩序是被特定化了的社会秩序,是由法确认和保护的、人们间互动的有条不紊的状态和结果。它包括法所确认和保护的经济秩序、政治秩序、文化秩序,以及社会公共秩序等。也包括法所确认和保护的生产秩序、工作秩序、教学秩序、科研秩序、生活秩序,以及其他秩序。

古今中外关于法律秩序的定义十分纷繁,但归纳起来主要有以下三种:

第一,把法律秩序等同于法或法律制度。庞德就把法律秩序看作是一种制度。他说,法律秩序"是法学家意义上的法的一种含义,也是通过系统有秩序地使用政治上有组织社会的强力来调整人与人之间关系和安排他们行为的一种制度"①。凯尔森把法律秩序看作法律规范的等级体系或法律规范的总和。他说:"一个人不能从更高规范中得来其效力的规范,我们称之为'基本'规范。可以从同一个基本规范中追溯效力的所有规范,组成一个规范体系,或一个秩序。"②《牛津法律大辞典》则解释为,所谓"法律秩序是从法律的立场进行观察、从其组织成分的法律职能进行考虑的、存在于特殊社会中的人、机构、关系原则和规则的总体。……法律秩序也包括某种原则与规则,如行为的准则等,法律秩序这个术语被一些法学家在不同意义上用作制度或法律体系,甚

---

① 〔美〕庞德:《通过法律的社会控制·法律的任务》,沈宗灵译,商务印书馆1984年版,第97页。
② 《中外法学原著选读》,群众出版社1986年版,第616页。

至是法律的同义词"①。

第二,把法律秩序定义为法实现的结果。美国法学家罗·塞德曼与罗伯特·B.塞德曼认为,"法律秩序是一套依据国家所制定的规则进行管理的社会秩序"②。原苏联法学家雅维茨就认为,"法律秩序是社会关系的这样一种状态,它是法律规范和法制实际实现的结果,保证社会所有成员无阻碍地享受赋予他们的权利,并且也履行他们的法律义务"③。

第三,把法律秩序定义为法的相对稳定协调的过程。庞德也说过:"我们正在开始越来越多地根据法律秩序——根据过程——来进行考虑,而不是根据法律——根据一套被陈述的经验或安排的制度——来进行考虑。"④"法律秩序同样也是一个过程。它是一个部分地经由司法、部分经由行政机关、部分地经由赋予某些人以法律箴规形式的指示进行调排的过程。"⑤

长期以来,我国法学界基本采用了上列第二种定义的原苏联法学家的主张。我国高等学校法学试用教材《法学基础理论》认为:"在社会关系中依法建立的秩序就叫做法律秩序。或者说法所确认和保护的社会秩序、生产秩序、工作秩序、教学科研秩序和生活秩序就叫法律秩序。法律秩序是按照体现在法律规范中的统治阶级的意志在实际生活中建立的秩序。所以没有真正的法制、没有真正的依法办事的制度就不可能有真正的法律秩序。"⑥我国《法学词典》和《大百科全书·法学》等都大体相近地认为,法律秩序是由法确立和保护的人与人相互之间有条不紊的状态。⑦

---

① 〔英〕沃克:《牛津法律大辞典》,光明日报出版社1989年版,第539页。
② 〔美〕塞德曼等:《法律秩序与社会改革》,时宜人译,中国政法大学出版社1992年版,第1页。
③ 〔苏〕雅维茨:《法的一般理论——哲学和社会问题》,朱景文译,辽宁人民出版社1986年版,第203页。
④ 《中外法学原著选读》,群众出版社1986年版,第608页。
⑤ 同上书,第609页。
⑥ 孙国华:《法学基础理论》,法律出版社1982年版,第197页。
⑦ 参见卓泽渊:《法的价值论》,法律出版社1999年版,第189页。

我们认为,法律秩序不仅仅是法律制度或法律体系,也不只是法律实现的结果,而是两者的统一。完善的法律制度或法律体系,是良好的法律制度的根本前提;而只有这种法律体系能够在现实中切实实现,主宰整个社会生活,才能谈得上健全的法律秩序。因而,对于一个具有良好法律秩序的社会来说,法律规范及其实现两个方面缺一不可。因此,法律秩序是人们根据社会生活的需要,归根结底是根据社会经济生活的需要,在总结经验的基础上,结合一定的预见,设计出法律规范,并使其在社会中实现而建立的秩序。

三、秩序是法的基础价值

秩序是法律所要实现的最基本的价值之一,它构成法律调整的出发点,也是法律所要保护和实现的其他价值的基础。在一个社会中,如法律不能保障社会处于有秩序的状态,就谈不上对自由、正义、平等以及其他价值的保障。所以,秩序是法律的基础价值,为法律的其他价值的存在和实现提供条件。秩序对于法律的基础价值是在这样的意义上成立的,即秩序是法律的直接追求,其他价值是以秩序价值为基础的法律企望;没有秩序价值的存在,就没有法律的其他价值。如安全必定存在于一定的秩序之中,一个人的自由和他人的自由唯有在秩序中才能获得其合理的界线和实现的条件,人们之间的平等关系也唯有秩序的支持才能获得成立。秩序之所以是法律的基础价值,是因为:

首先是由法律对于社会的意义所决定的。法律对于社会的意义,就是要建立起最必要的人际秩序,使人与人能够共存。当然维护人际秩序的规范不仅限于法,但在众多的社会规范中,无疑只有法才是人们最可能因受外在压力或受外在压力的逼迫而不得不遵守的准则。法对于社会的这一意义其实也就是法的秩序价值的体现。

其次是由法律对于统治阶级的意义所决定的。任何统治的建立都必然意味着一定统治秩序的建立。没有秩序的统治,就根本无法成为统治。因为在一片混乱之中,统治的权力根本无法行使。法律的根本而首要的任务还是保障阶级统治,因而秩序对于法律来说,对于法律的统治目的来说,无疑具有第一的要义。

再次是由秩序本身的性质所决定的。秩序是人们社会生活中相互作用的正常结构、过程或变化模式。它是作为主体的人互动的状态和结果。而人的互动状态和结果,在阶级社会中既是法律存在的依据、又是法律调整的结果。没有秩序就只有混乱,就只有混战和弱肉强食的虐杀,法律就根本不能存在。法律一旦创立,首要追求的就是秩序,并在一定的秩序中发挥自己的作用,追求自己的其他价值。

最后是由法律的其他价值所要求的。法律的价值中除了秩序价值以外,还有生存价值、安全价值、效益价值、公平价值、正义价值,以及自由价值、平等价值、人权价值、民主价值、法治价值、文明价值、人的全面发展价值等。这所有的其他价值无不以秩序价值为基础。因为,没有秩序,生存、安全、效益都会受到威胁并缺乏保障,公平、正义、自由、平等、人权、民主、法治、文明等就只能是奢望和梦想。庞德也说:"当法律秩序已经认定和规定了它自己要设法保障的某些利益,并授予或承认了某些权利、权力、自由和特权作为保障这些利益的手段以后,现在它就必须为使那些权利、权力、自由和特权得以生效而提供手段。"[①]法律其他所有的价值都需要以秩序价值作为基础,并建立在法律秩序价值的一定实现上,以秩序价值为基础是法律其他所有价值的要求。

秩序是法律的基础价值,不等于秩序是法律的唯一价值。仅以秩序价值的实现为目标的法律是目光短浅的法律,是没有前途的法律,也是不可能创设良好秩序的法律。法律追求秩序又不满足于秩序,才能获得真正的秩序并有可能最大限度地实现法律的全部价值。

[①] 〔美〕庞德:《通过法律的社会控制·法律的任务》,沈宗灵等译,商务印书馆1984年版,第114页。

第二节 法对秩序的维护

虽然习惯、惯例、公共政策等也会形成秩序,但在现代社会中秩序的形成主要依据于法律。法律形成的秩序保证着人类的生存,保证着社会的发展。在现代社会,国家意志在秩序形成中具有重大作用,这取决于人对理性能力的确信。法律对秩序的作用,具体表现在以下几个方面:

一、建立和维持社会政治秩序

社会的各个阶级和集团利益间的冲突构成了对于社会秩序最为严重的危害。为了避免社会各阶级和社会集团陷入冲突和斗争之中,两败俱伤,甚至同归于尽,就必须把这种冲突控制在一种有序的状态之中。社会自身无法控制各种社会冲突,它必须求助于国家。国家是一种看似凌驾于社会之上,实质上是掌握在经济上最强大的阶级、从而也是政治上最强大的阶级即统治阶级手中的工具。在现代社会中,国家主要以法律手段来调和社会各阶级、各集团之间的矛盾和冲突。

在现代社会,法律对于建立和维护社会政治秩序起着不可替代的作用。法律使社会政治秩序合法化、制度化,把阶级冲突限制在社会存在所允许的范围之内。通过将法律作为社会统治的权威手段,将阶级关系纳入秩序的范围,使阶级冲突和阶级斗争得到缓和,这是统治阶级长期统治经验积累的结果。法律权威的理想状态被称为法治,如今,各发达国家在治理方式上已经从人治转向了法治。对于维持政治秩序来说,法治的优越性在于法律的限制、禁止和控制在外观上对于一切社会成员是无例外的。任何人,无论是统治阶级成员还是被统治阶级成员,侵犯他人的合法权利,或者超出自身权利的范围而滥用权利,不履行自己的法定义务或要求他人履行无法律根据的义务,都将承担相应的责任。同时,法律是统治阶级根本利益和共同意志客观化的产物。

作为客观的准则,法律明确规定哪些行为应当受到保护、哪些行为应该受到限制或者禁止,人们据以行为,并且能够对自己行为的后果作出准确预测,或者对别人的行为作出是否合法的判断。法律的普遍性和客观性容易为社会成员接受,也便于遵守,使国家暴力仅仅在个别案件上使用或者仅仅作为一种威慑的力量而存在,社会政治秩序得到很好的维持。

二、维护权力运行秩序

权力指个人、集团或国家不管他人同意与否而贯彻自己的意志或政策以及控制、操纵或影响他人行为的能力,它的运行既可能给社会带来利益,也可能给社会造成危害。一般来讲,无秩序无规则的权力运行对他人和社会造成的危害非常之大,而且极有可能损害统治阶级的根本利益。这已被历史所反复证明。因此,建立和维护权力运行秩序不可忽视。法律在此过程中可起到重要作用,而且从历史的发展来看,法律制约权力的重要性在不断增强。

在专制社会中,从现象上看,专制者的权力不受任何既定规范的限制,包括不受法律的限制。他可以根据自己自由的、不受限制的意志或一时的情绪,发布命令或禁律,无人能准确地预测他如何行使权力。在他的统治下,社会没有安全感,因为即使在他身边服侍的高官显贵也时常面临着被革职甚至被处死的危险。然而,事情并非如此简单,历史上更常见的现象是:一个极其暴虐甚至连本阶级根本利益都不顾的自私君主,其下场不是被人们推翻,就是被本阶级替换掉。由此可见,专制君主并非是孤家寡人在进行专制统治,而是作为一个阶级的代表在进行专制统治。也就是说,在社会关系的形式上专制权表现为专制君主对一切人的权力,而在实质上它是以专制君主为代表的统治阶级对被统治阶级的权力。因此,君主运用专制权力还是有条件限制的,即不能损害统治阶级的根本利益和不能超出社会所能容忍的限度。在历史过程中,统治者逐渐认识到以法律手段建立权力运行秩序的重要性。这样,规范权力运行的法律逐步完善,如规定官吏录用、官僚等级与职责、官僚系统内部监控等涉及权力运行环节的行政组织法律规范和制度在专制社会里就曾达到很高的水平,对建立和维护专制权力运行秩序所起的作用是非常巨大的。

在现代民主政治中,各个国家的法律几乎一致规定,一切权力属于人民。人们是主权者,但权力的实际运行只能够由统治阶级中的少数人来执行。这可能带来两种弊端:一是专制主义这种权力异化现象可能会出现,如长期掌权的领导人身上出现的权力人格化;二是自由裁量权的滥用。在任何社会,由于社会生活的纷繁复杂,使得一定程度的自由裁量权的存在成为必要。但自由裁量实际上是以临时创制的新规则溯及既往地适用于过去发生的行为,从而使权力的行使常常处于不确定的状态和服从于偶然性的因素,所以极容易被滥用。法律则是消灭专制主义、限制自由裁量、建立权力运行秩序的重要手段,其作用主要表现在两个方面:第一,明确公民的各项政治权利和自由,并加以有力的保障,确保国家政权的民主性质;第二,法律要对国家权力系统的结构作出科学的安排,主要包括规定各权力主体(各国家机构)之间的权限划分以及相互间的合作、协调与制约关系,各权力主体内部的职权分配以及权力运行的程序机制等。

三、建立和维持社会经济秩序

恩格斯说过:"在社会发展某个很早的阶段,产生了这样一种需要:把每天重复着的产品生产、分配和交换用一个共同规则约束起来,借以使个人服从生产和交换的共同条件。这个规则首先表现为习惯,不久便成了法律。"[①]这里的"生产和交换的共同条件"就是经济秩序。这段话既说明了法产生的经济根源,也说明了法对经济秩序的维护功能。法对经济秩序的维护即体现为使经济活动摆脱偶然性和任意性而获得稳定性及连续性。

---

① 《马克思恩格斯选集》第3卷,人民出版社1995年版,第211页。

在自然经济条件下,自给自足的农业经济居主导地位,而交换的规模很小,所以法也主要集中在对农业生产方面的关系进行调整。在进入商品经济阶段之后,社会生产力飞速发展,经济形态日趋复杂,经济秩序对法的依赖性前所未有地增强了。法律在建立和维护经济秩序方面起到了至关重要的作用,主要表现在以下几个方面:

第一,法律保护财产所有权。法律关于财产权的规定,使财产所有者可以根据自己的意志在法定范围内占有、使用和处分财产,从而为生产和交换创造了最基本的法律保障。在商品经济社会,如果没有财产权利规则,就根本谈不上生产和交换。

第二,对经济主体资格加以必要限制。对经济主体若不加限制,则必然会产生经济主体的无限多样性,加之不合格主体的大量存在,又会危及交易安全,造成经济秩序的混乱。所以法律必须对经济主体规定资格的限制及相应的管理办法,首先要明确各类经济主体的最低成立条件,比如法人至少要具备依法成立、一定数量的财产、自己的名称及经营范围和活动场所、能独立承担民事责任等条件。其次要对各类主体的权利能力加以必要的限制,明确各类主体可以从事的活动范围,以便监督、控制。

第三,调控经济活动。在市场经济中,各类经济主体被赋予了很大的自由活动空间,但这种自由绝对不能够危及经济秩序。法律在这里通过调控经济活动来维持经济秩序。首先,法律严禁经济活动中偏离正常经济秩序的行为,比如,对以敲诈、胁迫等违反诚实信用、意思自治原则的手段签订的合同,应认定无效;对于双方恶意串通损害国家以及第三人利益的经济行为,除认定无效外,还要视情节轻重予以处罚;对于各种不正当竞争行为依法予以取缔;对于产品质量,法律从保护消费者权益出发,规定具体的监督措施;对于经济活动中的违约及侵犯权利的行为,法律针对各种具体情况规定责任与免责的条款。其次,将计划、税收等宏观调控手段纳入法律体系,对全社会的生产、分配和交换加以更有效的调节,防止或者缓和各经济部门的比例失调,消除生产经营中的盲目性。

第四,保障劳动者的生存条件。市场经济的正常运行,必须以保证劳动者的生存为前提。现代社会的法律关于工人最低工资、基本劳动条件、工作时间等规定,缓和了劳资双方之间的矛盾,保障了生产的正常进行。此外,现代社会的法律还一般确立了失业、养老保险和医疗保险制度,以更好地保护劳动者的生存权。

四、建立和维护社会生活秩序

安居才能乐业,有秩序的社会生活是人类其他活动的前提。所以,任何社会都必须首先要建立起一个正常的社会生活秩序。法律在这一方面所起的作用主要表现为:

第一,确定权利义务界限,避免纠纷。人类生存所必需的衣食住行的资源和产品是有限的,而人类的欲望是无限的。这个有限与无限的矛盾是一切争端和冲突的根源。法的任务是通过设定权利和义务来分配资源和产品,以调整或制止各种冲突。正如我国古代杰出的思想家荀况所说:"人生而有欲,欲而不得,则不能无求;求而无度量分界,则不能不争。争则乱,乱则穷。先王恶其乱也,故制礼仪以分之。"①在现代社会,法律取代礼仪来确定权利和义务的界限,以定分止争。法律一般以三种方式划定权利义务的界限:一是由法律直接确定权利义务,并赋予明确的内容。这类权利义务许多具有不可让渡、不可放弃的性质,比如,宪法规定的关于公民基本法律地位的权利和义务。这种法律规范塑造了社会生活秩序的基本框架结构。二是法律只提供依据或规定某些标准,由当事人自行设定权利义务并确定具体内容。这类权利义务在意思自治的基础上可以设立、变更、解除,比如契约上的权利义务。这种法律规范使权利义务更加清楚,使社会生活秩序更加精密。三是法律设立了权威解释制度。针对一些权利义务

---

① 《荀子·论礼》。

模糊之处,依据一定的法律原则进行解释或者加以推定,弥补社会生活秩序中的破绽。

第二,以和平、文明的手段解决纠纷。用公力取代私力救济的法律程序,是人类文明社会对争端解决方式的最佳选择。在原始社会,氏族内部的一切争端和纠纷"都由当事人自己解决,在大多数情况下,历来的习俗就把一切调整好了"①。但是,在氏族之间或部落之间发生的争端,例如,边界争执、人身伤害纠纷、财产纠纷,往往是通过暴力即血族复仇加以解决。这种暴力往往是漫无限制的,可能导致一个氏族或部落的灭绝。在原始社会末期,漫无限制的战争依次由血亲复仇、同态复仇、赎罪所取代。国家产生之后,为了避免在循环不已的冤冤相报的暴力冲突中造成人身和财产的无谓损害和社会秩序的动荡,法律逐渐以公力救济手段来取代私力救济手段,解决私人纠纷。公力救济主要指司法救济。伴随着文明的进步,司法制度逐渐完善,在现代国家,私人可以通过一定司法程序,与对方平等辩论,澄清事实,得到依法作出的判断,使冲突和纠纷得到缓和或者解决。

第三,对社会基本安全加以特殊维护。人身安全、财产安全、公共安全和国家安全等属于社会基本安全,它们是人类社会生活正常进行的最起码的条件。此种条件若不能维持,则社会关系的稳定性将被打破,社会将陷入一片混乱,一切秩序都将不复存在了。所以任何国家的法律都对社会基本安全加以特殊的维护。这种法律中最典型的部分即刑罚,它把严重侵犯社会基本安全的行为都视为对整个社会的侵犯,定义为犯罪。对犯罪行为,规定了最严厉的惩罚手段,即刑罚。并且国家追究犯罪人的责任,一般不以告诉为要件,刑法是法律体系中国家强制力体现得最直接、最充分的一种法律,其惩罚之严厉、社会威慑力之巨大,是其他法律所无法比拟的,这对于社会基本安全的保障是十分必要的。

---

① 《马克思恩格斯选集》第4卷,人民出版社1995年版,第95页。

除上述秩序外,法律还具有建立和维护政治意识形态秩序、国际经济和国际政治秩序的价值。

【课后阅读文献】

1. 刘作翔:《转型时期中国社会秩序结构及其模式选择》,载《法学评论》1998年第5期。
2. 龙文懋:《"自由与秩序的法律价值冲突"辨析》,载《北京大学学报(哲社版)》2000年第4期。
3. 谢晖:《论法律秩序》,载《山东大学学报(哲社版)》2001年第4期。
4. 吕世伦、邓少玲:《法律·秩序·美》,载《法律科学》2002年第2期。

【思考题】

一、选择题

1. 下列关于法的价值的表述不正确的是( )。
   A. 法的价值问题就是"法应该是什么"的问题
   B. 法的价值实质是法作为客体与社会主体之间的关系
   C. "法应该是什么"与"法实际是什么"之间存在着固有张力
   D. 实现秩序是法律追求的终极价值目标

2. 法律秩序是人们在社会生活中依法行事而形成的行为有规则和有序的状态。影响法律秩序的因素是多方面的,主要包括下列哪些选项?( )
   A. 法制方面的因素　　　　　B. 个人方面的因素
   C. 环境方面的因素　　　　　D. 法律本身的因素

二、简答题

1. 为什么说秩序是法的基础价值?
2. 如何认识法律对于阶级统治秩序的维护作用?
3. 如何认识法律对于权力运行秩序的维护作用?
4. 法律怎样维护社会生活秩序?

三、论述题

试述法对秩序的维护作用。

四、材料分析题

1989年《中华人民共和国传染病防治法》(2004年该法已经修订)第24条

第 1 款规定:"对甲类传染病人和病原携带者,乙类传染病中的艾滋病病人、炭疽中的肺炭疽病人,予以隔离治疗。隔离期限根据医学检查结果确定。拒绝隔离治疗或者隔离期未满擅自脱离治疗的,可以由公安部门协助治疗单位采取强制隔离治疗措施。"2003 年 4 月某日,北京市对"非典"疫情重点区域依法进行封闭隔离后,被隔离的医院、居民楼及学生宿舍秩序井然,居民生活无忧,社会各界也普遍对隔离措施表示理解和支持。

问题:结合上述材料,试论述法的秩序价值。

第四章 法与正义

☞ **本章提示**
- 正义的概念、种类
- 形式正义、实质正义
- 法对正义的实现

第一节 正义释义

一、正义的概念

正义是一个古老而又常新的概念。在中文里,正义即公正、公平、公道。古埃及象形文字中的正义为一根鸵鸟毛,因为鸵鸟的毛几乎是一般长。西文中的正义一词源自荷马史诗中的 dike 和 themis。Dike 从词根 deiknumi 推导而来,意为"我表明"、"我指出",由此转意为判官对争论作出的判断,或争论一方提出的主张。Themis 一词由词根 tithemi 推导而来,意为"我提出"、"我制定",作为名词,themis 意为"正义女神"。拉丁文中的 justus 兼有正义、合法、合法性等含义。在英文里用 justice 表示类似的含义。

什么是正义?就像天天在时间中生活却难以给时间下定义一样,我们天天同正义、不正义打交道,却难以给正义一个大家接受的定义。作为评价人际关系的最高范畴的正义,几乎每个人都有自己的理解和判断,甚至有的学者说,我们不能指出什么是正义,而只能指出什么是"不正义"。因此,在中外学术著作中,正义才有数不清的定义。

在荷马时代,希腊人相信宇宙有一个单一的结构,要成为正义的(dikaios),就必须按照这一结构去行为,因此正义指公平地分配财富、公平地给予处罚。柏拉图的"各尽其职就是正义"就是源于这一传统。古罗马法学家乌尔比安说:"正义是给予每个人他应得的部分的这种坚定而永恒的意志。"①功利主义者从最大多数人的最大利益角度讲正义,目的论者将追求善作为正义。总之,从不同角度观之,可以发表不同的议论,为之下不同的定义。据此,有学者就指出,"正义是一张普洛透斯似的脸,变化无常、随时可以呈现不同形态,并具有极不相同的面貌。"②概括历史上关于正义的种种观念和阐述,比较有影响的正义定义或定义式阐述有③:

(1)正义指一种德行。这种德行的经典表述就是"己所不欲,勿施于人","己之所欲乃施之于人",或者说,"只照你能意愿它成为普遍律令的那个准则去行动"。正义就是引导人们避免彼此伤害或受害的互利的约定。

(2)正义意味着各得其所。人是由不同的质料构成的,具有天然的品质、才能、地位,担负不同的职位,具有各自的分工。正义就在于根据每个人的品质、才能、地位、身份、贡献分配机会、财富和权利(权力),使人们各得其所。查士丁尼《民法大全》和古罗马的很多法学家如乌尔比安都奉行这种正义观,认为正义就是"使每个人获得其应得的东西的人类精神意向"。

(3)正义意味着一种对等的回报。中国古代的格言以其人之道还治其人之身,西方人所说的公理——一个以某一方式对待别人的人,不能认为别人在同样情况下以同一方式对待他自己是不公正的,都表达了这种正义观。这种正义观也突出地表现在报复主义的刑罚理论中。

(4)正义指一种形式上的平等。比利时法学家佩雷尔曼说,不管人们出自何种目的,在何种场合使用"正义"的概念,正义总

---

① 参阅〔意〕桑德罗·斯奇巴尼选编:《民法大全选译·正义和法》,黄风译,中国政法大学出版社1992年版,第39页。
② 〔美〕博登海默:《法理学:法律哲学与法律方法》,邓正来译,中国政法大学出版社1999年版,第252页。
③ 参见张文显:《法理学(第二版)》,高等教育出版社、北京大学出版社2003年版,第410页。

是意味着某种平等,即给予从某一特殊观点看来是平等的人,即属于同一范围或阶层的人同样的对待。至于这个范畴属于什么是无关紧要的。

(5) 正义指某种"自然的",从而也是理想的关系。不过,人们对什么是"自然的"、"理想的"关系的理解是不同的。古希腊某些思想家认为,社会上划分自由民和奴隶,"治人者"和"治于人者",是"自然安排的"。如果大家都遵循这些关系,正义就在社会上实现了。资产阶级认为"自由、平等和博爱"是理想的关系。马克思主义者认为,正义意味着消灭阶级和阶级差别,首先是消灭阶级剥削和阶级压迫。

(6) 正义指法治或合法性。英国哲学家、法学家金斯伯格认为,正义观念的核心是消除任意性,特别是消除任意权,因此合法性的发展就具有巨大的重要性。因此人是受法的统治而不是受人的统治的观念就涌现出来。正义的历史大部分是反对法的迟误,反对任意适用法律规范,反对法律本身的不法的这些运动。这种意义的正义通常被法学家们称这"法律正义"。

(7) 正义指一种公正的体制。美国法学家庞德指出,从法律的角度,正义并不是指个人的德行,也不是指人们之间的理想关系。它意味着一种体制,意味着对关系的调整和对行为的安排,以使人们生活得更好,满足人类对享有某些东西或实现各种主张的手段,使大家尽可能地在最少阻碍和浪费的条件下得到满足。美国哲学家罗尔斯持有相同的观点。

上述正义观念和论述分别从不同侧面表达和揭示了正义的内涵。但是,总体上这些观念和论述都是抽象的,超民族、超阶级、超历史的。长期以来我国占主导地位的观点认为:(1) 在阶级社会里,正义是有阶级性的,统治阶级和被统治阶级虽有某些共同的关于人的行为的正义尺度,但在社会制度的正义观上,是根本对立的。奴隶主和封建主认为把人分为不同阶层和等级,并根据阶层和等级占有社会资源和财富是公正的,而资产阶级则要打破阶层和等级的划分,实现正义面前人人平等。(2) 正义总是具体的,正义的具体性集中表现为正义是受一定社会的物质生活条件决定的。正如恩格斯在批判蒲鲁东的抽象的"永恒公平"时所指出的:"这个公平则始终只是现存经济关系的或者反映其保守方面或者反映其革命方面的观念化的神圣化的表现。"①(3) 正义是历史的产物,并随着历史的发展而不断改变。"希腊人和罗马人认为奴隶制是公正的,资产阶级的公正观则要求废除被宣布为不公正的封建制度。"②恩格斯在批判杜林企图从永恒真理的存在得出在人类历史的领域内也存在着永恒真理、永恒道德、永恒正义的结论这种历史唯心主义观点时,深刻指出:"平等的观念,无论以资产阶级的形式出现,还是以无产阶级形式出现,本身都是一种历史的产物,这一观念的形成,需要一定的历史条件,而这种历史条件本身又以长期的以往的历史为前提。所以这样的平等观念说它是什么都行,就不能说是永恒的真理。"③

我们认为,按照马克思主义的辩证统一原理,正义是主观与客观的统一,也是流变性与不变性的统一。正义在不同的时空中会改变其内容,但是正义也有其不变的内容,即正义有一个底线,这个底线是文明的人类社会所共同具有的,不遵守这些底线的社会不是文明社会。在现代社会,人类对正义的共识性程度已经大大提高。现代社会中对人的尊严的尊重构成正义的底线,国际人权法确认的人权内容可以认为是当今社会的正义底线。

二、正义的种类

在思想史和法学史上,人们对正义有各种不同的分类。其中经典的分类法是古希腊思想大师亚里士多德所做的分类。亚里士多德把正义分为分配正义和矫正正义。分配正义涉及财富、荣誉、权利等有价值的东西的分配。在这个领域,对不同的人给予不同的对待,对相同的人给予相同的对待,就是正义。矫正正义

---

① 《马克思恩格斯选集》第2卷,人民出版社1995年版,第212页。
② 《马克思恩格斯全集》第18卷,人民出版社1964年版,第319页。
③ 《马克思恩格斯选集》第3卷,人民出版社1995年版,第449页。

涉及对侵害的财富、荣誉和权利的恢复和补偿。在这个领域,不管谁是伤害者,也不管谁是受害者,伤害者补偿受害者,受害者从伤害者那里得到补偿,就是正义。亚里士多德对正义的这种划分对后世影响非常深远。

在当代,关于正义的划分可以说是各种各样。例如,第一,从主体的角度,把正义划分为个人正义与社会正义,个人正义适用于个人及其在特殊环境中的行动,指个人在处理与他人的关系中应公平地对待他人的那种道德态度和行为准则;社会正义适用于社会及其基本的经济制度、政治制度和法律制度,指一个社会基本制度及其所含规则和原则的合理性和公正性。第二,从正义发生和实现的领域的角度,把正义划分为道德正义、经济正义、政治正义、法律正义等。道德正义是一种个人的美德或者对人类的需要的一种合理、公平的满足;经济正义和政治正义是一种与社会理想符合,足以保证人们的利益和愿望的制度;法律正义是一种通过创制和执行法律来调整人与人之间的关系及其行为而形成的理想关系。① 第三,从正义与主体利益的关系,可分为实体正义与形式正义。实体正义是关于制定什么样的规则(包括道德规则和法律规则等)来公正地分配社会资源的问题,形式正义则是怎样实施这些规则以及当这些规则被违反的时候如何加以处置的问题。在法律范围内,实质正义可以说是法律创制中的正义,形式正义则是法律执行和适用中的正义。由于实质正义和形式正义的划分正好对应了法的创制和法的执行和适用,所以法学论著广泛采用了这一分类。

在上述各种正义分类中,美国哲学家罗尔斯和庞德所提出的社会正义即社会基本结构(社会体制)的正义具有决定意义,可以说是正义之正义。所谓社会体制或基本结构,是指分配基本权利和义务的经济制度、政治制度和法律制度。"一个社会体系的正义,本质上依赖于如何分配基本的权利和义务,依赖于在社会的

---

① 参见〔美〕庞德:《通过法律的社会控制·法律的任务》,沈宗灵译,商务印书馆1984年版,第73页。

不同阶层中存在着的经济机会和社会条件。"①之所以要把社会体制或基本结构的正义作为首要的正义,乃是因为:

第一,它对个人生活的影响具有根本性和持久性。社会基本结构对个人的具体生活起着最持久的和自始至终的带有根本性的影响。作为社会主要制度,它们影响人们的生活前景即他们可能希望达到的状态和成就。这种基本结构包含着不同的社会地位,生于不同地位的人们有着不同的生活前景,这些生活前景部分是由政治体制和经济、社会条件决定的。这样,社会制度就使某些人的起点比另一些人更为有利。这类不平等是一种特别深刻的不平等。它们不仅涉及面广,而且影响到人们在生活中的最初机会。

第二,它相对于法律形式上的分配正义具有母体性。法律上的权利义务分配是从社会基本结构的母体中产生的,没有这个母体,就不会有法律上的权利义务分配;没有这个母体性的正义,法律形式上的分配正义就难以据以产生。因此,马克思主义者认为,权利永远不能超出社会的经济结构以及由经济结构所制约的社会的文化发展。有什么样的社会基本结构的正义,就有什么样的法律形式上的分配正义。

第三,它相对于其他领域或层面的一切正义具有实质性。正义可以划分为形式正义与实质正义,相对于社会基本结构的正义,其他一切正义都属于形式正义。如果要衡量其他行为是否合乎正义,那么社会基本结构的正义就是实质正义标准。无论是人们关于人的行为公正与否的判断,还是对立法、司法公正与否的判断,往往都是直接或间接地根据社会基本结构的正义标准作出的。社会基本结构的正义是关于大是大非的问题,即社会正义问题。

社会基本结构的正义包括两个层面,一是社会各种资源、利益以及负担之分配上的正义,二是社会利益冲突之解决上的正

---

① 〔美〕罗尔斯:《正义论》,何怀宏等译,中国社会科学出版社1988年版,第5页。

义。前者可谓"实体正义",后者可谓"形式正义"或"诉讼正义"。

三、形式正义与实质正义

1. 形式正义及其标准

形式正义的含义有多种理解。罗尔斯的形式正义概念,是指公共规则的正规的和公正的执行,在适用于法律制度时,就成为法治。佩雷尔曼的形式正义概念是指"对每个人同样地对待",所有被考虑到的人必须受到同样的对待,而不管他们是长者或晚辈,健康或虚弱,富裕或贫困,正直或可耻,有罪或清白,高贵或卑微,白肤或黑肤。戈尔丁的形式正义是指程序正义,特别是诉讼正义。

显然,形式正义是一个多义词,在不同的语境中它代表不同的语义。因为任何所谓"形式"的东西都只是与"内容"或"实质"相对而言的。形式和内容的关系具有相对性,同一事物,在此时此地是形式,在另一场合则就成为内容了。法律意义上的形式正义至少存在三种形态,我们经常在这三种形态之下使用"形式正义"概念[①]:

第一,与社会正义相对应的形式正义,即法律正义或制度正义。在这里,社会正义主要是指社会基本结构的正义,它是实质正义。法律正义或制度正义是指受社会正义决定并反映社会正义的法律上的正义。相对于社会正义而言,一切法律上的规定,不论其实体法规定的权利义务内容还是程序法上规定的程序规则,都属于形式正义。

第二,与具体正义或特殊正义相对应的形式正义,或可被称为抽象正义。具体正义或特殊正义是指个案中的实质正义,它是存在于具体的人、行为或事件之中的具有实际的、具体内容的正义。与此相对应的形式正义,即抽象正义,是指舍弃了具体内容和特殊情况的一般正义,也就是"对每个人同样地对待"。

---

① 参见张文显:《法理学》,法律出版社 2007 年第 3 版,第 370 页。

第三,在法律体系中,与实体正义相对应的形式正义,即程序正义或诉讼正义。这是以立法和执法为标准所作的划分。实体正义相当于立法正义,即实体权利义务在立法上进行分配的正义,与此相对应的形式正义,即程序正义、诉讼正义是指法律适用或执法阶段的正义。比如关于平等问题,所谓"法律上一律平等"是一种实质正义,所谓"法律面前一律平等"则是一种形式正义。

上述三种形态的形式正义均有各自的标准。第一种形式正义(法律正义)的标准实际上就是法治的基本要求,第二种形式正义实际上主要是指平等问题。在此阐述的是第三种形式正义,即程序正义。

作为程序正义或诉讼正义的形式正义,它起源于古老的"自然公正"(natural justice)原则,而这一原则又是起源于自然法观念。其具体内容也随着情况而不同,在适用上具有很大的灵活性。就现代而言,公正的程序至少应该包含以下几个方面的标准:一是中立。它与偏私对立,是指与自身有关的人不应该是法官,结果中不应含纠纷解决者个人利益,纠纷解决者不应有支持或反对某一方的偏见。二是平等。它与差别对立,是指无差别对待,对各方当事人的诉讼都应给予公平的注意。三是公开。它与秘密对立,是指程序活动过程对当事人、利害关系人及社会公开进行,并告知和保障参加机会。除涉及个人隐私、商业秘密或国家机密外,一般情况下均采用公开程序。四是科学。它与擅断和愚昧对立,是指程序中的各种活动与解决纠纷的目的是否具有必然的因果联系问题。解决纠纷应当以理性推演为依据和基础,因为正义是排除任意性的。五是效率。它与浪费对立,是指解决纠纷的程序成本与纠纷解决的结果之间的关系问题。六是文明。它与野蛮对立,是指程序应当合乎文明与生活道德,如果纠纷解决程序中继续存在外部行为的冲突,甚至武力争斗,体罚被告等,那么它就没有任何文明可言。

2. 实质正义及其标准

与形式正义一样,实质正义也有三种形态:与法治这种形式正义相对应的实质正义,即社会正义;与抽象正义相对应的称为具体正义的实质正义;与程序正义相对应的实体法上的实体正义。第三种实质正义的标准相对比较简单,其标准就是实体法所规定的规则或原则,也就是"根据法律权利对待"。

就第一种和第二种涉及分配问题的实质正义而言,存在着五种正义标准,或称为正义分配标准,即无差别对待、按照优点对待、按照劳动对待、按照需要对待和按照身份对待。

"无差别对待"是对每个人同样对待。根据这一分配原则,参加分配的人必须受到同样对待,而不管他们的年龄、富裕程度、社会地位、道德面貌、工作能力、性别等方面的差别。"按照优点对待"是对每个人根据其天资或德行进行分配。这里的"优点"或"天资"具体表现为某一方面的能力。"按照劳动对待"是对每个人根据其劳动时间或对社会(集体)的贡献、工作表现和劳动成果进行分配,即按劳分配。"按照需要对待"是根据每个人及其家庭必须得到的最低限度或一定限度的需要进行分配。由于不同的人有不同的需要,根据需要分配是一种差异分配。"按照身份对待"是根据每个人在社会中所处的地位,及其种族、民族、宗教状况、家庭出身、政治面貌、财产状况进行分配。

上述五种正义标准在不同形态的国家,实行的情况是不同的。社会主义国家实行的是一种以按劳分配原则为主的混合分配制度,即上述五种标准在不同程度上、不同分配领域分别被采用了。例如,在实行承包制的农村中耕地使用权的分配,城市居民副食品补贴的分配,贯彻的是无差别分配原则。高等学校录取、特种工作职务的分配等,贯彻的是按照优点分配的原则,即在高等学校设施有限的情况下,把接受高等教育的权利优先分配给那些有天资并已发挥其天资的人。大部分消费品的分配实行的是按劳分配原则,或者说消费品的分配基本上的是按照劳动的数量和质量进行的。在全民所有制企业、事业单位实行的医疗补贴等基本是按照需要分配的。而对于具体特殊身份的人实行的特殊待遇,则是按照身份进行的分配。在这些分配原则中,占主导的是按劳分配的原则。

第二节 法对正义的实现

法律与正义的关系十分密切,但也表现得异常复杂。法学史上关于两者关系的学说也很不一致,有的认为法律决定正义,有的认为正义决定法律;有的认为正义与法律无必然联系,有的认为正义与法律在社会动态过程中存在密切的联系。我们认为,正义对法律具有重要意义,法律对正义也具有重要作用。

一、正义在法律生活中的作用

在法律生活中正义发挥着各种积极作用。

(1)正义对法律有积极的评价和推动作用。正义作为社会的道德价值,对法律具有评价作用。在不同的制度和文化环境里,这种评价的力度是不同的。在专制国家里,统治者不但是政治权威的拥有者,也是道德权威和真理权威的拥有者,所以实在法与正义之间的张力不足,在权力层面上正义几乎难以评价法律。在社会层面上,这种评价尽管始终存在,但是软弱无能。在民主法治国家,无论是在权力层面还是在社会层面,正义都发挥着强有力的评价作用,不正义的法律被拒绝认可为法就是典型的表现。正义被吸纳为法源的一部分,正义可以填补法律空白,正义可以作为纠正法律失误的力量,正义可以作为法律解释的标准。在西方国家最迟从古罗马开始,法观念就是"选择性"的,正义是法律的本质属性,国家制定的法律如是不正义的,则被拒绝作为法律适用。直到近代民族国家崛起以后,法律与国家权力间的关系日益密切,法与正义才发生"疏离",因而产生"恶法亦法"的观念。这一观念在20世纪下半叶的全球法治浪潮中已逐渐失去市场。事实上,任何长期存在的法律制度都有一个坚定的正义基础,并接受它的评价,因为人们无法单凭暴力长久维持非正义的法律制度。

（2）正义对法律的进化有极大的推动作用。法律进化是在一定的社会中实现的，是社会进化的表现和动力（也可能是阻力）。这并不是说正义对法律不起作用。相反，社会对法律的推进主要是通过正义得以实现的。社会进步的主要表现之一就是人的素质的提高，正义观的改善、进步是人的发展的重要方面，正是人的素质（包括正义观）的改善促进了法律的发展。法律的形式方面和实质方面的进步都离不开正义的推动，主要表现在：

第一，正义推动了法律精神的进化。法律的根本进步在于法律总体精神的进化，同样的法律话语在不同的法律精神下面会产生完全不同的含义和社会效果。法律精神进化的主要动力在正义。这一方面最典型的例证是法律现代化。正是正义推动了法律内在价值的转换：由前现代的特权、压制、国家本位走向现代的平等、自由、个人本位。正义是自由、平等、权利的精神家园。早在古希腊奴隶社会全盛时期，人们就用正义反对奴隶制；启蒙思想家用正义谴责封建特权引发法国大革命和19世纪的世界性立宪运动；美国人用平等反对男女不平等、反对种族隔离、种族歧视，促使美国法律不断进化等均是实例。

第二，正义促进了法律地位的提高。法律在社会控制系统中的地位大致有两种形态：人治型和法治型。在人治社会中，法律的控制能力不足，它从属于统治者的权力意志，在法治社会中，统治者的权力意志服从法律，正是正义观念推进了法律由人治型法向法治型法转换。亚里士多德当年提倡法治反对人治的第一条理由就是法治比人治公平。在一个正义声音被扼杀或声音微弱的地方是难以建成法治社会的。

第三，正义推动了法律内部结构的完善。这里最突出的表现是控权立法的产生与完备。正义与自由、平等不可分，政治正义要求一个产生于民众、服从民意、保障人民自由、平等等基本人权的政府。如何才能防止政府滥权之害？如何防止政府脱离民众、高居于民众之上？如何防止腐败？历史告诉人们只有通过法律才是最保险的。正是在正义的推动下，法律内部结构发生了很大的变化。首先,正义观推动了宪法的产生。宪法是权利法,也可以叫正义法,宪法是权利宣言,它的作用是通过宣示一组权利作为政府的边界以限制政府,通过规定政府的结构与权力限制政府妄为。其次,正义推动了控权行政法的产生与完善。现代行政法的核心部分是规定行政机关的权力范围、行政程序与对行政侵权予以救济,这种以行政程序法和行政救济法为中心的行政法是正义的产物。再次,正义推动了程序法量与质的提高。正义的不变内容主要是程序性的,严格的程序可以排斥重要的不正义,所以程序法的完善、程序法成为法律体系的重要组成部分应当归功于正义。就诉讼程序而言,现代程序法包括了刑事诉讼程序、民事诉讼程序和行政诉讼程序,这种诉讼程序法的分化与专门化是现代法律的一道风光。现代的程序法已从传统的诉讼程序延伸至立法和行政领域,目的在于用严格的程序限制立法与行政行为的主观任意性以实现正义。最后,正义催生了专门针对国家机关的诉讼形式:宪法诉讼和行政诉讼,用正义之剑纠正不良立法和不良行政。

第四,正义提高了法律的实效。正义的重要内容之一是对社会的一致、公正的管理,对法律来说,就是法律应当得到良好的实施,官方行为应与法律保持一致。通常的法律适用平等的观念对法律的实效提高起到了重要作用。在一个缺乏正义追求的社会,首先受到打击的就是法律的实效。

二、法律对正义的实现作用

"正义只有通过良好的法律才能实现","法是善和正义的艺术"。这些古老的法学格言和法的定义表明法与正义是不可分的:法是实现正义的手段,法的价值之一在于实现正义。

(一)法对正义实现的一般作用

法律对正义的实现作用,总体上体现为:

第一,分配权利以确立正义。这是法在实现分配正义方面的作用。包括把指导分配的正义的原则法律化、制度化,并具体化为权利、权力、义务和责任,实现对资源、社会合作的利益和负担进行权威性的、公正的分配。在这种权利义务的分配中,基本权利和义务的分配是带有根本性的、决定性的。在一个民主政体的国家中,关于基本权利和义务的分配即分配正义原则的执行通常是由人民选举的立法机关进行的,因为基本权利和义务涉及人民的财产、人身自由和人格与国家权力的关系。所以国家权力在何种情况下才能剥夺人民的基本权利、课以何种义务和责任的问题,成为分配正义中的核心问题。当分配正义原则被一个社会成员违反的时候,矫正的或诉讼的正义就开始起作用。这就引起后面关于惩罚与补偿的问题。

第二,惩罚罪恶以伸张正义。这是法律平均正义的一个方面。以刑罚为代表的法律上的惩罚之基本目的不外乎报应与预防两个方面。报应,也就是通过惩罚罪恶表达正义观念、恢复社会心理秩序。犯罪不仅是违反法律危害国家和人民利益的行为,而且也是违反正义观念的邪恶行为。因此,出于正义的要求,对于恶行应该作出否定的评价,对于善行应该给予褒扬。这是基于道义要求所产生的正义观念的应有内涵。在关于惩罚的理论中,包含着三个基本问题,即惩罚的理由、惩罚的对象以及什么是适当的惩罚。曾经存在过八种惩罚理论,它们分别从不同角度回答了惩罚理论的三个基本问题,无论怎样理解惩罚的性质,我们都不能否认惩罚具有伸张正义的作用。[①]

第三,补偿损失以恢复正义。如果说惩罚罪恶是基于道义的正义要求,那么补偿损失则是基于功利的正义要求。法律在平均正义方面除了对罪恶予以惩罚外,还在合同、侵权方面表现为试图补偿受害者蒙受的损失。这种补偿通常只以损失大小为标准,而不考虑或不过多考虑侵害者有无过错、其错误程度与赔偿额有无必然联系、赔偿费是否由其本人支付(可能是保险公司支付)等。以赔偿为主的补偿性责任主要是为了恢复分配正义。

---

① 参见张文显:《二十世纪西方法哲学思潮研究》,法律出版社 1997 年版,第 479—488 页。

(二) 法对社会正义的实现作用

与社会正义所包括的两个基本方面（分配正义和诉讼正义）相适应，法一要促进和保障分配的正义，二要促进和保障诉讼的正义。

第一，促进和保障分配的正义。

人类社会是这样一个社会，在其中既存在着利益的一致，也存在着利益的冲突。之所以存在着利益的一致，是因为合作可以使所有的人比他们孤立活动生活得更好；之所以存在着利益的冲突，是因为每个人都对自己占有社会合作的成果的份额非常敏感，有相当多人甚至希望自己能得到一个较大的份额。因此，每个社会都需要有一套原则指导社会适当地分配利益和负担，这套原则就是正义原则。

法在实现分配正义方面的作用，主要表现为把指导分配的正义原则法律化、制度化，并具体化为权利和义务，实现对资源、社会合作的利益和负担进行权威性地、公正地分配。当然，由于正义（公正）是一个具体的、历史的范畴，公正概念从一个阶级到另一个阶级、从一个民族到另一个民族、从一个时代到另一个时代是剧烈变动的，以致它们常常是相互直接矛盾的，在一个阶级、一部分人看来是公正的分配，在另一个阶级、另一部分人看来可能是不公正的分配；在一个时代被视为天经地义的分配，在另一个时代可能被看做是荒谬的。法所促成实现的"分配正义"，并非对一切人都是公正的。

第二，促进和保障诉讼的正义。

在社会生活中，人们之间发生利益冲突是不可避免的，权利和义务的分配关系不可能受到所有人的尊重，由此引起的法律纠纷也必然是层出不穷。这些冲突和纠纷不仅应当是和平地、即不使用私人武力地得到解决，而且应当公正地得到解决。法一方面可以为和平地解决冲突提供规则和程序，另一方面也可以为公正地解决冲突提供规则和程序。

公正地解决冲突，其主要标志是无偏见地适用公开的规则；

类似案件类似处理,同样的情况同样对待,也就是法律面前一律平等。

在现代社会,为了保障冲突和纠纷的公正解决,法律所提供的规则和程序主要有:(1)司法独立,即司法机关和法官个人在行使司法职能时有不受立法机关、行政机关和任何长官非法干涉的自由;法官在其任期内行使权力时,不应有不利于他的调动。(2)回避制度,即任何人不应审理与自己有利害关系的案件。换言之,法律纠纷应由超然于当事人的第三者来审理。(3)审判公开,即案件的审理必须公开,接受社会的监督和法制监督,但不受舆论所左右。审判公开隐含着"不仅要主持正义,而且应当昭示天下"的格言。为了让人们依赖法律,司法机关必须公开执法并让所有当事人看到法律机构是如何工作的。如果秘密审判,就难以保证当事人的基本权利得到尊重。(4)当事人权利平等,即冲突和纠纷双方均应得到有关程序的公平通告,并有公平的机会去出示证据,回答对方的辩论和证据。(5)判决的内容应当有法的根据和事实的根据,并为公认的正义观所支持。(6)案件的审理应当及时高效,不得迟误。(7)应有上诉和申诉制度,容许对初审判决不服的当事人把初审法院的法官置于"被告"的地位,由上级法院审查下级法院判决的公正性和合法性。(8)律师自由,律师能够没有顾虑地为当事人提供必要的法律帮助(咨询、代理、辩护等)。

【课后阅读文献】

1. 江山:《再说正义》,载《中国社会科学》2001年第4期。
2. 张恒山:《论正义和法律正义》,载《法制与社会发展》2002年第1期。
3. 陈瑞华:《刘涌案的法理思考:判决书中的正义——从刘涌案改判看法院对刑讯逼供的处理问题》,载《政法论坛》2003年第5期。
4. 周旺生:《论法律正义的成因和实现》,载《法学评论》2004年第1期。
5. 李洪杰:《法正义价值的人本之维》,载《黑龙江省政法管理干部学院学报》2007年第2期。

【思考题】

一、选择题

1. "正义具有一张普洛透斯的脸,变幻无穷,随时可呈不同形状,并具有极不相同的面貌。"这是哪位法学家的话?(　　)
   A. 苏格拉底　　　　　　　B. 亚里士多德
   C. 博登海默　　　　　　　D. 卢梭

2. 坚持将法分为分配正义和矫正正义的是(　　)。
   A. 苏格拉底　　　　　　　B. 亚里士多德
   C. 博登海默　　　　　　　D. 罗尔斯

3. 从法律的角度,正义并不是指个人的德行,也不是指人们之间的理想关系。它意味着一种体制,意味着对关系的调整和对行为的安排,以使人们生活得更好,满足人类对享有某些东西、实现各种主张的手段,使大家尽可能地在最少阻碍和浪费的条件下得到满足。这一观点是下列哪位法学家提出的?(　　)
   A. 罗尔斯　　　　　　　　B. 霍姆斯
   C. 托克维尔　　　　　　　D. 庞德

4. 在现代社会,人类对正义的共识性程度大大提高,(　　)构成正义的底线。
   A. 尊长扶幼　　　　　　　B. 对人的尊严的尊重
   C. 自由、平等、博爱　　　D. 追求幸福的权利

5. 从正义发生和实现的领域的角度,正义可以分为(　　)。
   A. 道德正义　　B. 经济正义　　C. 政治正义　　D. 法律正义

6. 从正义与主体利益的关系,正义可分为(　　)。
   A. 个人正义　　B. 社会正义　　C. 实体正义　　D. 形式正义

二、名词解释

1. 正义
2. 实质正义
3. 形式正义

三、简答题

1. 为什么要把社会体制或基本结构的正义作为首要的正义?
2. 简述在现代社会法律为保障冲突和纠纷的公正解决所提供的规则和程序。

四、论述题

1. 试论正义在法律生活中的作用。
2. 试论法对社会正义的实现作用。

五、材料分析题

28岁的甘肃打工者王某余,因急需钱给父亲治病,并且自己因身体原因不想继续打工,和弟弟一起准备向包工头吴某国处要回当年的工钱。2005年5月11日晚,兄弟俩到吴某国住处讨要工资时,吴某国一直没有开门。住在旁边的苏某才、苏某刚、苏某兰、吴某还有吴某国之妻过来让他俩走。吴某骂哥俩像条狗,用拳头打王某余,还用脚踢他。苏氏父子也对兄弟二人连踢带打。"为什么我活着总是让人欺负?!"愤怒的王某余拿出随身携带的折叠刀,将苏某刚、苏某才、吴某、苏某兰相继捅倒在地,又见吴某国之妻汤某琴扶着被捅伤的苏某刚蹲在墙根处,王某余持刀又将汤某琴捅伤,最终酿成四死一伤的惨案。王某余杀了人后没有逃跑,而是投案自首。"他们这样欺压民工,却受不到法律的制裁,我就是要杀了他们。我杀了他们,并不是我想的,这是命运的安排吧。"对于自己的所为,王某余没有后悔,"反正我也不想活了,我这样活着太累了!"

问题:民工王某余只是想要讨回工钱,找回属于自己的"正义",但却酿成了重大血案,等待他的必然是法律的制裁。在这起案件中,法律和正义冲突了吗?为什么?

第五章 法与效率

☞ **本章提示**
- 效率的概念
- 效率与正义的关系
- 法对效率的促进

第一节 效 率 释 义

在我国社会主义法律价值体系中,效率(或效益)是最近二十年日益受到重视的一种价值。而如何理解效率,如何认识和处理效率与公平的关系,如何运用法律机制促进效率的实现,是法学理论面对的三个重大现实问题。

一、效率的概念及其适用范围

"效率"或"效益"(efficiency)一词可以在多种意义上作用,例如,可以说"办事效率高"、"有效率观念"、"富有效率"、"经济效率"、"注重效益"等。所有这些意义都可以归结为一个基本意义:从一个给定的投入量中获得最大的产出,即以最少的资源消耗取得同样多的效果,或以同样的资源消耗取得最大的效果。也就是经济学家常说的"价值极大化"或"以价值极大化的方式配置和使用资源"。在这种基本意义上,说一个社会是有效率的,就是说它能够以同样的投入取得比别的社会更多的有用产品,创造出更多财富和价值的社会,亦即自然、社会和人文资源优化配置(价值极大化)的社会。除此之外,效率还意味着根据预期目的对社会资源配置和利用的最终结果作出的社会评价,即社会资源的配置和利用使越来越多的人改善境况而同时又没有人因此而境况变坏,则意味着效率提高了。

效率的概念和价值标准的适用范围大致有三种情况:

(1) 全部资源配置上的效率。这是泛化意义上的效率概念,是效率的一般含义所在。资源配置上的效率原则要求优化资源配置,促进资源由低效率利用向高效率利用转变。无论是社会自然资源(如土地、矿山、水源、森林等生产要素),还是人文资源(如产权、投资、信贷、政策、机会、信息等),无论是属于经济基础范畴的资源,还是属于上层建筑范畴的资源,都要按照价值极大化的规律和原则进行配置。这是因为:

第一,效率是由人民大众的法律评价标准所得出的。人民大众对法律的评价是以人民大众的利益和需要为出发点的,而人民大众的利益和需要导源于他们的社会物质生活条件,依赖于社会生产力的提高。因此,是否有利于解放和发展社会生产力就成为根本的评价标准。

第二,效率原则是由社会主义初级阶段的社会性质和根本任务所决定的。在整个社会主义初级阶段,必须始终以经济建设为中心,只要这一点不动摇,包含效率并以效率优先为基础的价值体系就不应当有任何改变。

第三,效率原则是由效率价值的属性所决定的。效率价值属于经济范畴,其他价值(如正义、公平、自由等)则属于道德范畴。按照历史唯物主义的观点,作为经济范畴的效率应当优先于作为道德范畴的其他价值自不待言。效率优先也就是发展优先,因而与其他价值比较,它是硬道理,法律的其他价值均应当服从和服务于效率价值。

第四,效率原则是市场经济的必然规律,是经济体制改革的必然要求。市场经济的基本规律之一是自由竞争、优胜劣汰。这一不可抗拒的铁的规律迫使每一个市场经济主体不仅必须有强烈的效率意识观念,而且一定要把效率置于居先的位置。经济体制改革实质上是对制度性社会资源的重新配置。这种重新配置和组合的目标正是力求进一步发挥市场竞争机制的作用,促进优胜劣汰,获得更高的效率。

第五,坚持效率原则,并坚持效率优先,有重要的理论意义和实践意义。在理论上它有利于防止和纠正各种错误思潮,坚定不移地坚持"一个中心,两个基本点"的基本路线,保证法学研究健康发展和进步。在实践上,它有利于按照人民大众的普遍意志和根本利益,依据时代精神,确立新的法律原则,加速建立和完善与社会主义市场经济和改革开放相适应的法律体系。

(2)收入分配领域的效率。人们同自然界作斗争以及利用自然界来生产物质生活资料,不是彼此孤立、个人单独活动可以实现的,而往往需要联合起来。这就必然发生如何对大家合作的成果进行分配的问题。收入分配问题上的效率原则意味着对产品和一切由人们创造出来的价值物进行分配时,必须考虑什么方式的分配有利于调动合作者的积极性,有利于使分配本身也成为扩大再生产、创造更多财富的调整机制。

我国过去在计划经济体制下,长期误解社会主义的分配原则,片面强调公平,而这种片面强调的公平实际上是庸俗的平均主义,是"吃大锅饭",甚至是"铁工资、铁饭碗、铁交椅"之类根本违背公平原则的痼疾。平均主义的分配制度导致经济的低效率,经济的低效率又反过来制约着工资水平的上升,使得人民群众最低限度的物质文化需要得不到满足。中国农村的改革和城市经济体制改革之所以发生,直接的原因就是原有的那一套分配制度造成干好干坏一个样,干与不干一个样,扼杀了劳动者的积极性和创造性,束缚了生产力;而改革要解决的根本问题正是通过改革体制、转换体制,调动人们的积极性和创造性,解放和发展社会生产力,即提高效率。应该看到,在我国,由于历史的惯性,平均主义根深蒂固,人们仍习惯于和热衷于吃大锅饭;劳动者不能正确看待差异,甚至在心理上对因劳动的质量和数量不同而出现的差异难以接受;很多人缺乏效率意识和竞争意识,满足现状,不求进取,致使效率偏低的矛盾仍很突出。所以,为了加快市场经济体制的建立,加快经济发展,较快地提高生产力,同时又保持社会

★ 第一编 法律价值

长期稳定,党的十四大确立了"坚持以按劳分配为主体,多种分配方式并存的制度,体现效率优先、兼顾公平的原则"的分配模式,党的十四届三中全会通过的《中共中央关于建立社会主义市场经济体制若干问题的决定》进一步重申了这一原则,并把它具体化。1999年3月15日九届全国人大二次会议以宪法修正案的方式把"坚持按劳分配为主体、多种分配方式并存的分配制度"纳入宪法,使之法律化、制度化。

按劳分配,即按照每个劳动者向社会和企业提供的劳动量分配个人收入,等量劳动领取等量报酬,多劳多得,少劳少得,优劳优得,不劳不得。在社会主义社会实行按劳分配为主体,具有客观必然性。首先,在所有制结构上,我们实行的是以社会主义公有制为主体,而公有制是实行按劳分配的基础或前提,按劳分配是公有制在个人分配上的实现形式。其次,在社会主义社会,劳动仍然是谋生的手段,加上劳动者之间在劳动能力、劳动产品的质量和数量等方面存在较大的差别,这就决定了劳动者之间在相互交换劳动时必须在等量基础上进行,从而在个人收入分配上必须实行按劳分配。最后,在生产力水平不高的情况下,按劳分配是一种必要的物质刺激,它有利于调动劳动者的积极性、创造性,提高自我素质,促进经济发展。

在实行按劳分配的同时,还必须看到,由于多种所有制经济成分、多种经营方式并存,在个人收入分配上不可能实行单一的模式,而必须采取与每一种所有制和经营方式相适应的多样化的分配模式。例如,在外资企业中,就允许存在按资分配与按劳分配并存。我国不同地区、不同部门、不同企业之间由于劳动对象、技术水平、管理水平、市场机遇等方面的差别,其收益也会有很大差别,我们必须承认这种差别,并允许各地、各部门、各企业根据自己的收益决定具体的分配方式,在不同分配方式比较中可以看出非按劳分配的因素。由于资金短缺,企业需要通过发行债券或股票筹集资金,企业对债权人、股东应当按资付给利息、股息和红利。其他非按劳分配的情况还有不少。这些非按劳分配的情况也有其客观必然性。当然,必须明确,就整个经济体制而言,在各种分配方式中,按劳分配是主体,它制约着其他分配方式,规定着其他分配方式的作用程度和发展方向,其他分配方式则处于相对从属的地位,在社会主义经济中发挥着各自积极的作用。

无论是按劳分配,还是其他分配方式,都应当体现效率优先、兼顾公平的原则。效率和公平都是社会主义的崇高价值和美德,我们既不能无视社会公平的要求,为了效率而舍弃公平,也不能忽略效率,为了公平而牺牲效率。在进行价值选择时不能把二者中的任何一个绝对化,但这绝不意味着它们在社会主义价值体系中的位阶总是一样的。在提高生产力,加快经济发展成为一种主导需要时,即关键的问题是可供分配的"蛋糕"太小的情况下,效率应当具有优先性,在效率优先的前提下,兼顾公平。效率优先,合理拉开差距,有利于发挥劳动力市场在劳动力资源配置中的基础性作用,有利于打破平均主义,把竞争机制引入个人收入的分配中。国家承认、允许并鼓励一部分地区、一部分人通过诚实劳动和合法经营先富起来,提倡先富带动和帮助后富,逐步实现共同富裕。

(3) 特定资源的配置和利用上的效率,如法律资源、政治资源配置方面的效率。这可称为特定指向的效率概念。我们这里主要讲法律资源的配置。

法律资源是一切可以由法律界定和配置,并具有法律意义和社会意义的价值物,如权利、权力、义务、责任、法律信息、法律程序等,其中权利和权力是最重要的法律资源。权利和权力之所以是重要的资源,乃是因为:第一,它们可以给人们带来实际利益,是实现利益所必不可少的手段。资源,利益之源泉也。第二,合理的权利和权力安排会降低交易费用,增大交易效率。第三,权利和权力是受社会的经济结构、物质文明和精神文明的发展水平所制约的,因而都是稀缺的。

法律资源配置上的效率优先意味着:在整个法律价值体系中,效率价值居于优先位阶,是配置社会资源的首要价值标准。

效率优先的法律精神通过制度表现出来,就是:第一,法律体系这一总体制度框架须以效率为优先价值来决定权利、权力等法律资源的社会配置。第二,权利和义务的具体设定和落实,须以效率为优先价值来引导资源的个体配置。第三,权利、权力的初始界定和安排不是恒定的,法律允许权利、权力资源的合理让渡和流通,即从低效率或负效率的利用转向高效率的利用,没有这种让渡和流通,权利、权力之类稀缺的法律资源就可能白白浪费掉。第四,效率与公平冲突时,为了效率之价值目标,公平可以退居第二位,直至暂时作出必要的自我牺牲。这种价值实现上的时间差反映了价值体系的多元性和流动性。

二、效率与公平(正义)的关系

从理论上讲,效率与公平(平等)通常是对立的,它们往往作为一对矛盾而存在。这是因为在市场经济条件下,对效率的追求不可避免地产生出各种不公平,因而效率和公平经常处于深沉的张力之中。面对着效率和公平两种价值的冲突,每个人都会有意识或无意识地进行选择。有些人认为,公平是最高的价值,不能舍弃公平而追求效率。例如,罗尔斯就指出,一个社会无论效率多高,如果它缺乏公平,则我们不能认为它就比效率低但比较公平的社会更理想。有些人则认为效率是较高的价值,在效率与公平发生冲突时,选择效率是理所当然的。例如,在财富有限,不可能满足所有人的需要时,应当把财富优先分配给能够通过占有和使用财富而再生出更多财富的人。财富分配应当是扩大社会财富的一种手段,而不应成为对能力低下者和懒汉的安抚和照顾。在发展社会财富面前,公平应当退居第二位。

辩证唯物主义和历史唯物主义原理告诉我们,体现公平与否的生产关系现状取决于体现效率的生产力发展水平,同时生产关系又在一定程度上反作用于生产力,两者相辅相成,辩证统一。从效率对公平的作用看,其一,效率是推动公平发展的动力。人类发展史表明,生产力的发展总是推动生产关系相应变化,物质利益原则决定着任何社会都把效率作为追求目标,并决定着相应的公平形式和公平程度。其二,效率为公平提供物质基础,使一定的公平形式得以维持。其三,效率也是衡量公平的尺度。评价一种社会制度是否公平,关键不是看它是否符合某种人为标准,而是要看它是否能带来持久的社会经济效益。长期的低效率,必然是公平的失败。从公平对效率的反作用看,效率的高低取决于实践主体、实践手段、实践对象等一系列有机因素的组合,其中最重要、最根本的是人的因素,人的行为的积极性和创造性是效率的源泉。人的积极性从何而来,就其合法性和持久性而言,只能来自于社会的公平机制。社会公平的根本问题是权利与义务的平等,一个公平的社会应该按照贡献分配权利,按照权利承担义务。每个人的贡献与获得越相一致,每个人的劳动积极性就越高,从而促进社会总效率的提高。所以,没有公平的效率只能是超经济强制下的效率,这种效率不可能成为一种社会制度的稳定支柱,任何不公平、不正当的效率都是不能长久维持的,也是一些合法政府所不允许的。要获得效率,唯一能达到持久效果的途径是建立一个公平的社会制度,以最大限度地调动绝大多数人的劳动积极性。从另一方面说,没有效率的公平只能是乌托邦式的幻想,同样不能作为一种社会制度的现实基础。[①] 在效率和公平之间,我们尽量扩大它们之间的适应性,缩小它们之间的矛盾性。在中国共产党的领导下,这是有可能做到的。

这种可能性在于:第一,在社会主义制度下,效率和公平本质上是统一的。统一的基础在于,效率属于经济范畴,公平属于伦理范畴,作为伦理范畴的公平自然应当来自于并服务于作为经济范畴的效率;统一的标志在于,只有大力发展生产力,提高劳动生产率,增加社会财富总量,才有可能创造出兼顾公平的物质基础,实现高层次的公平,即共同富裕,而不是共同贫穷。第二,社会主义的效率观除了投入产出的比较分析外,还有更为深层的含义,

---

① 魏驰昊:《把握好公平与效率的关系是构建和谐社会的关键》,载《中国经济时报》2006年11月6日。

即根据预期目的对社会资源的配置和利用的最终结果作出社会评价,即社会资源的配置和利用使越来越多的人改善境况而同时没有人因此而境况变坏,则意味着效率提高了。这种效率观已经包含或部分包含着社会公平因素,是伦理与功利的统一,经济效益和社会效益的统一。第三,效率是以自由而公平的竞争为前提的。在市场经济条件下,一方面,只有赋予主体尽可能广泛的追求利益的自由和最大限度的活动空间,才能保证资源利用的效率;另一方面,主体之间只有以公平的资格,在平等的条件下公平竞争,才能激发和保证持续的效率。

　　事实上,我国在处理效率与公平的关系上,已经开始由"效率优先,兼顾公平"向"效率、公平同时兼顾"转变。1993 年 11 月,中国共产党十四届三中全会作出的《中共中央关于建立社会主义市场经济体制若干问题的决定》中指出:"个人收入分配要坚持以按劳分配为主体,多种分配形式并存的制度,体现效率优先、兼顾公平的原则"。但是,在社会主义初级阶段,在发展社会主义市场经济的条件下,在倡导"让一部分人和一部分地区先富起来"和"效率优先,兼顾公平"的政策驱动下,我们还突出地面临着一些如何更加有效地促进社会公平和正义的矛盾和问题,比如贫富差距、城乡差距、区域差距有拉大的趋势,财富集中化的程度有较大的上升,违规违法的财富积聚占有一定比例,低收入群体和社会保障体系有脱节的现象,这些对实现构建社会主义和谐社会这一目标影响极大。2006 年 10 月,中国共产党十六届六中全会通过的《中共中央关于构建社会主义和谐社会若干重大问题的决定》指出:"完善收入分配制度,规范收入分配秩序。坚持按劳分配为主体、多种分配方式并存的分配制度,加强收入分配宏观调节,在经济发展的基础上,更加注重社会公平,着力提高低收入者收入水平,逐步扩大中等收入者比重,有效调节过高收入,坚决取缔非法收入,促进共同富裕。"着重强调了"加强制度建设,保障社会公平正义"。

第二节 法对效率的促进

既然效率是社会的美德,是社会发展的基本价值目标,那么,法律对人们的重要意义之一,应当是以其特有的权威性的分配权利和义务的方式,实现效率的极大化。

现代社会的法律,从实体法到程序法,从根本法到普通法,从成文法到不成文法,都有或应有其内存的经济逻辑和宗旨:以有利于提高效率的方式分配资源,并以权利和义务的规定保障资源的优化配置和使用。这里仅从以下几个方面说明法律怎样和应当怎样促进效率:

第一,通过确认和维护人权,调动生产者的积极性,促进生产力的进步。

在基本意义上,效率就是生产力的进步。而生产力的进步不能没有人权的保障与推动。生产力的基本因素有三个,即劳动者(人)、劳动资料(物)和劳动技能(智)。只有这三个要素得到保护,并且能够得到自由的结合,生产力才能发展。这三个要素是分别由人权、物权、"智权"(如知识产权)来加以保护的。社会主义条件下,只有充分尊重和保护这些权利,使人民群众清楚地认识到自己在国家和社会中的主人和主体地位,切实感受到自己是人,有做人的权利,才能满腔热情、扎扎实实地去学习和工作,创造出人类前所未有的物质文明。

第二,承认并保障人们的物质利益,从而鼓励人们为着物质利益而奋斗。

马克思主义认为,"利益"是一个非常重要和实用的社会概念。"每一个社会的经济关系首选是作为利益表现出来。"[1]"人们奋斗所争取的一切,都同他们的利益有关。"[2]利益,就是人们企求满足的一种要求、愿望或期待。依历史唯物主义和社会心理学

---

[1] 《马克思恩格斯选集》第2卷,人民出版社1995年版,第209页。
[2] 《马克思恩格斯全集》第1卷,人民出版社1956年版,第82页。

的观点,满足既被当作人们需要的实现,进一步又是新的需要的起点和契机,因而追求利益是人类最一般、最基础的心理特征和行为规律,是一切创造性活动的源泉和动力。利益推动着民族的生活。然而,在长期的封建社会中,由于儒家学说所谓的"重义轻利"的影响,这一人类的普遍的心理特征、行为规律和创造性动力被抹杀了。新中国成立以后由于实行高度集权的计划经济体制,加上极"左"思潮的不断冲击,人们追求正当利益的心理特征和行为模式依然受到压抑和扭曲,利益对社会发展的推动作用也没有受到应有的注意和重视。

既然利益的不断实现和追求是提高生产力,促进经济增长的决定性动机,是社会发展的动力,那么,承认和保护人们的利益,使之成为一种权利,从而激励人们在法的范围内尽其所能地实现物质利益,就成为人类之所以需要法律的一个重要理由。我国自1978年以来进行的经济体制改革和经济方面的法制建设,一个总的趋势就是刺激人们关心物质利益,把物质利益同个人的学习、工作、生产活动挂钩,赋予人们追求物质利益并为之奋斗的正当权利,以使资源得以最有效率的利用。

人类在追逐物质利益的过程中必然会产生对立和摩擦。这种对立和摩擦会造成资源的浪费甚至是巨大的浪费。因此,法在承认和保护人们的物质利益的同时,还要权衡和调节各种利益冲突,以便把对立和摩擦减少到最低限度。法的整个运行过程实际上就是对各种利益进行衡量、选择、取舍,并通过权利和义务对这些不同利益进行权威性、规范性调整的过程。

第三,确认和保护产权关系,鼓励人们为着效益的目的而占有、使用或转让(交换)财产。

财产权利的承认是有效地利用自然资源的前提。只有人们获得了对资源的占有权和使用权,物有其主,并有权排除他人对自己财产的侵犯或夺取,财产所有者才有信心和动机投入资源,发展财富。所以,任何一个国家的法律都是以财产权为核心的。不同的只是剥削阶级国家的法律是以私有财产权为核心,社会主义法律是以公共财产权为核心。法在确认财产权的同时,还要创造财产权有效利用的机制,其中最主要的是为财产权的转移提供保障和便利。如果说财产权的法律确认和保障是有效利用资源的必备条件,那么,财产权的可转移性就是有效利用资源的充分条件。

第四,确认、保护、创造最有效率的经济运行模式,使之容纳更多生产力。

每种社会制度、每个国家都有其经济有效运行的最佳模式。但就当代社会而言,最佳模式是市场经济模式。市场把生产者和经营者置于自由竞争、优胜劣汰的境地,为人们施展才能创造了广阔的场所,同时也使资源能够从低效益利用向高效益利用流转;市场经济中的宏观调控则使市场中的竞争摆脱盲目状态,减少生产和经营中的偶然性、任意性、风险性及其他浪费资源的现象。

第五,承认和保护知识产权,解放和发展科学技术。

科学技术是第一生产力,解放和发展生产力,首先是解放和发展科学技术。这在即将到来的知识经济时代尤为突出。法在这方面的作用主要表现在以下两方面:一是把科学技术活动及其成果宣布为权利,使"知识的火焰加上利益的燃料",推动人们进行创造性的活动,创造新思想、新知识、新技术。美国法学家博登海默说得好:"人往往有创造性和惰性两种倾向,法律是刺激人们奋发向上的一个有力手段。法律不可能直接下命令使某人成为一个发明家或创造出优秀的音乐作品,但它却可以为人们发挥创造才能提供必要的条件。"[①]近代以来各国的经验表明,凡是法律承认知识的价值,保护知识产权的地方,科学技术日新月异,社会生产力蒸蒸日上;反之,社会生产力则徘徊不前。二是组织和协调科学技术的发展,明确科学技术发展在国家经济和社会发展中的战略地位,制定科技发展规划和计划,改革科技管理体制,完善

---

① 〔美〕博登海默:《法理学:法哲学及其方法》,邓正来、姬敬武译,华夏出版社1987年版,第305页。

科技奖励制度,细化科技活动主体之间的权利和义务,以推动科技成果转化为现实生产力,实现科技—经济一体化。

第六,通过程序法实现法本身的效率最大化。

实现法本身的效率最大化,最典型的法律就是程序法。比如诉讼法规定的级别管辖就表现了法律专业分工的细化,专业分工本身就体现了效率。初审法院处理大量的也许并不重大的一审案件(其中数量最多的是民事纠纷)时,初审法官不但要进行法律审查(合法性审查),更重要的是进行事实审查。由于初审法官对于社区的熟悉,易于通过推理认定事实,解决纠纷,作出令当事人满意的判决。而二审法院实质上对初审法院行使监督权,由于二审法院远离纠纷发生的社区,要求其进行事实审会造成巨大的浪费,所以二审法院往往只进行法律审,这体现了效率的追求。再比如,任何一部程序法都规定了时效制度,超出一定时间,受害人将不能得到法律保护,这虽然不满足实质正义的要求,但为了效率,必须规定时效。这表明,效率是法律的基本价值,为了效率,有时甚至不得不牺牲实质正义。

【课后阅读文献】

1. 李正发:《公平与效率的反思》,载《武汉学刊》2006年第2期。
2. 傅如良:《综论我国学界关于公平与效率问题的研究》,载《理论参考》2006年第3期。
3. 梁景山:《公平的效率——罗尔斯的〈正义论〉》,载《法制与社会》2007年第2期。

【思考题】

一、选择题

1. 一个社会无论效率多高,如果它缺乏公平,则我们不能认为它就比效率低但比较公平的社会更理想。这是下列哪位法学家的观点?(　　　)
   A. 格老秀斯　　B. 哈特　　C. 阿奎那　　D. 罗尔斯
2. "效率优先,兼顾公平"的法律价值观从根本上说,是(　　　)决定的。
   A. 由我国的公有制为主体的经济形式决定的

B. 由社会主义精神文明观念决定的

C. 由主权者决定的

D. 由风俗习惯决定的

3. 下列关于法在调整正义与利益关系时的评价准则,表述错误的是( )。

   A. 兼顾国家、集体、个人三者利益

   B. 兼顾多数利益与少数利益、长远利益与眼前利益、整体利益与局部利益

   C. 效率优先、兼顾公平

   D. 效率具有绝对的优先性

4. 关于效率和公平的关系,表述正确的是( )。

   A. 效率和公平是既相适应又有矛盾的一对价值

   B. 效率和公平如两列向两个相反方向驶去的火车,不可调和

   C. 如果把效率绝对化有可能从根本上损害效率

   D. 在良好的制度安排下,两者是可以兼顾的

5. 下列资源中,( )是最重要的法律资源。

   A. 义务   B. 权利   C. 权力   D. 法律程序

二、简答题

1. 简述效率这一价值标准的适用范围。
2. 简述效率优先的法律精神的制度表现。
3. 简述效率和公平可以兼顾的理由。

三、论述题

1. 试论法对效率的促进作用。
2. 试论效率与公平的关系。

第六章 法与人权

☞ **本章提示**
- 人权的含义、分类
- 人权的普遍性与特殊性
- 人权的国内法保护
- 人权的国际法保护

第一节 人权释义

一、人权的概念

人权,是世界各国人民的共同诉求,是人类社会文明进步的重要标志。《世界人权宣言》第1条载明:"人人生而自由,在尊严和权利上一律平等。他们富有理性和良心,并应以兄弟关系的精神相对待。"从20世纪70年代末期开始,中国的学者们重新开始了对人权问题的探索。90年代以来,中国人权研究呈现出稳步发展的良好局面,中国人权事业也有了长足的发展。

人权是一个十分广泛的概念,在不同的政治系统中,不同的人对于人权一词有不同的理解。在当代西方人权学者看来,人权概念是人权学说中最为困难、最为混乱的一个问题。在各国的人权著作中,对人权概念提出简单释义或定义的相当多。

美国伦理学家A.格维尔茨认为,人权是指一种狭义的权利,即主张权。这种权利的结构可以理解为:A由于Y而对B有X的权利。这里包括五个要素:第一,权利的主体,A即有权利的人;第二,权利的性质;第三,权利的客体X,即权利指向什么;第四,权利的回答人B,即具有义务的人;第五,权利的论证基础和根据Y。瑞士法学家胜雅律对人权一词中的"人",提出了一个值得注意的观点:在1948年《世界人权宣言》以前,西方国家所讲的人权中的人绝不是指普遍的人,不是指"每一个人",无论在理论上或实践上,都把妇女和奴隶、有色人种排除在"人"的概念之外;1948年以后,从理论上讲,人权才是"普遍"的,但理论和实际之间仍有矛盾,"人"这个词仍然模糊。很多西方人权学者在分析人权概念时,经常引用美国法学家 W.霍菲尔德关于分析法律权利——义务概念的学说。按照霍菲尔德的学说,通常所讲的法律权利这一概念,是极为复杂的,它包括了以下四个概念,即法定的自由、要求(或译主张)、权力和豁免。有的人权学者更进一步认为人权就是伦理的自由、要求、权力和豁免。[1]

马克思主义认为,人权是人按其自然属性和社会属性所应当享有的权利,即人权的产生是由人自身的本性或本质所决定。恩格斯曾指出:"一切人,作为人来说,都有某些共同点,在这些共同点所及的范围内,他们是平等的,这样的观点自然是非常古老的,但是现代的平等要求是与此完全不同的。这种平等要求更应当是,从人的这种共同特性中,从人就他们是人而言的这种平等中,引申出这样的要求:一切人,或至少是一个国家的一切公民,或一个社会的一切成员,都应有平等的政治地位和社会地位。"[2]人本质或本性,包括人的自然属性和社会属性,这两个方面是统一的和不可分割的。从人的自然属性看,人人都要求生存、要求自由、要求平等,这是人的一种天性和本能。另一方面,从人的社会属性看,人的本质是"一切社会关系的总和"。因为人不是孤立地生活在社会之中,人和人之间,群体和群体之间,个人、群体和社会之间,都存在各种错综复杂的社会关系。人生活在各种各样的社会关系中,必然存在着人与人之间的各种矛盾与冲突,需要有权利与义务这种形式加以调整,这样也就产生了人权问题。从这一角度来说,社会关系的存在是人权存在的前提,人们之间的各种

---

[1] 参见沈宗灵、黄枬森主编:《西方人权学说》(下),四川人民出版社1994年版,第7—8页。
[2] 《马克思恩格斯选集》第3卷,人民出版社1995年版,第444页。

社会关系的性质与状况,决定着人权的性质与状况。

根据国内外关于人权的论述,我们认为,人权是人类社会最高形式和最具普遍性的权利,它是人区别于动物的观念上的、道德上的、政治上的、法律上的基本标准,它包含着"是人的权利"、"是人作为人的权利"、"是使人成其为人的权利"和"是使人具有尊严性的人的权利"等多层意义。人权中的人,是指无差别的以自然和社会的标准作判断的同质的人,可以解释为"自然人"、"人民"、"市民"、"国民"、"公民"、"民族"、"种族"、"集体"甚至法人,这是关于人权的主体问题。第二次世界大战结束后,人权主体理论已由传统上的自然人发展为除自然人之外的以民族、种族等形式出现的"集体"及具有弱势特征的同类人,以及某些受宪法保护的权利主体之"法人"。人权主体范围的扩大是当今人权主体理论的基本走向。

人权的内容也经历了一个逐步发展和扩大的过程,一是从自由权到社会经济权利,17、18世纪资产阶级革命后,各资本主义国家盛行天赋人权论,强调个人的权利及自由,在当时的资产阶级看来,人权即自由权。20世纪以来,法律不仅保护个人的权利,随着人权主体范围由个人到组织的扩大,在一些国家的法律规范中增加了有关社会经济方面的权利。二是从国内人权到国际人权,以前,人权均由权利宣言和宪法确认,人权主要是国内法问题及国家主权范围内的问题,而第二次世界大战后,人们逐渐认识到人权问题并不仅仅是国内法问题,不仅仅是国家主权范围内的问题,它还涉及世界各国人民的利益,因此,在一系列的国际文件中,都对人权问题作了规定,使人权成了国际法的调整对象。三是随着社会经济、科学技术的发展,人权的内容在不断丰富发展。现代社会经济、科学技术、文化生活的巨大发展,给人类生活带来了显著的变化,与此相适应,出现了许多新的公民基本权利的要求,如生存权、发展权等。

二、人权的分类

《世界人权宣言》首创两大类人权的划分法,即第一类是公民政治权利;第二类是经济、社会和文化权利。理论上讲,人权的分类与人权的思想基础和概念密切联系,可以从不同角度加以分类。

(一) 应有人权、法定人权、实有人权

这是从人权存在形态的角度对人权所作的区分。根据权利的"正当性"、"合法性"和"现实性"三种不同的属性,人权相应地具有"应有人权"、"法定人权"和"实有人权"三种存在形态。

从广义上讲,应有人权多指道德意义上的人权,即法律内外的一切正当权利,其范围和内容是最为广泛的,是法定人权和实有人权的道德根据和理性说明。但人们通常是在法定权利之外的狭义上来使用"应有权利"的概念。作为与法定权利相对应的应有权利,是指应当有,而且能够有,但还没有法律化的权利,或者说是指虽没有被现实法律确认,但法律"应当"在目前或将来确认的权利。法定的人权是指法律规范所肯定和保护的人权,其内容和范围比应有人权要小些,这是因为道德上普遍要求的人权在立法时要受到客观条件的限制,尤其是以政治制度、经济制度限制为多,故而道德所要求的人权并非能全部转化为法律上的人权。实有人权是指能够被人意识到并享有和行使的人权,其范围比法律上的人权又要小些。这是因为客观权利向主观权利转化有三个环节需要联系:主观上认识到这种权利是首要环节,实现人权所必需的全部社会条件是基础环节,人权主体具备行为能力是必要环节。三个环节只要有一个中断,法律上的人权便难以转变为现实中的人权。

(二) 个人人权与集体人权

个人人权和集体人权是依照人权主体的不同而对人权所作的一种分类。个人人权是基于个人基础上的,每一个人都应享有的人权,其权利主体是个人。集体人权是相对于个人人权而言的某一些人所应享有的人权,其权利主体是某一类特殊社会群体,或某一民族与某一国家。

从内容上看,个人人权主要包括三项基本内容:(1) 人身自由权利,如生命权、健康权、自由权、思想自由权、人格尊严权、通讯自由权等;(2)政治权利与自由,如选举权、被选举权、言论自由权、出版自由权、结社自由权、游行示威自由权、知情权、监督权等;(3)经济、社会和文化权利,如财产权、工作权、享受社会保障权、休息权、受教育权等。而集体人权又具体可分为国内集体人权(特殊群体权利)和国际集体人权(民族权利)。前者主要包括少数民族的权利、儿童的权利、妇女的权利、老年人的权利、残疾人的权利、罪犯的权利、外国侨民与难民的权利等。而后者则主要是指民族自决权、发展权、和平权、环境权、人道主义援助权等。

(三) 消极人权与积极人权

消极人权和积极人权的区分是从人权实现的具体途径,尤其是国家在人权实现中的作用来划分的。

消极人权与积极人权的划分来源于自由主义理论中的消极自由和积极自由的二元划分。在哲理层面,这种对自由的划分方法是由英国思想家以赛亚·伯林(Isaiah Berlin)提出的。[①] 所谓"消极"自由,即人的行为不受他人的干涉,或者说是"没有强制"。换言之,"消极"意义上的自由,简单地说就是指人不受他人干涉而行动的领域,消极自由是"免于(各种强制)"的自由。所谓"积极"自由,即人是自己的主人,其生活和所做的决定取决于他自己而非任何外部力量。当一个人是自主的或自决的,那么,他就是"积极"自由的。这种自由是"做(各种事情)"的自由。在古典自由主义的传统中,一般所说的通常是"消极自由"或外在自由,别人的干预减少了,也就会变得更自由。相对于这种讲法,有些人则强调"积极自由"与"内在自由"。就积极自由而言,论者以为自由的要旨不在"免除什么",而在"去做什么"。因此实质的选择机会与能力是重要的,而"消极自由"则过于形式、虚假。试想一个贫无立锥、三餐不继的人,我们给他"免于限制"的自由,他有言论、出版、思想、信仰、迁徙的自由,这有什么意义呢?自由

---

① 参见〔英〕以赛亚·伯林:《自由论》,胡传胜译,译林出版社2003年版,第25页。

主义者强调人潜能的充分发挥,但是漠视一个现象:社会上有相当多的人(绝对弱势者)根本没有发展自我的机会。也许政府要给人民多一些保障,让他们真正能够发展自我。对于消极自由和积极自由的二元分析,伯林更强调消极自由,主张自由本来就是消极的,就是免于外在的威胁,如果我们硬要赋予其积极的意义,这反而是很危险的。国家可能基于"崇高"的目标或道德,要求或鼓励人民奉献牺牲,例如民族扩张主义;也可能为了维持社会表面的安全、和谐(社会的整体利益)限制人的思想与行动,例如禁止某种言论的传布。心灵的自由固然很重要,但是这属于个人的层次,透过开放的言论市场,人们自然可以找到他最想要的生活方式,别人的干预限制是多余的。

三、人权的普遍性与特殊性

(一)人权的普遍性

人权的普遍性是指所有国家和人民都应当努力实现人权的共同标准。普遍性基于人类的共同属性,而不是不同国家民族的特殊性;基于人类生存和发展的共同利益和需要,而不是各国不同的利益和需要。在当今世界,它主要体现在国际人权公约中。

人权的普遍性包括两层含义:一是人权主体的普遍性,即人权是一切人,或至少是一个国家的一切公民或一个社会的一切成员,不分种族、肤色、性别、语言、宗教、政见、国籍、社会出身、财产状况、文化水平等,都应当享有的权利;从国际上说,则是所有民族和国家都应当享有的自由和平等权利;从权利性质分类来说,不仅指个人主体,也指集体主体的普遍性,所有民族和国家都是集体人权的主体。二是人权原则和人权内容的普遍性,即基本人权作为人之为人的权利,包括人的生存、活动、人格、尊严等方面的权利,其表达的自由平等的价值观,是人类的普遍追求,反映了人类的共同理想。因此,人权的基本原则和内容作为一种基本的价值和目标适用于一切个人,是所有国家和人民都应当努力追求实现的目标。

人权普遍性反映了实现人权过程的一般原则,来源于人类大体相同的自然属性和社会属性。除人类相同的生理属性外,从人权诞生之初,它便打上了普遍性的烙印。

(二) 人权的特殊性

有人认为,人权的特殊性是普遍形式下人权的具体的特殊的内容和标准。也有人认为,人权的特殊性是指人权的实现不仅与国际社会的现状相联系,而且与各国所处的一定的社会历史条件相联系。较为完整的定义是,人权的特殊性是人权的社会性和阶级性,人权价值排列的特殊性以及人权实现方式的特殊性。人权的特殊性包括两层含义:一是人权的社会性和阶级性,各类人权主体所处的各不相同的特殊历史环境及其承认某种权利的各种不同的政治、经济、社会条件,决定了人权内容和标准的特殊性。二是人权价值排列的特殊性和人权实现方式的特殊性。世界上没有任何一个国家的人权状况可以自封完美无缺,每个国家由于其所处的社会历史阶段的不同,在人权价值的排列以及人权实现的方式上势必呈现出不同的特点和个性。

各国在历史、文化传统、社会发展水平、政治制度等方面存在着很大的差异,不可避免地对人权存在着不同的理解和看法。第一,从历史来看,人权概念伴随着资产阶级革命反对中世纪神权和封建神权而产生。从某种意义上可以说,人权是一项反抗的权利,是从不人道的现实中反推出来的权利。欧洲黑暗的中世纪封建时代下的思想禁锢和宗教压迫,使人权从诞生之初就把民主和自由奉为目标,这也是西方人权观偏重公民政治权利的重要原因。而广大发展中国家长期遭受外来殖民统治,深知主权的可贵。他们倡导的集体人权偏重独立的主权,因为一旦主权丧失,就根本谈不上国内人民的人权。第二,从文化传统来看,西方文化里的"人"是与他人分立对抗的、外制的、索取的、利己的、与人争斗的利益主体,是绝对的个体人;而中国以及受中国文化影响的大多数东方国家传统中的"人",则是宗法人伦关系中的义理的人,是内省的、让与的、利他的、与人和谐的道德主体。西方文化中的"人"不仅独立于群体,而且先于群体和高于群体;东方文化中的"人"与社会、家族、国家这类整体被认为具有本体意义上的同一性,个人只有在社会关系网络中才有意义,而且,个人从属于群体,首先要为群体服务,人人都应恪守在群体中的责任和义务。第三,从社会发展水平来看,不同发展水平的社会,人们面临的人权问题不一样,优先要解决的人权问题也不同,这决定了人权的具体内容次序上的差别。正如马克思所说,权利永远不能超出社会的经济结构以及由经济结构所制约的社会的文化发展。在广大发展中国家,贫穷、落后是对人权的最大的危害,因此,发展经济、解决生存权和发展权问题往往是它们最迫切的和首要的任务。

(三)人权普遍性和特殊性的关系

人权的普遍性和特殊性是相互区别,也是紧密联系的。人权是全世界人民的共同要求,而各个国家、各个民族对人权的认识和实践各有不同,这自然会引起某些误解和矛盾。但是既然目标是共同的,就不应该让这些误解和矛盾妨碍共同目标的追求,而应促使不同的认识和实践形成追求共同目标的合力。解决这一问题的正确办法是相互沟通,增进理解,从相互理解中可以相互借鉴,取长补短,促进各自对人权的追求。1993年6月,世界人权大会通过的《维也纳宣言和行动纲领》指出:"一切人权均为普遍、不可分割、相互依存、相互联系。国际社会必须站在同样的地位上,用同样重视的眼光,以公平、平等的态度全面看待人权。"这里所说的"一切人权","以公平、平等的态度全面看待人权",当然包括世界不同民族和文化背景下的人权和其他不同群体的人权。

一般认为,人权普遍性是特殊性存在的基础。普遍性基于人类最基本的要求,体现了不分种族、性别、宗教等情况下的人类一致的理想和愿望,为各个民族、国家、个人的发展提供了根基。人权的普遍性主要体现在联合国的人权文件和国际人权公约中。《联合国宪章》、《世界人权宣言》和有关的国际人权公约所确认的人权基本原则,是各国发展国内人权、开展国际交往不能不给予重视的基础性文件。事实上,世界上绝大多数国家对以上公约的签署表明了它们对基本人权的肯定和尊重,并以此为基点,建立和发展各国有特色的人权保障制度。同时,人权特殊性寓于普遍性之中,体现、丰富和发展着普遍性。一方面,人权的普遍性不是抽象的,它要通过人权的特殊性表现出来。另一方面,特殊性建立在普遍性之上,为普遍性的充实扩展补充着新的养料。从发展的观点看,一种人权在开始可能适用于特定人群,随着时间推移和事态发展,可能成为一种普遍意义上的人权。

人权是普遍性和特殊性统一的原理说明,国际上公认的人权普遍性原则必须同各国的具体情况相结合。因此,在承认人权普遍性的前提下,各国政府和人民有权在促进和保护人权的过程中确立本国的优先事项和实施方式,在制定本国的法律时,有权在不违反国际上普遍接受的准则的前提下,根据本国的具体情况作出不同的规定。

四、人权与法律的一般关系

人权与法律的关系不能看作纯粹的权利与法的关系,它反映着更为深层的社会、经济、政治、文化和道德内涵。从更为广泛的意义上讲,人权与法律的关系同时也是一个社会和国家经济、政治、文化、道德与法律之间的关系。在各种社会现象相互作用的过程中,人(尤其是社会的个人)始终是这种作用的出发点和归宿。个人的生存、个人的发展、个人的价值和幸福,总是伴随着社会诸种现象的发展,渗透到社会生活的各个领域。人权体现了人类对自然的认识与超越,体现了人类个体对人类整体的抗争与服从,体现了个人与国家之间的冲突与一致。人权的确立,取决于国家的社会制度、经济制度和法律制度,也取决于一个社会和民族的文化、历史传统和信念。事实上,在阶级和国家产生以后,人民都在以不同的方式追求人权。今天,在一些国家和地区,人权法律化的过程仍然充满了荆棘和障碍,争取人权的斗争成为这些国家和地区政治斗争的主要方面。

人权与法律存在着不可分割的关系,两者相互作用、相互影响。

(一)人权对法律的作用

首先,人权是法律的源泉。人们组成社会的目的是为了自身的生存和发展,即人类自身价值的实现;而人类的生存和发展,又经常遇到来自社会和自然界等方面的障碍。人类社会是由具体的个人集合而成的,而个人又结合为阶级、阶层、群体和集团。每个人为了实现自己的价值,除了要解决其与自然界的冲突以外,还要处理其与阶级、阶层、群体和集团等之间的关系。就是说,每个人在求得自身生存和发展的同时,也要谋求整个国家、民族和社会的发展。因为后者是前者的前提,前者又是后者的体现。科学发展观要求坚持以人为本。一方面,人类社会的一切生产活动,上层建筑中的各种因素及一切形式的意识形态,都应该为了一个目的——由个人组成的社会的存在、进步和发展。只有在社会整体意义上,物质生产提高,自然环境改善,文学艺术繁荣和发展,优良政治制度建立,才可能论及人权的实现,人的各项具体权利受到尊重、得到保障。因此,人权就自然成为法律的目的。另一方面,随着社会发展、科技进步、人类对环境和本身认识的进一步深化,一些需要用法律去调整的新的社会关系就会大量涌现,而已经有法律调整的社会关系也在变化,所以人权又是法律发展的源泉。

其次,人权是判断法律善恶的标准。法律是一个二元矛盾体,就其本性而言,它是公平性与偏私性、规范性与反常性、普遍性与特殊性的统一。它可能体现人类普遍的公平与正义要求,也可能是掌握国家政权的统治者的任性的表现;它可能是"善良意志"、"仁慈"的化身,也可能是纯粹暴力的工具;它是套在人们脖子上的枷锁,同时又是保证人们权利和自由不受非法侵害的保护神。法律的这种二重性深深地影响着人们对待法律的态度。一方面,人们敬畏法律、漠视法律、怀疑法律的公正性,从而与法律之间存在着深层次的对立。这种对立一旦被一个民族普遍接受,并逐渐沉淀下来,就变成了一个民族根深蒂固的落后的法律文化,阻碍着一个国家法制建设的顺利进行。另一方面,人们又依赖法律,特别是在个人权利受到侵犯时不得不诉诸法律。这样,人们又对法律产生某种幻想、某种寄托,希冀法律能够真正体现正义,对各种社会纠纷和社会冲突作出公平的处理。于是,法律的价值评价就应运而生。

以强调尊重人、关怀人为内容的人权精神,表达了人类相互之间的深刻认同。它不仅是作为一种概念,而且是作为一种人类孜孜不倦追求的理想而存在。它像一把尺子,标出了人类生活的文明程度及未来应当达到的文明指标。人权既是现代民主政治的目的,也是现代进步文明法律的目的,它构成了法律的人道主义基础。人们可以根据人权的精神来判断法律的善与恶。

人权,是文明进步法律所要实现的价值目标之一,同时也作为一种评判法律善恶的价值标准而存在。这是因为,法律是社会关系的调节器,它的着眼点是人,如果法律自身不体现一定的道德要求,不体现一定的人权精神,不考虑人的最基本的价值需求(生命、自由、荣誉、幸福等),根本不反映基本的人道主义内容,那么它不仅是违反人性和道德的,而且,它本身甚至就是社会动荡的直接原因。故此,我们可以说,法律本身也存在着合理性、正当性评价问题,即法律应当得到人们内心的深刻认同。从人权和法律的关系而言,不体现人权要求的法律就不是好的法律,它是永远不会促成法治秩序的形成的;而体现人权精神和内容的法律,一般来说都是好的法律,是体现社会进步的法律。

总之,人权对法律的作用体现在:它指出了立法和执法所应坚持的最低人道主义标准和要求;它可以诊断现实社会生活中法律侵权的症结,从而提出相应的法律救济的标准和途径;它有利于实现法律的有效性,促进法律的自我完善。

（二）法律对人权的作用

法治社会是文明社会的必经阶段。社会发展到今天,可以说,无法律即无文明;那么,无法律也无人权可谈,人权和法律不可分离。人类对自身价值、对主体权利的认识程度,是衡量人类文明发展的标志,而人类对自身价值的实现、对主体权利的享有和行使的手段和方式,则又是人类自身完善程度的标尺。在现实生活中,一个人越尊重自己的自由,他就越珍惜别人的自由;那么,他就会正确认识和处理同社会群体的关系,就会感到处在一种有序、合理、和谐的关系之中。一个人如果真正尊重自己的人权,自然也就会关心别人的人权,也就能够捍卫并遵守国家的法律。

人权的实现要依靠法律的确认和保护。没有法律对人权的确认、宣布和保护,人权要么只是停留在道德权利的应有状态,要么经常面临受侵害的危险而无法救济。人权的法律保护是人权实现的最直接的保障手段,一个国家的法律状况如何将直接影响人权的实现程度,没有法律则根本谈不上人权。

对人权的法律保护可以分为两个层次:

其一是对人权的国内法保护。同其他保护手段相比较,此种保护具有明显优势。首先,它设定了人权保护的一般标准,从而避免了其他保护(如政策)手段的随机性和相互冲突的现象。其次,人权的法律保护以国家强制力为后盾,因而具有国家强制性、权威性和普遍有效性。从这一角度看,人权如果是有效的,那么它必须通过法律形式固定下来,由纯粹的人道主张、习惯权利上升为法律权利。

其二是对人权的国际法保护。第二次世界大战以来,人权问题再也不是单纯意义上的"国内问题"。人权的实现归根结底应该建立在世界各国平等合作、和睦共处的基础上。因此,在国际上,人权的国际标准要通过国际公约来规定和体现;国际人权的实现,不能离开国际法的支持和保障。

第二节 法对人权的保障

一、人权的国内法保护

（一）国内法对人权的一般保障方式

虽然人权问题越来越具有国际性，但是，从根本上说，人权问题首先是一个国内问题。在国际社会中，各个主权国家都通过自己的宪法和法律，规定了本国法定人权的地位、范围和基本内容，并通过宪法和法律的实施以实现基本人权。随着时代的发展和社会的进步，世界多数国家都承认法律应当以保护和促进人权为基本价值目标，以保护人权为基本宗旨。人权的国内法保护方式是多方面的，概括而言，主要有四种主要方式。

首先，宣告人权的基本内容。各国国内法对人权的保障首先是根据本国的政治、经济和社会发展状况，对本国人权内容进行宣告。宣告人权的直接作用是为国家权力设定运行界限。当法律宣告某项权利是人权时，同时也就宣告了该领域内国家权力禁止任意介入。权利宣告并非可有可无，即使以习惯法为渊源的国家，也在人权问题上采用宣告制度，其目的即是为了明晰公私权利的界限。

其次，规范和引导公共权力的运行。历史经验表明，专横的和被滥用了的公共权力是对人权最具毁灭性的威胁，因而，现代法律制度的一个重要功能就是制约公共权力，为公共权力的运行提供合法性标准，防止因权力的滥用而使人权中的"消极自由"受到非法侵害。以宪政民主和法治国家为制度平台，以制度制约权力，以程序制约权力，以权力制约权力，以权利制约权力，已经成为当代各国人权法律保护的普遍实践。另一方面，鉴于人权权利体系中"积极自由"的实现需要国家积极行使权力来创造条件，所以，在制约公共权力之外，法律也必须具有保障公共权力合法而有效行使的功能。与18世纪和19世纪相比，20世纪以来的国家，在经济、社会和文化生活领域的职能已经大大扩张，以适应为"第二代人权"创造实现条件的时代要求,为此,各国法律在引导和支持政府更好地履行增进公共福利职责方面,也发挥着重要作用。

再次,为人权的实现提供法律的救济机制。英国有一句法律谚语,"没有救济就没有权利",非常贴切地说明了权利救济对于权利本身的意义。不言自明的道理是,如果某种权利被法律宣告于世,而当此项权利被不法侵害时却没有必要的救济方式,那么,这项权利就会成为没有实际意义的空洞口号。为了有效地保护人权,当代各国法律都建立了相应的人权救济法律机制。这种法律机制主要由三种要素组合而成,缺一不可:一是被法律明确了人权救济责任的机构,二是人权救济的实体性法律原则、规则和标准,三是人权救济的法律程序。其中,最为关键的制度配置是违宪审查制度、司法独立制度、行政诉讼制度、行政复议制度、国家赔偿制度,等等。

最后,采行合理的人权限制原则和标准。在尊重和保障人权的前提下,对人权予以必要和合理的限制,是人权保护制度的题中应有之义,因为,在某些特定的条件和事项上,如果不对人权加以适度限制,就无法更有效地保护人权。当代各国对人权的限制主要采用三种方式。方式之一是法律保留,即法律条款在规定保护某项人权的同时,也规定一定的限制条件。例如,德国基本法规定:"人人都有自由发展其个性的权利,但不得侵犯他人的权利或触犯宪法秩序或道德准则";日本宪法规定:"一切国民都作为个人受到尊重。对于国民谋求生存、自由及幸福的权利,只要不违反公共福祉,在立法及其他国政上都必须予以尊重"。方式之二是对特殊主体的人权加以特别限制,例如军人、公务员、恶性传染病患者、犯罪人等特殊主体,由于其职业特点或身体状况、本人行为等特殊原因,他们的人身自由、言论自由等权利会在一定范围内受到特别限制。方式之三是紧急状态下的限制,即当社会因自然灾害、动乱或战争等原因而处于非常状态时,国家可行使紧急权采取非常措施恢复或维护秩序,此时,在必要的情况下可以在法律允许的范围内对公民的某些自由和权利进行合理的限制。

在限制人权时,各国通常采行利益衡量原则和最小限制原则来判断限制措施的必要性和合理性。所谓利益衡量原则指的是在判断是否应当对人权作出一定限制时,要权衡各种正当利益的轻重,只有当存在重大事由的情况下才可以限制。所谓最小限制原则指的是在必须对人权加以限制时,要选择损害最小的方式,从而使对人权的必要限制保持在最小的范围内。

(二)我国人权法律保护的特点

1. 我国人权的法律保护主张与本国的具体国情相结合

如前所述,人权的普遍性不是抽象的,它要通过人权的特殊性表现出来。世界上没有任何一个国家的人权状况可以自封完美无缺。人权的实现在本质上具有社会性和历史性,国际社会和世界各国的人权都处于不断发展的过程之中。各个国家由于其社会历史条件的不同,同一个国家由于其所处的社会历史阶段的不同,在人权价值的排列以及人权实现的方式上势必呈现出不同的特点和个性。我国宪法和法律在对基本人权的保障中,从我国的实际情况出发,充分考虑到了我国现阶段的政治、经济、文化发展的实际水平,来确认基本人权的范围、内容和基本保障问题。例如,对于受教育的权利,宪法规定了公民的受教育权,并基于这一权利规定了国家举办各种学校的国家责任,同时还规定了国家鼓励各种社会力量依法办学。

2. 我国宪法和法律对人权进行了全面的保障

从内容上分析,我国宪法和法律规定了人权中的经济、社会、文化权利和公民、政治权利两类相互联系和依存的人权。在人类历史上,公民、政治权利是由近代资产阶级第一次提出的人权概念。由于当时资产阶级提出人权口号的主要目的是反对王权、等级特权和神权,向封建专制夺权。所以,公民和政治权利就自然成为人权的核心。但是,从人权概念产生以来,随着世界人权运动的发展,人权内容发生了很大的变化,它已从公民和政治权利扩大到社会生活的各个方面。人权是全面的和相互联系的,经济、社会、文化权利与公民、政治权利是人权体系中两个不可分割的组成部分。公民权利和政治权利是公民享有人格尊严和实现充分人权的基本政治保证。经济、社会、文化权利是公民享有公民权利和政治权利的基础条件。这两大类权利都属于人权的基本内容,并受到中国宪法和法律的保护。从主体范围上分析,我国保障的人权既包括个人权利,也包括集体权利。人权包含个人人权和集体人权两种形式。个人人权的主体是个人,集体人权的主体是民族和国家等。集体人权与个人人权是辩证统一的关系。任何人权包括集体人权最终都必须体现为个人人权,个人人权若得不到保障,也就谈不上集体人权;同时,集体人权是个人人权得以充分实现的先决条件和必要保障。如果一个国家失去了国家主权,无法自主决定其国家事务和自由谋求其经济、社会和文化的发展,那么这个国家人民的个人人权也就得不到保证。

3. 生存权和发展权是全面实现其他人权的基础,是我国宪法和法律首要保障的人权

生存权和发展权是首要人权,没有生存权、发展权,其他一切人权均无从谈起。这是我国在人权问题上的基本观点。生存权、发展权是最基本的人权,是享受其他人权的前提。马克思、恩格斯在《德意志意识形态》中指出:"我们首先应该确立一切人类生存的第一个前提也就是一切历史的第一个前提,这个前提就是:人们为了能'创造历史',必须能够生活,单是为了生活,首先就需要衣、食、住以及其他东西。"①人必须首先解决好吃、喝、住、穿的问题,然后才能从事政治、科学、艺术、哲学、宗教等活动。人们只有获得了生存权,才具有现实条件有效地行使其他人权。生存权的实现是其他人权实现的基本前提。这就如同一个饥饿的人,在面包和选票之间,肯定会选择前者。生存权同发展权密不可分。联合国通过的《发展权利宣言》指出:"发展权利是一项不可剥夺的人权,由于这种权利,每个人和所有各国人民均有权参与、促进并享受经济、社会、文化和政治的发展,在这种发展中,所有人权

---

① 《马克思恩格斯全集》第3卷,人民出版社1972年版,第31页。

和基本自由都能获得充分实现。"没有国家、社会和个人的全面发展,其他人权同样无从谈起。新中国成立以来,我国政府经过努力基本上解决了人民的温饱问题,实现了人民的生存权,这是一项了不起的成就。但中国的总体经济发展水平和人民生活水平与西方发达国家相比还有很大差距,人口的压力和人均资源的相对贫乏还制约着中国社会经济的发展和人民生活的改善。实践证明,贫困和发展不充分是阻碍我国人民享有人权的最大障碍,维护和促进人民的生存权和发展权仍然是中国政府和人民的首要任务。

4. 我国在人权的保障中强调权利与义务的统一

马克思指出:没有无义务的权利,也没有无权利的义务。没有义务的权利只能是特权,没有权利的义务只能是奴役。只有权利和义务的不可分离的结合,才是真正的人权。我们认为,个人人权不是绝对的,而是相对的、有限制的。它的限制标准就是对他人和社会的责任与义务。人的尊严和权利是什么?自我与他人如何定位?权利与义务是什么关系?在这一系列根本问题上,我们同西方有不同的理解。在中国,公民在法律上既是权利的主体,也是义务的主体。中国宪法规定:"任何公民享有宪法和法律规定的权利,同时必须履行宪法和法律规定的义务。""中华人民共和国公民在行使自由和权利的时候,不得损害国家的、社会的、集体的利益和其他公民的合法的自由和权利。"因此,宪法在规定公民各项权利的同时,也相应地规定了公民的义务。宪法规定的公民义务主要有:遵守宪法和法律的义务,劳动的义务,受教育的义务,实行计划生育的义务,抚养教育未成年子女的义务,赡养扶助父母的义务,维护国家统一和全国各民族团结的义务,保守国家秘密、爱护公共财产、遵守劳动纪律、遵守公共秩序、尊重社会公德的义务,维护祖国的安全、荣誉和利益的义务,依照法律服兵役和参加民兵组织的义务,依照法律纳税的义务等。对宪法和法律规定的义务,公民必须忠实履行。美国著名宪法学家路易斯·亨金也看到这一点:"中国的权利在概念、范围、内容和实质意义上都不同于美国的权利。美国从个人出发,个人是社会的中心,并以个人幸福作为社会的目的。中国则从社会和集体出发,关注的是普遍(而非个人)的幸福。"①

二、人权的国际法保护

(一)人权的国际法保护的含义和方式

现代社会,随着国际交往的日益频繁,国际合作和交流也日益加深,人权的法律保障也出现了新的形式,那就是人权保障的国际化。人权保障的国际化的趋势表明权利保障具有一定的共同性。特别是在第二次世界大战以后,人权的保护问题已经不再仅仅是一国的法律的问题,已经由国内法发展到国际法,即产生了人权的国际保护。当前,尊重、保护人权已经成为一项基本的国际法准则。

所谓人权的国际法保护,是指各国应当按照国际社会公认的国际法原则、国际人权宣言与公约,承担着普遍的或特定的国际义务,对基本人权的某些方面进行合作与保证,并对侵犯人权的行为加以防止与惩治。这里所谓特定的国际义务,是指国际人权公约的缔约国必须承担贯彻实施这些公约的义务,即缔约国应当在其国内采取相应的立法、司法、行政措施,保证公约条款的实现、并且按公约的规定进行国际合作。换句话说,这种特殊义务对那些非缔约国来说,是不适用的。所谓普遍的国际义务,是指作为国际组织(包括普遍性国际组织和区域性国际组织)的成员,必须依照该组织的章程承担保护人权的义务。如《联合国宪章》中涉及人权保障的共 7 个条款,所有联合国的会员国都有义务为促进其实现而努力。普遍性的国际义务的另一内容是指,国际社会的所有成员都要承担由国际人权宣言、原则、规章、规则等组成的国际人权习惯法所确认的保护人权的义务。国际习惯法是各国自愿同意的行为规范,它们对所有国家都有约束力。如世界各

---

① 沈宗灵、黄枬森:《西方人权学说》(下),四川人民出版社 1994 年版,第 620 页。

国现在都宣布尊重《世界人权宣言》的原则与内容,各国自然要受其约束,并为其具体实现而努力。对严重侵犯人权的国际犯罪行为加以防止和惩治,就是属于这类义务的范畴。

与此相适应,人权国际法保护有两种基本的方式。一是强制性的监督和制裁方式。这类方式包括如下两种情况:某些国际人权公约的缔约国,不履行自己承担的义务,公约的其他缔约国和国际社会可以对这些国家实施强制性的监督与制裁;或者国际社会的任何成员恶意违反国际法基本原则,如在政策上、法律上和实践上实行、鼓励和或纵容诸如种族灭绝、种族隔离和种族歧视,奴隶买卖和奴隶制,侵略与侵略战争,国际恐怖,国际贩毒等国际犯罪行为,国际社会可以对其实行强制性的国际监督与制裁,如对南非的种族隔离、伊拉克侵犯科威特所实施的制裁。二是非强制性的指导和协助方式。除上述两类情况外,都采用这类方式。如就实现发展权、环境权实行国际合作,对由于战争或内乱造成的难民进行人道主义援助,对某些侵犯人权的事件与行为进行批评或谴责。

(二) 国际人权法的渊源

当代国际人权法的渊源指的是具有国际法效力的有关人权事项的国际公约和国际习惯法规则。此外,某些不直接具有国际法效力的国际人权文书,在人权的国际法保护方面也发挥着重要作用。

1. 国际人权公约

国际人权公约是国际人权法的主要渊源之一,是由主权国家签订的公约和条约等文件,其中最主要的是在联合国主持下制定的一系列公约和各种规约。在联合国成立之前,并不存在系统的国际人权法。有的西方学者认为,在两次世界大战之间,人权的国际保护还只是一个在学说上广泛辩论的学术问题,只是从1945年起,这个制度才成为实体法。1968年3月27日的蒙特利尔人权大会宣言表示了国际法专家们的这一普遍一致的意见:《联合国宪章》为会员国创立了尊重人权的有拘束力的义务。而《世界人权宣言》则是对宪章的最高级解释,并已经过多年而成了习惯国际法的一部分。

《世界人权宣言》的通过,使人权不再只是空泛的概念和政治主张,而把人权具体化为各种法律权利和自由,对现代国际关系和国际法产生了很大影响,从而形成了一个以《国际人权宪章》为代表和为基础的、包括近八十个国际人权文书的国际人权法体系——国际公约和国际习惯法。这些国际公约大致可划分为三个类别:第一类是综合性的人权公约,它们对较广泛领域的人权事项加以系统规定,如《公民权利和政治权利国际公约》、《经济、社会及文化权利国际公约》;第二类是针对某一类人权事项作专门规定的公约,如《防止及惩治灭绝种族罪公约》、《消除一切形式种族歧视国际公约》、《妇女政治权利公约》、《禁止酷刑或者其他残忍、不人道或有辱人格的待遇或处罚公约》等;第三类是含有某些人权条款的公约,如《联合国宪章》等。

一般而言,人权公约的国际法效力只及于公约当事国,对于非当事国则不产生国际法上的拘束力,而且,对于当事国来说,公约所有条款也并不必然全都有拘束力,因为公约通常允许缔约国作出一定程度的保留,从而免于就该保留条款承担国际法义务。不过,人权公约一般也会对缔约国的保留加以限制,因此,各国也不可以随意提出对公约条款的保留。同时,假如某国所提出的保留条款属于国际强行法的内容,则该条款仍然对其有拘束力,该国也必须承担该条款所宣示的国际法义务。依照1969年《维也纳条约法公约》第53条的定义,所谓国际强行法即"一般国际法强制规律","指国家之国际社会全体接受并公认为不许损抑且仅有以后具有同等性质之一般国际法规律始得更改之规律"。

2. 国际习惯法规则

国际习惯法也即国际惯例,其存在形式是国际社会中各国的普遍法律确信和普遍实践,当在某一事项上形成了各国普遍接受的实践时,体现该实践的国际惯例就成为具有拘束力的国际法渊源。因此,国际习惯法必须有普遍确信和普遍实践的证据才能证明自己的存在,这些证据表现在各国立法和判决、国际公约、国际法庭判决、国际法教科书、学术论著等许多方面。国际习惯法与一般的国际公约不同,它对各国均具有拘束力,而不论其是否曾经加入了规定相关事项的国际公约。

目前,在涉及人权的国际法保护方面,究竟存在哪些对各国具有普遍拘束力的国际习惯,尚无一致的结论。不过,对于像禁止种族灭绝、禁止奴隶制和奴隶买卖、禁止长期任意监禁等涉及人类文明的道德底线的人权法规则,一般都认为已经经过了各国实践的验证,并取得了国际习惯法的地位,因而,任何国家都有国际法上的义务不得实施此类行为。在现行国际人权法领域,各国公认已经成为国际惯例的人权法规范,还非常有限,但可以相信,随着人类文明的进步和人权观念的普及与弘扬,国际社会在人权事项上的共识和共同实践也将缓慢但持续地增加,相应地,国际人权法惯例也必然呈现为一个集腋成裘式的历史成长过程。

3. 辅助性国际人权法文献

除国际公约和国际惯例之外,其他国际人权文献并没有直接的国际法效力。例如,联合国通过的各种宣言、决议、行动纲领,国际人权公约实施监督机构提出的一般性意见和建议,国际司法机构的已经执行完毕的判决等等,都不具有对各国的国际法拘束力,不过,对于人权的国际法保护而言,它们却可能具有某种重要的作用。这是因为,像《世界人权宣言》之类的权威性人权文献,尽管没有国际公约的法律地位,却具有强大的道义感召力和说服力,更为重要的是,这些文献可以用于证明某些原则和规则被国际社会普遍接受的程度,如果假以时日,并辅之以各国的实践,待条件成熟时完全有可能作为国际人权保护习惯法的重要证据,从而其规定的内容成为国际习惯法的组成部分。

此外,这些辅助性国际人权文献在解释现有国际人权法公约的条款方面,也发挥着重要的作用。

（三）人权国际法保护的历史发展

人权由国内法保护发展到国际法保护,主要是20世纪发展起来的,它标志着人权的发展进入到了一个全新的历史阶段,是人类物质文明、政治文明和精神文明发展水平极大提高和国家之间的交往日益密切的必然结果。在17、18世纪,世界上出现了少数几个国家之间签订涉及人的权利的条约,虽然当时并没有人权的国际法保护的概念和理论,但是作为人权的国际法保护已经开始萌芽。例如结束了"30年战争"的1648年《威斯特伐利亚和约》,认可了不同宗教派别之间享有平等的权利;1785年美国和普鲁士之间签订了世界上第一个内容涉及保护战俘的双边条约。

从19世纪到20世纪中叶,国际上出现了废奴运动和第一次世界大战,国际条约开始大量出现,例如1864年的《改善战地陆军伤者境遇日内瓦公约》,1899年的《陆战法规惯例公约》,为国际人道主义法奠定了基础。国际联盟于1919年通过的《国际联盟盟约》,1926年的《禁奴公约》、1929年国际法协会通过的《国际人权公约》和《国际人权宣言》,都是这一时期的重要的国际性人权文件。这些国际人权公约,对人权的国际法保护起到了重要的推动作用。

人权全面进入国际法保护领域,是在第二次世界大战以后。第二次世界大战带给人类的惨痛教训,使保障人权开始被确立为一项公认的国际法准则。在这次大战中,德、意、日法西斯践踏基本人权、灭绝种族的暴行,激起了世界各国人民的极大愤慨,人们普遍提出了国际社会应当进行人权保障的强烈要求和愿望。1945年联合国成立并通过了《联合国宪章》,在人类历史上第一次将人权规定在了一个具有很大权威的国际组织的纲领性文件中。1946年联合国成立了人权委员会,并于1948年通过了《世界人权宣言》,1966年制定了《公民权利和政治权利国际公约》和《经济、社会、文化权利国际公约》。以此为契机,国际法的一个重要分支——国际人权法正式产生。到目前为止,已经形成了一个以《联合国宪章》为基础,包含约80件具有直接或间接国际法效力文件的国际人权法体系。

被现行国际人权法明文列入保护范围的人权有相当丰富的内容,其中最具代表性的1966年第21届联合国大会通过的两个最著名的人权公约宣告和保障的基本人权即多达数十项。

(1)《公民权利和政治权利国际公约》所保护的人权大致包括:

救济权(第2条);

紧急状态下不得因种族、宗教或出身等原因受到国家歧视(第4条);

生命权,禁止种族灭绝,死刑犯有权请求和得到赦免和减刑,未满18岁者不得被判处死刑,孕妇不得执行死刑(第6条);

免受酷刑,免受侮辱性待遇,不得未经本人同意而被施以医药或科学实验(第7条);

禁止奴隶制度和奴隶买卖,免受强迫役使,免受强迫劳动(第8条);

人身自由和人身安全,被逮捕者的知情权,要求在合理时间之内获得审判的权利,被非法逮捕者得到赔偿的权利(第9条);

囚犯有权得到符合其人格尊严的待遇(第10条);

不得因无力履行约定义务而被监禁(第11条);

迁徙自由,选择住所的自由,离开他国或本国的自由,进入本国的权利(第12条);

禁止非法驱逐外侨(第13条);

所有人在法庭面前一律平等,获得独立和中立的法庭公平和公开审判的权利,无罪推定,禁止强迫自证其罪,获得法律援助和辩护的权利,上诉权,冤狱赔偿权,对被宣告无罪者不得重复审判(第14条);

刑法不得罪及既往(第15条);

不得剥夺任何人的法律人格(第16条);

隐私权,住宅和通讯不受侵犯,名誉权,荣誉权(第17条);

思想、良心和宗教信仰自由(第18条);

言论和表达自由(第19条);

和平集会权(第21条);

结社自由(第22条);

家庭受保护的权利,婚姻自由(第23条);

儿童受特别保护(第24条);

选举权与被选举权,平等参政权(第25条);

平等权(第26条);

少数人在文化、宗教和语言上的权利(第27条)。

(2)《经济、社会及文化权利国际公约》所保护的人权大致包括:

自决权,发展权,生存权(第1条);

工作权,国家保障个人基本政治与经济自由,实行职业指导和培训,促进充分就业(第6条);

获得非歧视的公平报酬,男女同工同酬,保障工作者及其家庭的合理生活水平,安全卫生的工作环境,平等的职业升迁机会,休息权,带薪休假权(第7条);

组织和参加工会的权利(第8条);

享受社会保障和社会保险的权利(第9条);

国家对抚育儿童的家庭予以保护与协助,对产妇予以特别保护,禁止童工(第10条);

国家促进人人享受生活条件的不断改善,免于饥饿的权利(第11条);

达到最高标准身心健康的权利(第12条);

受教育权,国家保障免费的初等义务教育(第13条);

参与文化生活的权利,受惠于科学进步的权利(第15条)。

【课后阅读文献】

1. 郭道晖:《人权的本性与价值位阶》,载《政法论坛》2004年第2期。
2. 焦洪昌:《"家尊重和保障人权"的宪法分析》,载《中国法学》2004年第3期。
3. 李步云:《论人权和其他权利的差异》,载《河南社会科学》2007年第1期。
4. 王广辉:《新中国人权立法的回顾与前瞻》,载《郑州大学学报(哲学社会科学版)》2007 年第 6 期。
5. 于沛霖:《"国家尊重和保障人权"之法律关系解读》,载《法学杂志》2007 年第 6 期。

【思考题】

一、选择题

1. 人权的主体首先应当是(　　)。
   A. 自然人　　B. 公民　　C. 民族　　D. 人民
2. 《联合国宪章》的生效日期是(　　)。
   A. 1945 年 10 月 24 日　　　　B. 1946 年 10 月 24 日
   C. 1948 年 10 月 24 日　　　　D. 1950 年 10 月 24 日
3. 人权问题全面进入国际法领域是在(　　)。
   A. 第一次世界大战后
   B. 第二次世界大战后
   C. 1948 年《世界人权宣言》通过之后
   D. 1946 年两个国际人权公约通过之后

二、名词解释

1. 人权
2. 法定人权
3. 集体人权
4. 人权的国际法保护

三、简答题

1. 如何理解人权的普遍性与特殊性的关系?
2. 国内法对人权保护的一般方式有哪些?

四、论述题

论述我国人权法律保护的特点。

五、材料分析题

1. 2001 年 12 月 23 日,刚刚大学毕业的蒋××看到成都某媒体刊登的中国人民银行成都分行的招录公务员广告,其中规定招录对象条件之一为"男性身高 168 公分,女性身高 155 公分以上"。身高只有 165 公分的蒋××认为这侵犯了公民的宪法权利,于是向××区人民法院提起行政诉讼。

问题:根据人权平等保护理论进行分析。

2. 1990年7月中旬,长期存在于伊拉克与科威特两国之间在石油政策、领土纠纷和债务问题等方面的争端日趋尖锐。8月2日凌晨,驻扎在科威特边境的伊拉克的350辆坦克,乘科威特人进入梦乡之时,跨越伊科边境,悍然侵入科威特,紧随之后,10万伊拉克侵略军长驱直入科威特城,占领了整个科威特国。伊拉克入侵科威特的行动引起了国际社会的强烈反应。

联合国安理会先后通过一系列决议,要求伊拉克无条件地从科威特撤军,并对伊从政治上、经济上实施全面制裁。土耳其关闭了通过境内的伊拉克石油管道,沙特阿拉伯、美国、英国等全世界一百多个国家纷纷响应联合国的号召,对伊拉克采取经济制裁,禁止进口伊拉克石油,禁止向伊拉克出口食物、药品等物质。美国、英国、法国派遣军舰封锁伊拉克船只出海。1990年11月29日下午,联合国安理会通过了对伊拉克准许使用武力的678号决议,限期伊拉克在1991年1月15日前必须撤出科威特,否则联合国将采取军事行动。志在必得的伊拉克总统萨达姆·侯赛因未作出任何让步。

美国等西方国家经过五个多月外交斡旋和紧张的军事调遣后,1991年1月17日晨,以美国为首的多国部队开始向伊拉克发起了代号为"沙漠风暴"的军事打击,海湾战争爆发。

伊方主要以地面防空武器进行还击,并分别向以色列和沙特阿拉伯发射了"飞毛腿"导弹。

战争开始后,多国部队的坦克部队在轰炸机和直升机的掩护下,突破当时伊拉克仍在占领的科威特边境。几天之内,多国部队歼灭伊军10万人,俘虏9万人。在这次行动中,多国部队采用了高科技武器,包括使用带有贫化铀的炸弹,产生极大的杀伤力。

2月24日,多国部队向伊拉克部队发动了代号为"沙漠军刀"的地面攻势。伊拉克军队在遭受重大伤亡后,于26日宣布接受联合国自伊拉克侵略科威特以来通过的12项有关决议。2月28日零时,多国部队停止了一切进攻性行动,持续了42天(38天的空中袭击和100个小时的地面作战)的海湾战争结束。

海湾战争期间,多国部队共投入兵力达62万多人,其中美国兵力42万人,多国部队出动飞机空袭10万架次以上。据美军驻海湾部队司令施瓦茨科普夫说,多国部队全歼或重创伊拉克29个师,摧毁或缴获伊军4230辆坦克中的3000多辆,2870辆装甲车中的1857辆,3110门火炮中的2140门,俘虏伊军5万多人。整个海湾战争中共有148名美国人阵亡(非战斗死亡138人),458人受伤(非战斗受伤2978人)。其他国家阵亡192人,受伤318人。科威特直接战争损失600亿美元;伊拉克损失达2000余亿美元;美国耗资600亿美元。

海湾战争结束,多国部队彻底把伊拉克军队赶出了科威特。可是,随着科威特的解放,人类遭受了史无前例的毒害,在逃离科威特时,伊拉克军队放了一把国际大火,烧毁了科威特无数的油田、油罐和房屋、树林等。

多国部队摧毁的伊拉克化学武器工厂、核反应堆,加上伊拉克摧毁的科威特石油工厂等等,释放出巨量的污染物质,污染了世界的大气,特别是波斯湾、阿拉伯湾海域的土壤、水体遭到了空前的石油污染。

尽管整个战争只持续了6周,也许是世界历史上最短的一场国际战争。但是,正是基于海湾战争对环境,尤其是海湾地区环境的巨大破坏,世界才将海湾战争爆发的那天称为第三个世界文明史上的黑色日。

问题:用人权的国际法保护理论分析讨论。

第七章 法 治

☞ 本章提示
- 法治观念的产生与发展
- 法治的含义及意义
- 法治的基础
- 法治的基本理念
- 现代中国的法治实践

第一节 法治释义

一、法治观念的产生与发展

法治观念源于古希腊,是古希腊思想家们在关于国家治理是依靠法律还是贤人的争论中产生的。早期的雅典实行的是以血缘为基础的贵族统治,智者派首先反对贵族制,提倡"优秀人"的统治,商人出生的毕达哥拉斯和贵族出身的赫拉克利特都是"优秀人统治"的倡导者。"优秀人"的统治较贵族统治更具合理性,最后却走向极端,演变为柏拉图的贤人统治理论。柏拉图在其代表作《理想国》中力主贤人政治,并主张除非哲学家成为国王,人类将永无宁日。只是在他的理想国的方案失败后,才退而求其次,在其《法律篇》中主张法治。亚里士多德反对柏拉图的贤人政治,提出了西方法律思想史上经典的法治理论。他说:"谁说应该由法律遂行其统治,这就有如说,唯独神祇和理智可以行使统治;至于谁说应该让一个个人来统治,这就在政治中混入了兽性的因素。"[①]亚里

---

① 《西方法律思想史资料选编》,北京大学出版社1983年版,第53页。

士多德认为,"法治应当优于一人之治"①。有时国家事务可能会依仗于某些人的才智,但是,其才智的运用必须在法律的范围内,受到法律的限制。

  注重于实践的罗马人在公元前5世纪中叶就用自己的制度和行动回答了相同的问题。罗马人强调政治生活的法律特性,为了限制执政官的任意权力对人民的侵犯,罗马人"拟定各种法律来规定执政官的权力,任何高悬在人民头上的法律,都得是他们自己给予执政官的,这些,而且只有这些,才是他可以引用的,绝不许他们把自己的放肆和任性当作法律"②。罗马人的实践与斯多葛学派法治观的结合,产生了以西塞罗为代表的法治观。西塞罗强调法律的至上作用,认为权力从属于法律,官员是说话的法律,法律是不说话的官员,人人都是法律的臣仆。虽然没有权力便不可能存在任何家庭、市民社会、种族乃至整个人类,也就不可能存在整个物质自然界和宇宙本身,但是权力应该是合法的。③ 西塞罗强调要在执政官、贵族与人民之间进行合理的权力分配,使任何一个阶级都不能逾越自己的权力界限而具有超过法律之上的压制其他阶级的力量,只有如此,才能保障平等与自由。这些思想对后世产生了积极的影响,成为近代法治原则的重要源头。在实践上,古罗马也是一度实行法治的,服从法律是罗马社会的共识和优良传统。罗马皇帝狄奥多西在一封信中曾指出:"我们的权威都以法律的权威为依据。事实上,权力服从法律的支配,乃是政治管理上最重要的事情。"④

  中世纪的托马斯·阿奎那在神学的一统天下之中为法治争得一席之地,他认为:"按照上帝的判断,一个君王不能不受法律的指导力量的约束,""应当自愿地、毫不勉强地满足法律的要求"。"全部法律都以人们的公共福利为目标,并且仅仅由于这个缘故,它才获得法律的权力和效力;因此只要它缺乏这种目标,它

---

① 《西方法律思想史资料选编》,北京大学出版社1983年版,第53页。
② 《外国法制史资料选编》,北京大学出版社1982年版,第158页。
③ 〔古罗马〕西塞罗:《国家篇·法律篇》,沈叔平、苏力译,商务印书馆1999年版,第215页
④ 〔意〕托马斯·阿奎那:《阿奎那政治著作选》,马清槐译,商务印书馆1963年版,第123页。

就没有责成人们担负义务的力量。"①

文艺复兴以来,随着资本主义商品经济以及与之相适应的自由、权利、平等等人文主义思想的发展,法治的观念开始广泛传播。资产阶级取得政权建立资产阶级民主制度之后,法治则由理想变为现实,法治观念也随之成为占支配地位的意识形态,古典的法治思想得到了继承。哈林顿在其《大洋国》中,提出了法治共和国的构想。他指出,人治是近代(主要指中世纪)专制国家,它是人的王国而不是法律的王国。而他设计的大洋共和国是法律的王国而不是人的王国。西方自由主义和法治主义的奠基人洛克是在近代资产阶级思想家中,第一个提出分权学说的人。他说:"在一切情况和条件下,对于滥用职权的强力的真正纠正办法,就是用强力对付强力。"②法治社会的政治权力,在法律上是有限的、分立的和负责任的。无论国家采取什么形式,统治者应以正式公布的和被接受的法律来进行统治。孟德斯鸠则在对古希腊、罗马史研究以后得出法治的结论,"没有法治,国家便将腐化堕落"。③孟德斯鸠的理想是,有一种政制,它既不强迫任何人去作法律所不强制他做的事,也不禁止任何人去做法律所许可的事。他提出实行法治的方法:制定好的法律,司法按程序办事,人人守法,君主特别要守法,不得滥用权力,实行分权。卢梭从"人民主权论"和"社会契约论"出发,指出实行法治的国家必须是也只能是民主共和国;并指出在民主共和国里,立法权唯一地、永远地属于人民全体,"法律乃是公意的行为","法律只不过是我们自己意志的记录"④。法治要求严格按照法律办事,遵守法律,在法律面前人人平等。他认为行政官是执政官而不是仲裁者,是保卫法律而不是侵犯法律的人。公民都知道遵守法律的重要性而普遍地守法。卢梭心目中理想的民主共和国,就是一个法治国。在

---

① 〔意〕托马斯·阿奎那:《阿奎那政治著作选》,马清槐译,商务印书馆1963年版,第123页。
② 〔英〕洛克:《政府论》下篇,叶启芳、瞿菊农译,商务印书馆1964年版,第95页。
③ 〔法〕孟德斯鸠:《论法的精神》(上册),张雁深译,商务印书馆1961年版,第278页。
④ 〔法〕卢梭:《社会契约论》,何兆武译,商务印书馆1980年版,第51页。

美国,潘恩、杰弗逊、亚当斯、汉密尔顿等政治家和思想家不仅是英法启蒙思想的继承者,而且是法治思想的忠实实践者,他们把法治写入了独立宣言、宪法、人权法案之中。

经过两个世纪的法治启蒙以后,从18世纪末至19世纪,西方开展了大规模立宪和法制改革运动。到20世纪,部分发达国家走上了法治之路。战后,法学家们则更多从人权和限制权力的角度讨论法治。进入20世纪70年代以来,一些西方学者重视程序公正的研究,将程序公正纳入法治,强调良好的法律表达形式。

在中国,春秋战国时代的法家主张"法治",主张"以法治国",这与近代以来资产阶级所主张的法治理论实有根本的不同。法家"法治"论的大意是:第一,主张以法为本,垂法而治,刑无等级,一断于法。第二,主张严刑峻法,以刑去刑。主张信赏必罚,厚赏重罚。第三,法、术、势紧密结合,共同维护君主的专制集权和确保君权至上。显然这种法治是一种运用法律实现的人治,在政治法律实践中必然导致专制主义。

二、法治的含义

法治的字面含义为法律的统治。最早指出法治含义的是亚里士多德,在人类历史上他首次论述了法治的理由,并阐明了法治的核心含义。

亚里士多德认为,法治优于一人之治,其主要理由如下:第一,法律不会感情用事,而任何人都不免有感情。第二,法律不会在统治中加入偏向。而任何个人,即使是最贤良的人也不免有热忱,会在其执政之中加入个人的偏向。法律恰恰正是免除一切情欲影响的神祇和理智的体现,而让个人来进行统治则无异于让兽性来进行统治。第三,集体的智慧胜过一人的智慧。在法律没有作出规定或规定不详密的地方,由公民大会进行议事和审断,胜过任何贤良的人作出的裁断。因此,尽管法律之治也可能有不完备的地方,但是,力求一个最好的法律,比让最好的一个人来统治更好一些。第四,法治不易于腐败,而一人之治则易于腐败。单独一人就容易因愤懑或其他任何相似的感情而失去平衡,终致损伤了他的判断力;但是全体人民总不会同时发怒,同时错断。在对法律未定之事进行审议和裁断的时候,若干好的集体一定不易于腐败。第五,在一人之治的情况下,执政者不可能独理万机,他必须挑选和任命一位官员来共同治理国家,这种治理的方式还不如在国家的政体设计之初就安排妥当。有时国家事务可能会依仗于某些人的才智,但是,其才智的运用必须在法律的范围内,受到法律的限制。在比较法治与一人之治之后,亚里士多德坚决强调法治的重要性,认为法治优于一人之治。

亚里士多德认为"法治应包含两重意义:已成立的法律获得普遍的服从,而大家所服从的法律又应该本身是制订得良好的法律。人民可以服从良法也可以服从恶法,就服从良法而言,还得分为两类:或乐于服从最好而又可能订立的法律,或宁愿服从绝对良好的法律。"[1]他对于法治的含义可以总结为以下两点:一是存有良法,二是对于法律的普遍服从。即普遍遵守良法。

启蒙思想家们所讲的法治都与权利、自由、平等相关,很少明确指出法治的含义。第二次世界大战以后的法学家们更多从人权和限制权力的角度讨论法治。1959年的《德里宣言》将法治归纳为:立法机关的职能在于创设和维护以使每个人保持"人格尊严"的种种条件;不仅要对制止行政权的滥用提供法律保障,而且要使政府有效地维护法律秩序,借以保证人们具有充分的社会和经济生活条件;司法独立和律师职业自由。

统观上述各家界定,结合法治的基本理论,大致上可以将法治的含义归纳为如下四个方面:

(一) 法律至上

法治(the rule of law)即法律的统治。"'法治'一词所意味着的不只是单纯的法律存在",而是"法律的统治而非人的统治"[2]。

---

[1] 《西方法律思想史资料选编》,北京大学出版社1983年版,第55页。
[2] 〔美〕诺内特、塞尔兹尼克:《转变中的法律与社会》,张志铭译,中国政法大学出版社1999年版,第59页。

★ 第一编　法律价值

13世纪,英国的布雷克顿(Bracton)宣称:"国王不应该服从任何个人,但是他应该服从于神和法。原因是法才使他当上了国王。"①这句话被认为是"法的统治"的起源。法律至上即法律具有至上权威,法律高于任何权力、高于任何其他规范、高于任何个人。也就是说,在整个社会和国家的调整机制中,要使法律成为整个社会调整规范中的最高规范。比如,"党必须在宪法和法律的范围内活动"这一政治原则的确立,就是对宪法和法律最高规范地位的确认,符合法治要求。政党的规范主要是政策,倘若没有确立这一政治原则,那就会出现政策大还是法律大的问题。其他的社会规范形式如伦理规范、宗教规范、民间社会组织章程等,按法治要求,都应无一例外的遵守和服从法律规范。因此,"法律至上"是法治要求的首要体现。与"法律至上"的法治要求相关联,应确立以法作为治国治政之根本和依据,而不以人的意志为根本和依据。诚然,法律也是一种人的意志体现,但这种意志是公众意志,公众意志一旦法律化、制度化,就成为行为准则,任何个人、集团都不能随意改变。因此,在法治社会中,一切国家行为、集体行为、个人行为,都必须按法律去运作。当然,这并不意味着法治排斥人的能动性,只要人的能动性的发挥限制在法律规定的范围内就是合法的。

(二)法律实体内容应当包含、体现、具备民主、自由与人权、公平与正义等要素,确保人的尊严

这是法治的根本目的之所在,是法治的灵魂。为了实现其价值目标,尤其是保障自由与人权,必须有约束、限制国家权力的法治制度。这些制度主要有:(1)以约束公权力为核心的分权制衡制度。即对所有的公权力在合理配置其权力结构、规模、范围、强度的同时,应相应地确立对其进行制约的具体规定。"公权力"包括政府权力、司法权力、政党权力、议会权力、军事权力等。因为任何一种公权力,都存在着腐化、异化之可能,如果不对其进行控

---

① 〔日〕畑中和夫:《"法的统治"与"法治国家"》,林青译,载《外国法译评》1997年第4期。

制和约束,极可能对民主与人权构成危害和威胁。(2)以发展人权为核心的权利制度。在法律上对人的权利的承认、尊重和保护的实质就是对人本身的承认、尊重、保护。法治在当前的进步主要表现在对思想自由权、政治自由权、言论自由权、人身自由权、宗教信仰自由权、财产权、生命健康权、劳动权、受教育权、平等权、住宅权、继承权、名誉权、荣誉权、隐私权、诉权及接受公平审判等权利的宣告与保护。这一体系的充实程度直接反映着一个国家法治化的程度与水平。(3)司法独立。法治社会里负有维护法律尊严使命的司法机关必须独立才能公正、中立地行使职权,因而司法独立成为法治社会的基本标志之一。(4)司法审查。法律控制权力是法治的真谛,立法权与行政权是法律控制的重点对象。法律控制立法权与行政权的制度主要是司法审查制度,所以司法审查就成为法治的一个基本制度。

(三)法律的形式必须具备明确的公开性、普遍性、确定性、可行性、不矛盾性、稳定性及法不溯及既往等

法治意味着法律必须在社会政治经济生活中起主导性的调整作用,法律必须是公开的普遍性规则,应调整一般人的行为。它的最基本的价值内涵就是法律面前人人平等。每个人,不分种族、性别、出身、宗教信仰、财产状况、职业职务,在法律面前一律平等。同事同处,同罪同罚,任何人都不能享有凌驾于法律之上的特权。法律的内容、至少是它的中心含义不应该是模糊不定、自相矛盾的,而应该是明确的、无歧义的。尽管在事实上法律不可能完美无缺,人们在适用法律时会产生不同理解,但应该最大限度地维护法律的确定性,以增强社会交往中的理性因素,保证社会关系的稳定、社会的秩序感与安全感。任何一个神智健全的立法者,制定的法律应当是可行的,没有任何理由去制定一个无法实行的法律,在现实的立法活动中要防止这种法律微妙地、善意地加以制定。法律应当具有稳定性,不能朝令夕改,并且应当规定禁止通过溯及既往的法律,频繁改变的法律和溯及既往的法律具有同样的危害性,二者都表明立法的动荡性和任意性。

(四) 政府必须依法办事

一方面,法律要规范和约束政府权力,政府及其活动要合法。政府受法律约束的状况是评价一国法治状况的重要标准。法治意味着政府必须依法设立,政府必须依法行使职权;政府机构及其官员从事了违法行为,不能享受豁免权;政府应对因其违法行为而致人的损害给予赔偿等。另一方面,法律还要赋予行政机关以明确的权力,使政府能够有效地维护秩序。权力之于社会具有必要性,特别是随着社会生活的复杂化和专业分工的细化,仅由议会立法很难适应社会发展的需要,必须由行政机关对法律的基本原则加以具体化并对各种新的社会领域进行探索性立法。这样,加强行政机关在法律实施过程中的必要权力,也是法治的必然要求,但是,也要遵守行政机关自己制定的各种规定不得与议会立法相冲突。强调政府必须依法办事,并不是说权力的限制和加强并非仅指行政机关,事实上,任何享有权力的机关,如立法、司法、军事等机关,都可能滥用权力,因而,加强权力制约,要求法律权威,依法办事,是对所有权力机关而言的。

三、法治与法制辨析

在理论上对"法制"与"法治"的理解不同,对二者关系的看法也会有所不同。目前,我国学术界对如何理解和使用"法制"与"法治"两词,见仁见智。概括起来,主要有这样几种观点:(1)认为二者是完全不同的概念,法制是静态的,是法律制度的简称,并不必然和民主相联系,它在"有什么法"和"如何依法办事"上缺乏规定性的要求;(2)认为两者是一回事,表达的都是"有法可依"和"依法办事"的内涵,"法治"这个概念可以不用;(3)认为它们是既有联系又有区别的两个概念,二者的联系在于,都与一个国家的法律、法律原则、法律制度密切相关,应当注意如何从法制转变过渡到法治;(4)认为两个概念均可通用,问题不在于使用哪一个概念来表达,而在于它们的内涵是否符合依法治国方略的基本要求。

我们认为,"法制"与"法治"既有一定区别,又有紧密联系。二者不是相同的概念,但在现代民主社会里,又是两个不可分割的概念。

"法治"与"法制"的主要区别在于:法治表达的主要是法律运行的状态、方式、程序和过程;而法制主要是一个静态的概念,是"法律制度"、"法律和制度"的简称。现代法治概念比法制有更深刻的政治含义,法制属于工具操作范畴,是为政治服务的,没有民主可以有法制。法制仅仅表明特定社会中存在着一种独立于其他各种制度的法律制度,有时甚至是一整套较为完备的法律制度。但是,在法律的这种存在状态中,法律还不是行为主体服从的最高权威,恰恰相反,法律还只是某个权威所运用的一种工具,一种控制国家和社会的手段。法治则属于政治理想的范畴,是为政治服务的,没有民主就不可能有法治。法治以市场经济和民主政治为基础,是市场经济基础上、民主政治体制中的治国方略。法制关注的焦点是秩序,法治关注的焦点是法律的至上权威,法治这种状态表明在特定的社会中法律就是最高权威,公民、团体和政府必须依从公认的法律规则行事。法治是法律对公民、组织和政府行为的有效规则,特别是对运用公共权力的有效制约。

法制与法治又是紧密相联的。一方面,法治是法制的前提,因为只有在以法治国的治国思想和主张指导下,才有可能建立和健全法制;另一方面,法制又是法治的保障,因为只有建立了完备的法制,才能做到有法可依,才能使以法治国的治国主张得以实现。如果没有法治思想的指引,就不可能有完备的法制;反之,如果没有法制的保障,法治也只能是一个空洞的主张,不能得到真正的实现。法制状态虽然不能直接导致法治,但法治状态必须以完备的法制作为基础。从法制向法治的过渡需要民主政治的确立和法律权威的提高。古今中外关于法治的理论甚多,但现代法治在关于法律适用的普遍性、法律地位至上、法律程序的正当性和法律对人的平等性等主要基点上①已经形成普遍共识。②

四、法治与人治辨析

法治作为一种治国思想和治国方式以及法律存在的状态,是与人治相对的。人治作为一个古老的概念,历来说法不一,作为一个历史范畴,不同的国家、不同时代的思想家有其特定的认识。在我国历史上,儒家虽没有提出过"人治"的概念,但他们实际上倡导"人治"。他们的依靠执政者个人的贤明治理国家的主张,又被称为"贤人政治",其核心内容就是孔子所谓的"为政在人","其人存、则政举;其人亡,则政息"。③ 这种主张将国家的兴衰系于有无贤明的君主。荀子不仅坚持"人治",而且对此的论述更加全面。其《君道篇》开宗明义地提出:"有治人、无治法",即治理好国家的关键是人而不是法。他认为,"法者,治之端也","君子也,法之源也"。孟子则力主"君仁莫不仁,君义莫不义,君正莫不正,一正君而国定矣"④。儒家从这个观念出发,在治理国家的政治措施上,着眼于人的道德修养,实质上就是"德治"型的人治。其一,力主君主施德行仁;其二,在任用官吏上主张"举贤使能",使贤者在位,能者在职;其三,对于一般民众,主张进行德化教育,辅之以刑罚。儒家的"人治"思想在中国长达两千多年的封建社会中始终居于统治地位,影响深远。

在西方,对"人治"的论述并不多,比较有代表性的是古希腊的柏拉图。他在《理想国》中,倡导"哲人政治",主张由一个智慧的哲学家当国王治理国家,实质上就是"智治"型的人治。他认为,除非哲学家成为国王,否则国家就不会解脱灾难得到安宁。

人治作为治国的方法和原则,具有以下含义:(1)人治不等于没有或取消法律,而是借助法律实现专制;(2)人治通过法律

---

① 参见夏勇:《法治是什么——渊源、规诫与价值》,载《中国社会科学》1999年第4期。
② 付子堂:《法理学初阶》,法律出版社2005年版,第264—265页。
③ 《礼记·中庸》。
④ 《孟子·离娄上》。

建立和稳定统治秩序,但法律不是社会和权力的基础,而是国家最高权力的工具,终究权大于法;(3)大于法的权力不是一般的职权而是指极权,在古代社会通常为皇权或王权以及贵族特权。从社会学的角度来看,人治社会的特点就是人际关系对于利益分配具有绝对决定性意义;从政治等的角度而言,人治是一种与古代社会经济上的自给自足、政治上的专制独裁相适应的治国方式。

人治将法律单纯作为治国的工具,因而决定了法制不可能获得发展,这已为实践所证明。因此,人治与法治的主要区别就在于:人治强调依靠统治者个人的作用来统治国家,要求把权力给统治者个人,使之能够运用手中的权力实行对国家和人民的统治;而法治则强调通过法律治理国家,要求一切国家机关和各级领导者都要依法办事,在法律面前人人平等,不允许有凌驾于法律之上的个人特权。简而言之,人治所强调的是个人的作用;而法治所强调的则是法律的权威。[①]

五、法治的意义

当前的中国正处于前所未有的历史变革期,法治理念和架构为这一历史变革提供了信仰支持和制度模式,在一定程度上能够满足社会由计划经济走向市场经济、由人治走向法治、由传统走向现代的客观需要,对中华民族的伟大复兴具有历史性的重要意义。

(一)法治是建设社会主义市场经济的需要

古希腊、古罗马有发达的简单商品经济,人们在其上建立了法治社会;中世纪商品经济衰落,法治也随之衰落;现代市场经济的高度发展与西方高度发达的法治相一致。计划经济是权力经济,全国的原料分配、产品流通、人员配备、对外贸易等无不由行政权力直接或间接干预。市场经济是权利经济,市场经济要求主

---

① 付子堂:《法理学初阶》,法律出版社 2005 年版,第 265—266 页。

体的地位平等,要求自由、自主地决定其经济行为并对行为后果承担责任,要求权利的充分保障;市场经济要求人们行为的高度规范化、高度可预测性,因此要求规范的权威而不是人的权威、权力的权威。总之,市场经济内在地要求自由、平等、权利的立法,要求法律的至上权威、要求对政府权力的限制,特别要限制执政者对社会的任意调整,法律一旦对权力失控,即使主观上想做好事的执政者也会给社会带来巨大的人为灾难。

(二)法治是实行社会主义民主的需要

要实行民主必须先有法治。中国没有法治传统,却又要实行民主,结果不仅不理想,甚至出现了十年"文化大革命"式的所谓"大民主",给中华民族带来了深重的灾难。即使在民主之下,如果法律仅仅是多数人的意志,那么按照这种意志所制定的法律也可以无善不为、无恶不作,也可以制造没收财产、剥夺自由、社会歧视、种族灭绝的人间悲剧。而法治的一个基本内涵是实行"良法之治",良法必须以保障自由、平等、权利等基本人权、维护人的尊严为根本宗旨。从自由、权利与民主的关系上讲,民主是手段而不是目的,民主必须有助于人的自由与权利的实现,民主应当成为保护和保障自由、权利的屏障,民主政府应当接受对其活动范围的法律限制,从而防止其不适当地干预个人的自由和权利。民主制度只能在法治的机制内生成、发展、完善。中国一百多年的变革史(尤其是十年"文革"的巨大悲剧)昭示我们必须坚定不移地推进法治建设才是实现社会主义民主的根本途径。

(三)法治是保障公民民主权利、自由并实现人的全面发展的需要

在法治的框架内,法律既明确规定了人的行为界限,也为每个人在这个界限内享受自由提供了保障,尤其是保护这种自由不受他人和政府的干预和侵犯。近代以来,主要是以自由主义政治哲学为指导思想的法治充分适应了自由市场经济和民主政治发展的需要,体现法治精神的各种人权文件和各国宪法,在保护公民权利和个人自由方面发挥了不可替代的巨大作用。同时,法治

对于实现人的全面发展也是至关重要的。人的全面发展需要为每个人提供平等的发展机遇,提供平等的竞争环境。如何才能保证人人平等的自由发展呢?唯一的方法还是大家共同制定良法,并共同遵守,即实行法治。

第二节 法治的基础

法治有其赖以生成和存在的社会政治、经济、文化基础。当然社会各要素构成一个相互联系的整体,是互为因果关系的,很难简单地说谁是基础。我们说市场经济需要法治,在这个意义上讲,法治是市场经济的基础。同样,我们也可以说,法治以市场经济为基础,没有市场经济难以建立法治。这要依提出问题的角度而定。马克思主义认为,法的内容是由社会的物质生活条件所决定的,从这个最终意义上讲,经济是基础。从研究法治的产生与运作这个视角来看,法治运作需要政治与文化的基础。

一、法治的经济基础——市场经济

法治的理念与要求是萌生于简单商品经济的土壤中的,而法治作为制度的确立和实践的成熟则是根植于发达的商品经济即市场经济的基础之上的。在自给自足的自然经济中和以国家垄断为根本特征的计划经济体制之下,是不可能生成成熟的法治要求和法治制度的。特别是在计划经济条件下,政府不但掌握一切政治资源,而且垄断一切经济资源,包括人力资源,人只是完成计划的工具。计划经济体制内在地要求集中权力,内在地排斥普适性的规则,所以计划经济的社会必然是人治的。商品经济是建立在社会分工的基础上并且必须通过交换方可实现其生产目的的经济形式。商品生产者在交换过程中,为了使交换有序、顺利完成,满足各自的交换目的,就必须遵循一定的交换规则。根据这些规则,大家进行自愿、平等、互利、公平的交易,展开公平、有序的竞争,而避免相互损害。当这些规则被国家认可后就成为法律。

商品经济必须以公平交换为基础,而公平交换的前提则是交换主体地位的相当和权利的平等。在市场经济体制下,独立、平等的主体的经济活动的目的就是追求经济利益。利益是权利的催化剂,利益的不断增长和相互摩擦,必然促进权利意识、权利要求的发育壮大。随着商品经济的发育完善,人们的权利要求必然会超出经济交换的领域,而成为普遍的权利要求。而普遍的权利则是法治赖以建立的基本前提和最直接的追求。可见,商品经济是要求和产生普遍权利这一法治前提的物质基础。

商品经济要求法律至上。商品经济内在要求大量的规则作保障,并且要求这些规则必须具备较强的确定性、稳定性和可预测性。唯有如此,交换主体的交换行为才能得到相对的安全保障。如果制定出来的规则朝令夕改,交换主体的权利和义务就是变动不定的,商品经济体制是难以维系的。而对规则的确定性、稳定性和可预测性的追求,必然会升华出规则至上的理念,随着这些规则被国家认可就成为法律,自然就演化为"法律至上"的法治理念。

二、法治的政治基础——民主政治

没有民主奠基的法治,只能是空中楼阁。民主为良法的产生提供了前提条件,没有民主的立法制度、选举制度,良法便失去民意依托和制度依托。在民主政治条件下,人民通过行使选举权利而选出的政府和立法机关所制定的法律自然是人民意志的反映,维护的是人民大众的利益,不再是暴虐的、专横的、只对少数人有利的法律。因此,民主对法治的重大作用表现在:在民主政治条件下,由于人民对政治的广泛参与,使得民主立法获得了普遍的参与性和广泛的代表性,从而提高了法律的质量,最大限度地消除了法律的偏袒性,维护了法律的正义公平。因此,可以这么说,民主政治保证了实行法治的第一个前提条件——有体现公平正义、维护权利与自由的良法。这也就是说,政治制度的民主化是实行法治的一个先决条件。民主立法的普遍的参与性和广泛的代表性,又为普遍守法提供了心理和社会基础。

三、法治的文化基础——法治观念

法治不仅是商品经济的产物,还是人类有意识的创造,所以法治的建立离不开法治观念的塑造与传播。西方现代法治经历了两个多世纪的法治启蒙才得以确立。对于后起的法制现代化国家,特别是以人治为文化传统的国家,法治观念的培养与普及就成为法治的必备基础。其一,在法律心理上,形成社会公民对法律的信任心理、依赖心理和崇敬心理,逐渐消除公民传统心理文化中的耻法、畏法、厌法、远法等心理成分,使公民有一个健康的法律文化心理积淀。法律能够得到大多数社会成员的心理认同,成为公民心理文化的重要内容。其二,在观念意识上,培养公民的尊重法律、遵守法律、执行法律、运用法律、监督法律的良好意识,逐渐剔除与现代法治不相吻合的传统的法律意识和法律价值观,形成依法办事的良好社会习惯和工作习惯,促进社会进步与发展。其三,在思想理论上,大胆解放思想,开拓创新,积极创造良好的学术氛围和科研环境,鼓励那些领社会风气之先的法学家、思想家,在对人类历史及现代社会的深刻总结反思及解剖分析的基础上,提出能够对当今社会进步和发展起推动作用的法律主张、观点和思想,并探索人类社会法律发展的规律,总结出科学的、系统的法律学说,使法学真正成为建立在科学基础上的社会科学,成为指导法律实践乃至社会生活的理论指导体系,推动社会进步和发展。

第三节 法治的基本理念

法治理念就是对法律本质及其发展规律的一种宏观的、整体的理性认知、把握和建构,是法律实践中对法律精神的理解和对法的价值的解读而形成的一种理性的观念模式。① 法治的基本理念集中体现为法治的原则。法治原则是法治之所以为法治的一般准则,是法治精神的载体与外化。从古希腊哲学家亚里士多德给法治界定的两重含义到1959年《德里宣言》提出的三条权威性的折中原则,以及美国自然法学家富勒在20世纪60年代提出的法治的八项原则(即法律的一般性、法律的公布、适用于将来的而非溯及既往的法律、法律的明确性、避免法律中的矛盾、法律不应要求不可能实现的事情、法律的稳定性、官方行动和法律的一致性),都对人类法治理论的丰富和法治实践的发展产生了极大的影响。但是,由于各种主张、学说的侧重点不同,分歧在所难免。综合起来,可以大致归纳、概括为以下几条法治原则。

一、建立以权利制约权力的法律制度

从人类社会自古至今的发展演变来看,权力的取得形式和来源有多种多样,有所谓"神授权力"、"天授权力"、"君授权力"、"世袭权力",也有以篡位、政变、暴力、掠夺等方式取得权力。虽然形式不同,但实质皆是权力取得的非法治形态。法治国家的权力必须来自于人民,取得于人民,受托于人民,服务于人民,这一来源的深层本质是一切权力属于人民,其权力形态是人民主权。在形式上,一切权力的取得必须由法律予以规定和确认,即法定授权,它否认、排除和摒弃以其他各种非法治方式取得的权力。这决定了法治国家的权力取得具有唯一性和排他性的法定方式。只有权力来自于人民,取得于法律,才能说它具备了实质内容的合法性和外在形式的合法性,因而才具有法定效力。

由于国家的权力来源于人民的委托,那么,人民与国家机关及其工作人员之间必然是一种国家权力的所有者与国家权力的

---

① 汪习根、桂晓伟:《论法治理念》,载《天津行政学院学报》2006年第3期。作者进一步认为:法律权威理念和权力制约理念是法治理念的灵魂,人权保障理念是法治理念的根本宗旨,而和谐司法理念是法治理念的实现形式,四者结合构成了完整的法治理念形态。

行使者的关系。这种关系决定了国家机关在行使权力的过程中,不得违背人民的意志和利益,不得侵犯人民的权利和自由。为了保证国家权力的行使者真正地成为人民的公仆,人民必须通过各种权利的行使以监督和制约国家机关及其工作人员所拥有的权力。实现权利制约权力主要有三种层次不同的方式:一是公民直接享有和行使权利。比如通过选举、罢免有关国家机关工作人员来直接监督国家机关及其工作人员等。二是不同国家机关之间通过权力制约权力以保障权力服务于权利。对公民来说,这是一种间接的方式。一切有权力的人都容易滥用权力和导致腐化,权力滥用和腐化的直接对象就是公民的权利和自由。因而为了权利和自由,就必须"以权力制约权力"。"以权力制约权力"的有效方式是权力分立。因此,划定不同国家机关的权力界限,并使其相互之间保持一定的制约关系,是保障权力服务于权利的行之有效的途径。三是国家权力与国家责任相统一,使国家承担相应的法律责任。如国家赔偿制度、行政诉讼制度等。国家责任的主体应是全方位的,不论哪种权力主体,也不管它是自己执行或是受托代行,只要行使了权力,就应预设责任于运行之后,以使权责成为不可分的整体。在我国,某些具有政治优势的社会团体,某些具有垄断地位的公营组织以及具有力量优势的武装组织和具有执政、参政地位的政党等,因它们时常代行国家权力,因而也可能由它们形成权利侵害。国家责任制度中如果缺少了对这些特殊主体的规约,则制度上可能使国家逃避责任,这是法治国家所应避免的。正是基于这种原因,我国宪法明确规定,一切国家机关和武装力量、各政党和各社会团体、各企业事业组织都必须遵守宪法和法律。一切违反宪法和法律的行为,必须予以追究。任何组织或者个人都不得有超越宪法和法律的特权。

二、确立公民权利与义务相统一的法律制度

法治的精神是要求权利与义务的一致性。权利主体往往同时也是义务主体,没有无权利的义务,也没有无义务的权利。奴

隶社会和封建社会几乎把一切权利赋予剥削阶级,把一切义务推给被剥削阶级;在法治社会中,二者高度自觉的统一,反对以任何不正当手段获取非法权益,反对只享受权利、不尽义务的特权公民。法律上的权利与义务的一致性决定了法的其他重要特征,如平等性、公正性、正义性,并把法与其他形式的社会规范区别了开来。因此,在法治条件下,义务不过是权利的对象化,是特殊形态的权利。法律上的各种禁止性规范、义务性规范都不是为义务而义务,为限制而限制,设定义务的目标指向仍然是一定的权利和利益,义务本身不过是为实现某种利益、享受某种权利而同时应尽的责任而已。由此可知,在法治条件下,权利与义务并不是对等的,权利是出发点与归宿,法治社会是以权利为本位的,根本区别于人治社会的义务本位。

一般而言,法治社会中,权利也应由法律予以规定和确认。权利意味着一种享有、占有、使用、处分。对于法律已经明确授予的权利范围,权利主体享有它,使用它,实现它,是法治国家和法治社会所力争实现的目标之一。但是,在现实生活中,又往往会出现法律既无明文授权,也未明文禁止的个人行为,对这些个人行为应持何种态度?是支持,还是反对?是容忍、默许,还是制裁、惩罚?西方从近代以来逐渐确立了一条自由主义的法律原则,即"法不禁止便自由"。这条原则既可充分地保护公民合法的权利和行为,防止公权力随意侵犯私权利,维护法治,又可保留对那些虽未被法律所禁止、但又违反社会道德的行为采用非法律惩罚措施的余地,并且能够适应不断变化着的社会生活和法律发展状况,是一条有利于处理法律与权利关系的法治原则,有利于法治的实现。这条原则还包含着这样一个意蕴:当我们大力倡导法治、进行依法治国的同时,也应清醒地认识到法律调整的局限性和有限性,有一些领域是法律所无法或暂时无法涉及的领域,而应该留给其他社会规范调整。保留这样的调整空间,发挥多种社会规范的调整功能和作用,更有利于法治的实现。

三、法律的统一性、规范性、一般性

欲使法律发挥制度效应,法律的统一性就是必需的。法律的统一性首先要求一个国家法律制度、法律规范的统一。所有的法律制度和法律规范都应以宪法制度和宪法规范为核心和基准,即各种部门法律和地方法律,都要服从于宪法,统一于宪法,不得与宪法相抵触。法律制度之间,法律规范之间,也应相互统一,相互照应,不能前后矛盾,相互冲突。其次,法律统一还意味着法律制度体系、规范体系与法律观念体系的统一。此外,法律统一原则体现在法制方面,还包括司法统一和行政执法统一,这就要求反对司法、执法上的地方割据和"地方保护主义",使法律统一原则在司法、执法的实践中得到贯彻执行。

法律是调节人们行为的一种社会规范,因而从现象上说,它具有规范性的属性。规范性是指法律为人们的行为提供了一个模式、标准和方向,从而为人们的行为规划出可以自由行动的基本界限。法律规范应当是易知的、明确的、肯定的、可直接操作故而可直接指引人们的日常行为。相反,难解的、模糊的、含混的、矛盾的法律规范则无法操作,即使有人违反也难以处理。因而必须使法律规范建立在明确化、周密化、严谨化的基础上,使法律规范呈现一个门类齐全、结构严密、层次分明、前后照应、互相连贯、和谐一致的严密体系,才能发挥法律应有的社会调整功能;此外,法律规范也应力求适应现代化大生产的需求,使现代化建设进程中的重大政治、经济、文化的发展、进步能够得到法律的及时调整和指导,并使其规范化、制度化、有序化,作到有法可依,有章可循,避免主观随意性和盲目性。

法律的一般性主要包括三种含义:其一,法律是一种抽象、概括的规定,它适用的对象是一般的人或事而不是特定的人或事;其二,它在生效期间是反复适用的,而不是仅适用一次;其三,它意味同样情况同样适用,也就是通常所讲的"法律面前人人平等"的原则。

从法的规范性和一般性这两个属性中还可以派生出法的其他一些属性：如连续性、稳定性、效率性等。

四、司法的公正与效率

司法公正是指国家司法机关在处理各类案件的过程中，既能运用体现公平原则的实体规范确认和分配具体的权利义务，又能使这种确认、分配的过程与方式体现公平。司法是社会良知与正义的最后一道防线，公正是司法的最高价值和最高境界。这是国家设立法院的根本原因，也是当事人对法院的基本要求。司法公正是法院审判工作的生命和灵魂，是每一个法官的神圣职责，也是法治国家的重要标志。

司法公正包括实体公正和程序公正。实体公正是审判行为的根本追求，是审判行为进行的实体依据符合证据裁判规则，正确认定事实避免主观偏见、准确适用法律，坚持在适用法律上一律平等的法治原则，坚决杜绝滥用职权和忽视法律。程序公正是指诉讼过程排除了人们对其裁判之公正性的合理怀疑。实现程序公正要求法官做到：诉讼过程的公开性，杜绝单独接触当事人，审理案件保持中立性，保证诉讼过程的平等性等。

审判独立是保证司法公正的前提。审判独立的基本内涵是指：在法律规定的范围内，审判权由法院独立行使。法院行使审判权，只根据法律的规定，由自己的独立意志决定审判行为，并独立地作出结论，不受行政机关、社会团体和个人的干涉。审判独立是一项为现代法治国家普遍承认和确立的基本法律准则，是现代法治的基石和审判制度的基础。作为一项宪法原则，它调整着国家司法审判权与立法、行政等权力的法律关系，确认司法权的专属性和独立自主性；作为一项司法审判原则，它维护法院审判权的独立公正行使，防止法院的审判过程和裁判结果受到来自其他国家权力或外界力量的干预和影响，使法院真正成为公民抵制专横权力、维护自身权利的最重要、也是最后的一道屏障。可以说，没有审判独立原则，就没有现代意义上的审判制度和司法程序。因此,审判独立的核心应当是裁判者的独立,也就是通常所说的法院独立、法官独立。法院的独立、法官的身份保障以及法官职业行为的一系列法律规范,都是从不同角度上确保独立审判的实现。

西方有句法律格言:"迟到的正义乃非正义。"法律与道德不同,道德鼓励人们不惜一切代价追求正义,而法律只鼓励人们追求现实的、有限的正义。不论站在国家的立场(维护社会秩序,巩固政权)上,还是站在个人的立场(理性选择,利益最大化)上,我们在追求公正的同时都要考虑效率。明智的选择不是片面地追求公正或效率,而是在两者之间寻求适当的平衡。司法人员毕竟不是历史学家,他们不能让纠纷无限期地拖延下去,也没有资格给后人留下追求实体公正的无限空间;他们的责任就是通过程序公正实现有限的实体公正,以诉讼当事人乃至社会可以接受的方式结束妨害社会稳定的各种纠纷,以便把社会资源投入到更有效益的领域中。司法效率主要要求法官具有强烈的效率意识、遵守审限、勤勉敬业、精研法理,监督当事人及时完成诉讼活动。

五、法律工作的职业性

法律是一门专业性和技术性很强的科学,需要有专司法律工作的职业人员。一般说来,该职业主要由法官、检察官和律师组成,他们通过熟谙法律原则及其运用技巧而追求社会公平并获得个人生活来源。他们的职业特点是:有基础相同的法学素养和运用法律的艺术能力;有共同为社会大众服务的精神和追求、坚持实现社会正义的道德情操;有与法律职业相符的语言特点、思维方式、仪表风范和行为气度。这些特点决定了法律职业在主体上的专家化和在工作上的专业化以及在工作结果上的艺术化。这一职业的基本社会功能是:与医生职业疗救人类生理性与身体性的疾病相对应,它所疗救的是人类精神性与社会性的疾病,通过运用自己的法律知识、良心、智慧与正义理念实现社会正义。

由于法官、检察官与律师操持着人类的正义事业,无论是英美法系还是大陆法系的法官,受过良好的法律职业教育,有过相当时期的司法职业经历是当然的要求。由此所决定,意欲从事法律职业者必应是智慧、理性与良知高度统一者,并以促成社会正义的实现、促进社会正义的发展为最高的职业道德追求。

第四节 现代中国的法制实践

一、1949 年至 1979 年中国法制建设的曲折发展时期

1949 年,中国共产党领导的新民主主义革命取得了胜利,中国社会发生了历史性的巨变,开创了中国法制的新纪元。新中国成立初期,总体上讲,中国的法制还是沿着一条较为顺利的道路发展。其主要表现为:首先,制定和颁布了《土地改革法》、《工会法》、《惩治反革命条例》、《妨害国家货币治罪暂行条例》、《惩治贪污条例》、《私营企业暂行条例》、《机关、国营企业、合作社签订合同契约的暂行决定》、《企业中公股公产清理办法》、《公私合营工业企业暂行条例》等。特别是,1950 年中央人民政府公布的《婚姻法》是新中国第一部具有基本法性质的法律,明确宣布:废除包办强迫、男尊女卑、漠视子女利益的封建主义婚姻制度,实行男女婚姻自由、一夫一妻、男女权利平等、保护妇女和子女合法利益的新民主主义婚姻制度。其次,在全国范围内初步建立了司法制度体系。设立了人民法院、人民检察署和公安机关等,在乡村和某些城市的街道建立人民调解委员会,试建律师制度、公证制度。

1954 年的第一届全国人民代表大会第一次会议,通过了我国第一部《宪法》和《全国人民代表大会组织法》、《国务院组织法》、《人民法院组织法》、《人民检察院组织法》、《地方各级人民代表大会和地方各级人民委员会组织法》。而《人民法院组织法》、《人民检察院组织法》的颁布实施标志着新中国司法制度建设进入一个新阶段。此外,还相继制定和颁发了一些其他重要法律、法令。这些法律、法令的制定和颁发,标志着新中国社会主义法

制的确立。

1957年下半年,受极"左"思潮和法律虚无主义思想的影响,轻视法律和法制建设的思想泛滥成灾,错误地批判正确的司法原则和制度,把主张依法办案的大批司法干部和律师打成右派,人民调解制度瘫痪,律师制度夭折,公证制度名存实亡,法制建设大倒退。

1966年至1976年"文化大革命"期间,使本来发展较慢的社会主义法制遭到了严重破坏,公、检、法被"砸烂",实行军管。1969年正式撤销了各级人民检察院,司法被破坏殆尽,造成了大量冤假错案。

新中国成立后三十年间的中国经济形态是高度集中的计划经济体制,而政治结构则是与高度集中的计划经济体制相适应相配套的高度集权的政治体制。与此相适应,这期间的中国法制发展,自然是与这种政治和经济结构相配套的计划经济法制体系和形态。这种政治结构、经济结构、法制体制在某种程度上制约和影响了中国社会的进步和发展。这三十年间,中国法制建设基本上是一种曲折发展时期。

二、1979年至1992年中国法制建设重新起步和全面发展时期

20世纪70年代末80年代初,中国社会又经历了一个重大的历史转折时期。"文化大革命"的结束,标志着一个新的历史阶段的开始。1978年12月,中共十一届三中全会作出了把全党全国的工作重点转移到社会主义现代化建设上来的战略决策,确定了加强社会主义法制的基本方针。中国法制建设的历史进程又重新步入正轨,进入了一个新的历史发展阶段。中国共产党提出的发展社会主义商品经济和社会主义民主政治的指导方针,为中国法制建设提供了强大的历史动力。十多年来中国法制建设取得了极其显著的进步和发展。主要表现为:

(一)制定、修改《宪法》

1982颁布了现行《宪法》,这是对建国以来三部宪法的历史经验的总结,又是在新的历史时期实现党的"一个中心,两个基本点"的基本路线的根本大法。1982年《宪法》规定:国家维护社会主义法制的统一和尊严,一切法律、行政法规和地方性法规都不得同宪法相抵触。一切国家机关和武装力量、各政党和各社会团体、各企事业组织都必须遵守宪法和法律。一切违反宪法和法律的行为,必须予以追究,任何组织或者个人都不得有超越宪法和法律的特权。从而赋予了1982年《宪法》前所未有的至高无上的法律地位。1982年《宪法》颁布以后,国家为了保持宪法的稳定性和连续性,同时也为了维护宪法的尊严,不再采取重新公布宪法的方式对宪法作出修改,而是以宪法修正案的方式对某些不切实际或已经过时的条款及时加以修正。1988年第七届全国人大第一次会议通过两条宪法修正案,其主要内容有:(1)确认私营经济的法律地位;(2)规定土地的使用权可以依照法律的规定转让。

（二）刑事法律制度建设

1979年《刑法》颁布,结束了长时期以刑事单行法和刑事政策作为解决刑事问题依据的落后局面。之后,由于客观形势的迅速发展和人们的法律意识的进步完善,又产生了为数颇多的刑事单行法或规范性文件作为对刑法典的补充和完善。同时,与刑法典配套产生了《刑事诉讼法》。《刑法》、《刑事诉讼法》的颁布施行,标志着我国刑事法治步入一个新的阶段,是健全社会主义法制的重要一步。

（三）民事、经济法律制度建设

以"经济建设为中心"的现代化战略使得这一时期的民事、经济法律制度的建设最为突出。1986年第六届全国人大四次会议正式通过了《民法通则》,这是我国第一部调整民事关系的基本法律。它是我国民事立法发展史上的一个新的里程碑。它的颁布实施,是完善市场经济法制、建立正常的社会经济秩序的重大步骤。1982年3月8日颁布实施了《民事诉讼法(试行)》,1991年4月9日颁布实施《民事诉讼法》,即现行《民事诉讼法》。此外,在债权、亲属、继承、商法等方面制定了一系列法律、法规。

新中国成立以后,由于长期受"左"的思想影响而没有条件建立知识产权制度,直到中国共产党十一届三中全会以后,才着手全面建立知识产权制度,先后颁布并实施了《商标法》、《专利法》、《著作权法》。在1985年参加了《巴黎公约》,1992年参加了《伯尔尼公约》和《世界版权公约》,还先后参加了一些著作权、邻接权、专利和商标等专门条约。知识产权制度和市场经济有着天然的联系,对我国的经济建设发挥着重要作用。

在经济法领域,制定了以企业法为代表的一系列法律、法规,如《反垄断法》、《中外合资经营企业法》、《外资企业法》、《全民所有制工业企业法》、《统计法》、《森林法》、《土地管理法》、《个人所得税法》、《企业所得税法》、《会计法》、《残疾人保障法》等法律。

(四)行政法律制度建设

我国的行政诉讼制度自1982年建立以来,各级人民法院已陆续审理了一批行政案件,通过行政诉讼活动,及时纠正了行政机关及其工作人员的违法行政行为,保护了公民、法人和其他组织的合法权益。但由于长期以来,我国一直未颁布行政诉讼法,使许多行政纠纷得不到及时解决,人民群众和组织的合法权益也得不到保护。1989年4月4日第七届全国人大第二次会议通过的《行政诉讼法》,首次让老百姓拥有了"民告官"的基本法律。该法扩大了人民法院受理行政案件的范围,规定了具体的审判程序,从而为保护公民、法人和其他组织的合法权益提供了法律保障。当然,行政诉讼法在这方面的任务还是很艰巨的,要使行政诉讼法发挥应有的作用,切实保障公民、法人和其他组织的合法权益,还需要做大量的工作。

(五)司法制度建设

中国共产党十一届三中全会之后,重建检察机关和司法行政机关,加强人民法院的组织建设和业务建设,加强公安工作,恢复和发展律师、公证、人民调解、仲裁制度,开展法制宣传、普及法律知识等。

三、1992 年至 2004 年"依法治国"方略的确立和全面实施时期

1992 年 10 月,党的十四大果断地提出建立社会主义市场经济新体制,并将此作为经济体制改革的目标;而政治体制改革的目标则是建设有中国特色的社会主义民主政治。历史将与市场经济和民主政治有着天然联系的法治推向了社会的重要地位。中国法制面临着一次全方位的、体制性的"革命",即由传统的高度集中的计划经济法律体制向社会主义市场经济法律体制的过渡和转变,中国法制建设迎来了进入现代法治建设的历史契机和转折点。1996 年 2 月,党中央又进一步提出了"依法治国,建设社会主义法治国家"的治国方略,并将此写入了"九五"规划纲要和 2010 年远景发展目标纲要,经过全国人民代表大会代表的投票通过,成为代表全国人民意志的法律性文件和行动纲领。1997 年 9 月,党的十五大又进一步确认了和深化了"依法治国,建设社会主义法治国家"的战略方针和决策,这标志着党对法治重要价值认识的又一次飞跃,标志着治国方式的根本转变。

(一)宪法修正案

1993 年的八届全国人大一次会议通过了第 3 条至第 11 条宪法修正案,明确规定"国家实行社会主义市场经济";1999 年的九届全国人大二次会议通过了第 12 条至第 17 条宪法修正案,确认了"依法治国,建设社会主义法治国家"的治国方略,这标志着治国方式的根本转变。

(二)刑事法制建设

1979 年刑法典内容的不完整性和对变化多端的犯罪现象缺乏及时应变能力的缺陷,日趋严重。司法实践经验和理论研究均证明,为更为有效地发挥我国刑法的社会调整功能,必须全面修改刑法,制定出一部崭新的中国刑法典。在广泛征求各界意见,对修订草案数次审议之后,八届全国人大五次会议于 1997 年 3 月 14 日通过了修订的《刑法》。1997 年修订的《刑法》以邓小平

理论为指导,顺应时代的要求,贯彻依法治国、建设社会主义法治国家的基本方略,从而大大推动了我国刑事法治建设的进程。1996年3月17日刑事诉讼法修正案获得通过。《刑事诉讼法》的修改为实现司法公正提供了重要的立法保障,同时也促进了程序公正的意识和保障人权的观念在司法人员中的普及和提高。

(三) 民事、经济法制建设

随着改革、开放的深入实施,社会主义商品经济的迅速发展,我国民事、经济立法出现了前所未有的繁荣局面。从1992年以来,经全国人民代表大会及其常务委员会制定、修改的重要民事、经济法律主要有:《公司法》、《合伙企业法》、《个人独资企业法》《反不正当竞争法》、《消费者权益保护法》、《产品质量法》、《城市房地产管理法》、《证券法》、《招标投标法》、《土地管理法》、《个人所得税法》、《税收征收管理法》、《预算法》、《中国人民银行法》、《价格法》、《会计法》、《老年人权益保障法》等法律;

在合同法方面我国立法机关先后颁布了《经济合同法》、《涉外经济合同法》、《技术合同法》,于1999年将三法合一,消除了因三法并立而造成的合同法律彼此之间的重复、不协调、甚至矛盾的现象,实现了合同法律的统一性和体系化。统一合同法的制定完善了合同法的基本规则,从促进市场的发展、维护经济秩序、保护当事人的合法权益出发,该法规定了较为完备的合同法规则。

(四) 行政法制建设方面也有显著进步

1994年通过的《国家赔偿法》标志着我国第一次明确了行政机关、司法机关应当对侵害老百姓利益的行为作出赔偿。这部法律对于更好地维护公民、法人或其他组织的合法权益具有重要的意义。为了治理行政处罚之"乱",1996年八届全国人大四次会议通过了《行政处罚法》,这部法律在中国行政法的发展史上具有里程碑的意义,创造了中国行政法的多项第一:第一次引入了"听证"的概念;第一次确立了当事人的陈述、申辩权,以及行政机关的告知义务;第一次明确规定了行政处罚不遵守法定程序无效;第一次使用了"设定"以及"设定权"的概念,等等。依据该法第

16条的规定,一些大中城市开展了组建综合执法机构,集中行使行政处罚权。十多年来综合执法对进一步全面推进依法行政,加快法治政府建设,起到了十分重要的推动作用。1999年通过施行的《行政复议法》,则让老百姓可以对损害自己利益的"红头文件"提出复议申请。历经四审的《行政许可法》经十届全国人大常委会第四次会议通过,这是我国社会主义民主法制建设的一件大事。《行政许可法》的出台,表明我们的政府正在从审批型、管制型政府向服务型政府、负责任的政府、公正公平的中立政府转变。在保护公民权利的同时,行政许可法还处处凸显了一种更为现代的理念:政府权力应由法律授予。现代法治的重心应在依法治官、依法治权,《行政许可法》就是这样的一部被温家宝总理称为"行政机关自我革命"的一部重要法律。

(五) 司法改革

这一时期,司法公正、审判独立、司法效率、司法民主、程序正义、法官职业化等现代司法理念在中国已得到普遍接受,这些理念的接受为中国的司法改革提供了观念基础。围绕确保司法能够公正、能够高效的核心问题,司法机关进行了诸多改革实践。如审判方式改革、证据制度改革、审判组织改革等措施已经取得很大成就,程序改革措施更加深化,采取了切实措施使诉讼程序简易化,建立错案责任追究制度,大力发展调解制度,规范完善陪审制度等。进一步完善了律师、公证、人民调解、仲裁制度,以适应社会发展的需求。

在司法改革方面,司法人员的素质与司法公正之间的关系得到了越来越多的关注,2001年通过的《法官法》、《检察官法》、《律师法》修正案明确了国家建立统一的国家司法考试制度。国家统一司法考试制度作为法律职业的统一准入制度,作为保障司法公正的一项基础性制度,关系到法律专门人才的培养、选择方式的变革,关系到法律从业人员的职业化、同业化和精英化,有利于共同提高包括法官、检察官和律师在内的法律职业人员的专业素质和标准,为建设高素质的司法队伍和律师队伍提供了重要的制度保障。国家统一司法考试制度的建立与实施,对于提高我国法学教育的进一步发展,促进法学教育与法律职业的更紧密衔接,也将发挥积极的作用。

四、2004年"人权入宪"标志着中国法制建设进入一个崭新的时代

改革开放以后,我国找到了一条适合国情的促进和发展人权的道路,我国人权状况由此发生了历史性变化。我国先后加入了21个国际人权公约。① 随着中国改革开放的深入和经济社会文化的飞速发展,公民的宪法意识和权利意识都有了很大的提升。自20世纪80年代之后,陆续出现了一系列涉及宪法中规定的公民权利的案例:有超生子女是否享有计划内生育子女同等权利的争论,有农村出嫁妇女能否与男性村民一样保留自留地的纠纷,有轰动一时的齐玉苓案、孙志刚案、怀孕大学生被开除案、大学毕业生身高歧视案、夫妻在家看黄碟被查处案等,无不引发社会公众的广泛关注。

(一)宪法修正案

在依法治国,建设社会主义法治国家的背景下,2004年初,十届全国人大二次会议通过了宪法修正案,将人权概念引入宪法,将人权由一个政治概念提升为法律概念,明确规定"国家尊重和保障人权"。这是中国人权发展的一个重要里程碑,标志着以宪法为基础的、有中国特色的人权保障制度已初步形成。

(二)刑事法制发展

2006年第十届全国人大常委会第二十四次会议表决通过《关于修改〈中华人民共和国人民法院组织法〉的决定》,将死刑案件的核准权收归最高人民法院统一行使。这是二十年来我国对最严厉的刑罚——死刑所做的最重大的改革。这一修改体现了"尊

---

① 新华社北京2004年3月8日。其中,1997年中国政府签署了《经济、社会及文化权利国际公约》,1998年又签署了《公民权利和政治权利国际公约》。2001年3月全国人大常委会正式批准生效《经济、社会及文化权利国际公约》。

重和保障人权"的宪法精神;维护了法制的统一性,解决了人民法院组织法与刑法、刑事诉讼法不一致的地方;维护了程序的正义性,体现了司法程序维护人权的要求;维护了刑法执行标准上的统一性,避免了死刑标准上的宽严不一;有利于从程序上防止冤错案的发生,也有利于在死刑适用上贯彻慎用死刑、少杀慎杀的方针。

(三) 民事、经济法制发展

2004年以来,民事、经济方面的法律制度建设卓有成效。十届全国人大第五次会议审议通过了《物权法》。对于作为市场主体的公民和企业而言,财产权是人权的具体表现形式之一,是经济自由的基础,也是其最主要的社会经济权利之一。而物权法正是实现和保障经济自由、经济权利的一项重要制度安排。有恒产始有恒心,物权法对财产权进行有效、平等的保护有助于维护财产秩序,提供社会动力,促进经济发展,构建和谐社会。另外,《物权法》制定和实施对于实行依法行政具有重要意义,物权的排他性,就是划分公权力与私权利的界限,通过《物权法》来教育全国人民,特别是要教育行使公权力的国家机关工作人员,使他们认识到物权是排他性的权利,知道公权力的界线何在,限制公权力的滥用,真正实现依法行政。

第十届全国人大常委会第十八次会议通过了修订的《证券法》、《公司法》。修订的《证券法》、《公司法》在许多制度和规则上做了重大的突破和创新,如"一人公司"的设立、公司注册资本的降低、董事制度的完善、公司章程的任意性规范、扩大了证券交易的方式和范围、强化监管部门的权力、加大了对投资者权益的保护力度、提高信息披露的透明度等。两法的修订完善,对公司、证券的立法、司法、执法、公司实务、证券投资以及我国整个市场经济发展将产生直接而现实的作用。

第十届全国人大常委会第十八次会议表决通过了《关于修改〈中华人民共和国个人所得税法〉的决定》。此前,就修改个人所得税法,全国人大法律委员会、财政经济委员会和全国人大常委会法制工作委员会举行了关于个人所得税工薪所得减除费用标准听证会。在全国人大及其常委会的立法史上,这是首次举行听证会,具有重大的法治意义。这是我国民主的实现途径和形式广泛、多元、多样化的表现。这一做法顺应了现代国家管理发展的潮流。公民参与国家管理事务成为新的制度价值追求和民主判断标准,逐渐显现出法制民主化发展趋势,并对经济、政治、文化与社会生活的发展产生重大影响,一个重要表现是,程序公正的法治理念逐渐反映到当代法制民主化进程中来了。

(四)行政法制发展

第十届全国人大常委会第十五次会议通过了《公务员法》。这是新中国成立五十多年来我国第一部干部人事管理的综合性法律。公务员法的颁布,不仅填补了立法空白,更重要的是使政治体制改革中非常重要的干部人事制度改革产生了实质性飞跃。2007年1月,国务院审议通过《政府信息公开条例》。该条例的制定旨在推进法治政府、透明政府、责任政府、效能政府和服务型政府建设,必将对行政管理体制改革和政府管理创新产生深远的影响,是在依法行政的思路指导下,对行政体制改革和政府建设的制度完善。

(五)司法改革

2005年10月26日,最高人民法院发布《人民法院第二个五年改革纲要》,确定了50项改革措施。主要有:由最高人民法院统一行使死刑核准权,并制定死刑复核程序的司法解释;五策并举改革审委会;六项措施破解执行难;改革诉讼程序体现程序公正;统一司法尺度准确适用法律等。

【课后阅读文献】

1. 夏勇:《法治是什么——渊源、规诫与价值》,载《中国社会科学》1999年第4期。
2. 李步云、黎青:《从"法制"到"法治"二十年改一字——建国以来法学界重大事件研究(26)》,载《法学》1999年第7期。
3. 李长健:《论法治概念与法治判断的要素》,载《黑龙江社会科学》2005年第4期。

4. 王安富:《试论亚里士多德的法治观》,载《辽宁教育学院学报》2002年第3期。
5. 孙莉:《德治与法治正当性分析——兼及中国与东亚法文化传统之检省》,载《中国社会科学》2002年第6期。
6. 陈金钊、袁付平:《简析法治的概念》,载《山东大学学报(哲学社会科学版)》2000年第6期。

【思考题】

一、选择题

1. (　　)认为,"法治应当优于一人之治"。
   A. 亚里士多德　　　　　　B. 洛克
   C. 斯多葛派　　　　　　　D. 卢梭

2. (　　)在一封信中曾指出:"我们的权威都以法律的权威为依据。事实上,权力服从法律的支配,乃是政治管理上最重要的事情。"
   A. 狄奥多西　　　　　　　B. 阿奎那
   C. 孟德斯鸠　　　　　　　D. 哈林顿

3. 党的(　　)确认了"依法治国,建设社会主义法治国家"的战略方针和决策。
   A. 十三大　　B. 十四大　　C. 十五大　　D. 十六大

4. 下列有关审判制度的哪种说法是错误的?(　　)
   A. 我国的审判制度是在"议行合一"的制度框架下建立的
   B. 按照我国现行法律的规定,独立行使审判权的主体是法院
   C. 世界上许多国家的诉讼活动实行审判中心主义,其侦查起诉程序被称为"审判前程序"
   D. 实行三权分立的国家,其法院和政府均隶属于议会,议会对它们的权力进行制约

5. 下列关于法治与法制的表述哪些是不适当的?(　　)
   A. 法治要求法律全面地、全方位地介入社会生活,这意味着法律取代了其他社会调整手段
   B. 法治与法制的根本区别在于社会对法律的重视程度不同
   C. 实现了法制,就不会出现牺牲个案实体正义的情况
   D. 法治的核心是权利保障与权力制约

6. 在某法学理论研讨会上,甲和乙就法治的概念和理论问题进行辩论。甲说:① 在中国,法治理论最早是由梁启超先生提出来的;② 法治强调法律在社会生活中的至高无上的权威;③ 法治意味着法律调整社会生活的正当性。乙则认为:① 法家提出过"任法而治"、"以法治国"的思想;② 法治与法制没有区别;③ "法治国家"概念最初是在德语中使用的。下列哪一选项所列论点是适当的?(　　)

　　A. 甲的论点②和乙的论点①　　B. 甲的论点①和乙的论点③
　　C. 甲的论点②和乙的论点②　　D. 甲的论点③和乙的论点②

二、名词解释

1. 法律至上
2. 司法公正

三、简答题

1. 简述法治的含义。
2. 简述法律的统一性、规范性、一般性。
3. 简述现代中国的行政法治建设。

四、论述题

1. 试述法治观念的产生与发展。
2. 试述法治的基本理念。

五、材料分析题

2003年,河南××市中级人民法官李××审理了一宗"种子案"。该案中,甲公司委托乙公司培育种子,双方约定了数量、质量、价款、交货时间等。乙公司培养完种子后,没有依约将良种卖给甲公司,而是高价卖向市场,给甲公司造成了经济损失。甲公司依法将乙公司告到法院。李××作为本案的审判长,在确定乙公司的赔偿基准时,遇到了法律难题,依据河南省人大常委会制定的《种子条例》,乙公司应依国家指导价,赔偿甲公司经济损失7万元;依据全国人大常委会制定的《种子法》,乙公司依市场自由价,赔偿甲公司经济损失约70万元。最后,李法官以河南省人大常委会制定的《种子条例》与全国人大常委会制定的《种子法》不一致、下位法自然无效为由,判决乙公司赔偿甲公司经济损失70万元。

事后,××市人大常委会向河南省人大常委会就该种子案经营价格问题发出一份请示。河南省人大常委会法制室发文明确答复表示,《种子条例》第36条关于种子经营价格的规定与《种子法》没有抵触,继续适用。同时,该答复重点指出:"(2003)×民初字第26号民事判决书中宣告地方性法规有关内容无效,这种行为的实质是对省人大常委会通过的地方性法规的违法审查,违背了我国的人民代表大会制度,侵犯了权力机关的职权,是严重违法行为。"

问题:结合法治的要求(含义)分析本案中法院的判决和省人大常委会的答复,以及法院与人大常委会的关系。

第二编 法与社会

第八章 法与政治

☞ **本章提示**
- 法与政治的关系
- 法与国家的关系
- 法与党的政策的关系
- 法制与民主的关系
- 法治国家与政治文明

第一节 法与政治的一般关系

一、政治释义

政治是个含义宽泛的概念,古希腊亚里士多德所谓政治,是从"城邦"一词衍生而来的,其含义是关于城邦的知识,是研究城邦问题的理论与技术,其政治学理论,对后来的学者影响颇大。有的西方学者认为"政治"是一种科学、一种艺术;有的又说它是一种"治理的活动";还有人认为,它是指"那些表现国家意志的国家活动"。德国学者马克斯·韦伯将政治定义为"力求分享或力求影响权力的分享"。法国学术界比较权威的观点是,政治本意为治理国家,是人类社会治理的方法与实践。美国学者则认为,政治是指人们在安排公众事务中表达个人意志和利益的一种活动,政治(或人们的政治活动)的目标是制定政策,也就是处理公共事务。① 在中国,政治作为一门学问,也有悠久的历史。它曾是孔门有名的四科(德行、语言、政事、文学)之一。孔子曰:"政者,正也。"②他把政治作为一种理想的社会价值追求,一种规范的道德。韩非子曰:"先王所期者利也,所用者力也。"③直言不讳地认为政治就是用权。近代以来,中国有的学者认为"政治是命令与服从的强制关系……就是统治关系",有人认为"政治就是国事",还有人认为"政治乃是用公共的强制力对众人之事的治理",等等。其中对我国影响较大的一种说法,是孙中山先生所作的解释:"政治两字的意思,浅而言之,政就是众人的事,治就是管理,管理众人的事便是政治。有管理众人之事的力量,便是政权。今以人民管理政事,便叫做民权"。④ 他把握住了政治的公共性和管理性。由上所述,可以看出,人们对于"政治"一词所作的解释是极不统一的。

马克思主义经典作家对于"政治"的概念也曾从不同的角度作过解释,虽然没有一个统一的"规范性"的说法,但其内容含义却是完整的。马克思主义认为,政治属于历史的范畴,它是人类社会发展到一定阶段的产物,随着阶级的产生而产生,并将随着阶级的消亡而消亡;政治同一定的生产方式相联系,它来源于经济,服务于经济。一切政治变革的终极原因,应该在社会的物质生活条件中去寻找,政治与经济的关系是生产力和生产关系、经济基础和上层建筑之间的关系在现实生活中的反映,而国家政权问题乃是全部政治的核心问题和根本问题。政治是一个广泛的社会范畴,它在不同的社会条件下,有着不同的具体内容。不能

---

① 《现代国外哲学社会科学文摘》1982年第1期。转引自付子堂:《法理学进阶》,法律出版社2005年版,第279页。
② 《论语·颜渊》。
③ 《韩非子·外诸说左上》。
④ 《三民主义》,载《孙中山选集》下卷,人民出版社1981年版,第692页。

把政治仅仅理解为敌对阶级之间的斗争,更不能把阶级斗争看成是政治唯一的和全部的内容。政治包括处理阶级之间、本阶级内部、民族之间、国家之间等社会关系的活动。概而言之,政治就是为了维护或反对现行国家政权而进行的,处理阶级关系、政党关系、民族关系、国家关系以及其他有关社会关系的活动。

一般意义上的政治可以理解为在共同体中并为共同体的利益作出决策并将其付诸实施的活动。通常,事关政府事务的任何一个方面的和一般意义上的政治生活以及政治治理的科学和技术,都可以被称为政治。政治作为一种社会现象,总是渗透或交织在其他事务或社会现象之中,在与其对应的事务或现象中获得具体的含义。在法与政治的关系中,对政治的理解主要是从法律的视角看待,它的核心内容是国家权力,主要指国家、政府机构或其他组织、个人借助公共权力来规定和实现特定权利的一种社会关系。它由政治实体和政治权力构成,总是与统治和权力分配联系在一起。

二、法与政治的关系

法与政治都属于上层建筑,都受制于和反作用于一定的经济关系。但两者具有不同之处:一是政治通过把利益关系集中、上升为政治关系来反映经济关系,而法以规则、程序和技术形式对经济关系作制度化表现;二是政治突出体现社会生活的组织性,而法突出体现社会生活的规则性和秩序性;三是政治的控制和调整功能通过政治行为和过程实现,而法通过对主体权利义务的确认和保障实现对社会的控制和调整。

法作为国家意志的体现,无疑与政治有紧密的联系,主要表现为法与政治相互制约、相互影响。一方面法受政治的影响与制约;另一方面它又确认和调整政治关系,直接影响与促进政治。

(一)政治对法律的影响

由于政治在上层建筑中居主导地位,因而政治对法具有一定的主导作用,可以通过立法、执法、司法途径影响法在社会中的运作机制或实效。总体上说,法的产生和实现往往与一定的政治活动相关,反映和服务于一定的政治;政治关系的发展变化,在一定程度上也影响着法的发展变化。

首先,政治对法的性质有重大影响。在阶级社会中,各个阶级、阶层都有反映自己经济利益的政治主张,表现为不同形式的为其利益而进行的努力和斗争,以及相应的纲领和政策等。但是,只有掌握了国家政权的阶级或集团才能运用国家机器,把自己的政治要求上升为国家意志,通过法律的形式表现出来,从而取得全社会共同遵守的效力。法律就是上升为统治地位的阶级意志的集中体现,在法律的形成过程中,政治统治必然影响并且决定着法律在政治上的根本属性。事实上,在阶级社会里,离开国家政权这个政治的核心问题,法律就失去了存在的根据,作为一个体系,超越政治之外的法律,是不可能存在的。作为国家根本大法的宪法,正是国内各种政治力量对比关系变化的结果,其他不同法律规范、不同法律部门只不过是与政治的关系有近疏之别。所以,政治统治必然影响并且决定着法律在政治上的根本属性。

其次,政治对法的发展进程有影响。法律发展的具体方式包括法律的制定、修改、补充、解释、废止和完善等。法律的发展进程,与政治的发展变化有着直接的联系。现代政治,多为政党政治,政党特别是执政党的政治决策,往往决定性地影响着法的立、改、废。可以说,法律的发展必须得到政治的认同和支持,政治关系的变更,阶级力量对比关系的变化,都会给法律的发展带来不容忽视的影响。一个国家制定和修改宪法与基本法律,往往是国内各种政治力量对比关系发生变化的结果。

再次,政治对法的实现程度有影响。法的实现受多种因素的影响和制约,政治是其中的主要因素之一,在法的实现过程中,国家始终发挥着重要作用。在法的实现的每个具体阶段,国家都直接或间接参与其中。在专制国家和法治国家提供的不同政治条件下,法律在社会生活中的实现,会产生截然不同的结果。

最后,政治对法的内容也有影响。特别是对公法的影响更为直接与明显。

与法律相比,政治占有主导地位,这既是一个历史事实,又是一种现实要求。"在社会的结构之中,法律命题是为政治权力所支配着的。因此,在法律命题之中,必须或多或少地体现着一定的政治思想。在斗争中获得了胜利的社会力量,会通过创造法律命题的方式来强制保护自己利益的规范实现。因此,法律命题通常总是带有政治色彩的。"①结合我国的政治、法制建设实践来看,当政治上的建设重点向法治倾斜的时候,立法就呈现出多方位、体系化的繁荣景象;执法、司法的物质和人员保障更加坚实;守法教育的普及更加便利,整个立法、执法、司法、守法的良好氛围在最大范围内形成;反之,政治的影响也曾对法的实施造成不当的干预或无形的导向,对司法独立带来干扰。所以,我们应该发挥政治对法的正面影响,减少负面效应,促进我国的政治建设、法治建设。

(二)法律对政治的作用

政治对法律具有主导性的影响,现代民族国家甚至存在把法律问题转化为政治问题的倾向,这种法律问题政治化的倾向体现了政治对法的影响。与之相反,现代自由主义强调把社会政治问题、经济问题转化为法律问题加以解决,由此揭示了法律对政治关系发生作用的另一个方面,即政治问题法治化现象也体现了法对政治具有的重要作用。

(1)法律规范国家权力的运转。现代的文明政治是一种具有理性秩序的政治。在这种政治秩序下,国家政治权力的形成、行使、博弈、监控和制约都按照确定的程序和规则进行,权力的配置和行使皆以法为依据。权力的获得、运作和运作的后果等等整个权力过程,都处于法律的有效控制状态之下,这就是政治过程的法治化,即用法的统治取代人的统治状态。政治过程法治化的

---

① 〔日〕川岛武宜:《现代与法》,王志安等译,中国政法大学出版社1994年版,第232页。

程度,往往是界定一个国家政治文明发育程度的核心指标。

(2) 法律规范政治角色的行为。规范政治角色的行为主要表现为法对国家机构、政治组织、利益集团等政治角色的行为和活动的程序性、规范性的控制。20世纪初开始的政党法制化趋势,突出表现了法对重要政治角色行为控制、调整的必然性和必要性。

(3) 法律确认各项政治制度,推动政治体制改革。政治体制是指为保障社会根本政治制度得以实施和完善而建立的各种具体制度的有机体系。政治体制改革应当理顺各政治主体之间的关系,在各主体之间合理的配置政治权力和责任,以巩固社会进步所需要的稳定的政治环境,政治体制改革与法制建设是同步的。法制建设既是政治体制改革的目标和内容,又是政治体制改革的保障。法制对政治体制改革的具体作用表现在以下三方面:一是法制对政治体制改革具有引导作用;二是法制对政治体制改革具有保障作用;三是法制对政治体制改革成果具有巩固作用。

(4) 法律推动政治的运行和发展。政治运行的规范化,政治发展中政治生活的民主化和政治体系的完善化,都要依靠法的运作实现。良好的政治运行和发展,从根本上需要民主制度的贯彻实施,即建设民主政治,而民主政治的建设离不开法律的保障。

第二节 法与国家

一、国家的概念

从古至今,人们对国家概念众说纷纭,主要原因在于,国家本身是一个非常复杂的社会现象,国家的形式也是多种多样,很难对国家下一个十分准确的定义。在古希腊,人们认为国家是"权力意志",柏拉图反对这种权力观,指出"国家是正义的管理者"。中国古代,人们认为国家由土地、人民、社稷三要素组成,是统治权力的依托和象征,国家是统治者的私产、家国一体化。西方思想家对国家的论述很多,如社会契约论、暴力征服论、绝对精神论、全民国家论等。

目前,在学术讨论、法律文献、日常用语中,往往从不同的视角、从更广泛的意义上来看待国家。我们至少在以下五种意义上使用"国家"一词:

第一,指称国家政权和行使政权的国家机构体系。例如,列宁曾把国家比作一个阶级压迫另一个阶级的暴力机器,这个机器是由军队、警察、法庭、监狱和官僚集团所组成的一套机构,是来自于社会又凌驾于社会之上的特殊公共权力。

第二,指称由政府、人民和领土所组成并拥有主权的政治实体。这在讨论近、现代国际关系时最为常见。其中,政府相当于第一种含义所指的政权和机构,但如果不拥有主权,便不能被称为国家。

第三,指称在法律上代表公共利益的具有法律人格的特殊权利主体。这是国内法上的概念。在此意义上,国家同自然人一样有独立的人格和意思,享有权利并承担义务和责任。

第四,指称政治社会。此种意义上的国家通常被称为"政治国家",它是国家权力直接发生作用的所有政治社会关系的总和。这是某些学者在学术研究时使用的概念,与"市民社会"相对应。

第五,指称社会的总和。例如,我国宪法序言中称"中国是世界上历史悠久的国家之一",要把我国建设成为"富强、民主、文明的社会主义国家"。

我们在从法理学角度对法与国家的关系进行探讨的时候,主要把国家理解为一种政治制度,一种具有合法管理权力的、特殊的政治组织。一般来说,国家一词指的是国家政权和行使政权的国家机构体系,是由军队、警察、法庭、监狱和官僚集团组成的一套机构,是来自于社会又凌驾于社会之上的特殊公共权力。

二、法与国家的关系

法和国家是两种既有联系又有区别的社会现象。认识法与国家的关系对于理解法的本质、发挥法的作用、实现法的价值以及把国家权力的运行纳入到法治轨道,均有十分重要的意义。两者之间的相同点在于:第一,从国家与法的起源上看,两者都是在社会出现私有制和分裂为阶级的过程中,为了控制个人之间、阶级之间的利益冲突,维护社会的存在而产生的。第二,从国家与法在社会结构中的地位和功能上看,它们都是上层建筑最重要的组成部分,都由社会的经济基础决定并对经济基础发生着最直接、最明显的反作用。第三,从国家和法的阶级本质上看,它们都是统治阶级借以实现统治的工具。法作为一种行为规范体系,是统治阶级意志的客观化、定型化;国家作为一种权威性的政治组织体系,则是统治阶级用以推行其意志的工具。

作为社会上层建筑中的最重要的两种社会现象,法与国家的关系是非常密切的,它们互为条件、相互依存、相辅相成。国家离不开法,法也离不开国家。

1. 法依赖于国家,从属于国家

国家是法产生、存在和发展的前提条件。国家决定法,这表现在:

第一,法是由国家制定或认可的,体现国家意志。

第二,国家的性质直接决定法的性质。有什么性质的国家就有什么性质的法,法的历史类型的更替都是以国家历史类型的更替作为直接标志的。

第三,国家的职能和任务决定法的作用和任务。

第四,国家的管理形式和结构形式对法的制定和实施有重大影响。国家的管理形式,即政体,指最高国家权力机关的组织形式,它对法的形式有直接的影响。国家结构形式,是指国家整体和局部,中央和地方国家机关之间的组织形式。在单一制国家中,全国只有一个宪法,在联邦制国家中,除全国有统一的宪法外,联邦的各成员国还有自己的宪法。

2. 国家不能无法而治

第一,法为组织国家机构所必需。统治阶级需要用法律来确认自己在政治上的统治地位,使自己的统治合法化、固定化。国家的性质、国家制度、国家的管理形式、结构形式、国家机关的地位、任务、职权、组织活动原则及其相互关系等都需要用法律作出明文规定。没有法律依据的国家机构设置是非法的,无效的。

第二,法是实现国家职能的重要手段。统治阶级要实现国家的政治职能、经济职能、调整公共事务的职能以及对外职能必须运用法律手段。统治阶级在进行国家活动时,如果不依法进行,就会以个人意志代替法律,最终走向独断和专制。

第三,法能增强国家机关行使权力的权威性。法是一种公开的、具有普遍强制力的社会规则,国家运用法律打击各种违法犯罪行为,维护国家主权,调整社会关系,维持社会政治经济秩序,保障公民的人身权利、民主权利,这些均体现出国家权力的权威性。

第四,要进一步完善国家制度必须依靠法律。随着政治经济的发展,在国家制度上就会产生不适应的环节,统治阶级必须及时进行调整,进行政治体制改革,使国家制度趋于完善。然而在完善过程中,也必须充分运用法律来确认改革成果,及时上升为法律。

第三节 法与政党及其政策

一、法与政党

政党是一定的阶级或阶层为了取得或影响政治决策权力以实现共同利益而结成的政治组织。政党通常都有一批职业政治家来主持领导,通常都有自己的政治纲领并具有取得或影响政治决策权力的政治目标。

现代各国的政治几乎都具有政党政治的特点。在政党政治中,政治纲领的提出和政府的产生与变更都通过政党的活动来实现,因此,政党制度在国家生活中具有重要意义。在我国,实行的是共产党领导的多党合作制,这是我国的基本政治制度。在这种情况下,中国共产党是执政党,构成社会主义事业的核心领导力量。因此,法治与政党的关系主要是法治与中国共产党的关系。经过长期的探索,包括对民主法制建设经验教训的总结,党的十五大把依法治国提到党领导人民治理国家的基本方略的高度,并把它作为推进政治体制改革的重要内容,这标志着中国共产党领导方式和执政方式的重大转变,从理论上进一步解决了社会主义制度建立之后共产党如何治理国家这一长期没有得到解决的历史课题。党的十六大进一步提出要改革和完善党的领导方式和执政方式,提出党要坚持依法执政。

依法治国,建设社会主义法治国家,一个十分重要的问题就是如何正确认识和处理党与法治的关系。

(一)依法治国必须坚持党的领导

依法治国与坚持党的领导本质上是一致的。其一致性主要体现在以下几个方面:第一,党的领导最本质之处是执政,而共产党执政就是领导和支持人民掌握管理国家的权力,实行民主选举、民主决策、民主管理和民主监督,保证人民依法享有广泛的权利和自由,尊重和保障人权。而这正是依法治国的本质规定和基本内容。党的领导的一个重要方面就是把党的意志通过法律程序转变为国家意志,制定成为法律,用以指导全国人民的行动,推动和保障经济增长和社会发展。把党的意志转化为国家意志,把党的路线和方针上升为法律的过程,也是党领导人民、指导立法机关的过程,是进一步完善党的路线、方针和政策的过程。第二,党的领导作用和党员的先锋模范作用突出表现为党组织和党员带头执行和遵守法律。依法治国是我们党提出来的,国家的基本法律是党领导国家权力机关制定的。所以,国家宪法和法律是人民群众意志的体现,也是党的主张的体现。执行宪法和法律,是按广大人民群众的意志办事,也是贯彻党的路线、方针和政策的重要保障。党领导人民制定法律,又自觉地在宪法和法律范围内活动,严格依法办事,依法执政,这对实现全党和全国人民意志的统一,对于维护法律的尊严和中央的权威,具有重大而深远的意义。

（二）依法治国应当改善党的领导

为了实施依法治国，建设社会主义法治国家，我们在坚持党的领导的前提下，还要不断改善党的领导。多年来我们反复讲要改善党的领导，并作了许多探索和经验，现在看来，党通过法律执政，并监督国家机关依法行政、严格执法、公正司法是最重要的改善。依法治国使党的形象更加光辉，党的领导作用发挥得更好、更畅通，党的执政地位和执政作用体现得更为科学和民主，党与人民群众的关系更为密切。党通过法律执政，领导人民依法治国，有利于从法律上和制度上保证党的基本路线和基本政策的贯彻落实，保证党发挥总揽全局、协调各方的核心作用。

改善党的领导的一个重要方面是在党和国家政治生活中切实有效地贯彻民主集中制原则。而依法治国正是民主集中制的时代精神和集中保证。民主集中制是中国共产党的根本组织制度和领导制度。党创造性地运用民主集中制原则，制定正确规范党内政治生活、处理党内关系的基本准则和具体制度，形成了党在组织建设上的鲜明特征。党在全国执政以后，把这种制度运用于政权建设，在国家机构中实行民主集中制的原则。民主集中制既是体制性的，又是程序性的。在国家政治生活中，从体制上，民主集中制体现为公民通过选举程序产生各级人民代表大会，通过各级人民代表大会行使国家权力。从程序上，民主集中制表现为人民代表大会充分反映民情民意，把人民的意志、意见和智慧集中起来制定成为法律和具有法律效力的决定，同时组成国家行政机关、审判机关、检察机关和其他国家机关去执行法律。

总之，无论是从坚持党的领导的角度，还是从改善党的领导的角度，都必须防止和纠正以党代法的弊端。由于种种历史原因，以党代法曾是我国政治体制运行中的一大弊端。党领导人民管理国家而不应当是党代替人民当家作主，更不是强迫人民群众做不愿意做的事情；党领导人民制定了宪法和法律，但其并不能自居于宪法和法律之上，而是要严格执行和遵守法律。在实行依法治国的今天，要继续清除一些地方由党委包办一切的影响，把该由政府办的事交由政府办,把该由司法机关处理的事情交由司法机关处理,把该由社会团体和基层组织自治的问题交由社会团体和基层组织自决自治。

二、法与政策

(一) 政策的概念及分类

政策是指政党或国家为实现一定历史时期的任务和执行其路线而制定的活动准则和行为规范。

在我国,权威性的政策有执政党即共产党的政策和国家(政府)的政策。这两种政策的来源或主体不同,党的政策来自共产党,国家政策来自中央国家权力机关和政府,但很多政策往往既是党的政策又是国家的政策。

政策可分为总政策、基本政策和具体政策,还可以分为中央政策和地方政策。党的总政策是党为实现一定历史时期的总任务而规定的总的行动准则。党的总政策决定着执政党的各项基本政策和具体政策,在国家生活中起主导作用。总政策一经制定,在一定的历史阶段,一般是不会改变的,它具有极大的权威性。党的基本政策是党在某一领域或某一方面,为实现总政策所规定的重大决策和基本准则。所谓某一领域或某一方面,指的是经济、政治、文化、军事、外交等领域或方面。党的具体政策是党在某一时期为实现党的具体任务而规定的党的明细化的行动准则。同总政策和基本政策相比,具体政策具有及时性和灵活性的特点。随着客观形势的发展变化,人们的实践经验不断丰富,认识水平也不断提高,具体政策就会相应地发生变化。具体政策的不断发展和完善,正是保证整个政策体系的权威性和稳定性所必需的。在我国,"一个中心、两个基本点"是总政策,建立社会主义市场经济体制、控制人口增长、经济可持续发展则是基本政策,干部政策、知识分子政策、宗教政策、环境政策、经济特区政策等就是具体政策。一个政党主要靠制定政策和推行政策来实现自己的纲领和目标。所谓"党规党纪"都是实现政策的具体形式和措施。

当然,执政党政策的层次性划分不是绝对的,而是相对的。政策的层次性,反映了社会实际生活的复杂多样性以及政策在社会生活的各个方面所起的不同作用。区分执政党政策的层次性,对于正确理解和运用政策,以及处理政策与法律的关系,都具有重要的意义。

国家的总政策又称基本国策。国家政策在成熟的时候,往往被上升为法律。计划生育政策就是典型一例。国家政策,如果在法律上明文规定的,本身就是法律的组成部分,如果在法律中无明文规定的,也具有一定的法律效力,如《民法通则》第6条规定:民事活动必须遵守法律,法律没有规定的,应当遵守国家政策。中央政策适用于全国,地方政策适用于特定地区,但地方政策必须符合中央的政策。社会上所谓的"土政策"是指不符合中央政策的,是无效的。

政策总是某个集团、阶级的政策,也总是针对具体目标和任务制定的,因此它有阶级性和实践性。政策的构成要素包括政策对象、政策目标和实现目标的手段。

(二)法与党的政策的一般关系

法与党的政策的相同点主要有:法与政策都是由经济基础决定的社会上层建筑的重要组成部分;都是统治阶级意志的体现,都是维护统治阶级政治利益和经济利益的;都具有一定的约束力,是约束人们行为的规范。

然而法与党的政策毕竟是两种不同的社会现象,它们之间有着明显的区别:

第一,意志属性不同。法是由特定国家机关按照法定的权限和程序制定或认可的,体现国家意志,具有普遍约束力,而且必须是公开的,面向社会公布的;党的政策是党的领导机关以党章规定的权限和程序制定的,体现全党的意志,其强制实施范围仅限于党的组织和成员,允许有不对社会公开的内容存在。但在政党法制化趋势下,政党特别是执政党政策公开与秘密的范围也需要以法加以界定。

第二,规范形式不同。法表现为规范性法律文件或国家认可的其他渊源形式,以规则为主,具有严格的逻辑结构,权利义务的规定具体、明确,由宪法、法律、行政法规、地方性法规、部门规章和政府规章、单行条例和自治条例等形式来表现;党的政策不具有法这种明确、具体的规范形式,可以主要或完全有原则性的规定组成,表现形式主要有纲领、指示、决议、宣言、声明、报告、纪律等。

第三,实施方式不同。法的实施与国家强制力相关,是有组织、专门化和程序化的;党的政策主要靠宣传教育和党纪保证实施,党纪只能适用于党内。

第四,调整范围不同。法倾向于只调整可能且必须以法定权利义务来界定的、具有交涉性和可诉性的社会关系和行为领域;一般而言,政策所调整的社会关系和领域比法更广泛和全面,对党的组织和党的成员的要求往往也比法的要求要高。

第五,稳定性、程序化程度不同。法具有较高的稳定性,一般在较长时间内保持不变,如果变动周期过短,则受法律调整的社会关系便处于捉摸不定的状态,这样便不能建立起良好的法律秩序;政策具有较大的灵活性,虽然党的根本政策具有较高的稳定性,但大量的具体政策往往随着形势的变化而随时调整,否则便不能发挥及时的调整作用。

就一般意义上讲,法与政策是相互联系、相互作用、相互制约的。政策指导法律,它指导法律的制定和实施,执政党的政策是国家立法的直接依据,执政党常常将成熟了的政策制定成为法律,在这个意义上讲,法律是政策的条文化、规范化。执政党的政策也受到法律的制约,服从法律,特别是要使党的政策具有合宪性。执政党必须在宪法和法律规定的范围内活动,不能有超越宪法与法律的特权,即执政党不能制定与宪法和法律相抵触的政策。

(三)社会主义法与共产党的政策的关系

1. 共产党的政策对社会主义法起着指导作用

共产党的政策对社会主义法的指导作用主要指党的总政策和基本政策指导法。

中国共产党是我国的领导核心,坚持党的领导是四项基本原则的要求之一。宪法明确规定了党在国家中的领导地位,我国宪法、法律都是在党的领导下制定和实施的。

党的领导主要是政治、思想和组织的领导。党在领导国家的各项工作时,必须实行民主、科学的决策,制定和执行正确的路线、方针、政策,做好党的组织工作和宣传教育工作,以发挥党员的先锋模范作用。

党在领导人民管理国家事务、经济文化事务、社会事务时,要使党的主张,即政策通过法定程序变为国家意志,也即成为法律;还要领导人民,通过国家机关、国家机关工作人员以及各种社会组织实行法律,并监督其实施。

广大人民群众特别是国家机关及其工作人员,只有真正掌握党的政策的精神实质,才能有效地执行和实行法律或监督法律的实行。

2. 社会主义法对党的政策有制约作用

这一点,不仅党章中有明确规定:党必须在宪法和法律范围内活动。而且在宪法中也明确规定:一切国家机关和武装力量、各政党和各社会团体、各企业事业组织,都必须遵守宪法和法律,一切违反宪法和法律的行为,必须予以追究。这里的"各政党"自然也包括执政党——中国共产党在内。

当然,法对党的政策的作用不仅体现为对党的政策的制约,而且主要体现在通过法可以有力地促进和保证党的政策的实行。因为上升为法律的政策具有了双重保证:一是党的纪律,一是国家强制力。

3. 法律与党的政策关系的演变

根据我国历史经验,在革命战争年代,人民尚未取得全国政权之前,党对人民的领导,主要通过党的路线、方针和政策,而不是法律,那时的全国性法律是国民党政府的。因此,党员、革命根据地政权和群众所执行主要是党的政策,按政策办事。在当时情况下,这种做法是必然的,尽管革命根据地有时也制定了一些法律,但形式很简单,适用范围也有限。

  1949年新中国成立后,从理论上讲,应该从依靠政策办事逐步转变为既要依靠政策也要依靠法律,而且应主要依靠法律办事,但可惜的是,由于种种历史原因,特别是从20世纪50年代后期起,我国对法制建设长期不予重视,使它实际上处于停滞和无权威状态。在十年动乱时期,法制更遭到极大破坏。直到20世纪70年代末党的十一届三中全会后,才开始改变这种局面。从此,社会主义法制走上了健康发展的道路。

  再有,实践经验也证明,凡是重大的问题,总要有一个探索的过程。在这种情况下,可以采取两种形式:一种是先制定一个指引性的、原则性的法律,将这种法律在某个或某些地区试行,吸取经验,待成熟后再制定较具体的法律;另一种办法是将某种政策在现行法律所许可的范围内在个别地区试行,待经验成熟后再制定较具体的法律。

第四节　法制与民主

一、法制释义

  "法制"一词,我国古已有之。中国古代的《礼记·月令》中就有"命有司、修法制,缮囹圄,具桎梏"的记载。战国时的商鞅也曾说过:"民众而奸邪生,故立法制,为度量,以禁止。……法制不明,而求民之行令也,不可得也。"[①]法制是一个内涵丰富的概念,人们一般在以下几种意义上理解和使用。

  其一,广义的法制,认为法制即法律制度。1957年3月,董必

---

① 《商君书·君臣》。

武《在军事检察院检察长、军事法院院长会议上的讲话》中对法制问题进行了理论上的探讨:"有人问,究竟什么叫做法制?现在世界上对法制的定义,还没有统一的确切的解释。我们望文思义,国家的法律和制度,就是法制。什么叫制度,制度就是在一个国家里面,不仅国家而且社会的组织,大家都要遵守的一定的秩序。"①国家的法律和制度就是法制,这是一种广义的法制观。在这种法制观看来,法制就是掌握政权的社会集团按照自己的意志、通过国家政权建立起来的法律和制度的总称。法制是随着国家的产生而产生的,有国家即有法制,历史上各种不同类型的国家都有自己的法制。

其二,狭义的法制,是指一切社会关系的参加者严格地、平等地执行和遵守法律,依法办事的原则和制度。这种狭义的法制观认为,法制与民主紧密相联,与专制根本对立,而与法治或依法治国的含义则是一致的。这种现代意义上的法制,是资本主义民主制度的产物,也是资产阶级革命胜利的结果。其主要特点是强调法律在国家政治生活中的崇高地位,坚持法律面前人人平等原则,要求公民普遍守法,国家机关依法行使权力,限制国家机关公职人员的专横,确保公民的合法权利和自由。

其三,法制是一个多层次的概念,它不仅包括法律制度,而且包括法律实施和法律监督等一系列活动和过程,是立法、执法、守法、司法和法律监督等内容的有机统一。这种理解打破了仅仅把"法制"看做是法律规范的观念,是从系统的、动态的角度去理解法制。在一个社会或地区,起法律调整作用的是以现行法为核心的包括与现行法相适应的法律意识和法律实践这些相互联系、相互作用、相互补充的整个法律制度和法律系统。这种理解使"法制"一词所表示的含义变得更加丰满而深刻。

在我国,加强法制建设和建立民主政治是一个有机统一体。在民主政治的建设过程中,离不开法律功能的发挥。法制和民主

---

① 《董必武政治法律文集》,法律出版社 1986 年版,第 519 页。

不可分,没有民主也就谈不上法制。因此,为了更好地理解法制理论,就必须了解法制与民主的关系。

二、民主释义

在中国古代典籍里的"民主"意指"民之主"即帝王,同今天我们所讲的"民主"含义大相径庭。可以说,现代的"民主"一词是一个外来词。希腊文里,"民主"(demokratia)是由"人民"和"统治"两个词合成的,原意是"人民的权力"或"多数人的统治"。在古希腊城邦国家中,所谓"多数人的统治"是作为统治阶级的奴隶主而言,对于被统治的奴隶阶级以及自由民中的妇女和未成年男性儿童来说,都不属于这多数"人"之列。所以,仅仅从字面上看,不可能科学地认识民主的本质。

马克思主义认为,民主首先是"大多数人的统治",民主是一种国家形式、一种国家形态。另一方面,民主意味着在形式上承认公民一律平等,承认大家都有决定国家制度和管理国家的平等权利。因此,我们在研究民主的概念时,首先要把它作为一种政治制度和国家制度来理解,即它包括国体和政体两个方面;同时,又不能仅仅停留在国体和政体的原则上,而要看到这些原则必须具体化为公民的各项民主权利,特别是平等权利,在平等的基础上,实现大多数人的统治权力。

在权利层面上,民主从消极意义上讲即指没有特权;从积极意义上讲即人人平等。民主之于政治,就其功能而言,虽然不一定能够达到"最好",但一般却可以防止发生"最坏"。法国近代著名思想家托克维尔这样写道:"在我们这一代领导社会的人肩负的首要任务是:……逐步以治世的科学取代民情的经验,以对民主的真正利益的认识取代其盲目的本能。"①当然,理解民主概念时,也不能仅仅将民主与政治相联。辜鸿铭先生曾发表过一段严肃的议论:"真正的民主,其实质不在于民主的政治,而在于民

---

① 〔法〕托克维尔:《论美国的民主》(上),董果良译,商务印书馆1988年版,绪论第8页。

主的社会。"① 然而,也必须看到,要实现民主社会,必须先有民主政治。1945年,黄炎培先生到延安访问,曾向毛泽东提出一个大问题:怎样找出一条新路,从而使中国跳出"其兴也勃焉"、"其亡也忽焉"这个历史周期率的支配?毛泽东答曰:这条新路就是"民主"。只有让人民来监督政府,政府才不敢松懈,只有人人起来负责,才不会人亡政息!民主作为一种社会机制、社会制度,它能够矫正错误,引向正确。这是它的优秀素质和生命力所在,也是它经久不衰地吸引各个历史时代进步思想家关注的原因。在现代社会,一般把政治的民主化与经济的市场化相提并论。

所谓现代民主,就是遵循预定的程序,在平等基础上少数服从多数,从而实现大多数人的统治权力,即以服从多数、遵循程序、保护少数等基本原则来体现的现代社会的政治制度或国家制度,并由此影响到人们的思想作风和日常生活;其核心是人民当家作主,真正享有各项权利和自由,享有管理国家和其他一切社会事务的权力。

现代民主构成的第一个基本原则是"服从多数",又叫多数原则,即少数服从多数的原则。民主意味着多数统治。在正常的政治行为中,是否服从多数,是有无民主意识的表现之一。政治民主中的"人民的统治"、"人民当家作主",实际上是"人民"中的多数人的统治,是按照多数人的意志来决定政府的组成和改变,来进行其他政治决策。多数原则是民主制度的灵魂,没有多数原则就没有民主。当然,多数决定并不一定就能够保证作出正确的决定,当人们在实践中发现多数决定是错误的时候,原来的少数就可以变成多数。

现代民主构成的第二个基本原则是"遵循程序",又叫程序原则。多数人的意志要通过法定程序才能得到表现和确认,权力的制约和平衡也是通过体现程序原则的法定程序来实现的。法定的程序一旦确定,就不可轻易地改变。对法定程序的违背与破

---

① 辜鸿铭:《中国人的精神》,黄兴涛、宋小庆译,海南出版社1996年版,第199页。

坏,就是对民主制度的违背和破坏。政治民主,包括民主的政治决策、民主的选举,都必须有法定的、可遵循的程序和规则,这种程序和规则通常由宪法和基本法律加以规定。

现代民主构成的第三个基本原则是"保护少数",又叫少数原则。随着民主程度的提高,少数原则愈来愈受到重视。这个原则要求,只要少数服从多数的意见,就应当允许少数保留自己的意见,应当充分保护少数人的正当利益。绝不可由于是少数、由于有不同的意见,而加以歧视甚至加以镇压。失去了这一原则,民主就是不完全的。

三、民主与法制的关系

民主和法制的关系是我国法学界经久不衰、不断深化的一个理论命题。经过多年的总结、反思、探索和追求,法学界曾经作出了"社会主义民主是社会主义法制的前提,社会主义法制是社会主义民主的保障"的正确结论,并在实践中发挥了重大作用。民主是法制的前提和基础,民主愈健全,法制的威力愈强大;民主愈发展,法制作用的发挥越充分,没有民主就没有法制。反之,法制是民主的体现和保障。正如马克思所说:在民主制中,不是人为法律而存在,而是法律为人而存在;在这里法律是人的存在,而在其他国家形式中,人是法定的存在。人民夺取政权后,建立了人民民主政权,争得了民主,就要用法律来确认和体现这种新型国家政权的性质和作用,使民主的实现获得法律上的保障。必须使民主制度化、法律化,使这种制度和法律不因领导人的改变而改变,不因领导人的看法和注意力的改变而改变。我国法律也是人民运用国家权力实现自己意志的体现和保障,它规定了人民民主权利的范围,为人民行使民主权利指明了方向,使人们在行使民主权利时,有了清楚明确的可循标准;法律还通过惩罚犯罪,保障人民真正享有广泛的民主和自由,从而排除一切导致混乱甚至动乱的因素,以巩固和发展团结稳定的政治局面。如果脱离法制的轨道,即使号称所谓"大民主",其实也只能使大多数人不自由,只能造成动乱,因此决非真正的民主。总而言之,我国法律从本性上讲,有着使人民对于政治的影响发展到最可能充分程度的功能。当然,这一功能发挥的状况在不同的历史时期是有极大差异的。

我们主要从以下四个方面对民主和法制的关系进行阐明:

(一)民主和法制不可分离,彼此相互依存

民主政权是现代法制存在的前提;民主政权即人民当家作主的政权,没有作为国家制度的民主事实的存在,就不可能创立法制;离开了民主制度、民主程序,就不可能制定出既有科学性又有人民性的法律;没有法制确认民主关系的路线方向,社会就会动乱,民主就会付之东流;没有法制规定和确认民主权利的范围,行使民主权利的原则、程序和方法,社会主义民主实际上就会成为一句空话。民主离开法制,必然导致无政府主义;法制离开民主就会演变为专制。因此,没有无法制的现代民主,也没有无民主的现代法制。

(二)民主和法制相互渗透,彼此相互补充

民主中有法制,法制中有民主,有时,民主和法制在一定条件下相互转化。由于民主与法制都是上层建筑的重要组成部分,而上层建筑的各个部分又相互作用,并对经济基础发生影响。法制除了受经济基础的最终决定外,还要受经济以外其他因素的影响。政治民主就是其中之一。另外,二者内容上互相补充,形式上互相依存、相互渗透。其表现为:现代民主政治的基本内容应该是依法治国;民主程序是现代民主的一个基本要素和基本原则,同时又是一种法律程序,必须由法律来规定、确认和保障;从立法到执法,每一个环节都离不开民主;公民在法律面前一律平等既是现代法制特别是法的适用的一个基本原则,也是现代民主国家公民的一项重要的政治权利。

(三)民主和法制相互保障,彼此相互促进

不仅法制保障民主的实现,而且民主可以保障法制的权威。民主对法制的性质、方向、权威和实现都有一种保障作用;法制是民主制度、民主权利和民主程序的体现和保障,法制的力量来自于民主。

(四) 民主和法制相互制约,彼此相互平衡

主要表现在,民主权利的内容直接由法律确认和规定,而且行使民主权利的原则、程序和方法也必须以法律为依据;法制必然体现人民的意志和利益,民主程序和民主程度都直接影响法制作用的范围。如果民主失去法制的制约,必然导致社会的动乱,法制失去民主的制约,就会使人民受害。故民主应当纳入法制轨道,法制也应当纳入民主轨道。

总之,民主建设应在法制的轨道上进行,而不能超越法制,从而实现民主的法制化;同时,法制建设也要纳入民主的轨道,从而实现法制的民主化。不能把二者割裂开来,更不能把二者对立起来。只有综合地、整体地理解民主与法制的关系,才能全面、充分和合理地发挥它们的作用。民主与法制相互依存、不可分离的关系,是客观的存在,是由无数实践证明的普遍规律。[①]

第五节 法治国家与政治文明

一、政治文明的有机构成

在政治思想史上,马克思首先提出政治文明这一概念。1844年,在《关于现代国家的著作计划草稿》中,马克思不仅把政治文明看做是与集权制相对立的范畴,而且把现代国家与政治文明直接联系起来,并计划从 11 个方面来论证。即:(1) 现代国家起源的历史;(2) 人权的宣布和国家的宪法;(3) 国家和市民社会;(4) 代议制国家和宪章;(5) 权力的分开;(6) 立法权力;(7) 执行权力;(8) 司法权力与法;(9) 民族和人民;(10) 政党;(11) 选举权。[②] 马克思由于其他原因,没有把这一写作计划变成现实,但在这一计划的草稿中已经指明:第一,政治文明与现代国家不可

---

① 见付子堂:《法理学初阶》,法律出版社 2005 年版,第 254—257 页。
② 《马克思恩格斯全集》第 42 卷,人民出版社 1979 年版,第 238 页。

分离,甚至可以说是同时代的产物,马克思所指的现代国家,在该草稿中已经写明,现代国家起源于法国革命。现代国家起源的历史就是指法国革命。第二,人权、人民主权、宪法、宪政、权力分开、政党、选举权等,都是现代国家和政治文明不可分割的内容。第三,政治文明是个系统的工程,包括四大要件:文明的政治理念、文明的政治制度、文明的政治秩序和文明的政治目的。因此,政治文明泛指政治领域的进步状态。如果说物质文明是人们改造自然的成果,精神文明专指人们在改造客观世界的同时改造自己主观世界的成果,那么政治文明就是人们改造国家和社会的成果。

首先,文明的政治理念是整个政治文明的先导,是政治文明的灵魂和精神指导。从历史来考察,它发端于人类历史上第一次思想大解放——文艺复兴,他们的口号是:"我是一个人",并开始用人权取代神权,用人道取代神道,提倡人的意志自由和个性解放。资产阶级思想家、政治家和法学家们,在资产阶级革命的实践中提出了一整套文明的政治理念,并使这些理念在建立和巩固现代国家的过程中不断得到开拓和升华。这些文明的政治理念主要有:自由、平等、民主、人权、人民主权、宪政、法治等。这些理念的核心就是用崭新的眼光来看待人、对待人,就是"以人为本"。以人为本在政治文明中的体现,就是突出人在国家生活中的主体地位,提出了诸如社会契约论、人民主权、民主共和国等理论体系;在社会关系中,强调人的尊严与人的价值,提倡人们的相互尊重、平等,主张宽容。我国近代学者章士钊对这个问题有段含义深刻的表述:"为政有本,本曰有容。何谓有容,曰不好同恶异。"[①]章先生在当时的背景下,提出在政治生活中"有容"的观点,实属远见;但政治文明中的理念应超出"有容"的范围。因为"有容"是以集权或专制为基点的,只不过是对被统治者有某些宽容罢了,充其量是容纳"异端"的存在。这显然是政治生活中的低

---

① 章士钊:《秋桐政本》,载《甲寅杂志》1914年第1期。

层次要求,与人民主权、以人为本的理念差别极大。在当今社会,以人为本具有极为丰富的内涵。著名哲学家高清海先生的《人就是人》一书,对人的理解极为深刻,对在政治文明建设中深入认识人的本质是大有裨益的。按照高先生的观点,传统的所谓"人是驯化的、开明的动物"(柏拉图);"人是有理性能思想的动物"(亚里士多德);"人是披着文明的外衣,套着法律枷锁的野兽"(叔本华)以及人是"文化动物"、"语言动物"、"经济动物"、"符号动物"的说法,"如果说在以往人类处于从动物脱胎换骨的历史时代,这样的观点还有其存在的根据的话,在人类发展的今天,就完全失去了沿袭的理由,我们从两个新的基点去重新看人,根本改变既有的传统观念。"①高先生从哲理的高度,对人作了全面的分析。我们认为政治文明层面上的以人为本主要有以下几个方面:第一,保障人权是政治文明的出发点与归宿,换句话说,不讲人权就无政治文明可言。第二,人是政治生活的主体,一切权力属于人民。第三,人的主观能动性得到发挥,人的尊严和价值得到实现。

其次,政治文明的载体是制度,因此,文明的政治制度是政治文明的关键要素。邓小平一贯重视制度的作用,他的伟大功绩的重点就是对经济体制和政治体制进行改革。一个真正的社会科学家、政治家,必然是重视制度建设的。20世纪后期出现的新宪政论就热衷于政治制度的设计,他们宣称:"新宪政论是以一种建设性的激情为基础的:他对目前社会科学朝着制度主义的转向作出了贡献,并对最近以来的政治经济学的复兴起了很大作用。它是从制度设计者的角度研究政治和经济现象的一个纲领。"②文明的政治制度的关键是:民主、权力分开、控权和法治。

民主,无论是国家生活上的民主还是非国家生活意义的民主,都受到人们的广泛关注。按照马克思的教导,民主实质上是

---

① 高清海:《人就是人》,辽宁人民出版社 2001 年版,第 28 页。
② 〔美〕埃尔金、索乌坦:《新宪政论》,周叶谦译,生活·读书·新知三联书店 1997 年版,第 5 页。

一种国家制度。因此,文明的政治制度首先是民主的政治制度,尽管民主有不同类型,但在现代国家里,民主有三大原则已成共识,即多数决策、程序正义、保护少数(安全)。因此,离开这三大原则的政治制度决不是文明的政治制度。同时,马克思讲到政治文明时,专门讲到了"权力分开",并具体指出了立法权力和执法权力的分开。因为权力如果不分开就是集权,会导致专制或独裁。这一点早期资产阶级法学家孟德斯鸠讲的更清楚:如果同一个人或是由一些重要人物、贵族或平民组成的同一个机关行使这三种权力,即制定法律、执行公共决议和裁判私人犯罪或争讼权,则一切便完了。① 当然,权力仅仅分开是不够的,还必须相互制约,否则分开就失去意义。

再次,文明的政治秩序是政治文明的又一个要素。按照孙中山先生的说法,政治是"众人之事",事实也是如此。政治就是人们之间的相互关系,这种人们之间的互动无疑应该是有序的,但要形成一种文明秩序不是那么容易。秩序泛指自然界和人类社会运动、发展和变化的规律性现象,某种程序的一致性、连续性和稳定性是它的基本特征,它与"无序"是对立的。所谓政治秩序无非是在国家生活中,应有一定的组织制度、结构体系和社会关系的稳定性、规律性和连续性。因此,马克思强调规则在政治秩序中的特殊作用。事实上,在现代社会,法律是调控政治生活的基本手段,因此,要建立文明的政治秩序首先离不开法律,只有法律才能调整和协调各种政治利益,只有具有普遍性、强制性、规范性并以公正为内在要求的法律,才能使政治秩序趋向文明。当然,在法律体系中,又以宪法的作用最为明显,因为宪法本身就体现着各种政治力量的对比关系。从这个意义上讲,政治文明必须以法治、宪政为基础。那么,文明的政治秩序究竟是什么呢?我们认为应该是各种政治力量(包括阶级与阶层)的利益得到合理、公正的分配与保障,它们的相互关系应该和谐与协调。

---

① 〔法〕孟德斯鸠:《论法的精神(上册)》,张雁深译,商务印书馆1982年版,第242页。

最后,文明的政治目的是政治文明的必备要素和价值追求。一定的政治理念、政治制度和政治秩序,总是为了追求一定的政治目的的。纵观古今,政治目的无非两种:一种为"公",即为大多数人的利益,一种为"私",即为某集团、某阶级等少数人甚至某个人的利益。为公的政治目的,往往是在宪法或其他纲领性文件中表述,并在实践中得到实现,人们很容易理解和接受。为私的政治目的,一般都采取伪装的形式,多数都是盗用文明的政治理念来掩盖其卑劣的目的。如德国法西斯披着"国家社会主义"的外衣,打着当时具有进步意义的魏玛宪法的大旗来实施对内镇压人民、对外疯狂侵略的罪恶勾当。又如民国初期,每一个军阀上台,几乎都抛出了一部宪法,甚至还搞一下选举,制造各种假象。由此可见,我们在辨别某个国家是否存在政治文明时,不能单纯看它喊什么口号,打什么旗号以及在形式上建立了什么样的政治制度,而主要是看它追求什么。

文明的政治理念、文明的政治制度、文明的政治秩序和文明的政治目的,是一个不可分割的整体,它们相互配合、相互作用,共同构成政治文明的完整体系。

二、法治国家与政治文明的一致性

法治国家与政治文明犹如两个同心圆,具有广泛的一致性。第一,两者都是市场经济的产物,共同构筑现代化国家,就是说,具有共同的经济基础,都是建基于市场经济之上的上层建筑。第二,两者在内容上大部分是相同的,诸如民主的政治制度,分权与制衡的原则,平等的普选制等。第三,在基本理念上,两者也大体一样,诸如人权、自由、平等、正义、公正等。第四,法治国家与政治文明相互渗透、相互补充、相互作用、相互促进、相互保障,共同推动人类的进步和社会的发展。

法治国家与政治文明的出现,是整个人类管理国家、管理社会智慧的结晶和经验的总结,是人类的共同财富,它不仅标志着人的解放的深度和社会发展的广度,而且意味着人性的升华和向整个人类解放过渡的可能。当然,从当今世界看,法治国家与政治文明的建设,还有一定局限,存在不少问题,这些都有待人类的共同努力去解决。这些问题主要是:战争和恐怖活动、贫富悬殊、霸权主义、宗教极端主义和分裂主义等。同时,法治国家与政治文明的建设,同物质文明、精神文明、生态文明建设也是紧密结合的,应同步进行,相互促进、相得益彰。

法治国家与政治文明既有广泛的一致性,也有一定的差异:第一,侧重面不尽相同。法治国家重视实现法的功能与价值,强调法律的权威;政治文明重视政治制度的民主,提倡社会正义。第二,手段也不尽相同。法治注重强制性和国家意志性,提倡法不徇情,要求一切按规则办理,对违法和犯罪行为将予以制裁;政治文明侧重于人的解放,提倡社会和谐,维护人的尊严。第三,法治国家侧重于国家生活,中心是国家机关依法办事;政治文明涉及各个领域,重点是人们相互间的尊重与团结、友好与合作,中心是突出人的主体地位。

正是由于法治国家与政治文明有着广泛的一致性,又有一定差异性,因此,在我国社会主义现代化建设中,二者都必须包含在内,必须把它们都作为全面建设小康社会的重要目标。小康社会不是一个纯经济概念,而是意味着社会的全面进步,理所当然地包括建设法治国家与政治文明。

在当今世界,政治文明的要义,就是顺应历史潮流,代表大多数人的利益,并从制度上予以保障。当然,代表大多数人的利益,必须是现实的和可预测的,应该表现为人民物质和文化生活水平的提高,表现为民富国强,表现为促进整个人类社会的进步和可持续发展。其关键在于与时俱进,其本质在于执政为民。

三、社会主义法治是政治文明发展的高级阶段

政治文明是与专制、集权相对立的现代化国家的产物,大致有两个发展阶段或两种历史形态。政治文明的初级形态为资产阶级共和国,即资产阶级民主政治,其主要内容和特征有:第一,

★ 第二编 法与社会

基本上废除封建专制和神权政治,建立了共和国。第二,人的思想首次得到了解放,人权、民主、自由、平等、普选、法治成为多数人的政治理念。第三,分权与制衡的原则由理论变成了现实,民主的政治制度基本确立,并正常运转。第四,一切都建立在资本主义私有制的基础之上,阶级对抗仍然是社会的主要矛盾。第五,民主的政治目的还很含糊,一般都停留在口号上和纸面上,实际上,结党营私是普遍现象,各党派明争暗斗,社会阴暗面仍有不少。第六,政治文明的秩序不断受到黑社会势力和反民主势力的破坏。很显然,资产阶级共和国的建立,是人类社会的巨大进步,迎来了政治文明的初级阶段。之所以说它是初级阶段(初级形态),是基于以下两个方面:首先,其政治目的不文明。在资本主义私有制条件下,各政党不可能立党为公,一旦它们执政时,首先谋取的是本党的利益,是本党成员占据政府要位,而不能唯才是举,更不可能执政为民。尽管它们竞选时提出各种蛊惑人心的纲领,一旦上台,往往都忘记得一干二净,更何况执政党与反对党的争斗,往往是不择手段,各种丑闻比比皆是,甚至连法律秩序都敢于破坏,在这种情况下,政治文明则无从谈起。其次,全社会有一股有一定势力的逆流,且不说黑社会势力,就是政治目的卑鄙的政治势力,一旦通过他们的政党上台,容易导致法西斯的产生。历史已证明了这一点,其结果是政治文明被破坏,乃至危害整个世界、整个人类。当然,资产阶级共和国毕竟是一种政治文明,尽管它还处在初级阶段,但较之公开不平等的封建政治,无疑是了不起的进步,其重要意义和深远影响不可低估,近代思想家、政治家所留下的政治文明遗产,将书写在人类的史册上。

　　社会主义法治是前无古人的伟大事业,尽管迄今为止无固定模式,人们也未充分体验,但人们对它寄予了厚望。特别是当"依法治国,建设社会主义法治国家"的治国方略被我国宪法确认以后,业已成为我国人民的共同心愿,并取得了世界人民的赞许和关注。我们提出"社会主义法治是政治文明发展的高级阶段(状态)",是基于如下理由:第一,社会主义法治是以公有制为主体,多种经济成分并存为基础的治国方略和政治体制,阶级对抗已局限在一定范围之内,人民在根本利益上是一致的,这就避免了因阶级对抗而造成的对社会的严重后果,人民也就能集中精力和时间进行各种创造性的劳动。第二,社会主义法治以马克思主义、邓小平理论为指导,使人的思想解放和整个人类解放相结合,从而使政治文明得以升华,使以人为本的政治理念实现了理论与实践的统一。第三,社会主义法治是绝大多数人之治,体现的是绝大多数人的意志,符合历史发展的规律,代表先进生产力发展的基本要求,使人民创造历史、人民是国家的主人由美好愿望变成光辉的现实。第四,在社会主义法治国家里,民主已经不只是手段,更是目标和行动,人民依法管理国家事务和社会事务,干部则是人民的公仆。第五,社会主义法治将全面落实马克思关于权力分开的遗训,在坚持与完善共产党的领导的前提下,实现依法执政,贯彻党必须在宪法和法律范围内活动的原则。执政党和国家机关都要受到人民的监督,权力制约,依法办事已成为全社会的共识。当然,建设社会主义法治国家是一项长期而艰巨的任务,需要较长时间。这是一个宏大的系统工程,需要全国各族人民共同奋斗,与时俱进,在实践中不断创新,不断完善,不断发展,用劳动和智慧创建人类高级的政治文明。

【课后阅读文献】
1. 赵震江,付子堂:《论政治法治化》,载《中外法学》1998 年第 3 期。
2. 石泰峰:《论中国共产党依法执政》,载《中国社会科学》2003 年第 1 期。
3. 李龙:《论宪法与政治文明》,载《现代法学》2004 年第 1 期。
4. 周叶中:《宪政中国道路论》,载《中国法学》2004 年第 3 期。
5. 卓泽渊:《论法政治学的创立》,载《现代法学》2005 年第 1 期。

【思考题】
一、简答题
　　1. 法与政策的区别有哪些?
　　2. 如何理解民主与法制的关系?

3. 如何理解法与国家的关系？

二、论述题

论述法与政治的关系。

三、材料分析题

1972年共和党候选人尼克松总统竞选连任时，他的竞选助手为了偷取民主党竞选策略的情报，深夜使用间谍技术开锁进入民主党在华盛顿水门大厦的全国总部办公室，试图安装窃听器，被当场逮住，爆发了"水门事件"。通过"水门事件"的调查发现，案件牵涉尼克松的直属官员。在哥伦比亚的联邦地区法院，联邦政府起诉了直接涉及丑闻的官员，并调查总统与事件的联系。占国会参、众两院多数席位的民主党人，利用"水门事件"，向谋求连任的共和党总统候选人尼克松不断发难。1973年至1974年，国会要求总统交出白宫录像带以查明真相，尼克松却以事关国家安全和总统享有特权为由予以拒绝。于是国会与总统之争诉至法院。联邦最高法院裁决：在任何情况下，总统都不享有绝对的、不受限制的行政特权，裁定总统必须交出录像带。上交的录像带证明尼克松确实参与了掩盖"水门事件"的活动。国会随即启动弹劾程序，尼克松被迫引咎辞职。"水门事件"后，为了限制总统的战争权，美国国会于1973年通过了《战争权力法》；为了限制总统重组行政部门和拦截国会拨款的权力，1974年通过了《预算和拦截控制法》；1978年，国会通过《政府部门道德准则法》，建立特别检察官制度，授权特别检察官在不受总统控制的前提下，对行政部门官员的违法行为进行彻底调查。针对"水门事件"引发的政府官员的经济问题，1978年修正了1883年的《文官制度法》，修改为《文官制度改革法》，加强了对政府官员行为的约束。

问题：试结合本案分析法律与政治之间的互动关系。

第九章 法与经济

☞ **本章提示**
- 法与生产关系
- 法与生产力
- 法在建立与完善社会主义市场经济中的作用
- 经济全球化与法律全球化

第一节 法与生产方式

一、法与生产关系

法与生产方式的关系首先涉及的是法与生产关系即经济基础的关系。在以往的法学中,一般不讲这个问题。马克思主义法学首次揭示了它们之间的内在联系,并以唯物史观为理论基础,全面系统论证了法的产生、本质、作用及其发展规律,从而使法学发生了根本变革。

马克思主义法学关于法与经济基础关系的理论,在我国革命和建设、特别是在改革开放的伟大实践中,得到了极大的丰富和发展。邓小平关于"一手抓建设,一手抓法制"的科学论述,把法与经济基础关系的理论,提到建国方略的高度,使之具有更加旺盛的生命力。

在西方,也有一些学者从 20 世纪 60 年代起着手研究法与经济的关系,甚至用经济分析的方法来分析法这一社会现象,在一定领域产生了影响。① 这就是说,重视法与经济的关系,已开始成为法学家们的共识。

(一) 法根源于一定的经济基础

这是马克思主义关于经济基础与上层建筑辩证关系原理在法学领域的科学运用。正如马克思明确指出过的:每种生产形式都产生出它特有的法权关系、统治形式。为什么说一定的法要根源于一定的经济基础呢?

第一,法是上层建筑的一部分,无论是法律观念、法律规范,还是法律制度、法律关系;也无论是立法、执法还是司法,它们本身都不是"源",而与其他上层建筑一样,都是"流"。它们都根源于一定的经济基础,都是经济基础的反映。

第二,法不是从来就有的,也不是从天上掉下来的,更不是哪一个人任意杜撰出来的,而是根据一定的经济基础运行规律的要求,按照统治阶级意志由国家机关制定或认可的。因此,立法者不是在创造法律,而是在表述法律。在古代,没有也不可能有什么"外层空间法",就是海商法也是在中世纪后期的意大利才出现。因此,如果离开一定经济基础这个本质,法就失去其意义。过去人们总把法与阶级斗争紧密联系起来,这显然只看到问题的表面现象,而根本问题在于经济基础,就是说,阶级斗争归根到底也是由经济基础决定的,何况阶级斗争只是一定历史阶段的产物。法决不是凭空存在与发展的,也不是孤立的现象,它必须反映和适应一定的经济基础,偏离经济的法是"空谈",也不可能是实际意义上的法。因此,法具有明显的客观性,同一定的经济基础有着天然的联系。

第三,一定的法必须与一定的经济基础相适应。在历史上,

---

① 20世纪50年代后期至整个60年代,是法律经济学的初创时期。艾伦·迪雷克特教授在1958年创办了《法和经济学杂志》(Journal of Law and Economics,亦译"法律经济学杂志"),罗纳德·科斯教授于1961年发表了《社会成本问题》一文,标志着法律经济学的问世。法律经济学在20世纪70—80年代经历了一个蓬勃发展的时期,涌现出许多优秀的代表人物与研究成果,例如理查德·A.波斯纳的《法律的经济分析》(1973年)等。

没有无一定经济基础的法,也没有无一定的法与其相适应的经济基础。一定的经济基础既是一定法的出发点,也是法的归宿。尤其是在当今世界,法与一定的经济基础相适应已成为人们的共识。如世界贸易组织的成员国都知道 WTO 规则(即世界贸易组织的法规)的极端重要性,所有成员国都遵守并利用这些规则来维护自己国家的利益。WTO 如果没有这些规则,就存在不下去;同样,如果没有 WTO 成员国的经济行为和经济交往,作为国际贸易法重要组成部分的 WTO 规则,便没有存在的必要。

当然,法根源于一定经济基础,并不是说一定的经济基础就会自发地产生法,而是要通过人们主观努力,按照统治阶级(或人民)的意志而制定法律。正是从这个意义上讲,法律是主客观的统一。换句话说,在法与经济基础之间,统治阶级掌握的国家政权是中介,就是它把法律的客观性与主观性统一起来。统治阶级意志和统治阶级借以生存的一定经济基础,是不可分割的。我们不能单纯强调一方面,而忽视另一方面,当然,经济基础是最根本的。

(二)法决定于一定的经济基础

如果说法根源于一定的经济基础主要是回答法的来源问题,告诉人们法不是孤立的现象,也不是凭空产生的话;那么,法决定于一定的经济基础则主要回答法的内容和发展变化的决定因素,告诉人们法不是单纯的主观现象,也不是人们随心所欲所能制定的,经济基础是决定因素。

经济基础决定法,或者说法决定于经济基础,这并不是一个抽象的结论,而是有着丰富的内涵:

第一,法的内容是由一定经济基础所决定的。法的内容比较复杂,而且随着社会的进步不断丰富,但不管哪一种法(如民法、刑法等),也不管哪一个国家的法,它的内容都是由一定的经济基础决定的。我们绝不能设想在古代社会就有完整的知识产权法,因为当时经济基础还没有发达到需要全面保护著作权、商标权、专利权的程度。现代社会之所以有知识产权法,不仅是经济基础发展的要求和需要,而且是现实经济生活的反映。因此,知识产权法的内容并不是哪个立法机关或集团凭空想象出来的,而是反映、确认现实生活中的著作权、商标权和专利权而已。不仅经济基础决定法的内容,就是与经济基础相结合的经济体制对法的内容也产生重大影响。这一点在我国的经济体制改革中得到了生动而具体的反映,过去在计划经济体制下,法的内容(不管在经济方面,还是在政治、文化、社会生活方面)都或多或少的体现一些"人治"精神;而现在在市场经济条件下,则较多地体现了"法治"精神,公平、正义、效益、秩序、人权等价值形态在我国法律体系中得到确认和反映。当然,影响法的内容的因素有很多,但在诸多因素中,经济基础具有决定作用。

第二,法的性质是由一定的经济基础的性质决定的。就是说,有什么样的经济基础,就有什么样的法。在文明社会有四种生产关系,从而相应地也有四种历史类型的法。同一性质的法,尽管在不同国家或各个国家的不同时期有各自的特点,但其共性是非常明显的。如奴隶制法,由于当时经济基础的核心是奴隶主所有制,这就决定了当时法必然是以维护奴隶主的统治为主要任务,并且必然是刑罚残酷和公开的不平等。

第三,法的变更与发展取决于一定的经济基础的变更与发展。马克思指出:"社会的物质生产力发展到一定阶段,便同它们一直在其中运动的现存生产关系或财产关系(这只是生产关系的法律用语)发生矛盾。于是这些生产关系便由生产力的发展形式变成生产力的桎梏。那时社会革命的时代就到来了。随着经济基础的变更,全部庞大的上层建筑也或慢或快地发生变革。"① 显然,作为上层建筑重要组成部分的法,也毫不例外地随着经济基础的变更而变更。当然,这种变更有时快,有时慢,而且有个从量变到质变的过程。如果经济基础发生根本性的变更,那么,法也随之发生根本性变更。也就是说,随着一种经济基础被另一种经

---

① 《马克思恩格斯选集》第2卷,人民出版社1995年版,第33页。

济基础所代替,一种类型的法也必然被另一种类型的法所代替。

我国正在进行的经济体制改革的目标是建立和完善社会主义市场经济体制。从长期实行的计划经济体制向社会主义市场经济体制转换,又将社会主义市场经济体制与社会基本制度结合在一起。这种巨大的、根本性的变革,必然引起我国社会主义法的重大变革:一方面修改、废止那些不能适应市场经济要求的法律、法规;另一方面又要加速制定能促进、完善市场经济的法律、法规,并使之逐步适应社会主义市场经济的法律体系。

综上所述,法的内容、法的性质、法的变更与发展,都决定于经济基础。但这并不是说其他因素对法没有影响;恰恰相反,一国的历史传统、国家形式、道德观念,甚至风俗对法均有影响。我们在坚持法决定于经济基础的前提下也应当承认上层建筑其他因素对法的影响和作用。

(三) 法服务于一定的经济基础

法服务于经济基础,即我们通常所讲的,法对经济基础的反作用。具体表现在以下几个方面:

第一,法对其赖以存在与发展的经济基础起确认、引导、促进和保障作用。这里所讲的确认就是以法律规范的形式把一定的经济制度、体制和运行机制确定下来,使之具有一定的法律地位,从而树立权威,成为人们的行为规则。如我国社会主义市场经济的确立,就是通过修改宪法,并以宪法规范的形式来实现的。所谓引导,就是指法律规范提供制度和行为模式,引导经济关系和经济行为朝着有利于掌握政权的阶级的要求方面发展。当然,这种引导是建立在对客观经济规律认识的基础上的,实际上也是该经济基础本身要求的反映。所谓促进,既包括促进该经济关系的巩固,更包括促进该经济关系的发展,特别是在新的经济基础刚刚形成的时候,这种促进更为明显。如资本主义近代市场经济的确立与运用,与《拿破仑法典》(即 1804 年《法国民法典》)的促进作用直接联系在一起。至于法律对其经济基础的保障则更是一目了然,因为任何类型的法律,对于破坏它赖以生存与发展的经济基础的行为,都确定为犯罪并给予严厉的制裁。

第二,法对于与之相矛盾的或不相适应的经济基础,或加以改造,或加以摧毁,或加以限制。一般来讲,当一种社会形态代替另一种社会形态时,与新法相矛盾的旧的经济关系,虽然受到极大的削弱,也已不占统治地位,但往往被暂时保留下来。在这种情况下,作为维护新的掌握国家政权阶级利益的新法,一旦旧经济关系起破坏作用时,则立即予以摧毁,如新中国建立之初即迅速摧毁了旧的官僚资本和封建地主土地所有制。如果旧的经济关系中某些部分当时还在国计民生中起一定作用时,一般允许其存在,仅仅对其中起消极作用的因素,或予以限制或予以改造,如我国在建国之初对民族资产阶级的经济就是采取这种政策,并且收到良好成效。

法对经济基础以及通过经济基础对社会生产力发挥作用,就其性质与后果来看,大致可分为两大类:一类起进步作用,即当法律维护并促进其发展的经济基础是先进生产关系时,必然推动社会生产力的发展,法的作用无疑是进步的;另一类是起反动作用,即当法保护的基础是腐朽的生产关系时,当然就阻碍生产力的发展,阻碍社会的进步。因此,一个国家在运用法律确认、引导、促进和保障经济关系时,首先必须对该经济关系有个明确的认识和态度,否则效果则是相反的。

二、法与生产力

生产力是人类利用自然、改造自然的能力,是由劳动者、劳动资料和劳动对象三个要素所构成的一个复杂系统。马克思主义认为,在社会发展过程中,生产力是最活跃、最革命的因素,是一切社会发展的最终决定力量。包括法律在内的各种上层建筑最终都是由生产力的发展状况所决定的,当然,它们也要能动地反作用于自己的生产力。

(一) 生产力对法的决定作用

生产力可以通过经济基础的中介而间接地作用于法,也可以不通过经济基础的中介而直接作用于法。生产力对法的决定作用有两种形式：

（1）生产力对法的间接作用。前述经济基础对法的决定作用，实际上乃是生产力通过经济基础这一中介间接地作用于法的客观表现。法的产生、发展和消亡及其性质和内容，最终都是由生产力的发展水平所决定的。

（2）生产力对法的直接作用。生产力可以跳过经济基础这一中介而直接对法律产生决定作用，这有多种多样的表现。首先，一国的生产力发展水平往往直接决定着该国法律的发展水平。具体而言，经济基础相同的国家，如果其生产力发展水平不同，彼此之间的法律往往就会存在着明显的差异；反之，经济基础不同的国家，如果其生产力发展水平大致相当，彼此之间的法律往往也会存在着一定的共性。其次，生产力的发展变化可以直接导致法律发生变化。例如，生产力的发展会直接导致新的法律部门的产生，产品责任法、外层空间法、原子能法等的出现就是例证；又如，生产力的发展还会直接导致法律的具体内容发生变化，民法上"无过错责任原则"的出现就是生产力发展的直接结果。

（二）法对生产力的反作用

与生产力对法的决定作用一样，法对生产力的反作用可以通过经济基础的中介，也可以不通过经济基础的中介。因此，它同样有间接作用和直接作用之分：

（1）法对生产力的间接作用。这种作用是通过法对经济基础的反作用来实现的。如果法律所保护的经济基础符合生产力的发展要求，或者它所排斥的经济基础不符合生产力的发展要求，那么，它对生产力的发展就起促进作用；反之，它对生产力的发展就起阻碍作用。

（2）法对生产力的直接作用。法律可以通过某些规定直接反作用于社会生产力，由于这种作用与经济基础之间没有必然的联系，所以它可以存在于不同的社会形态之中。例如，有关劳动保护和技术安全方面的法律、法规，有关自然资源保护和环境保护方面的法律、法规,有关在生产中采用和推广先进科学技术方面的法律、法规等,其内容一般不涉及生产关系,因而可以直接对生产力发生作用。

第二节 法与市场经济

一、市场经济概述

市场经济是商品经济发展到一定阶段的产物,是以市场对资源配置起基础性作用的经济体制。在市场经济条件下,价值规律、优胜劣汰规律得到充分反映和体现;主体平等、交换自由成为经济活动的基本原则。利益驱动着市场的运行,竞争决定着资源的配置,市场价格联结着生产者与消费者。具体说,市场经济具有以下共性:(1)承认个人和企业等市场主体的独立性,他们自主决策、自主经营,并独立承担经济风险;(2)有公平公正的竞争性市场体系,由市场形成价格,保障各种商品和生产要素自由流动,由市场对资源配置起基础性作用;(3)有宏观经济调控机制,政府对市场运行实行一定价值和目标的导向和监督;(4)有比较完备的市场经济法律体系,经济运行纳入法制的轨道;(5)市场主体遵守国际经济交往中通行的规则与惯例。

市场经济历经近代市场经济与现代市场经济两个阶段。现代市场经济实质上是一种法治经济。无论是市场的运行机制,还是国家的宏观调控,它都达到了更高的层次,并有良好的公共权力体系予以间接干预;而间接干预的最佳形式就是具有普遍性、客观性、规范性和强制性的国家法律。

在社会主义条件下,市场经济是和社会主义基本制度结合在一起运行,因而也必然形成自己的特点:

(1)社会主义市场经济是以公有制为主体,在包括私人经济在内多种经济共同发展的条件下运行的。党的十六大指出,根据解放和发展生产力的要求,坚持和完善公有制为主体、多种所有制经济共同发展的基本经济制度。第一,必须毫不动摇地巩固和发展公有制经济。第二,必须毫不动摇地鼓励、支持和引导非公有制经济发展。个体、私营等各种形式的非公有制经济是社会主义市场经济的重要组成部分,对充分调动社会各方面的积极性、加快生产力发展具有重要作用。第三,坚持公有制为主体,促进非公有制经济发展,统一于社会主义现代化建设的进程中,不能把这两者对立起来。各种所有制经济完全可以在市场竞争中发挥各自优势,相互促进,共同发展。

(2)社会主义市场经济要实现共同富裕的社会主义原则。深化分配制度改革,健全社会保障体系。理顺分配关系,事关广大群众的切身利益和积极性的发挥。调整和规范国家、企业和个人的分配关系。确立劳动、资本、技术和管理等生产要素按贡献参与分配的原则,完善按劳分配为主体、多种分配方式并存的分配制度。坚持效率优先、兼顾公平,既要提倡奉献精神,又要落实分配政策,既要反对平均主义,又要防止收入悬殊。初次分配注重效率,发挥市场的作用,鼓励一部分人通过诚实劳动、合法经营先富起来。再分配注重公平,加强政府对收入分配的调节职能,调节差距过大的收入。规范分配秩序,合理调节少数垄断性行业的过高收入,取缔非法收入。以共同富裕为目标,扩大中等收入者比重,提高低收入者收入水平。

(3)社会主义市场经济更重视宏观调控,并规范微观经济。完善政府的经济调节、市场监管、社会管理和公共服务的职能,减少和规范行政审批。要把促进经济增长,增加就业,稳定物价,保持国际收支平衡作为宏观调控的主要目标。扩大内需是我国经济发展长期的、基本的立足点。坚持扩大国内需求的方针,根据形势需要实施相应的宏观经济政策。调整投资和消费关系,逐步提高消费在国内生产总值中的比重。完善国家计划和财政政策、货币政策等相互配合的宏观调控体系,发挥经济杠杆的调节作用。深化财政、税收、金融和投资体制改革。完善预算决策和管理制度,加强对财政收支的监督,强化税收征管。稳步推进利率市场化改革,优化金融资源配置,加强金融监管,防范和化解金融风险,使金融更好地为经济社会发展服务。

二、法与商品经济、市场经济关系的历史发展

(一)商品交换与法的产生

法的产生固然有深刻的经济根源与阶级根源,但归根到底是社会生产力发展的必然结果,是商品交换的产物。事实上,商品交换产生法,法又调整商品交换,这就是它们两者相互关系的辩证法。法之所以是商品交换的必然产物,是由商品交换的内在要求所决定的:第一,商品交换的双方在形式上必须平等,离开形式平等这一基本条件,就不可能存在实质性的交换,而双方这种法律地位的平等,只能由法律来规定。第二,交换双方必须是交换产品的所有者,只有法律才能确认和规定所有权的归属问题。第三,交换需要一定的规则,必须明确规定产品的数量、质量和价款以及交换的方式等问题,这些规则也只能由法律来规定。当然,这些规则的形成要有一个漫长的过程。第四,产品交换的经常化后,将不可避免的出现一些经济纠纷,而这些纠纷的解决只能依靠法律。当然,这也有个过程,起初是靠氏族领导人的威信,后来演变为人们约定的规则,这些规则开始表现为习惯,后来就成了法律。

综上所述,法律是依产品交换的客观要求而出现的,是历史发展的必然结果。传统观点认为,法是阶级矛盾不可调和的产物,其实,这只是问题的表面现象,本质还在经济关系,还在商品交换。

(二)商品经济与法的发展

如果说法产生于产品交换的过程之中,那么它在经历漫长的演进过程中,即由自发到自觉,由个别规范到一般调整,由习惯到习惯法的过程,则深深扎根于商品经济中。

在繁多的古代法中,无论从体系、内容,还是从调整范围、方法来看,其典型代表应首推古罗马法。古罗马法的发达与繁荣固然有诸多因素,但最根本的因素是古罗马简单商品经济的繁荣。

古罗马商品经济的发展,有力地推动了罗马法的完善,从《十二铜表法》到《国法大全》都展现出了罗马法的体系庞大、内容丰富、技术先进的特点。

东方奴隶制国家则是另一种情况,它从反面证明:离开商品经济的土壤,法律是很难发展的。由于东方奴隶制国家是比较典型的自给自足的自然经济,因此,东方奴隶制的法律极不发达,长期以习惯法为主要渊源,而且"重刑轻民"、"刑民不分",即使出现一些成文法,也不是系统、概括的规范,其内容大都类似判例的记载。

在封建社会,无论欧洲中世纪近千年,还是中国从秦始皇到清王朝,由于自给自足的自然经济占统治地位和实行君主专制的政治体制,从而窒息了法律的发展。

总之,无论奴隶社会还是封建社会,任何一个国家或地区,其商品经济活跃时,与之相应的法律就会得到发展,一度出现过法制文明;反之,如果商品经济不发达,则该国家或地区该时期的法律就会处于落后的状态。

(三) 市场经济与法律的发达

17至18世纪欧洲资产阶级革命的成功,特别是19世纪西方资产阶级政权的普遍建立,为商品经济的发展开辟了广阔的道路,并使其发展到高级阶段——市场经济。在商品成为社会细胞的资本主义社会,在这种以市场作为资源配置主要方式的经济体制中,迫切需要大规模的立法来满足它的需要,于是1804年《法国民法典》诞生了,随之建立了近代市场经济的法律体系。如果说亚当·斯密的《国富论》奠定了近代市场经济的理论基础,那么以《法国民法典》为代表的资产阶级法律,则是这种经济体制的有力保障。

19世纪末20世纪初,近代市场经济逐渐被现代市场经济所取代。凯恩斯的《货币通论》代表了当时的经济思潮,"国家干预"代替了当时的"自由放任"。与此相适应,法律社会化成为西方法律的主流,"社会本位"取代"个人本位"。美国20世纪30年代的"罗斯福新政"就是采用了上述经济与法律理论,实行宏观调控,使当时的经济危机得到缓解。正是在这个时候,大陆法系与普通法系相互靠拢,各国加强了立法活动,特别是社会立法形成了高潮,一个更庞大的法律体系已形成。

第二次世界大战后,现代市场经济遍及整个世界,生产力得到了巨大发展。与此相适应,法律对社会的覆盖面越来越广,成为了人类调控社会最主要的手段,并发展为文明的支柱。

综上所述,得出如下三点结论:第一,法律发展程度直接受到商品经济、市场经济发展水平的制约,市场经济愈发展,法律就愈兴旺并逐步形成体系;第二,商品经济、市场经济的发展,使法律的覆盖面越来越大,法律权威也随之树立;第三,商品经济、市场经济的发展使法律的功能进一步拓展,遍及国家生活、政治生活、经济生活等各个领域,使法律成为人们生活之必需。

三、法在建立与完善社会主义市场经济中的作用

(一)法在宏观调控中的作用

宏观调控是20世纪初期提出并在现代市场经济中发挥了巨大作用的国家管理经济的基本手段,它在"罗斯福新政"和亚洲"四小龙"经济发展中业已显示出强大的生命力。从某种意义上可以说,宏观调控与法的功能的有机结合,是20世纪的伟大发明,受到了几乎所有国家的高度重视。

宏观调控不是主观的愿望,而是现代市场经济的客观要求。通过宏观调控,主要实现以下目标:(1)国民经济发展的总体目标;(2)宏观总量与平衡目标;(3)公平分配目标;(4)产业结构调整和优化目标;(5)化解金融风险和保障金融安全目标。

宏观调控的主要工具是国家法律。法律在对市场经济宏观调控方面的作用主要表现在:

第一,引导作用。国家对经济的引导可以有各种手段,如经济手段、行政手段等,但法律是最佳手段,即使有时使用经济手段和行政手段,也要通过法律形式加以规定和保障。法对市场经济的引导，既是法律本质的集中体现，又是由市场经济运行规律决定的。市场经济的自由竞争和商品生产者追求利益最大化的利导性，必然带来一些负面影响，影响市场经济的健康运行。法律是宏观调控的有力工具，因为它具有普遍性、规范性和国家强制性。

第二，促进作用。现代市场经济从建立到完善的全过程，几乎每前进一步，每个环节的变化与发展，都离不开法律的促进。法律对市场经济的促进作用表现在两大方面：一是直接促进，如民法、商法、经济法、知识产权法，它们直接调整市场经济的各种关系。二是间接促进，这主要是指那些以调整政治关系、管理关系、家庭关系为主的法律，如宪法、行政法、刑法、婚姻法等，它们虽然不直接或多数不直接调整经济关系，但它们调整特殊领域内的各种社会关系，维护社会的安宁，给市场经济的发展创造良好的社会环境与外部条件，或者激发人们积极投入经济体制改革的积极性，促进人们沿着社会主义方向，把市场经济引向深入。

第三，保障作用。主要有三层含义：一是秩序保障，即通过打击各种刑事犯罪活动，特别是打击经济领域的犯罪活动，对违法犯罪分子予以制裁，保障社会秩序安定。二是权利保障，即保障参与市场活动的主体的合法权利。三是平等保障，即保障市场经济的参与者法律地位平等。离开法律地位平等，就没有市场经济。

第四，制约作用。国家主要通过法律、法规制约市场经济的自发性、盲目性和片面追求物质利益的属性等消极因素。如制定市场管理法，使市场活动有序化；颁布物价法，制止哄抬物价；出台竞争法，制止和取缔各种不正当竞争活动等。

第五，协调作用。这在社会主义国家更为明显。国家通过法律、法规调整产品结构、优化资源配置，也可以通过法律、法规协调各产业部门的关系，协调各利益集团的关系，调整它们之间的纠纷和矛盾，促进它们共同协调发展。

（二）法在规范微观经济行为中的作用

现代市场经济既强调宏观调控，也要求微观搞活，只有具有普遍性、强制性和规范性的法律才能发挥这两方面的作用。法律在规范微观搞活方面的作用,是任何其他手段所不能替代的,具体体现在:

第一,确认经济活动主体平等的法律地位。市场经济是主体多元化的经济,市场经济运行的规律又要求排除主体具有特权和等级的差异,从而不断实现"从身份到契约"的历史转化。尤其是在我国,多种经济成分同时存在,必须用法律来确认他们平等的法律地位。我国已颁布了公司法和规范"三资"企业方面的法律,并已在保障他们平等法律地位和合法权益上发挥了重要作用。但还不够,我们还应加强这方面的立法,对经济活动主体平等地位的确认,不仅肯定他们的合法存在,赋予其参与民事活动的权利能力与行为能力,而且更要强调主体之间的法律地位平等与权利义务的一致。

第二,调整经济活动中的各种关系。为保证交易的顺利进行,法律必须规范生产要素的自由流动,规范自由交换与竞争行为。微观经济行为实际上是企业行为,法律对企业内部关系和外部关系都要科学地予以调整,并促进企业实行强强联合、优化组合,组建新的产业集团,以提高我国企业的国际竞争力。

第三,解决经济活动中的各种纠纷。市场经济包含各种风险、各种竞争以及各种纠纷,这固然可以通过相互协商、行业协调等手段来解决,但仍有不少纠纷要通过仲裁和司法来处理。这就不仅需要完善的程序法,更需要系统、科学的实体法。

第四,维护正常的经济秩序。现代市场经济是竞争经济,因此,法律规则是极为重要的。只有通过法律调整,才能形成和维护正常的经济秩序,以保障市场经济健康运行。

第三节 法与经济全球化

一、经济全球化的特征

随着市场经济的国际化和科学技术的迅猛发展,经济全球化已成为当代世界经济发展最基本的特征和最基本的趋势。不同社会制度、不同发展水平的国家都融入到全球经济体系中,成为其一部分。经济全球化的主要特征有:

第一,生产活动的全球化。生产活动的全球化主要表现为传统的国际分工正演变成为世界性的分工。各种生产要素以空前的速度和规模在全球范围内流动,形成了一个世界性的生产网络。"世界工厂"纷纷出现,一种产品(如波音飞机、IBM 电脑等等)的生产往往分散在世界各地。

第二,金融市场国际连接。资金、资本越来越跨越国界和疆界自由流动,以致达到全球一体、牵一发而动全身的程度,亚洲金融危机对世界经济的影响、美国"9·11事件"后出现的金融波动和经济低迷对日本、欧洲发达国家和全球经济的消极影响,从另一个方面说明了经济的全球化。

第三,跨国公司空前兴盛。如今,世界上的跨国公司数量飞速增长,已经渗透到世界各国几乎所有的经济领域。它们依靠雄厚的资本、先进的管理和技术等优势,实行全球投资战略,进行跨国、跨洲的生产和经营,推动全球资源的优化配置,使世界经济连接为一个整体。

第四,世界多边贸易体制的形成。除了欧盟、北美自由贸易区、亚太经济合作组织等区域性经济集团不断蓬勃发展外,世界多边贸易体制正在形成。1995年1月1日诞生的世界贸易组织,就是世界贸易体制形成的重要标志。世界贸易组织所确立的世界多边贸易体制和法律体系框架,对所有成员方都有严格的约束力。因此,世界贸易组织的建立标志着一个以贸易自由化为中心,囊括当今世界贸易诸多领域的多边贸易体制的大框架已经构筑起来。

二、经济全球化与法律全球化

由法与经济之间的密切联系所决定,经济全球化必然引起和推动法律全球化,法律全球化反过来又促进和保障经济全球化。

法律全球化是当今世界法律发展的主要趋势。法律全球化是近代以来法律国际化的进一步发展,在历史上法律的跨国发展(国际化)是法律发展和法治文明的重要方面和基本标志,源于政治、经济、军事、文化的冲突、交流与合作,世界上先后出现过一个国家与另一个国家的双边规则,若干国家之间的多边规则,为许多国家制定和遵守的世界性规则,出现过国家之间的法律选择和彼此适用。第二次世界大战后法律国际化现象日益明显,特别是随着冷战时代的结束,法律发展更呈现出全球化的趋势。《公民权利和政治权利国际公约》、《经济、社会及文化权利国际公约》、《消除一切形式的种族歧视国际公约》、《联合国海洋法公约》、《1994年关税与贸易总协定》等法律文件的出现就是法律全球化的重要标志。

(一)法律的"非国家化"

法律并非都是由主权国家制定的,越来越多的法律将由各种各样的经济联合体、知识产权组织、环境保护组织、新闻媒介联合体等非国家的机构制定。例如,《国际贸易术语解释通则》就是由国际商会编订的。

(二)法律的"标本化"

法律的标本化起源于某些联邦制国家。在联邦制国家,各个成员国自行制定法律。但是,出于经济、公共安全、高新技术的转让等原因,由全国性法学研究机构或法律协调机构制定某些"统一的"、"标准的"法典,作为各成员国制定同类法典的典范。

(三)法律的一体化

全球化一方面使地方与地方的时空距离越来越缩小,另一方面又使事物与事物之间的时空联系越来越扩大。某个人或某个组织的一项决定,可能会在世界上引起轩然大波,影响许多人的生活。在法律方面,全球化使得全球范围内存在的各种形式的法比以往任何时候都紧密联系在一起,成为一体。在法律一体化的背景下,国内法与国内法、国内法与国际法、国家法与非国家法等各种形式的法之间以极其复杂多样的方式紧密连接、相互作用。

其中任何一种法律体系的变动,都可能会引起其他法律体系的反映或者变动。

(四)法律的"趋同化"

所谓法律趋同化,是指调整相同类型社会关系的法律制度和法律规范趋向一致,既包括不同国家的国内法之间的趋向一致,也包括国内法与国际法之间的趋向一致。世界范围内的法律趋同首先表现在民商法领域。[①] 在知识产权、金融、商务等领域法律趋同的速度之快、程度之高,已超出人们的想象。世界法律的趋同还意味着世界范围内将出现某些"全球性法律"、"世界性法律"。《联合国宪章》、《联合国海上货物运输公约》等国际条约在某种意义上可以说就是"全球性法律"、"世界性法律"。

值得注意的是:法律全球化在目前只是一个进程,一个过程,一种趋势;而且法律全球化并不是指所有法律的全球化,那些不具有涉外性、国际性的法律不可能、也没必要全球化,也就是要注意法的全球化与法的民族性的问题;另外还要注意警惕个别国家借助法律全球化的名义推行政治霸权主义或法律帝国主义。

三、经济全球化与我国法的发展

经济全球化是我国对外开放的外部环境,也是推动对外开放的动力。适应经济全球化的大趋势,已成为我国对外开放工作的重点之一。经济全球化对我国法制的发展有重要影响,这表现在:

第一,要求我国积极加入多边或地区性的国际经济贸易条约和相关国际组织,为向世界开放市场和进入国际市场提供法律机制。

第二,要求自觉处理好国内法与所参加国际经济条约、国际

[①] 车丕照:《法律全球化——是现实?还是幻想?》,载《国际经济法论丛》第4卷,法律出版社2001年版,第32页。

惯例的协调和衔接问题。根据条约所规定的义务以及国际惯例,制定或修改国内的相关立法。如加入 WTO 对我国国内法的立、改、废就有十分明显的影响。

第三,要求处理好促进贸易投资自由化与捍卫国家主权的关系。经济全球化以发达国家为主导,它首先有利于这些国家,当然它也是发展中国家经济增长的一个契机。但也要认识到经济全球化的消极作用,它可能会损及其他国家尤其是发展中国家的主权。经济全球化有可能成为推行霸权的一种新形式。目前,我国在发展国际经济关系时,必须同时捍卫国家主权,绝不能让本国经济的发展受他国支配。主权是我国经济持续、稳定发展的基本条件之一。

第四,要处理好法律与国际通行做法接轨和法律符合本国国情之间的关系,即要处理好法律的国际化与民族化、全球化与地方化之间的关系。适应经济全球化的法律改革要与本国的政治、经济、文化等各方面的具体状况相吻合,要反对盲目的接轨、移植。不顾本国的现有条件和改革开放的渐进性特点,会给经济和整个社会生活带来巨大的混乱。

【课后阅读文献】
1. 周永坤:《经济决定论评析》,载《法学》1996 年第 2 期。
2. 史际春:《新发展观下的法制建设:新发展观与经济法治新发展》,载《法学家》2004 年第 1 期。

【思考题】
一、简答题
 1. 为什么说法决定于一定的经济基础?
 2. 简述经济全球化与我国法的发展。
二、论述题
 试论述法在建立与完善社会主义市场经济中的作用。

三、材料分析题

2004年,香港中文大学经济学教授平××,接连向海尔、TCL、格林柯尔等国内知名企业发难,指责其在"国退民进"的企业改制中侵吞国有资产,因而建议停止以民营化为导向的产权改革。此番言论在国内引起轩然大波。

问题:请从法律与经济关系的角度对该问题进行分析。

第十章 法与文化

☞ **本章提示**
- 法律传统的含义及特性
- 法与道德的关系
- 法与道德的冲突及化解
- 法与宗教规范的关系
- 法律文化的含义
- 义务本位法律文化、权利本位法律文化的特点
- 法律意识的含义、分类及作用

第一节 法 与 传 统

一、传统与法律传统的含义

所谓传统,就是指一个民族在其长期的历史发展过程中形成并流变着的有关特定领域的具有根本性的经验积累和行为模式以及由此产生的思想观念等。这一概念旨在强调:传统的民族性、传统的延续性、传统的根本性、传统的发展性等。有学者指出:"文化长时间的稳定发展构成一个民族的传统。"①作为一种历史文化力量,传统具有深厚的社会基础,存在于普通民众的意识、心理、习惯、行为方式及生活过程之中,因而与一个社会的有机体密不可分。甚至在某种程度上,传统成为社会成员信仰或认同的载体。作为这样一种社会历史惯性机制,传统不仅构成了一个社会发展的历史起点,影响着当下社会发展的各个领域,进而与当下社会生活交融在一起,而且制约着一个社会的长期发展进

---

① 刘再复:《传统与中国人》,商务印书馆1988年版,第393页。

程,有形或无形地左右着该社会发展的未来走向。

　　法律传统是指在漫长的法律发展过程中,在一定的国家(地区)、民族中具有稳定性、连续性并在历史上得以传承的法律制度和法律意识。法律传统由制度层面、行为层面以及观念层面三部分构成:只要一个国家曾经存在过一种制度,这种制度无论是优是劣,势必对以后制度的建立产生积极或消极的影响;行为方式直接或间接强化了人们的心理定势,并为以后的行为制定了一个行为模式;而观念则是制度、行为的最终体现,二者最终都会以观念的东西积聚在人们的心中。在这三部分中,观念是最核心、最具凝聚力的部分,这才有要想改变一种制度、一种行为模式,首先要从思想观念着手的说法。

　　西方法律传统的起点是古希腊,大致可以归纳为以下几个方面:法治传统、权利文化;而建立在自然经济和宗法式社会结构基础上的中国法律传统的主要内容有礼法文化、德治传统、重刑轻民、诸法合体、行政与司法合一等。

二、法律传统的特性

(一) 法律传统的民族性与地区性

　　法律传统是在一个民族的历史发展中形成的,它不可避免地具有这个民族的一些特征。对于此,德国的历史法学家萨维尼曾有一段精辟的论述:"人们可以看到,在有据可查的历史发展的最早时期,法律就已具有了为某个民族所固有的特征,就像他们的语言、风俗和建筑风格有自己的特征一样。"[1]对法的民族性问题,孟德斯鸠也指出:"为某一国人民而制定的法律,应该是非常适合于该国的人民的;所以,如果一个国家的法律竟能适合于另外一个国家的话,那只是非常凑巧的事。"[2]他并且在法与环境的探讨中,认为法与一个国家的基本状况相适应,否则法应是无效的,理

---

[1] 〔美〕博登海默:《法理学:法哲学及其方法》,邓正来等译,华夏出版社1987年版,第83页。
[2] 〔法〕孟德斯鸠:《论法的精神(上册)》,商务印书馆1995年版,第6页。

由在于法的不可逆转的民族性。当然,萨维尼和孟德斯鸠把法的民族性问题推向了极端,但他们在论述中所揭示的法的民族性问题对我们是深有启发的。法律有民族性,作为法律之传统的法律传统也不可避免的打上民族的烙印。法律传统的地区性是和法律传统的民族性紧密联系在一起的,任何一个民族都有其固定的生活环境和区域,而法律传统恰恰是在这些区域中形成和发展起来的,法律传统是地区性的。

所以,我们不必过高期望处于不同区域的各民族会有什么样的共同的法律传统,而应从法律传统的差异性角度考虑如何继承和发扬我们本土的法律传统。中国的法律实践早已证明,即使是一个在外域民族推行甚好的优良法律,拿到本国来未必还是优良的,因为一国的法律传统的影响力是异常巨大的,它极有可能会把外来的东西"异化"。这也正是我国静态的法制改革卓有成效,而动态的法治改革却很难如是的原因所在。因此苏力先生在其《法治及其本土资源》一书中呼吁,"中国的法治之路必须注重利用中国的本土资源,注重中国法律文化的传统和实际"[①]。当然,我们在强调法律传统差异性的同时,也不应忽略其共性的一面,差异性和共性总是相伴而生的。这也是在建立法治国家的进程中,我们所应考虑的。

(二)法律传统的延续性与发展性

法律传统生成于过去但却存在于现在和未来,历史延续性是传统的本质属性之一。正如梁治平先生所说:"传统不仅仅是一个历史上曾经存在的过去,同时还是历史的存在的现在,因此,我们不但可以在以往的历史中追寻传统,而且可以在当下生活的折射里发现传统。"[②]现代法律现象的产生不是从虚幻的世界而来的,它不可能摆脱传统的影响和滋润。如希尔斯所说:"新出现的每一件作品的出发点必然存在于已有的传统中。"[③]法律传统具有

---

① 苏力:《法治及其本土资源》,中国政法大学出版社1996年版,第6页。
② 梁治平:《法辨》,贵州人民出版社1992年版,第1页。
③ 〔美〕希尔斯:《论传统》,傅铿、吕乐译,上海人民出版社1991年版,第24页。

历史延续性,但并不是以原封不动、一成不变的方式延续,而是在动态发展、不断变迁的过程中延续。任何一种传统都具有很强的自我调整和适应能力,唯其如此,它才能适应社会形势的发展变化而不断的延续下来。

的确,我们往往只看到法律传统的落后、保守、腐朽的一面,却很少看到法律传统的发展、创新功能。"反传统者"之所以反传统,是因为他们简单地把传统归结为历史的"过去时",把传统视为实体性的存在,把生成某种传统的人与时代的消逝等同于传统的消亡,无视传统的延续性与发展性。其实,我们的法律传统之中有很多现代所要求的东西,仔细地分析和借鉴对我们社会的现代化是有所益处的。如果昨天彻底否定了前天,今天彻底否定了昨天,那么,我们就很难调动出任何一点可资引以为豪的精神资源。如果我们把目光彻底投向西方,那么外部的观念暂时对我们来说还只是一种知识,不会一下子变成我们的行为方式、道德约束和动力基础,而且我们也永远不会摆脱我们民族的传统和习惯。历史事实证明,任何发展只是内在于文化传统的历史性演进,一旦脱离传统,任何善良的设想与行为都有可能产生相反的结果。

(三)法律传统的隐蔽性与改变的艰难性

法律传统作为一种历史上形成的产物,在人们的观念中是根深蒂固的,在人们的生活中起着一种潜移默化的支配作用,人们自觉不自觉地为这种看不见、摸不着的无形的力量所束缚,深信传统是古已有之,本该有之或必然有之的东西。

"道常无为,而无不为",法律传统作为一种隐形的存在,在每个人的生活中起作用,被认为理所当然,天经地义,其作用是不可限量的。正如哈耶克所指出的,在一个传统和惯例使人们的行为在很大程度上都可预期的社会中,强制力可以降低到最低限度[1],相反,一旦有人想强加一种外在的秩序时,这无为的传统就会"无

---

[1] 〔英〕哈耶克:《个人主义与经济秩序》,贾湛等译,北京经济学院出版社1991年版,第23页。

不为"，显示出其强劲的抵抗力。① 法律传统改变的艰难性告诉我们，依法治国的实现应当注重发掘我们法律传统中有用的东西，并以此为基点来发展，而不可能完全依靠移植外域的法律而实现，因为无论立法者或法学家如何精心设计，它都可能因为是外生物而不能被接受。当然，我们强调法律传统改变的艰难性，并不意味着法律传统是绝对不可改变的，否则，我们今天的法治建设也将成为不可能。

概而言之，法律传统是一个不断流变、生成的过程，它是民族的，稳态的，且是发展着的。作为在一个民族的历史发展中形成的产物，它深深地影响并植根于这个民族的心理之中，无形之中在影响着这个民族的法律实践。如果失去了它，就失去了前进的历史与文化基础，不但无飞跃可言，而且必然陷落到失范、无序和愚昧之中。

第二节　法与道德

一、道德的含义

汉语"道德"一词最早是哲学的一对范畴。"道"原指人们行走的道路，引申为自然规律和社会发展规律；"德"和"得"意义相近，意指由"道"而得的规律或性质，通过对"道"的认识和修养而有得于己，老子因此有"道生之，德畜之"的说法。我们今天将道德理解为一种社会意识形态，是一定社会调整人与人之间和人与社会之间关系的行为规范的总和。在西文中"道德"一词源于拉丁语，意为习俗、习惯。

道德作为一个完整的概念出现，其内容远不限于习俗和习惯。习俗和习惯产生于禁忌、风俗、礼仪，而禁忌、风俗、礼仪又是与原始巫术交织而生的远古时期人类活动的痕迹。在原始社会，人们生活在以血缘关系为纽带的氏族单位中，氏族成员之间、氏

---

① 苏力：《法治及其本土资源》，中国政法大学出版社 1996 年版，第 35 页。

族与氏族之间的关系是由习俗、习惯调整的。从氏族首领的产生、生活用品的分配、婚姻、服饰、饮食到以什么样的手段来惩治违反习俗和习惯的行为等,习俗和习惯对个人及集体利益的保护起到了积极作用。正如恩格斯所说的那样:"在大多数情况下,历来的习俗就把一切调整好了。"①虽然没有系统地采用暴力和拥有暴力机构,但是习俗和习惯是人们合意的表现,是大家公认的,主要以人们认可的强制力作为后盾。随着社会生活的复杂化,社会关系也日趋复杂,习俗和习惯已不可能完全调整社会中的全部关系,一些带有全局性的、牵扯到人们生活根本利益的社会关系就由从习俗和习惯中上升出来的道德进行调整。

道德是社会调整体系中的一种形式,它是人们关于善与恶、美与丑、正义与非正义、光荣与耻辱、公正与偏私的感觉、观点、规范和原则的总和。它以人们的自我评价和他人评价的方式为特点调整人们的内心意愿和行为,因此,它是靠社会舆论、社会习俗和人们的内心信念来保证实行的。道德是上层建筑的重要组成部分,其内容和形式都来源于社会的物质生活条件。

二、法与道德的关系

法与道德的关系问题是法理学中的一个十分重要的问题,不论东方还是西方,不管是赞成还是反对,任何法学流派都不能绕过这个问题。

(一)法与道德的区别

法律与道德是两种不同的社会规范,具有不同的规定性。二者之间的主要区别表现为:

(1)产生的社会条件不同。法律是人类社会发展到一定阶段的产物,是随着原始氏族制度的解体和私有制与阶级的出现而产生的。道德则是人类早期文明的表现,它的产生是与人类社会的形成同步的。在原始氏族公社时期,道德是最主要的社会控制

---

① 《马克思恩格斯选集》第4卷,人民出版社1995年版,第92—93页。

手段。因此,从这个意义上讲,法律的产生晚于道德。

(2)形成的方式不同。法律是由国家制定或认可的,是人们通过"自觉"方式创制的。道德则是人们在长期的社会生活中"自发"地形成的,统治者难以像创制法律那样积极地创造出道德。

(3)表现形式不同。法律是国家意志的体现,具有明确的内容,因此,它通常表现为宪法、法律、法规、规章等规范性法律文件。道德则没有特定的表现形式,其内容一般存在于人们的意识之中,并通过人们的言论和行为表现出来。

(4)调整的范围不同。法律和道德都以社会关系作为调整对象,但是,一般而言,道德的调整范围要比法律广泛得多。法律只调整那些对建立正常社会秩序具有比较重要意义的社会关系,而道德几乎涉及社会关系的各个领域和各个方面。

(5)作用的侧重点不同。法律主要作用于人的外部行为。道德则主要作用于人的内心世界。

(6)实施的方式不同。法律在实施上具有国家强制性,它以国家强制力作为实施的后盾。道德在实施上也有一定的强制性,但不具有国家强制性,它主要靠社会舆论和人们的内心信念等力量来获得实现。

(7)权利义务特点不同。法律是以权利和义务为内容的,是通过权利和义务的配置而实现社会调控的。而道德主要是以义务为主体,道德更多得强调人们"应该"如何行为,具有应然性。

(二)法与道德的联系

法与道德都属于上层建筑,都是为一定的经济基础服务的。它们是两种重要的社会调控手段,自人类进入文明社会以来,任何社会在建立与维持秩序时,都不能不同时借助于这两种手段,只不过有所偏重罢了。两者是相辅相成、相互促进、相互推动的。其联系具体表现在:

(1)法律是传播道德的有效手段。道德可分为两类:第一类是社会有序化要求的道德,即一社会要维系下去所必不可少的"最低限度的道德",如不得暴力伤害他人、不得用欺诈手段谋取权益、不得危害公共安全等；第二类包括那些有助于提高生活质量、增进人与人之间紧密关系的原则,如博爱、无私等。其中,第一类道德通常上升为法律,通过制裁或奖励的方法得以推行。而第二类道德是较高要求的道德,一般不宜转化为法律,否则就会导致"法将不法,德将不德"的结果。法律的实施,本身就是一个惩恶扬善的过程,不但有助于人们法律意识的形成,还有助于人们道德的培养。因为法律作为一种国家评价,对于提倡什么、反对什么,有一个统一的标准;而法律所包含的评价标准与大多数公民最基本的道德信念是一致或接近的,故法的实施对社会道德的形成和普及起了重大作用。

（2）道德是法律的评价标准和推动力量,是法律的有益补充。第一,法律应包含最低限度的道德。没有道德基础的法律,是一种"恶法",是无法获得人们的尊重和自觉遵守的。第二,道德对法的实施有保障作用。"徒善不足以为政,徒法不足以自行"。执法者职业道德的提高,守法者的法律意识、道德观念的加强,都对法的实施起着积极的作用。第三,道德对法有补充作用。有些不宜由法律调整的,或本应由法律调整但因立法的滞后而尚"无法可依"的,道德调整就起了补充作用。

（3）道德和法律在某些情况下会相互转化。一些道德,随着社会的发展,逐渐凸现出来,被认为对社会是非常重要的并有被经常违反的危险,立法者就有可能将之纳入法律的范畴。反之,某些过去曾被视为不道德的因而需用法律加以禁止的行为,则有可能退出法律领域而转为道德调整。

总之,法律与道德是相互区别的,不能相互替代、混为一谈;同时,法律与道德又是相互联系的,在功能上是互补的,都是社会调控的重要手段,这就使得德法并治模式有了可能。

三、法与道德的冲突及解决

（一）法与道德的冲突及原因

法与道德不仅有其和谐一致的一面,也有出现冲突的可能性。法与道德的冲突表现为两种情况。第一,"合法不合理"或"合理不合法",即法与"理"的冲突。比如,已过诉讼时效的债权,在诉讼过程中得不到支持;又如,证据必须经合法取得,才能在法庭上被认可为案件证据。一个已过诉讼时效的真实的债务关系,一个有法律上瑕疵但实际上真能证明事件真相的材料,都遭到法律拒绝,这在中国很多人都会觉得合法不合理。由于中国的法治基础太弱而德治文化积淀太厚,所以在中国法治建设进程中,这种法与理的冲突是非常明显的。第二,"合法不合情"、"合情不合法",即法与"情"的冲突。我们通常说,"法不徇情",但道德是循情的,因此会产生这种冲突。比如,我国《刑事诉讼法》第48条规定:凡是知道案件情况的人,都有作证的义务;第84条规定:任何单位和个人发现有犯罪事实或者犯罪嫌疑人,有权利也有义务向公安机关、人民检察院或者人民法院报案或者举报。这里规定的知情必须作证,知情必须举报,都是法律义务,这种规定与亲情就会发生冲突,比如,丈夫做了一件违法犯罪的事,妻子马上去举报,父亲做了一件违法犯罪的事,儿子马上去报案,如果不是较严重的犯罪,在道德上恐怕没有多少人赞扬这样的妻子和儿子,相反人们会说这很绝情。这样的人可能在生活中被人们疏远,这是因为在道德中人情是一重要价值。在中国古代法中,除"十恶"重罪之外,实行亲亲得相隐匿,同居相隐不为罪。国外亦有刑事诉讼法免除夫妻之间的作证义务,这些应当说有一定道理。

法与道德出现冲突,主要有以下几方面原因:

(1)法律移植和改革,造成法与社会原来的道德发生冲突。在社会改革和社会变革较快的情况下,这种冲突出现较多。比如,中国长期(从古代到改革开放以前)的道德意识中都将"均"(实际平等)视为特别重要的价值,当我们追求效率,并用法律确认形式上的平等和由此产生的实际差别时,这种冲突就出现了。虽然随着改革的深入和法律的贯彻,人们在道德上已慢慢接受了这种状况,但这种冲突在现在还是存在的。再如,当我们把法治发达国家严格的程序制度引进来时,会与我们长期追求实体合理、实质正义的道德观念发生冲突。

(2) 社会发展,道德发展,但法律滞后,这主要指立法和法律实践跟不上社会发展而产生的法与道德的冲突。比如,现在中国有许多妇女都批评男女不平等的退休制度,妇女比男子早退休5年。这一制度形成的主要原因,是我们当时的社会还比较落后,现代化程度低,体力劳动是工业生产中的重要部分(在人们观念中,这种沉重的劳动应当是由男子承担的),家务劳动还是社会劳动的重要组成部分(社会中第三产业极不发达),同时,人们普遍将妇女当作需要照顾的对象。现在这些情况都发生了变化,男女平等意识发生了变化,致使现行的退休制度中的年龄差别规定就与人们的平等意识发生了冲突,许多人认为这是对妇女的歧视。

(3) 道德价值和法的价值都是多元的,两者不会一一对应,这也是冲突的原因之一。比如,在道德价值中,效率并不是非常重要的,而在法的价值追求中则是一非常重要的价值,法律制度的设计必须比较精确的计算或估计它对社会资源配置最优的影响,必须计算或估计法律调整中的成本最小化,因此,从道德的公平正义角度来评价,这样的法不一定是最优的,甚至会受到批评。例如,公有土地使用权拍卖制度,排污权拍卖制度,都是从效率出发,这对大商家大企业有利(理论上说对社会有利),如果个体经营者,下岗工人自谋职业者在其中竞争就会有一种压迫感,人们从道德的公平正义感出发,就会批评这种制度的缺陷。又如,两审终审制,是法律追求正义与法律调整效率相结合产生的制度,从道德正义评价,人们就会要求"真"到底,归根到底要给人一个公道,会认为两审终审不尽合理。

(4) 法律的形式要求,有时会偏离实质内容。法是一种普遍的规范,它一定要求自身的和谐一致,没有冲突,并且普遍适用,因为它追求的是一种普遍的公平和正义。但这种形式化的要求,会使法在一定情况下不能实现正义,这时也就出现法与道德的冲突。比如,根据法律规定的刑事责任年龄,一个人实施了严重危害社会的行为,但就因年龄差一天而不受惩罚;因为警察违反取证程序致使一关键证据不被采用,犯罪人受不到追究。这种情况下,人们通常会从道德角度批评法律。

(5)法的评价方式与道德的评价方式不同,这也是产生冲突的原因之一。道德的评价是求真的,但是,法律的评价是存在假定前提的,这种评价方式在道德上并不存在。这种差别最典型的例子就是无罪推定,在法律上,当一个人没有经过正当程序的审判被确认为有罪以前,不得视为有罪,而证明被告有罪的责任在于控方,所以,诉讼中如果不能证明被告有罪,就推定为无罪。正因为这种假定,一些人确有危害行为,但从法律上又不能证明(如因证据问题)因而作为无罪处理,民众常因此感到法律不公或难以理解。

此外,法与道德的冲突还包括法与亚文化群的道德冲突,这种情况在多民族的社会中和区域发展不平衡的社会中常会出现。

(二)化解冲突的基本途径

从上述的原因来看,法与道德的冲突具有一定必然性,但冲突的量可大可小,如果注意调整两者的关系,可以将冲突降到最小程度。解决冲突的基本措施,应当有以下方面:

(1)法治建设与道德建设同步进行。这需要在立法中尽可能注意与道德协调,立法不能偏离社会的主流道德太远;同时,如果是法律改革,应尽可能推广相关道德意识。

(2)在法律移植中,尽可能注意与本民族道德的协调。如果移植的法律与道德有较大的距离,则给予司法较大的裁量权,以通过司法裁量权来缓和这种差别。在处理法律的地区差别和民族区域差别方面也是这样,比如在我国,除了实行民族区域自治制度中专门对立法权安排的制度外,可通过司法裁量权来缓和这些差别。

(3)宣传法律的评价方式,使民众理解、特别是法律工作者接受法律的思维和评价方式。

(4)学会接受法治的代价。克服那种以为法治是有百利而无一弊的制度的观念。法治固然重要,但它不是包医百病的万应灵药,它不可能调整所有社会关系,不可能解决社会所有问题,同时,它是要有代价的。我们要能够理解它的缺陷,能够接受它的代价。

第三节 法与宗教

一、宗教的含义

宗教是人类社会发展到一定历史阶段的产物,是一种以神为核心的社会意识形态,是自然力量和社会力量在人们意识中的一种虚幻的、歪曲的反映。它的特点在于通过对超自然力量的信仰来获得某种精神上的慰藉。诚如恩格斯所指出的,"一切宗教都不过是支配着人们日常生活的外部力量在人们头脑中的幻想的反映,在这种反映中,人间的力量采取了超人间的力量的形式"①。宗教产生主要有两个原因:一个是认识论原因(或称自然原因),最初人们对千变万化的自然现象不理解又无法抵抗自然灾害,于是认为有一个超自然的力量在支配世界并导致对这种力量的崇拜。另一个是社会原因,在社会进入阶级社会,人们对阶级压迫和剥削带来的巨大社会苦难既不理解又找不到现实出路,寄希望于一个超人间的力量能够拯救自己并以此解脱自己获得安慰。总之,宗教是人们对周围世界、对社会生活的一种虚幻的歪曲的反映,它使人们相信现实世界之外,还存在着超自然超人间的力量,主宰着自然和社会,在此岸之外还存在一个彼岸世界。

宗教最早是部落的,后来演变成民族的,最后演变成世界性的。由于地理、经济、政治、文化等原因,没有形成一个全人类统一的宗教。目前世界上传播最广的宗教是基督教(包括天主教、东正教和新教)、佛教和伊斯兰教。

宗教规范是由一定的宗教团体制定的或者在一定的宗教活动中自发形成的适用于宗教团体内部的行为规则。它通常规定

---

① 《马克思恩格斯选集》第3卷,人民出版社1995年版,第354页。

宗教信仰的基本原则、宗教组织的结构、神职人员和一般教徒在宗教生活中的权利和义务、违反教规行为的惩罚措施等。

二、法与宗教规范的区别

法律与宗教规范都属于上层建筑现象,都是用来实现社会控制的规范体系。但法律与宗教毕竟是两种不同的社会规范,二者之间的区别主要表现在:

(1) 两者产生的社会条件不同。宗教规范产生于原始社会后期。当时,生产力水平极其低下,人类认识自然和社会的能力十分有限,不可能正确地认识客观世界,从而产生了原始的宗教。法律是随着生产力发展到一定水平,在原始社会逐步解体的过程中才产生的。

(2) 两者创制的主体不同。法律是国家意志的体现,是由国家制定或认可的。宗教规范被视为神的意志的体现,有的是由宗教组织或宗教领袖假托神的名义制定的,有的是在长期的宗教生活中自发形成的。

(3) 两者调整的范围不同。一般而言,法律的调整范围要比宗教规范广泛。法律要调整政治、经济、文化、婚姻家庭等各个领域重要的社会关系;而宗教规范主要调整与宗教组织和宗教活动有关的社会关系。在政教合一的情况下,宗教规范也会涉及部分世俗的社会关系,但其涉及面也没有法律广泛。

(4) 两者适用的对象不同。法律具有普适性,对一国的全体社会成员都有约束力。宗教规范原则上只适用于宗教信徒,只有在极个别情况下,才适用于全体居民。

(5) 两者规范的内容不同。法律通过规定明确的权利和义务来调整人们的行为。其内容既有权利性规定,也有义务性规定。而宗教规范在内容上大多是义务性规定,强调人对神的服从义务,相对于神来说,人是没有什么权利可言的。

(6) 两者实施的方式不同。法律的实施固然也需要人们的自愿,但它始终是以国家强制力为后盾的。宗教规范的实施主要依靠教徒的内心信仰,并辅之以一定的外部强制,即由宗教组织内部的专门机构对教徒违反教规的行为进行惩罚,但这种惩罚从根本上不同于法律制裁。当然,在政教合一国家则另当别论。

三、法与宗教规范的相互作用

法律和宗教规范作为两种社会控制手段,彼此之间是相互影响、相互作用的。不过,在不同类型的社会,这种相互作用存在着很大的不同。在政教合一的社会里,二者之间的相互作用十分明显;在政教分离的社会(特别是社会主义社会)里,二者之间的相互作用则相当有限。

(一) 宗教规范对法的作用

1. 宗教规范对立法的作用

在许多国家,宗教规范所包含的价值观念和主要内容,往往被立法所吸收,从而对立法产生了重要的影响。例如,《圣经》中的诚实、公正观念就对西方国家法律的"诚实信用"原则有直接的影响。在有些国家,宗教经典文献甚至直接被赋予法律效力。例如,在阿拉伯哈里发封建制国家,《古兰经》和《圣训》就是通行于全国的法律,往往称之为伊斯兰教法。

2. 宗教规范对司法的作用

在政教合一国家,教会掌握着一定的司法权,宗教规范成为司法的依据。例如,在西欧中世纪,教会独立行使司法权,世俗政权负责执行教会的命令,如给予教徒开除教籍处分者,在法律上则成为放逐法外之人。此外,宗教规范所宣扬的某些思想观念往往也对司法活动产生直接的影响。例如,《圣经》所说的"不可与恶人连手妄作见证"、"施行审判,不可行不义"等就有利于司法公正。

3. 宗教规范对守法的作用

许多宗教规范都提倡人们要有忍让、博爱、与人为善的精神,这客观上有利于引导人们弃恶从善,不为损害他人和社会的行为,从而提高了人们的守法自觉性。不过,有的宗教规范也对人们的守法习性有不良影响。例如,西方有些宗教信仰和平主义,号召教徒拒绝服兵役,就影响了兵役法的实施。

(二) 法对宗教规范的作用

1. 法律对宗教规范的保障作用

在政教合一社会,国家认可某些宗教规范具有法律效力,这实际上是运用法律手段维护宗教规范的实施。在政教分离社会,法律保障宗教信仰自由,只要宗教规范的实施不危害他人和社会的利益,法律就不予干预。

2. 法律对宗教规范的抑制作用

在政教合一社会,法律严厉禁止异教或为现存秩序所不容的宗教,抑制其宗教规范的传播和实施。在政教分离社会,尽管法律保护宗教信仰自由,但这种自由是也有限制的,任何宗教规范的传播和实施都不得损害他人的和社会的利益,否则,法律就要予以禁止。

我国是一个多民族、多宗教的国家,宗教问题往往同民族问题交织在一起。作为一种历史现象,宗教在社会主义社会中将长期存在。因此,在我国,宗教信仰自由是一项长期的基本的宗教政策。认真贯彻这一政策,正确对待宗教问题,这对于巩固和发展民族团结,维护社会安定团结的局面,促进社会主义现代化建设,都具有重要的意义。我国宪法用根本大法的形式确认了宗教信仰自由政策。现行《宪法》第 36 条明确规定:中华人民共和国公民有宗教信仰自由,任何国家机关、社会团体和个人不得强制公民信仰宗教或者不信仰宗教。不得歧视信仰宗教的公民和不信仰宗教的公民。国家保护正常的宗教活动。任何人不得利用宗教进行破坏社会秩序、损害公民身体健康、妨碍国家教育制度的活动。宗教团体和宗教事务不受外国势力的支配。

第四节 法律文化

一、法律文化的含义

对于法律文化的含义,在中外法学家中众说纷纭,认识不完全一致。① 但一般都是从两个方面来界定法律文化的概念,即物质性的法律文化和精神性的法律文化。物质性的法律文化主要有法律制度、法律规范和法律设施等,亦曰制度形态的法律文化,从其结构来看,包括法律规范、法律制度、法律组织机构、法律设施等要素;精神性的法律文化主要包括法律学说、法律心理、法律习惯等,亦曰观念形态的法律文化,结构上包括法律心理、法律观念、法律思想体系三个具有一定层次性的要素。因此,我们可以给法律文化作如下的定义:法律文化是一个民族在长期的共同生活过程中所认同的、相对稳定的法律意识形态以及与法律意识形态相适应的法律规范、法律制度及法律组织机构和法律设施的总和。

一国的法律文化,表明了法律作为社会调整器发展的程度和状态,表明了社会上人们对法律、法律组织机构以及行使法律权威的法律职业者等法律现象和法律活动的认识、价值观念、态度、信仰、知识等水平。我们可以从以下几个方面来全面理解法律文化的概念:

第一,法律文化是人类文化系统中独特的不可缺少的一部分。这说明法律文化是整个人类文化大系统中的一个子系统,是受总文化影响的一种子文化。在一个社会的精神文明结构中,法律文化是一个极为重要的构成内容。法律文化的发展状况和发展程度,直接决定和影响着一个社会的精神文明发展状态及程度。

第二,法律文化是人类在漫长的历史发展过程中,从事法律

---

① 法律文化的概念可谓五花八门。从国外来看:有人认为法律文化核心乃是法学家群体及其派生物——法学教育、法律思想、法律知识体系及传statement;美国法学界有把法律文化说成是关涉法律价值和态度之网;也有法学家倾向于把法律文化的概念确定在人们对待法和法律制度的态度、信仰、评价、思想和期待上;原苏联的法学家倾向于把法律文化理解为"一种特殊的精神财富"、"社会精神文明",即法律制度、法律设施、法律运行和法律意识达到的"某种"状态。有些日本学者将法律文化理解为以法律意识为核心,包括法律制度和设施在内的社会文化现象。在国内,有关法律文化的解释或概念有二十多种,大体上可归纳为五类。见付子堂:《法理学进阶》,法律出版社 2005 年版,第 302—303 页。

实践活动所创造的智慧结晶和精神财富,是社会法律现象存在与发展的文化基础。

第三,法律文化包括了人类历史发展过程中所积累起来的有价值的法律智慧、知识、经验等全部精神文化遗产。法律文化是一种文化遗产,但并不等同于文化遗产;法律文化包括了法律传统,但也并不等同于法律传统。法律文化是一种集历史与现实、静态与动态、主观与客观、过去与现在在内的人类法律活动的一种文化集合和文化状态。

第四,从法律文化的构成内容看,法律文化是法律上层建筑的总称。

二、法律文化的类型

法律文化的类型就是对具有差异性的各种法律文化用分类的方法作理论上的描述,以探求法律文化发展、变化和运动的规律性。我们可以根据不同的标准对法律文化分为不同的类型:以法律文化所处的不同地域为划分标准,可以将法律文化分为东方法律文化和西方法律文化;以各个不同的国度为划分标准,将法律文化分为中国法律文化、日本法律文化、美国法律文化、英国法律文化等。另外,还可以分别根据赖以建立的不同宗教文化基础、根据人类历史文化的时代顺序、根据各个不同的法系、根据公法私法的划分,以及根据社会生产力水平和占据主导地位的生产形态和生产方式等为划分标准,对法律文化进行类型划分。纵观中外法律文化的特质,最基本的类型有两种:一种是义务本位法律文化,另一种是权利本位法律文化。

(一) 义务本位法律文化

义务本位法律文化是以个人义务的确定和强制履行为核心内容的法律文化形态。它滋生于自然经济比较发达的古东方奴隶制国家,是东、西方封建社会中占主导地位的法律文化模式。主要具有以下三个特征:

(1) 身份等级关系是法律权利与义务关系的基础。无论是中国古代的宗法制度，还是古印度的种姓制度，基本上都是按照身份关系来解释法律的。在身份关系中，有宗教神权基础上的身份差异；有生产关系中生产资料占有上的身份差异；有政治活动中的身份差异；还有家庭生活中的身份差别。所有的身份关系中，一端是权利的享受者而另一端却是义务的承担者，虽然在有些身份关系的两端都有权利与义务的存在，但是权利义务的比重是不等值的。权利的分配与身份等级成正比，而义务的分配与身份等级成反比。身份关系把社会主体束缚在庞大的奴役网络之中。

（2）法刑同一。为了维系身份关系，尤其是为了保证社会主体对义务的履行，法律的主要职能就是发布和实现禁令。表现在法律制度中，刑法成为法律体系的主体，刑法代表着法的基本使命，法即刑法的观念模式也就自然而然地滋生并传播。

（3）主张法律伦理化或宗教化。东、西方古代法律思想中都包容着深厚的神权主义，"君权神授"是政治法律思想的主流。法律伦理化和宗教化的主张，给专制制度下的人与人之间的奴役关系和压迫关系涂上了一层神圣的、绝对主义的色彩。

义务本位法律文化同自然经济的生产方式，专制集权的政治制度，以及神权主义、蒙昧主义意识形态是密切联系在一起的，它是人类历史上的低级形态的法律文化。

（二）权利本位法律文化

权利本位法律文化是以个人权利的取得、保障和普遍实现为内容的法律文化形态。它萌芽于简单商品经济发展的古罗马，在资产阶级革命时期上升为占主导地位的法律文化。它的特征表现在三个方面：

（1）以平等特征的权利观念在法律文化中并通过法律文化在其客观化的法律制度中居于主导地位。在权利与义务关系中，权利始终是主导。这种文化结构中，指导人们建立以政治权利、经济权利、文化教育权利、社会生活权利、人身权利为内容的权利体系，并派生出相应的义务体系。权利与义务的分配不再以身份等级关系为基础，而是以平等的契约关系、协作关系为基础，法律面前人人平等是群体法律认知的核心。

（2）尊重人权、保护人权成为普遍的观念模式和行为趋向。这不但表现在人们要求把正当的利益主张以权利和自由形式确立在法律之中，而且还表现在对于一切侵犯权利的违法犯罪行为，都必须追究法律责任并给予法律制裁。尊重人权的观念模式之中，包含着对政府权力的制约与限制。政府的职能活动，也要为实现和保护人权创造社会环境和条件，政府的全部活动以实现人的权利为根本方向，国家职能以保障人权为政治哲学。

（3）主张法律至上。近代以来，法律被称为秩序与公平的综合体，没有法律就没有正义和自由，已经成为社会大众的共识。对自由、权利、秩序、公平的需求，必然导致对法律的至高无上权威的需求。被称为自由使者的著名学者潘恩曾说："在专制政府中国王便是法律，同样地，在自由国家中法律便应该成为国王。"① 法律至上，依法治国，已经成为普遍的、基本的思想观念和各国政府、人民的理智选择。

权利本位法律文化产生于近代社会，它同以商品经济为内容的生产方式、以民主和法治为内容的政治制度、以理性主义为内容的思想观念，具有内在的联系。它是人类历史上高级形态的法律文化类型。

需要指出的是，以上两种类型的法律文化，是从人类社会发展的整体进程上而言的。其实这两种文化类型，既有共时性，也有前后顺序上的历时性和先后性。从义务本位法律文化进化到权利本位法律文化，这是人类社会生产方式、文明程度发展前进的共同趋势，是法律文化发展的普遍规律。

三、法律意识

法律意识是人们关于法与法律现象的心态、观点、知识和思想体系的总称。法律意识属于法律文化范畴，它是人类法律实践

---

① 〔美〕潘恩：《潘恩选集》，马清槐等译，商务印书馆1981年版，第35—36页。

活动的精神成果,包含着人类在认识法律现象方面的世界观、方法论、思维方式、观念模式、情感、理想和期望,蕴涵着个人及群体的法律认知、法律情感、法律评价。在法律文化的观念系统中,法律意识居于核心的地位。因此,认识法律意识的分类与功能,有着重要的意义。

(一)法律意识的分类

法律意识可按不同的标准作不同的分类:

(1)根据法律意识在社会政治关系中的地位不同,可以划分为占主导地位的法律意识和不占主导地位的法律意识。

占主导地位的法律意识体现一个社会的经济基础及其决定的政治法律制度的特点。如封建社会的神学世界观,资本主义社会的法学世界观,它们在不同的社会中占有支配地位。在阶级社会中,不仅统治阶级,甚至被统治阶级中的许多人都把这种法律意识视为"天经地义"的,看做是社会的"正统"观念。占主导地位的法律意识一般对现行法持肯定态度,但是,并不排除它对于那些已经过时的、不足以反映强势权力集团利益要求的个别法律规范持否定态度。而不占主导地位的法律意识与现行法往往是对立的,对法的制定和实施起消极作用。

(2)根据法律意识层级的不同,法律意识可以划分为法律心理、法律观念和法律思想体系。

人的认识过程分为感性认识和理性认识两个阶段。法律心理是人们对法律现象认识的感性阶段,它直接与人们日常的法律生活相联系,是人们对法律现象的表面的、直观的、自发的反映方式。法律观念既有感性成分,也有理性因素,是感性和理性交织在一起而形成的一种较为稳定的动态心理结构。它是介于法律心理和法律思想之间的一种特殊的法律意识,兼有心理和思想两方面的特征,带有一定的过渡性和兼容性。法律思想体系是人们对法律现象认识的理性阶段,它表现为系统化、理论化了的法律思想、观点和学说,是人们对法律现象的自觉的反映形式。在法律思想体系形成过程中,法学家的工作起着重要的作用。由分散的、零星的、感性的法律心理转变为完整的、系统的、理论化的法律思想体系必须经过代表这个阶级的法学家们的复杂、艰巨的劳动。

（3）根据法律意识主体的不同，法律意识可以划分为个人法律意识、群体法律意识和社会法律意识。

个人法律意识是具体的个人对法律现象的思想、看法、意见和情绪，它是个人独特的社会地位和社会经历的反映。个人有关法律问题的实践以及他所接触的社会环境对法律现象的看法，对个人法律意识的形成都有着直接的作用。群体法律意识是指家庭、团体、阶级、民族、政党等不同的社会集合体对法律现象的认识。群体法律意识不可能脱离个人法律意识，它的形成和发展总要从个人法律意识中吸取积极的、有益的成分。社会法律意识是社会作为一个整体对法律现象的认识，是一个社会中的个人法律意识、各个群体法律意识相互交融的产物。社会法律意识往往是一个国家法律状况的总的反映，是一个国家或民族法律文化、法律传统的集中反映。但是，在分裂为阶级的社会中，社会法律意识是不统一的，只有统治阶级的法律意识才能成为占统治地位的社会法律意识。

（4）根据法律意识的专业化、普及化程度的不同，可以划分为职业法律意识和大众法律意识。

职业法律意识是法官、检察官、律师、法学研究与教学人员等专门的法律工作者的法律意识。法律职业是在法律产生以后，随着法律材料的积累以及法律工作的复杂化和专门化，随着社会分工的发展而出现的。职业法律意识无论在量上还是在质上与普通人的法律意识——大众法律意识相比有许多不同特点，它积累了职业法律家们法律实践的经验，包含着大量的从事法律工作的专门知识和技巧。大众法律意识是相对于职业法律意识而言的。与法律职业阶层不同，普通公众没有接受过系统的法律教育和专门的法律训练，对于法律现象的认识是零散的、直接的和感性的，在他们的法律意识中，法律心理如情感、情绪等因素占有很大的成分。他们的法律观念、认识更多来自于法律文化的潜移默化和生活经验的积累,往往与社会主流所期待和推崇的法律意识存在着较大的距离,尤其在社会转型的过程中,普通公众对法律自身的变革更容易因盲目的热情产生过高的期待,或者因法律的变革而不得不面对自己并不习惯的行为方式时产生消极甚至抵触心理。面对法律问题,他们缺乏法律的思维和理性判断,往往从政治的、经济的、道德的、伦理的乃至个人的价值标准和情感的角度去进行分析和思考,容易产生与职业法律意识的冲突。因此,在公众中普及必要的法律知识,灌输占主导地位的法律意识,提高人们遵纪守法的自觉性,对于掌握国家政权的阶级来讲具有重要意义。

(二)法律意识的作用

法律意识属于一定社会的上层建筑的组成部分,它的内容和性质受经济结构的制约。同时,法律意识对于社会的经济基础及政治法律制度起着重要的作用:

(1)在法的演进过程中,法律意识起着传承人们关于法的思想、观点和知识的作用。

一个社会中,不论个人、群体、阶层,还是整个社会关于法律的思想、观念和认识,都不是凭空产生的。作为社会生活的反映,每一个社会、每一个历史时期的法律意识及其形式都同它以前的成果具有继承关系。每一个社会的法律意识都有两个来源:内容上,主要是反映现实的法律现象,同时也保留历史上形成的对过去的社会存在的某些意识和材料;形式上,主要是从过去继承下来的方式、方法和手段,同时又根据新的内容和条件对它们加以改造、补充和发展。可以说法律意识自身的发展也具有路径依赖的知识特性。

(2)在法的创制过程中,法律意识起着认识社会发展客观需要的作用。

一个国家的法的形成、法律制度的完善,归根到底取决于该国经济和社会发展的客观需要,任何立法者都不能不顾客观条件去任意创制法律规范。但这并不否认人的主观能动性、法律意识在法的形成中的重要作用。如果客观需要而认识不到这种需要,与这种需要相适应的法律规范就不可能自然而然地产生;如果已经认识到了这种客观需要,但找不到正确满足这种需要的方法、手段,或者选择了错误的法律手段,也不可能使客观需要得到满足。因此,正确的法律意识,是使客观需要转化为法律规范的重要条件。

(3)法的实践过程中,法律意识起到调整作用,使人们的行为与法律规范相协调。

法律意识在法律职业者将法律规范运用到解决具体问题、具体案件的活动即法的适用中,起着重要作用。法律职业者法律意识水平的高低决定着他们对法律精神实质的理解程度,并将直接关系到他们处理案件的正确、合法与否。对于法律职业者来说,一方面要增强法律职业意识,认识到法律职业是一项神圣的事业,代表国家依法承担着"定分止争"、实现社会正义、维护社会秩序的重要职责,因此,应自觉提高职业技能和职业水平,通过自己的行为增加社会公众对法律职业的尊重和对法律的信仰,提升法律和司法的权威。另一方面要加强职业道德修养,谨守职业伦理,忠于法律,公正司法。法律意识在公民、社会组织遵守和执行法律规范的过程中也起着重要作用。法的实施是人们的一种有意识的活动,它不是社会关系参加者的意志对法律规范中所体现的国家意志的简单服从。如果公民、社会组织不能正确理解法律,同样也不能正确实施法律。法律意识能使人们的行为同现行法的规定相符或者不相符,当人们受到与占主导地位的法律意识相违背的法律意识指引或者缺乏法律知识时,往往作出与现行法不一致的行为,甚至作出了违法的行为也不知道是违法。占主导地位的法律意识则指引人们作出与现行法的要求相一致的行为,促使人们自觉遵守和严格执行法律,同违法犯罪现象进行斗争。

第十章　法与文化 ★

【课后阅读文献】

1. 严存生:《近现代西方法与道德关系之争》,载《比较法研究》2000 年第 2 期。
2. 郭成伟:《中国法律文化研究》,载《政法论坛》1999 年第 5 期。
3. 李少伟:《现代文化与现代法的精神》,载《贵州大学学报(社会科学版)》2005 年第 4 期。
4. 李传:《民间法与法律文化方法》,载《山东大学学报(哲学社会科学版)》2005 年第 6 期。
5. 刘霜:《从清末修律中的"礼法争论"管窥礼法关系》,载《河南大学学报(社会科学版)》2005 年第 2 期。

【思考题】

一、选择题

1. 关于法与道德之间关系,表述正确的有(　　　)。
   A. 法必须合乎所有社会成员的道德要求
   B. 法与道德同属于社会上层建筑
   C. 法的规范性程度比道德更高一些
   D. 道德的调整范围小于法律

2. 关于法律和道德调整的范围,下列表述正确的是(　　　)。
   A. 原本属于法律调整的某些关系,将来可能只由道德调整
   B. 原本只属于道德调整的某些关系,将来可能由法律调整
   C. 法律和道德的界限永远不变
   D. 法律和道德完全相互独立

3. 在法律文化观念系统中,(　　　)居于核心的地位。
   A. 法律态度　　B. 法律信念　　C. 法律意识　　D. 法律心理

4. 根据法律意识层级的不同,法律意识可以划分为(　　　)。
   A. 法律心理　　　　　　　B. 社会法律意识
   C. 法律思想体系　　　　　D. 法律观念

5. 关于法与宗教的关系,下列哪种说法是错误的?(　　　)
   A. 法与宗教在一定意义上都属于文化现象
   B. 法与宗教都在一定程度上反映了特定人群的世界观和人生观
   C. 法与宗教在历史上曾经是浑然一体的,但现代国家的法与宗教都是分离的

D. 法与宗教都是社会规范,都对人的行为进行约束,但宗教同时也控制人的精神

6. 孙某早年与妻子吕某离婚,儿子小强随吕某生活。小强15岁时,其祖父去世,孙某让小强参加葬礼。小强与祖父没有感情,加上吕某阻挡,未参加葬礼。从此,孙某就不再支付小强的抚养费用。吕某和小强向当地法院提起诉讼,请求责令孙某承担抚养费。在法庭上,孙某提出不承担抚养费的理由是,小强不参加祖父葬礼属不孝之举,天理难容。法院没有采纳孙某的理由,而根据我国相关法律判决吕某和小强胜诉。根据这个事例,下面哪些说法是正确的?(　　)
   A. 一个国家的法与其道德之间并不是完全重合的
   B. 法院判决的结果表明:一个国家的立法可以不考虑某些道德观念
   C. 法的适用过程完全排除道德判断
   D. 法对人们的行为的评价作用应表现为评价人的行为是否合法或违法及其程度

7. 下列关于法与道德的表述哪一项是正确的?(　　)
   A. 自然法学派认为,实在法不是法律
   B. 分析实证主义法学派认为,法与道德在本质上没有必然的联系
   C. 中国古代的儒家认为,治理国家只能靠道德,不能用法律
   D. 近现代的法学家大多倾向于否定"法律是最低限度的道德"的说法

8. 下列有关法与社会关系的表述何者为正确?(　　)
   A. 中国固有的法律文化深受伦理的影响;而宗教对于西方社会法律信仰的形成具有重要的影响,为确立"法律至上"观念奠定了基础
   B. "法的社会化"是西方现代市场经济发展中出现的现象,表明法律是市场经济的宏观调控手段
   C. 凡属道德所调整的社会关系,必为法律调整;凡属法律所调整的社会关系,则不一定为道德所调整
   D. 生命科学的发展、器官移植技术的成熟对法律具有积极影响

9. 下列关于法与道德、宗教、科学技术和政治关系的选项中,哪一项表述不成立?(　　)
   A. 宗教宣誓有助于简化审判程序,有时也有助于提高人们守法的自觉性
   B. 法具有可诉性,而道德不具有可诉性

C. 法与科学技术在方法论上并没有不可逾越的鸿沟,科学技术对法律方法论有重要影响

D. 法的相对独立性只是对经济基础而言的,不表现在对其他上层建筑（如政治）的关系之中

10. 下列何种表述属于法律意识的范畴？（　　）

   A. 郭某感觉到中国法官的腐败行为越来越少了

   B. 贾某因卡式炉爆炸而毁容,向法院起诉要求酒店支付 50 万元精神损害赔偿金

   C. 梅某认为偷几本书不构成盗窃罪

   D. 进城务工的农民周某拿不到用人单位报酬,自认倒霉

11. 道德与法律都属于社会规范的范畴,都具有规范性、强制性和有效性,道德与法律既有区别又有联系。下列有关法与道德的几种表述中,哪种说法是错误的？（　　）

   A. 法律具有既重权利又重义务的"两面性",道德具有只重义务的"一面性"

   B. 道德的强制是一种精神上的强制

   C. 马克思主义法学认为,片面强调法的安定性优先是错误的

   D. 法律所反映的道德是抽象的

二、名词解释

1. 法律传统
2. 法律文化
3. 权利本位法律文化
4. 义务本位法律文化
5. 法律意识

三、简答题

1. 法律传统的特性。
2. 法与道德出现冲突的原因。
3. 解决法与道德冲突的基本措施。
4. 法与宗教规范的区别。
5. 法与宗教规范的相互作用。
6. 义务本位法律文化的特点。
7. 权利本位法律文化的特点。

8. 法律意识的分类。

9. 法律意识的作用。

四、论述题

试述法与道德的关系。

五、材料分析题

四川泸州的黄某与妻子蒋某结婚30多年,有一养子。1994年起黄某开始与张某来往,1996年起二人公开同居,依靠黄某的工资(退休金)及奖金生活,并曾经共同经营。但黄某与蒋某并未离婚。2001年2月起,黄某病重住院,蒋某一直在医院照顾,法院认为其尽到了抚养义务。4月18日黄某立下遗嘱:"我决定,将依法所得的住房补贴金、公积金、抚恤金和泸州市××区一套住房售价的一半(即4万元),以及手机一部留给我的朋友张某一人所有。我去世后骨灰盒由张某负责安葬。"4月20日,该遗嘱在公证处得到公证。黄某去世后,张某根据遗嘱向蒋某索要财产和骨灰盒,遭到蒋某拒绝。张某遂向××区人民法院起诉,请求根据我国《继承法》的有关规定,判令被告蒋某按照遗嘱履行,同时对遗产申请诉前保全。从5月17日起,法院经过4次开庭之后(其间曾一度中止,2001年7月13日,××区司法局对该公证遗嘱的"遗赠抚恤金"部分予以撤销,依然维持了住房补贴和公积金中属于黄某部分的公证。此后审理恢复),于10月11日判决驳回原告张某的诉讼请求。法院判决依据我国《民法通则》第7条"民事活动应当遵守社会公德,不得损害社会公共利益"的基本原则,认为黄某的遗嘱虽然是其真实意思的表示,形式上也合法,但遗嘱内容存在违法之处,且黄某与原告的非法同居关系违反了我国《婚姻法》的有关规定,黄某的遗赠遗嘱是一种违反公序良俗和法律的行为,因此是无效的。本案的判决一方面获得了当地民众和一些学者的支持;另一方面,很多法律界人士却认为这是道德与法和情与法的一次冲突,甚至认为这是在舆论的压力下所判定的一起错案:认为在有具体的实体法规则——《继承法》可依的情况下却依据法律原则处理,因而是错误的。

问题:根据法与道德的冲突及化解途径,你如何看待本案的判决?(另:该案也可从法律规则和法律原则之间的关系出发,探讨其各自的功能。)

第十一章 法与科学技术

☞ **本章提示**
- 法与科学的联系和区别
- 法与技术的联系和区别
- 科学技术对法的影响
- 法对科学技术的作用

第一节 科学技术概说

一、科学与技术的含义

科学,泛指学问、知识。是人们关于自然、社会和思维的知识体系,是人们在社会实践中积累下来的经验的结晶。因而科学往往被界定为对人类知识的系统的整理和思考以及由此形成的知识体系,或是人类探求客观世界本质的认识活动及其活动成果的统一。但由于近现代与产业革命相伴随的科学社会化进程的逐步加深,科学的含义更多在科学与社会互动的关系中被揭示,科学不仅被看做是一种系统化、理论化的知识体系和认知活动,同时还被理解为一种社会活动、社会建制。但一般在把科学与技术合称时,科学主要指自然科学。

技术,泛指技巧、方法,其原意主要反映人类与天然自然界的能动关系,与人工自然的创造密切相关。因而技术往往被界定为人类为满足生产和社会需要,利用自然规律,在改造和控制自然的实践中所创造的劳动手段、工艺方法和技能体系的总和。在更广泛的意义上,技术还可被看做能够达到目的的手段,即一切有效的行为和方法。在技术与科学结合并日益社会化的近现代,技术及其技术理性确实以其强大的渗透力支配和影响着人类生活的各个方面。现代技术已形成了由技术原理、技术手段、工艺方法和技术操作等要素组成的复杂系统。在把技术与科学合称时，技术主要指生产技术和工程技术。

科学技术，是人类在顺应、利用自然界改造、提高自己生存境况的重要手段。科学技术在人类的历史中扮演着重要的角色，每一次的科学技术革命都给人类社会带来巨大的变化，因此，我们说科学技术是第一生产力。

二、科学与技术的关系

科学与技术历史上曾长期分离。科学原指对世界的系统的认识和理解，认知是其主要目的，因而在古代往往为有闲的贵族哲学家所为；而技术最初是作为一种劳作工艺和技巧存在的，便利或功利是其主要目的，因而在古代往往为工匠所为。尽管任何技术都可能蕴含一定的科学原理，如原始技术中飞矛、投杖、弓箭的发明都暗含一定的力学原理，但二者在实践中并未表现出直接的必然联系。相反，科学传统与工匠传统曾长期分离。所以如此，除可归因于古代科学的不发达、脑力劳动与体力劳动的对立以外，科学与技术分属对客观世界认知和改造的不同范畴所形成的差别，以及无论科学抑或技术在当时都还仅具有个体意义而未充分社会化的状况，应是更为主要的原因。

科学与技术的结合从 18 世纪 60 年代的产业革命开始。产业革命意味着机器的出现，而机器的出现意味着以自然力代替人力，这便要求自觉认识和运用自然规律，以科学来代替从经验中得出的成规；不仅如此，在大工业条件下，无论科学抑或技术都不再只是私人的行为，而成为一种社会活动、社会事业和社会建制，科学研究技术这一中介不断被组织化地应用于生产和社会实践，其间的距离越来越小。科学日益成为技术的先导，技术上的发明和进步愈益依赖于科学的状况；同时一定的技术实践又成为科学发展的源头、动力和手段，也为科学研究成果向生产和社会生活的转化充当中介和桥梁。20 世纪以后，一方面是科学与技术的区别依然存在,且现代科学与生活技术的相对独立性都有所增强;另一方面是现代技术与科学间相互渗透、依赖、支撑的程度越来越高,甚至被认为出现了"科学技术化"和"技术科学化"的特征;再一方面是科学和技术的社会化特征愈趋明显,科学和技术已发展成为一项庞大的社会事业。

尽管科学与技术间相互结合的趋势日益明显,却不能消解科学与技术间的区别:

(1)科学与技术的所属领域不同。科学以系统地认识、理解和解释客观世界及人类自身为任务,属于认知领域;而技术以对自然物作直接的干预、控制、改造为使命,属于实践领域;

(2)科学与技术的出发点和目的不同。科学的出发点和目的在于认知、理解和解释,支撑科学研究的是个人兴趣、好奇心及人类固有的求知欲和追根溯源的本性,客观、中立、纯粹性和逻辑一致是科学的理想标准,独立思考、自由批判、只问是非、不计功利是科学的精髓;技术的出发点和目的则在于对世界作直接的干预、控制和改造,便利、实用、效益、效率等功利考虑是第一位的。因而,技术的意义更易被从经济上解释,更可能与政治、军事、商业目的结合,伦理后果更直接,负面影响也更明显。

(3)科学与技术的预测可能性不同。科学特别是基础科学的研究在内容和结果上会有很大的不确定性和难以预测性;技术应用则往往是规划性的,并在很大程度上是可以预测和预知的。正因此,对于技术的伦理价值的考量和批判就更为必要和可能。

(4)科学与技术的发展速率不尽相同。尽管近现代科学与技术发展的总体趋势基本一致,但仍不意味着二者在发展速率上始终同步。一国重大的科学理论成就并不必然导致该国技术上的进步;反之,一国技术发展的程度也并不就标志该国科学特别是基础科学发展的水平。

科学与技术的如上差别,是就一般意义而言。近现代,由于科学与技术的密切结合和社会化趋势的加强,上述区别也愈加具有相对性。但我们依然不能把科学与技术相混淆。本章合称"科学技术",以承认二者区别和联系为前提。

三、科学技术对社会的影响

当科学研究和技术发明还只是古代社会私人或家庭里的业余爱好时,无论科学抑或技术都尚未构成对研究对象的大规模的人为干预,因而它们对社会的影响还不十分直接和明显。但在近现代,与产业革命相伴的科学革命、技术革命,使得科学不再只是纯粹理论知识的探讨,技术发明也不再只是私人或家庭里的作为,而是作为由社会和国家组织起来的直接的生产力作用于社会生产和生活。特别在20世纪后,以计算机和通讯技术为基础的信息革命,使得知识逐渐代替权力和资本成为最重要的社会力量。这样,科学技术对社会的影响就不仅是直接的,而且是深刻和广泛的。它不仅带来物质层面的普遍繁荣和社会的变革与进步,而且深刻地影响着国家的政治体制和社会结构,改变着人们的思维方式、行为方式和生活方式。

但是科学技术在推动社会巨大进步的同时,也带来一系列严峻的问题和挑战。这些问题和挑战包括:工业化技术造成的环境污染以及物种灭绝、臭氧洞扩大、酸雨、干旱、荒漠化等生态危机,大规模资源开发引致的资源匮乏和能源短缺,原子能利用带来的大规模杀伤武器和核战争的威胁,网络信息技术带来的信息污染、国家安全问题以及信息产权、商业秘密、个人隐私被侵犯的危险,信息资源和技术的运用因主体能力不同而造成的贫富分化,包括生物芯片、遗传工程、克隆技术、人类基因重组等在内的生物技术所导致的诸如个人隐私权、自主权被侵犯和人的主体地位被客体化、技术化等伦理、法律问题等。

科学技术发展所呈现的这种两面性,警示人们对近现代特别是20世纪以来将科学视作万能力量的科学主义以及把对技术的有用性和效率的追求无限扩展到经济、政治和社会生活领域的技治主义进行反思。19世纪末20世纪初开始,强调生态伦理和人文精神的反科学思潮和技术批判思潮在全球范围广泛兴起。其合理意义在于,从科学的哲学基础和方法论的高度反思科学的本质及其与社会和人的关系,警示人们不能把科学技术的意义解释仅仅建立在经济上,而应更多考量科学技术的人文价值,对技术造成的社会问题、文化断裂和人性戕害予以深切的人文关怀。

第二节 科学技术与法的联系和区别

一、科学与法的联系和区别

法是特殊的行为规则体系,科学是系统的知识体系,二者的共通之处大致包括:

(1)它们存在某些基本的共同特性,这就是理性、逻辑、经验、实证,以及科学理论和法律规则都具有的普遍性、抽象性和概括性等属性。如科学上对所有对象一视同仁,忽略其特质,以便用数学的方法进行处理;法律上类似案件类似处理,无例外地非差别性对待,以保证法律的形式理性和客观公正。

(2)它们在所用方法和要求上有共通之处,包括观察的方法、实证的方法、逻辑推演的方法,以及客观、中立、逻辑上严谨一致、思维过程概念明确、判断准确、推理严密、理由充分、表达方式精确明晰等要求。

(3)它们都借助特定的语言符号系统,因而可使个体经验得以积累、形成体系,并以其他个体所习得,也使人类理性思维和对这种理性思维的反思成为可能。

(4)它们都具有专业化、职业化属性,各自构成由共同的职业理念、推理和思维方式以及概念术语所支撑的职业共同体。

科学与法的区别在于:

(1)彻底客观主义的科学立场与合法性优于客观性的法律思维。科学的使命在于按照客观事物的本来面目认识、理解和说明世界,这种彻底的客观主义立场是通过数学方法和观察实验方法来实现的。数学方法具有严密的逻辑性和精确性,科学上的观察实验在条件和结果上往往具有可复制性和可逆性,因而可在最大程度上实现合逻辑性和可验证性。而法律所面对的社会实践无法用人人认同的"实践"来模拟,也无法使社会历史活动或人的行为在相同条件下复制或重演,更无法用纯粹数学模型解释和解决法律所面对的所有问题。且法律作为一种社会控制机制,制度成本、功利、效率和价值考量以及纠纷和争端必须当下解决的要求,都使法律不可能达到如科学那般的客观和逻辑上纯粹;相反,法律上的真实优于客观上的真实、形式合理性优于实质合理性,是基本的现代法律思维。

(2)科学的开拓创新与法律的规则预设、"遵循前例"。科学的本性在于不断地怀疑、批判、突破和创新以求在最大限度内接近和发现客观真实;而法律特别是司法则通过"因循"和"守旧"而成行,立法上"规则预设"和司法上"遵循前例"是保证法律客观、公正、统一的基本原则。

(3)科学上的无穷探究、反复试错与法律特别是司法的当下、终极解决。与科学为发现客观真实可反复试错、纠错、无穷探究相比,法律最直接的目的是解纷,而纠纷和争端必须在当下一定时间内解决且应具有终极性,故而法律不可能为发现客观真实而无限探究、反复纠错,而必须有法律上认定因果关系的特有方式和推理形式,并借助规则和程序实现效率。

(4)科学的"不计利害"与法律的利害计算。法律代表社会分配利益和负担,如何分配总有一定的利害计算和价值考量。当然,近现代科学在与技术结合并日趋社会化后,科学研究本身的价值中立、不计利害的立场也有了更多的相对性。但就科学的本性和精神而言,科学应是求真求实、只问是非、最少利害计算的。

二、技术与法的联系和区别

技术与法的联系表现为:
(1)它们都是对客观世界施加干预、控制的手段和方式。
(2)它们都具有功利性,都要计算利害,注重功用、效益。
(3)它们都具有操作性、应用性和技术性。标准的统一、普遍、明确、稳定和可预测性是它们共有的属性。技术自不必说,法本身其实也是一种操作性制度、程序和技术,法只有被技术化、形式化才可能被操作和运用。

(4) 它们都具有职业化、专业化属性。

技术与法的区别表现为:

(1) 技术的工具理性与法律的道德维度。技术是一种工具理性,是达到某种目的的手段,一般说来技术只关心手段和效用,无法证明目的的正当性,并且可能为实现效用而在手段上无所不用其极。法律作为一种制度性设置或规则体系,本身就有一个正当性证成的问题,因而,法律既是一种工具理性,同时还是一种价值理性,具有道德维度。在价值评价领域,对于法律说来,合法性、合理性、正当性、合道德性往往在意义上是相通的。不只如此,法特别是法治之法,不仅关注目的的正当,更关注手段和过程本身的正当,强调通过过程本身的正当实现结果的正当。

(2) 技术的高度的精确性和可计算性与法律的相对不确定性。技术有着精确严密的标准化追求,其可计量、可预测性程度极高。法律尽管也要求一定的确定性和可预测性,但是由于法律总要涉及复杂的利益、价值的衡平与选择,也由于法律语言表现力的有限、立法者立法水平与认识能力的局限以及法律职业者的素质局限和司法体制的原因,法律存在着相对不确定的因素,不可能具备技术那种绝对精确严密的标准化要求。

第三节　科学技术与法的相互作用

一、科学技术对法的影响

科学技术对法律的影响是广泛而深刻的,表现在立法、司法、法律思想等方面。

(一) 科学技术对立法的影响

第一,随着科技的发展,出现了大量新的立法领域,科技法成为一个独立的法律部门。科技成果一旦开始应用于生产领域,种种新的社会关系就相继出现,法律问题也接踵而至。1474年,威尼斯共和国颁布了人类历史上第一个专利法,开创了以法律保护技术发明的先河。工业革命开始后,美国、德国、法国、俄国、日本等国家都相继颁布了专利法,成立了专利机构。从此,许多国家开始通过立法来干预科技活动,调整科技领域中新的社会关系和社会秩序。特别是现代科学技术的发展,导致了计算机法、基因技术法、航空法、原子能法的出现,许多新的法律纷纷登上法制史的舞台。有关科技法律的大量涌现,使科技立法发展到了一个新的阶段,并从原有的法律体系中脱颖而出,构成了一个新的法律部门。

第二,科学技术的发展,对一些传统法律领域提出了新问题。例如,现代医学的突飞猛进,使婚姻家庭和继承方面的法律受到了极大冲击。人工授精、试管婴儿、人类胚胎移植等新技术的成功,标志着人们从此可以干预人类的生殖过程了。但是,人工授精的广泛应用和试管婴儿的大量诞生,为抚养关系和继承关系带来了多元化,使之在许多国家遇到了麻烦,甚至使司法陷入窘境。影印和静电复印技术的普及削弱了版权法的效力。特别是由于数字技术(包括计算机、数据库、多媒体、信息高速公路等)的发展,使版权领域的法律问题更加突出。另外,由于科学技术的迅速发展,使民法、刑法、国际法等法律部门也面临着种种挑战,要求各个法律部门的发展要不断深化。

第三,科技知识及其研究成果被大量运用到立法过程中,法律规范的内容得以日趋科学化,同时法律规范的数量不断增加,从而出现了新的法律规范形式——技术法律规范。例如,我国《婚姻法》第7条:"有下列情形之一的,禁止结婚:(一)直系血亲和三代以内的旁系血亲;(二)患有医学上认为不应当结婚的疾病。"

(二)科学技术对司法的影响

司法过程的三个主要环节——事实认定、法律适用和法律推理也越来越深刻地受到了现代科学技术的影响。借助于微电子技术、计算机技术、通信技术、生物技术、医学技术、摄影技术、化学技术及物理学方法,司法机关和司法人员能够快速准确地查获证据,认定事实。1905 年,英国伦敦破获一起凶杀案,被公认为世界上第一个用指纹来确定罪犯的案例。在此以后,科学家们终于认识到,不仅指纹,还有声纹、味纹、唇纹、眼纹和血纹都是终身不变和不可更改的,由此发展了化学技术、摄影技术、电子脉冲技术来对上述人体特征进行鉴别认定,极大地提高了侦破案件的效率。计算机在刑事认定上也大显身手。例如,美国一家公司开发出了一种神经网络计算机系统,能够从成千上万的人中间准确无误地辨认出银行抢劫犯。另外,民事诉讼的证据也同样受到科学技术的冲击。例如,国际商业贸易企业之间正频繁地使用电子信息交换(EDI)来传送信息,这种信息的独特之处在于它被贮存于计算机之中,不同于普通的书面文字信息。关于这种信息的证据力问题已经引起了司法界的关注和讨论。

(三)科学技术对人们的法律思想的影响

就对立法起着指导作用的法律意识而言,其常常受到科技发展的影响和启迪。例如,随着生理学、医学的发展,人们对于自然人的死亡的法律鉴定提出了更严格的要求,一些国家在法律上已经接受了"脑死亡"的概念;由于生理学,医学的发展,人们强调对于犯罪的精神病理因素持宽容态度,等等。同时,由于科技发展的影响,促进了人们法律观念的更新,出现了一些新的法律思想、法学理论。例如,法律信息论、法律系统论、法律控制论等,就是这一方面的例证。另外,由于科学技术的发展,对于历史上已经形成的各个法系以及对于法学流派的产生、分化和发展也发生着重要的影响。[1]

二、法对科学技术的作用

近代以前,科学和技术活动属于很少为法过问的领域。近代

---

[1] 付子堂:《法理学进阶》,法律出版社 2005 年版,第 272—273 页。

科学技术活动的社会化、普遍化、复杂化,引发国家干预和法律调整的必要。在现代社会,法对科学技术活动的作用一般表现在以下方面:

(1)法组织和协调科技活动,为科技活动和科技管理提供民主、科学的规则和程序。这一作用具体体现为:第一,法确认和保证科技发展在国家社会生活中的优先地位,使之固定化、制度化。第二,法将国家科技发展战略具体化、细则化、程序化,确定科技发展的合理布局和人、财、物的合理分配。第三,法确立科技管理体制和科技运行机制,组织、协调和管理科技活动。第四,法推动国际科学技术合作,促进科学技术的全球共享和高效能运用。

(2)法调节科技成果应用中产生的利益关系,保证和促进科技成果的合理使用和推广。科技成果的应用,必然带来科技服务于社会与研究和发明者对科技成果享有专用权二者都具合理性的两难选择。这种两难选择借助纯粹的权力或道德手段都难以合理解决,法律却能以其理性的、权威性的权利义务设置使这一棘手的两难选择获得合理解决的可能。法将科技成果以权利形式设置成专利权、版权、信息控制权、发现权等,赋予它们以法律上的财产属性和人身属性,成为可以独占、使用、处分、收益的产权,并由此派生出财产权、荣誉权、标记权、许可权、转让权、署名权、出版权、发表权、修改权、复制权、传播权、改编权等知识产权,由此形成一系列科技成果应用和转化方面的法律关系,促进科技成果的合理使用和推广。

(3)法特别是法治之法通过其形式理性和价值理性抑制科学技术的负面效应,保证科学技术为人类福祉服务的方向。法是存在道德维度的,而法治本身就是一种制度的品德,因而法治之法作为一种价值理性,所蕴含的对人的生存状态、自由、权利、尊严和价值的关怀和尊重,就构成对科学技术的非理性、非人道利用的抑制,对因过度强调技术理性而导致的人的技术化、客体化和社会生活的技术化的矫正。但是,必须指出:第一,法并非天然地具有人文关怀的道德取向,正因此,我们才会追求法治这样一种制度的品德。第二,法治的这种价值理性是通过其形式理性即法的形式性、程序性、技术性特征实现的,因为法治的核心价值在于过程和手段本身的正当,在于通过过程本身的正当实现结果的正当。因而,对于科学技术的负面效应及其将人和人的生活技术化的弊端的控制,仍在相当意义上仰仗于法本身在形式、程序和技术上的合理性,因为一种不具有操作性的东西是难以制约可操作的东西的。第三,法要借助其形式理性以制约科学技术的负面效应,而法的形式理性又受益和受约于科学技术理性,故而这可能又意味着对科学技术负面效应的控制可能又在相当意义上仰仗和受约于科学技术本身的发展。在更为广泛的意义上说,法在总体上对科学技术的作用,也受科学技术发展水平的制约。第四,法对科学技术的干预、控制应尊重科学研究和技术探索的规律,不适当的、违背科技发展规律的国家干预,也是一种过错,法律必须为国家干预划定界限。第五,在科学技术已成为一种社会事业和社会建制的情势下,对科学技术负面效应的控制,以及对科学技术发展和进步的推动,仅靠法律是不够的,还需要社会诸方面机制的综合作用。

步入新的世纪,回顾历史,面对现实,我们深深地感到,加速科技进步是建设有中国科技特色的社会主义的重要任务,关系到我们能否在当今世界格局中后来居上,实现国家的繁荣昌盛,关系到社会主义的前途与走向。可以说,在当代中国,科技工作具有了新的战略意义,其价值和意义已越出了科技自身。依法保障和促进科技进步,充分发挥科技在提高综合国力和人民生活质量、巩固社会主义制度、促进社会主义民主和精神文明建设等方面的作用,已是全国各族人民的共同愿望,是我国社会主义法制的神圣使命。

【课后阅读文献】

1. 苏力:《法律与科技问题的法理学重构》,载《中国社会科学》1999 年第 5 期。
2. 汪灵:《对法与科学技术关系的再思考》,载《社科纵横》2005 年第 6 期。

3. 付子堂:《知识经济时代法律对科技行为的功能》,载《法商研究》2000 年第 1 期。

【思考题】

一、选择题

1. 关于科学与技术在历史上长期分离的原因,表述正确的是( )。
   A. 古代科学不发达
   B. 科学与技术在性质上互相排斥
   C. 当时脑力劳动和体力劳动的对立
   D. 科学和技术在当时仅具有个体意义而未被充分社会化

2. 科学与技术的结合是从何时开始的?( )
   A. 农业文明产生以后
   B. 18 世纪 60 年代的产业革命
   C. 铁器的使用
   D. 核工业的出现

3. 下列关于法对科学技术的影响的说法不正确的是( )。
   A. 科学技术从古至今一直都是法律调整的内容
   B. 科学技术成为法律调整的对象是由于科学技术对全社会的影响日益增大的结果
   C. 用法律手段确认和保证科技发展的优先地位,已成为当代世界各国法律发展的一个普遍趋势
   D. 科技成果的合理使用和推广需要法律来进行保证和促进

4. 生物科技和医疗技术的不断发展,使器官移植成为延续人的生命的一种手段。近年来,我国一些专家呼吁对器官移植进行立法,对器官捐献和移植进行规范。对此,下列哪种说法是正确的?( )
   A. 科技作为第一生产力,其发展、变化能够直接改变法律
   B. 法律的发展和变化也能够直接影响和改变科技的发展
   C. 法律既能促进科技发展,也能抑制科技发展所导致的不良后果
   D. 科技立法具有国际性和普适性,可以不考虑具体国家的伦理道德和风俗习惯

二、简答题

1. 法与科学的联系和区别。

2. 法与技术的联系和区别。

3. 法对科学技术的作用。

三、论述题

试述科学技术对法的影响。

四、材料分析题

我国《刑事诉讼法》第 212 条第 2 款规定:"死刑采用枪决或者注射等方法执行。"注射死刑是用以替代枪决的一种更为文明化的死刑执行方式,是 1996 年 3 月修订的《刑事诉讼法》首次规定的。它是非剧毒致死,注射后进入临床死亡时间短,通常在 30 秒到 60 秒之间,生理上无痛苦反应。

问题:从死刑执行方式的变化谈谈科技对法的影响。

第三编 法律方法

第十二章 法律方法概述

☞ **本章提示**
- 法律方法的含义
- 法律方法的特征
- 法律方法的作用

第一节 法律方法的含义与特征

"工欲善其事,必先利其器。"法律人在适用法律过程中,除了使用一些一般的方法以外,还需要使用一些特殊的、仅仅适用于法律领域的方法,这些方法统称为法律方法。如果我们把法律适用过程看成是一道运行良好的加工工序的话,则法律方法的正确使用是这一工序良好、高效运行的重要保障。独特的法律方法的掌握和运用同时也是法律职业区别于其他职业的根本标志,是实现司法公正和效率的有力保证。

一、法律方法释义

(一)法律方法的含义

近年来,法律方法研究是我国法学理论研究中的热点问题之

一。迄今为止,学者们对法律方法的含义仍然有着不同的看法,总结起来,大致有以下几种观点:

(1) 法律人解决法律问题的独特方法就是法律方法。狭义地说,法律方法就是获得解决法律问题的正确结论的方法;广义地说,法律方法则包括法律思维、法律技术、法庭设置、法律程序设计等。其中,法律思维是法律方法的核心。[1]

(2) 法律方法是指法律职业者从事其职业活动所使用的方法。它包括立法的方法(如法律移植的方法、法律的社会调查方法、法律的整理和编纂方法)、司法的方法(如法律推理方法、法律解释方法、法庭调查方法和法庭辩论方法)以及从事法律研究与教育的方法,即法学方法。[2]

(3) 法律方法是应用法律的方法,它不仅着力于实现既有的、正确的法律,还效命于正确地发现新法律。[3]

(4) 法律方法是法律人员思考、分析和解决法律问题的方式、技术、方法的统称。[4]

(5) 法律方法是法律人在法律运用过程中运用法律处理法律问题的手段、技能、规则等的总和。大体可以这样说,法律方法是关于法律运用的方法,是人们在长期的法律实践活动中积累起来并加以凝固化的认识案件事实、解决法律纠纷的方式、手段和技能。[5]

(6) 法律方法是指对法律进行系统地理论思考的方法。[6]

对法律方法的类似定义还有很多,此处不一一列出。从这些定义所谈及的内容看,我们可以将它们分为三类:

第一,绝大部分学者将法律方法看成是法律人员在法律适用

---

[1] 葛洪义:《法律方法·法律思维·法律语言》,载《人民法院报》2002年10月21日。
[2] 严存生:《作为技术的法律方法》,载《法学论坛》2003年第1期。
[3] 郑永流:《法学方法抑或法律方法》,载《法哲学与法社会学论丛》(第六),中国政法大学出版社2003年版。
[4] 张文显:《马克思主义法理学》,高等教育出版社2003年版,第82页。
[5] 黄竹胜:《法律方法与法学的实践回应能力》,载《法学论坛》2003年第1期。
[6] 葛洪义:《法律的理论与方法》,载《中国法理学精萃》,机械工业出版社2002年版。

过程中,分析和解决法律问题所采用的方法和技术的总称,如上述的第一种、第三种、第五种观点。有学者建议说,将法律方法称为"法律技术"似乎更为合适。①

第二,有少数学者将法律方法指称法律职业者从事其职业活动所使用的方法。从其构成看,它包括立法的方法、司法的方法和从事法律研究与教育的方法②,如第二种、第四种观点。

第三,法律方法大致相当于法学方法,如第六种观点。

到底哪一种界定更为合理呢?首先,是否法律职业者从事其职业、解决法律问题所使用的所有方法都属于法律方法呢?其实不然,如德国民法学者在创立民法典的时候,使用了逻辑公理化的方法,这种方法首先是逻辑方法,是逻辑方法在法学领域的一种应用;分析实证主义者研究法律时大量使用的分析技巧同样属于逻辑学、语言学的方法;法律工作者在应用法律时,甚至会运用到数学方法,如概率证明方法,我们不能由此将数学方法看成是法律方法。因此,那些虽然在法律领域有应用,但是并没有改变其根本的特征的方法显然不能归之于法律方法。所以,第二类情形显然将"法律方法"泛化了;并且,将法律职业者从事其职业活动所使用的方法统称为法律方法无形中冲淡了法律方法的专业性特点,在客观上不利于"法律方法"的研究。立法方法虽然从广义上也可以说成是法律方法,但是,我们遵从西方法学传统,一般地将法律方法特指法律适用的方法。其次,第三类情形将法律方法等同于法学方法,实际上是一个概念的误用问题,已有学者对此做了专门的研究。

综上所述,我们认为,第一类定义比较合理。

为了更加准确起见,我们在此处对法律方法加以适当的限定:

(1)使用法律方法的主体是"法律人"(lawyer)。"lawyer"这一词常常被人们翻译为"律师",其实,它的内涵要较这一解释广

---

① 胡玉鸿:《方法、技术与法学方法论》,载《法学论坛》2003年第1期。
② 严存生:《作为技术的法律方法》,载《法学论坛》2003年第1期。

泛得多。它不仅包括律师,而且包括法官、检察官以及法学研究者,此处我们用之指称一切从事法律职业的人。普通的公民虽然也会偶尔使用法律方法来对法律的结果进行预测,但是,它不具有典型性,因此,不是我们研究的重点。

(2) 仅指法律适用过程中所使用的方法。

(3) 仅指在法律领域中具有独特性的方法。有些方法不仅在法律领域使用,而且在其他领域也广为应用,如果这些方法在法律领域的适用没有独特性,则我们认为,这些方法就不能被称为法律方法。

基于以上的限定,我们可以将法律方法的含义概括为:法律方法,指的是法律人在法律适用过程中用以解决法律问题的、具有独特性的方法和技巧的总称。

法律方法是法律人在解决各种实际的法律问题过程中总结和发展起来的,是法律人实践经验的结晶。无论在英美法系,还是在大陆法系,一些法学家和有经验的法官都对实践中经常使用的法律方法进行了总结,如在英美法系,关于法律推理的论著汗牛充栋;而在大陆法系,学者们对法律解释的技巧和法律论证的理论与方法有着精深的研究。这些有关法律方法的研究成果近年来大量传入我国,无疑对于我国的司法实践有着重大的借鉴意义。

(二) 法律方法与法学方法的区别

值得注意的是,近年来国内翻译出版的一些国外法学家的著作虽然命名为"法学方法",但其实论述的却是法律方法,如拉伦茨的《法学方法论》实际上就是关于法律方法的。这引起了一些人的误解,认为法律方法和法学方法是一回事,其实不然,法律方法和法学方法是有很大区别的。从内容上看,法律方法和法学方法的主要区别有:

第一,适用领域不同。法律方法着力于法律应用,法学方法着力于法学研究。习惯上,人们将法学方法限于理论研究领域,与法学研究方法同义,而法律方法主要在法律适用领域起作用。

第二,研究对象不同。一般而言,法学方法指的是法学家们用以研究法律现象的工具的总称,其研究对象为法律,法学方法是关于法律的一种元理论研究。不同的法学流派所使用的法学方法往往不同,如分析实证主义法学派使用的是实证分析的方法,法经济学派使用的是经济分析的方法,自然法学派使用的是价值分析的方法,正是由于使用的方法不同而导致了法律理论存在很大的差异。

法律方法则只是法律适用的技术手段,即法律生成与适用的方法,也就是一个具体的法律制度如何通过技术性的手段而得以成立,以及在实践中面对具体的个案如何适用的问题。我国台湾学者王泽鉴就将法律方法称为法律技术。[①] 他将其解释为"为达成一定政策目的而限制,或扩张侵权责任时而采的手段",并将法院如何解释适用法律,以促进侵权行为法的发展作为技术之一。因此,只有法律适用的技术手段才是法律方法的研究重点。

第三,解决的任务和实现的目的不同。法律方法的主要任务是解决法律上的争端,为法官解决手头的案件提供一种工具,其最终的目标是通过纠纷的解决实现法律所体现的社会公正。同时,法律方法的存在还起到了维系法律职业共同体存在的作用,它能促进一定的法律传统和共同的法律价值观的形成。法律方法代表着法律适用中的实践技能,是从事法律工作所必需的基本手段。如果将法律适用的过程进行分析,那么,它显然包括两个不可分割的部分:一是法律知识的应用;二是法律技术的运用。而技术的运用不过是把司法领域中长期使用的技术规则加以进一步规范而已。从这一角度上讲,法律方法一定程度上保证了法律职业的某种"精英"性质,将那些未经此种训练的人排除在外,这为法律权威的形成奠定了很好的社会基础。

而法学方法的主要任务是对法律进行梳理,使法学成为一个知识的系统。它关心的是从何种角度、使用何种工具来分析法律

---

① 王泽鉴:《侵权行为法》(第 1 册),中国政法大学出版社 2001 年版,第 56 页。

理论,厘清法律概念。因此,法律方法与法学方法从目标到任务都有很大的不同。

第四,包含的方法种类不同。学者们对法律方法的具体内容有一些不同的论述,散见于各种著作之中。有些学者对之进行了分类,认为应当分为八大类:一是法律渊源识别方法,即在规范重叠的情况下,如何选择与个案最相适应的法律规范的技术问题;二是判例识别方法,即如何运用先例,以及先例与现在的案件有矛盾时如何处理的方法问题;三是法律注释方法,即如何明确法律条款含义的技术规则问题;四是法律解释方法,即阐明法律意义的方法与准则;五是利益衡量方法,即如何确定相互冲突的利益在位阶上的优越性的技术;六是法律推理方法,即在个案解决中如何进行形式推理与实质推理的技术问题;七是法律漏洞补救方法,即如何通过类推、目的限缩与目的扩张方法解决法律中业已存在的漏洞问题;八是法律说理方法,即作为官方决定的一方如何将其裁决理由告知相关当事人以获得对方的理解问题。[①] 这种分类非常全面,几乎囊括了所有的法律方法。

虽然学者们对法学方法的种类也是仁者见仁,智者见智,但是,他们公认的主要法学方法有:价值分析方法、实证分析方法以及社会分析方法。在这三大类方法中,还可以分为更具体的方法,如经济分析方法、功利主义方法、逻辑分析方法等。

总之,由于两者的适用领域不同,任务和目标也不同,因此,区分法律方法和法学方法十分必要。当然,同时我们也应注意到,法律方法和法学方法之间也有着密切的、内在的联系,不能将两者完全割裂开来。

(三)法律方法的内容

国内学者大都认为法律方法的内容有以下几个方面:(1)法律思维方式;(2)法律适用的各种技巧,如文义解释、类比推理、演绎推理;(3)一般的法律方法,如法律解释、法律推理、漏洞补

[①] 胡玉鸿:《方法、技术与法学方法论》,载《法学论坛》2003年第1期。

充、事实认定、价值衡量和法律论证。

但我们认为,法律思维方式不应归入法律方法的范畴。所谓思维方式,指的是一个民族长久而稳定的,同时起着普遍作用的思维方法、思维习惯、对待事物的审视趋向和公众认同的观点的总称,它是人类文化现象的深层本质。法律思维方式同样处于法文化中的较深层次,与处于实践层次的法律方法相比,它属于更高层次的范畴。因此,显然不宜将法律思维方式归入法律方法范围。

由上观之,法律方法主要有两类:一类是一般的法律方法;另一类是具体的法律方法,即法律适用的各种技巧。本书主要探讨一般的法律方法,即法律解释、法律推理、法律论证等方法。

二、法律方法的特征

法律方法作为一种人类的认识方法和实践方法,与其他的方法相比,既有共性的东西,同时又具有个性,正是这些独特的个性才使得法律方法成为一种独立的方法。法律方法与其他方法相比,具有以下几个特征:

第一,法律方法具有法律性的特点。

这一特点不仅说的是法律方法有着特定的适用领域,而且说的是法律方法承载着法律的独特价值,如经济方法突出的是经济学所追求的效益性这一价值,而法律方法主要体现了法律追求公平、正义、秩序的特点,当然,同时也兼顾了效益。此外,法律方法主要是为了解决法律问题而产生的一种方法,为法律人这一独特的主体所采用。

第二,法律方法带有程序性和规范性的特点。

法律人使用法律方法解决实际生活中的法律问题,必须遵守一定的程序性规定,必须在一定的范围内适用,如法律解释,不仅在适用的主体上有严格的规定,而且在解释的效力、范围上也有着严格的规定。同时,法律方法的适用会对人的行为带来一定的约束性后果,这表明法律方法具有规范性的特点。这是经济学等其他方法所不具有的。

第三,法律方法具有鲜明的实践性特点。

法律方法的目的是为了解决一定的法律问题,因此它具有实践导向性,与纯粹的理论研究方法不同。在法律方法适用过程中,人们需要面对纷纭复杂的社会现象而灵活使用各种法律方法,如法律适用过程中,人们会综合使用法律推理方法和法律解释方法,有时两者水乳交融,难以分清彼此。法律方法的实践性还表现在其规则具有很大的灵活性,如法律推理虽是一种推理,但是我们不能要求它像逻辑推理一样具有严格的形式化特点,而恰恰要考虑法律推理的内容和结论的社会效果。

第四,法律方法具有共性与个性统一的特点。

一方面,法律方法具有一定的客观性和普适性,如欧美国家的法学家所探讨的法律方法对于世界的其他国家就可以同样适用。这也是我们为什么要学习欧美学者所说的法律方法的原因,它同样可以为我国的司法实践服务。另一方面,法律方法又有一定的主观性和特殊性。由于各个国家的法律传统有一定的差别,因此,在法律方法的使用偏好上有一定的差异。我们注意到英美国家的法学家大多喜欢谈论法律推理,而欧洲大陆的法学家则乐于谈论法律论证,从这一点上就可以看出两大法系法律传统的差异。

第二节 法律方法的地位与作用

一、法律方法的地位

长期以来,我国的法学研究者大多不太重视法律方法的研究,并不视法律方法为法理学的一个当然的研究领域。近年来,随着国外法律思想的传入,学者们才逐渐对法律方法的地位和作用有了一定的认识,但是,这种认识并不深入。那么,法律方法在法理学中到底应处于一个什么样的地位呢?

从表面上看,法律方法似乎仅仅涉及法律适用的问题,它在法理学中似乎并不处于一个重要的地位,但是,如果我们放眼法律运行的整个过程,就可以看出,法律方法实际上是我们整个法律体系的一个重要的构成部分,也是我们整个法律理论的一部分。

庞德认为,有三种意义上的实在法,即法律秩序、权威性资料和司法行政过程。在谈到权威性资料的构成要素时,他说道:"这种意义上的法律包括各种法令、技术和理想,即按照权威性的传统理想由一种权威性的技术加以发展和适用的一批权威性法令。当我们想到第二种意义上的法律时,大概会单纯地理解为一批法令。但是发展和适用法令的技术、法律工作者的业务艺术,都是同样具有权威性的,也是同样重要的。其实,正是这个技术成分,足以用来区别近代世界中的两大法系。"①显然,庞德所说的法律技术主要是指法律推理和法律解释的方法问题,他认为这些技术性的东西也是法律系统的一部分,同时还是我们的法律传统的一部分。博登海默在《法理学:法律哲学与法律方法》一书中,把法律方法看成是和法哲学历史、法律的本体相并列的东西,这也突出了法律方法的重要性。

国内也有一些学者将法律方法提到了一个很高的地位,如有学者认为:"从一定意义上说,法律包含着观念和技术两个方面。如果说法律观念是人们对法律性质、功能、目的的内心认识的话,那么法律技术则是人们使用法律使之发挥这些功能和实现这些目的的方法与技巧。法律的观念告诉人们,法律是什么和干什么的,即目的和功能何在;而法律的技术则回答怎样使法律实现其功能和目的。"②我国台湾地区学者颜厥安认为,法哲学的基本问题可以分为四个方面:一是法概念及法效力的问题;二是法认识论问题;三是正义论与法伦理学问题;四是体制论。而法学方法

---

① 〔美〕庞德:《通过法律的社会控制·法律的任务》,沈宗灵等译,商务印书馆1984年版,第22—23页。
② 严存生:《作为技术的法律方法》,载《法学论坛》2003年第1期。

和法律方法都属于法认识论范畴。这种观点并无不当之处。① 但是,我们认为,他在无形中略微降低了法律方法的地位。

按照哲学界的传统观点,哲学包括几个基本的部分:本体论、认识论和方法论。特别是现代以来,方法论问题日益成为哲学的中心。基于此,我们认为,法律方法论也应当是现代法律哲学的中心问题,也只有这样,我们才能够准确地评价法律方法在法理学中的地位。

综上所述,法律方法在法律哲学(或法理学)中应当与法律本体论、法律认识论处于同等重要的地位。

二、法律方法的作用

法律方法的作用主要表现在法律适用过程中,但其影响又超出了法律适用的范围。法律方法的作用具体表现在以下几个方面:

第一,法律方法是实现司法公正的重要手段。

法律方法的作用首先体现在法律适用领域。法律方法能够指引法律人沿着正确的方向思考、分析和解决法律问题。当法律人面对具体的案件事实时,它需要借助一定的法律方法来确定哪些事实属于法律事实,这些法律事实又为哪一个法律规范所涵摄。同时,法律方法还使得法律问题的解决具有正当性和合法性。法律方法中的法律推理就是一种证成性推理,它能够为法律结论提供理由,具有说服的作用,这些都是实现司法公正的重要保障。

第二,法律方法是保障法律自治的重要手段。

法律具有独立性或自治性是法治社会的基本标志之一。按照昂格尔的解释,法律的自治性表现在实体内容、机构、方法和职业四个方面。② 所谓方法的自治性,指的是法律方法的独特性、独

---

① 颜厥安:《法与实践理性》,中国政法大学出版社2003年版,第20页。
② 〔美〕昂格尔:《现代社会中的法律》,吴玉章等译,译林出版社2001年版,第50—51页。

立性。只有独特的方法才能够把法律人聚集到一起,形成一定的科学共同体,形成特有的法律职业阶层。法律实践的历史已经揭示了这一点。在英美法学史上,正是独特的法律思维和法律方法的训练使得法律职业阶层越来越具有专业性,越来越把这一职业阶层和其他的社会阶层区别开来。

法律思维是一种专业思维,没有经过特定的训练的人是不能够从事法律职业的。由于法律方法的专门性和职业性,形成了独特的法律职业共同体,它拒绝外行的加入,这在一定程度上又保障了法律的自治。

第三,法律方法的完善对法律理论的发展、完善起着很大的推动作用。

法律方法的发展和法律理论的发展是内在一致的。在上古时代,法律非常简陋,这时法律适用不需要特定的方法。只是到了近代,随着法律的丰富和完善,人们才开始探讨法律方法。因为如果再没有一定的法律方法,则法律适用将变成为一件困难的事。萨维尼开了探讨法律方法之先河。到了现代,随着资本主义的发展,法律体系日益庞杂,这时更多的法律适用技术为人们所利用。因此,法律的发展史实际上也是一部法律方法的发达史。

此外,法律方法还是实现法治的重要保障,是传承法律文化的重要手段。

总之,法律方法的发展推动了法律理论的发展,法律方法的先进性程度是衡量一个社会法律文明发达程度的重要标尺。

【课后阅读文献】

1. 柯岚:《法律方法中的形式主义与反形式主义》,载《法律科学》2007年第2期。
2. 张青波:《试论法律方法的意义及其局限之克服》,载《西南政法大学学报》2006年第6期。
3. 陈金钊:《司法过程中的法律方法论》,载《法制与社会发展》2004年第2期。
4. 严存生:《作为技术的法律方法》,载《法学论坛》2003年第2期。

5. 郑永流:《法学方法抑或法律方法》,载《法哲学与法社会学论丛》(第六),中国政法大学出版社 2003 年版。

【思考题】

一、选择题

1. 下列关于"法律方法"的说法中,不正确的有(　　)。

   A. 法律方法指的是法律人员思考、分析和解决法律问题的方式、技术、方法的统称

   B. 法律方法指的是法律思维方式

   C. 法律方法指的是法学研究的方法

   D. 法律方法指法律职业者从事其职业活动所使用的方法。它包括立法的方法、司法的方法以及从事法律研究与教育的方法

2. 法律方法主要有以下几种?(　　)

   A. 法律解释　　　　　　　　B. 法律推理

   C. 法律论证　　　　　　　　D. 法律思维方式

3. 法律方法的主要特征有(　　)。

   A. 法律性　　B. 规范性　　C. 实践性　　D. 程序性

4. 法律方法与法学方法的不同,主要有(　　)。

   A. 研究对象不同　　　　　　B. 适用领域不同

   C. 目标任务不同　　　　　　D. 内容不同

二、名词解释

1. 法律方法
2. 法学方法

三、简答题

1. 简述法律方法的含义及其特征。
2. 简述法律方法与法学方法的区别。
3. 简述法律方法的作用。

四、材料分析题

前几年某省发生过一起法院以技术监督局行政处罚依据的地方性法规与行政处罚法相抵触,而撤销该行政处罚,却引起轩然大波的行政案件。①

---

① 案情见《甘肃:法院废了省人大的法规?》,载《中国经济日报》2000 年 9 月 5 日。

★ 第三编　法律方法

　　1996年9月,居民马某到某家电制冷设备有限责任公司送修128型"冰熊"冰柜一台,经工作人员检查发现压缩机损坏,在征得马某同意后更换新压缩机一台,并收取费用,而且没有归还马某冰柜的原装意大利进口压缩机。同年11月13日,马某又称冰柜不制冷,该公司又重新更换一台压缩机,但因收费问题发生争议,经当地消费者协会调解未成,马某向某地区技术监督局投诉。

　　技术监督局受理之后,迅速展开了调查取证,发现××公司没有家电维修能力认可证书,其绝大多数维修人员也没有维修技术证件。经调查,××省1991年就规定,家电企业维修人员必须取得省级培训的维修技术证件。而1996年注册的××公司在没有相关证件的情况下却拿到了营业执照。马某的冰柜在送××公司前并没有维修过。另外,马某的原装意大利进口压缩机何处去了呢?据××公司原副经理秦某作证,原装压缩机并没有坏,被维修人员取下后换到别的顾客的冰柜上了。于是技术监督局对公司作出了行政处罚,认为该公司行为违反了《××省产品质量监督管理条例》第13条、第30条,要求该公司立即免费维修好冰柜并赔偿马某经济损失3000元。该公司不服处罚,向法院提起行政诉讼。

　　一审法院认为,技术监督局的行政处罚认定事实不清,证据不足,送达手续不合法,程序违法,故判决撤销该行政处罚。技术监督局不服一审法院判决提起上诉后,二审法院判决认为:

　　马某于1996年9月送冰柜到被上诉人某家电制冷设备有限责任公司要求修理,被该公司接受后,二者之间即形成承揽合同关系。双方发生纠纷,应当通过向人民法院提起民事诉讼来解决。《中华人民共和国产品质量法》并未赋予产品质量监督管理部门对维修者的行政处罚权;上诉人对被上诉人实施行政处罚所依据的《××省产品质量监督管理条例》第13条、第30条有关产品质量监督管理部门对维修者实施行政处罚的规定,有悖于《中华人民共和国行政处罚法》第11条第2款"法律、行政法规对违法行为已经作出行政处罚规定,地方性法规需要作出具体规定的,必须在法律、行政法规规定的给予行政处罚的行为、种类和幅度的范围内规定"的规定,不能作为实施处罚的依据。故该行政处罚超越职权,原审应适用《中华人民共和国行政诉讼法》第54条第2项4之规定,却适用该项1、3之规定,系适用法律错误。上诉人的上诉理由不能成立,其上诉请求不予支持。依照《中华人民共和国行政诉讼法》第61条、第54条之规定,判决如下:(1)撤销××市人民法院××行政判决;(2)撤销××技术监督局××行政处罚决定。

第十二章 法律方法概述 ★

判决书下达之后,负责办理此案的书记员以通讯员的身份在公开媒体上的显要位置发表了一篇文章——《行政处罚依据须合法:××中院判决撤销技监局一起行政行为》,文章认为:《××省产品质量监督管理条例》是地方性法规,其中的部分条款规定超出了产品质量法的范围,不能作为实施处罚的依据。再一次公开提出某地区技监局行政处罚依据不合法,《××省产品质量监督管理条例》不能作为处罚依据。恐怕令二审法院及其承办人员始料不及的是,二审判决竟引起轩然大波。该省技术监督局将该案向省人大常委会反映,省人大常委会认为:

该判决书称《××省产品质量监督管理条例》不能作为实施处罚的依据是极其错误的。第一,《中华人民共和国宪法》第 3 条规定,审判机关由人民代表大会产生,对它负责,受它监督。《中华人民共和国人民法院组织法》第 17 条中规定,地方各级人民法院对地方各级人民代表大会及其常委会负责并报告工作。作为省级地方人大及其常委会对本行政区域内政治、经济、文化等方面的管理的重要形式就是制定地方性法规,对人民法院的工作监督的基本尺度是监督检查其执法情况,地方各级法院对人大及其常委会负责的一个重要方面就是严格执行法律、行政法规和地方性法规。《中华人民共和国行政诉讼法》第 52 条明确规定:"人民法院审理行政案件,以法律、行政法规、地方性法规为依据。地方性法规适用于本行政区域内发生的行政案件。"立法机关和审判机关相互关系不能本末倒置。第二,《全国人民代表大会常务委员会关于加强法律解释工作的决议》第 4 条中明确规定:"凡属于地方性法规条文本身需要进一步明确界限或作补充规定的,由制定法规的省、自治区、直辖市代表大会常务委员会进行解释或作出规定。"《中华人民共和国行政诉讼法》第 53 条第 2 款明确规定:"人民法院认为地方人民政府制定、发布的规章与国务院部、委制定、发布的规章不一致的,以及国务院部、委制定、发布的规章之间不一致的,由最高人民法院送请国务院作出解释或者裁决。"由此可见,审判机关根本无权在法律文书中超越审判职权,认定法律、行政法规、地方性法规无效。审判机关在审理过程中,如果认为某一地方性法规与法律、行政法规、地方性法规有所抵触或矛盾,应当向省人大常委会报告,也可以向上级审判机关逐级上报请示,直至向全国人大常委会报告,而绝不允许擅自越权裁决。第三,对于该案,××中级人民法院只应对有关行政机关具体行政行为是否符合《××省产品质量监督管理条例》的规定及程序的合法性进行审理判决,而不能对法规本身作随意性解释。综上所述,××中级人民法院××判决书判决技术监督局实施行政处罚所依据的《××省产品质量监督管理条例》第13条、第30条有关产品质量监督管理部门对维修者实施行政处罚的规定,有悖于《中华人民共和国行政处罚法》第11条第2款"法律、行政法规对违法行为已经作出行政处罚规定,地方性法规需要作出具体规定的,必须在法律、行政法规规定的给予行政处罚的行为、种类和幅度的范围内规定的规定,不能作为实施处罚的依据",严重侵犯了宪法、法院组织法赋予地方人大及其常委会的立法权,超越审判权限,没有正确领会法律、法规实质,违法判决,直接侵害了地方性法规的严肃性,影响了社会主义法制的统一。这是一起全国罕见的审判机关在审判中的严重违法司法事件。

按照省人大常委会有关提审该案的要求,省高级人民法院提审该案。省高级人民法院再审认定事实与二审法院认定的事实一致。再审判决认为:

技术监督局的行政处罚决定事实不清……且处罚决定未履行《行政处罚法》规定的告知程序,程序违法;对于损害赔偿问题,《中华人民共和国消费者权益保护法》第40条、第44条规定维修服务致人损害的应依法承担民事赔偿责任,《××省产品质量监督管理条例》第30条亦规定,对违反条例第13条"应履行而未履行修理、更换、退货和赔偿责任的技术监督部门可以责令其在限期内履行",即法律、行政法规并未授予技术监督部门对管理相对人之间因维修服务纠纷所产生的民事赔偿以居间裁决的行政权力。因此,技术监督局作出由××公司赔偿马××经济损失3000元的实体裁决是错误的,属超越职权的具体行政行为。××中级人民法院××行政判决虽然认定事实清楚,但在判案理由部分以《××省产品质量监督管理条例》第13条、第30条中有关维修质量的规定违背行政处罚法的规定为由,直接对地方性法规的效力加以评判是错误的。据此,依照《中华人民共和国行政诉讼法》第61条第3项之规定,判决如下:(1)撤销××中级人民法院××行政判决;撤销××市人民法院××行政判决;(2)撤销××技术监督局××行政处罚决定。

且不论在上述案件中《××省产品质量监督管理条例》有关规定与产品质量法实际上是否相抵触,仅就法院在审理案件时是否可以对下位法与上位法相抵触进行审查(判断),以及在裁判文书中予以评价,本案典型地反映出两种截然不同的认识,即二审法院认为应当对此予以审查和评价,省人大常委会认为法院在审理案件中无权加以审查和评价,否则就越权和违法。省高级法院亦认为"在判案理由部分以《××省产品质量监督管理条例》第13条、第30条中有关维修质量的规定违背行政处罚法的规定为由,直接对地方性法规的效力加以评判是错误的"(不能排除系受到压力而持此种观点)。

第十二章 法律方法概述 ★

　　针对本案,有专家认为,这些法院的做法本身并无错误,因为,撇开具体案情不论,省人大的地方性法规固然有其权威性,但如果其与法律相抵触,那么法院理所当然应当遵循更有权威的法律。这个推理很简单,就是地方性法规大还是法律大？是法院挑战地方性法规还是地方性法规挑战法律？对于有些法律常识的人来说,这些问题显然是不言自明的。

　　问题:请联系本章所学的内容,对本事件进行评价。

第十三章 法律解释

☞ **本章提示**
- 法律解释的概念与特点
- 法律解释的必要性
- 法律解释的种类
- 当代中国的法律解释体制
- 法律解释的目标
- 法律解释的方法

第一节 法律解释概述

一、法律解释的概念与特点

法律解释是指一定的人或组织对法律规定含义的说明。法律解释既是人们日常法律实践的重要组成部分，又是法律实施的一个重要前提。法官在依据法律作出一项司法决定之前需要正确确定法律规定的含义；律师在向当事人提供法律服务时要向当事人说明法律规定的含义；公民为了遵守法律，也要对法律规定的含义有一个正确的理解。

与一般解释相比，法律解释具有以下几个特点：

第一，法律解释的对象是法律规定和它的附随情况。

法律规定或法律条文是解释所要面对的文本，法律解释的任务是要通过研究法律文本及其附随情况即制定时的经济、政治、文化、技术等方面的背景情况，探求它们所表现出来的法律意旨，即法律规定的意思和宗旨。

第二,法律解释与具体案件密切相关。

首先,法律解释往往由有待处理的案件所引起。[①] 其次,法律解释需要将条文与案件事实结合起来进行。法律解释的主要任务,就是要确定某一法律规定对某一特定的法律事实是否有意义,也就是对一项对应于一个待裁判或处理的事实的法律规定加以解释。

第三,法律解释具有一定的价值取向性。

这是指法律解释的过程是一个价值判断、价值选择的过程。人们创制并实施法律是为了实现一定的目的,而这些目的又以某些基本的价值为基础。这些目的和价值就是法律解释所要探求的法律意旨。在法律解释的实践中,这些价值一般体现为宪法原则和其他法律的基本原则。

第四,法律解释受解释学循环的制约。

解释学循环是解释学中的一个中心问题,它是指"整体只有通过理解它的部分才能得到理解,而对部分的理解又只能通过对整体的理解"[②]。法律解释是解释的一种具体形式,也要服从解释学的一般原理。在法律解释中,解释者要理解法律的每个用语、条文和规定,需要以理解该用语、条文和规定所在的制度、法律整体乃至整个法律体系为条件;而要理解某一法律制度、法律乃至整个法律体系,又需要以理解单个的用语、条文和制度为条件。指出法律解释存在的解释循环,可以帮助人们防止孤立地、断章取义地曲解法律。[③]

二、法律解释的必要性

法律解释在法的实施和实现过程中占有重要地位。它是法律实施的前提,又是法律发展的重要方法。

第一,法律是由语言和文字表达的,语言和文字的模糊性和

---

① 梁慧星:《民法解释学》,中国政法大学出版社 2000 年版,第 202 页。
② 同上书,第 203—204 页。
③ 同上书,第 205 页。

歧义性使得法律解释不可或缺。

比如公园门口有一块告示牌：车辆不得入内。但是这里说的车辆是什么呢？自行车算不算车辆呢？儿童的玩具车又算不算车辆呢？如果公园内发生火灾或者有游客突然病发，那么，消防车和救护车算不算车辆呢？这个简单的例子就充分地说明了由语言和文字表达的法律存在模糊性和歧义性，从而需要解释。另外，法律解释也是寻求对法律规范的统一、准确和权威的理解和说明的需要。法律规范是以严格的、专门的法律概念、术语表达出来的，有时会与实际生活用语含义不同，不易为人们所理解。同时，由于社会主体的社会地位、生活环境和文化水平等特定原因，对于同一法律规范往往会产生不同的理解，这就需要有权威性的法律解释，来统一人们的理解，保证法的实施的统一性。

第二，法律解释是将抽象的法律规范适用于具体的法律事实的必要途径。

法律规范是抽象的、概括的行为规则，只能规定一般的适用条件、行为模式和法律后果，而不可能也不应该对一切问题都作出详尽无遗的规定。在法的实施过程中，要把一般的法律规定适用于千差万别的具体情况，对各种具体的行为、事件和社会关系作出处理，就必须对法律作出必要的解释。正如马克思指出的，法官的责任是当法律运用到个别场合时，根据他对法律的诚挚的理解来解释法律。

第三，法律解释是解决法律规范冲突和弥补法律漏洞的重要手段。

法律规范是由不同的国家机关创制的，分属于不同的法律部门，在现实的法律运作过程中，属于不同法律部门的各种法律规范之间，有时会发生各种各样的矛盾或冲突；而且，立法者也不可能预见到社会生活的方方面面，因此，总是存在着各种各样的法律漏洞，需要法官应用法律解释的方法或其他法律方法来对漏洞进行填充。尽管哈特认为在没有预先规定的法律时法官应当行使自由裁量权创造法律，但这种自由裁量权也不是随意的，可以把它视为一种对法律的解释。德沃金则认为,在没有规则的情况下,法官必须考虑法律原则,通过对法律原则的解释来弥补法律的漏洞。

第四,法律解释是调节法律的稳定性与社会的发展变化关系的媒介。

法律规范是相对稳定、定型的规则,而社会生活却是不断发展变化的。要把相对确定的法律规定适用于不断变化的法律实际,就需要对法律规范作出必要的解释。以此在保证法律体系和基本原则的稳定性的同时,能够适时根据法律规范的基本原则、精神和规定,对新情况、新问题作出符合实际的处理。

三、法律解释的种类

法律解释可以根据不同的标准分为不同的种类。

(一)正式解释与非正式解释

法律解释由于解释主体和解释效力的不同可以分为正式解释与非正式解释两种。

(1)正式解释,通常也叫法定解释,是指由特定的国家机关、官员或其他有解释权的人对法律作出的具有法律上约束力的解释。正式解释有时也称有权解释。根据解释的国家机关的不同,法定解释又可以分为立法、司法和行政三种解释。有权作出法定解释的机关、官员和个人,在不同的国家或不同的历史时期都有所不同,通常是由法律规定或是由历史传统决定的。

(2)非正式解释,通常也叫学理解释,一般是指由学者或其他个人及组织对法律规定所作的不具有法律约束力的解释。这种解释是学术性或常识性的,不被作为执行法律的依据。虽然如此,非正式解释在法律适用、法学研究、法学教育、法制宣传以及法律发展方面还是有着很重要的意义的。

是否具有法律上的约束力是区别正式解释与非正式解释的关键。对于这里的"法律上的约束力"应当作狭义的理解,即特指一种具有普遍性意义的法律约束力。在中国,普通法官或其他司法、执法官员在日常司法、执法过程中所作的法律解释通常被认为是非正式解释。这是指他们的解释不具有只有正式解释才具有的普遍的法的效力。有学者把"具有普遍的司法效力"作为司法解释的一个特征。① 其实所有正式解释都具有程度不同的普遍的法的效力。他们的这种法律解释与其司法或执法行为是合为一体的,如果是依法作出的,当然具有法的效力,相对人应当服从。

(二) 字面解释、限制解释与扩充解释

根据解释尺度的不同,法律解释可以分为:限制解释、扩充解释与字面解释三种。

(1) 字面解释。这是指严格按照法律条文字面的通常含义解释法律,既不缩小,也不扩大。例如,我国《外汇管理条例》第 52 条第 6 项规定的"经常项目",是指国际收支中经常发生的交易项目,包括直接投资、各类贷款、证券投资等;再如,我国《民法通则》第 155 条规定的民法所称的"以上"、"以下"、"以内"、"届满",包括本数;所称的"不满"、"以外",不包括本数。这些规定均属于字面解释。

(2) 限制解释。这是指在法律条文的字面含义显然比立法原意为广时,作出比字面含义为窄的解释。例如,我国《外汇管理条例》第 52 条第 3 项"个人"是指中国公民和在中华人民共和国境内居住满一年的外国人,就是对"个人"这一用语进行了限制;再如,我国《婚姻法》第 21 条规定:父母对子女有抚养教育的义务;子女对父母有赡养扶助的义务。这里的"父母"与"子女"都应作限制解释。前者应限制为未成年或丧失劳动能力的子女,后者应限制为成年和具有劳动能力的子女。

(3) 扩充解释。这是指法律条文的字面含义显然比立法原意为窄时,作出比字面含义为广的解释。例如,"中华人民共和国公民在法律面前一律平等",这里的"法律"一词应作广义解释,宪

---

① 参见周道鸾:《论司法解释及其规范化》,载《中国法学》1994 年第 1 期。

法、法律、行政法规和地方性法规等都包括在内；再如，全国人民代表大会常务委员会对《刑法》第384条第1款规定的国家工作人员利用职务上的便利，挪用公款"归个人使用"的含义问题所作的解释，指出有下列情形之一的，属于挪用公款"归个人使用"：其一，将公款供本人、亲友或者其他自然人使用的；其二，以个人名义将公款供其他单位使用的；其三，个人决定以单位名义将公款供其他单位使用，谋取个人利益的。

四、当代中国的法律解释体制

把法律解释单列为一种权力，并在不同的国家机关之间对这种权力进行分配，构成了当代中国的法律解释体制。

根据我国现行《宪法》、《立法法》以及1981年全国人大常委会《关于加强法律解释工作的决议》等法律文件的规定，并从法律解释的实际运作来看，当代中国初步形成了一种"一元多级"的法律解释体制。

"一元"体现为"法律解释权属于全国人民代表大会常务委员会"。我国《宪法》第67条赋予全国人民代表大会常务委员会解释宪法和法律的权力；《立法法》第42条进一步规定："法律有以下情况之一的，由全国人民代表大会常务委员会解释：（1）法律的规定需要进一步明确具体含义的；（2）法律制定后出现新的情况，需要明确适用法律依据的。"此外，国务院、中央军事委员会、最高人民法院、最高人民检察院和全国人民代表大会各专门委员会以及省、自治区、直辖市的人民代表大会常务委员会可以向全国人民代表大会常务委员会提出法律解释的要求。

"多级"则表现为除全国人大常委会的法律解释外还存在着其他类型的法定法律解释。根据全国人大常委会1981年所发布的《关于加强法律解释工作的决议》，我国还存在着下列法定解释类型：

（1）凡属于法院审判工作中具体应用法律、法令的问题，由最高人民法院进行解释。凡属于检察院检察工作中具体应用法律、法令的问题,由最高人民检察院进行解释。最高人民法院和最高人民检察院的解释如果有原则性的分歧,报请全国人民代表大会常务委员会解释或决定。

(2)不属于审判和检察工作中的其他法律、法令如何具体应用的问题,由国务院及主管部门进行解释。

(3)凡属于地方性法规条文本身需要进一步明确界限或作补充规定的,由制定法规的省、自治区、直辖市人民代表大会常务委员会进行解释或作出规定。凡属于地方性法规如何具体应用的问题,由省、自治区、直辖市人民政府主管部门进行解释。

第二节 法律解释的目标

一、法律解释的目标

法律解释首先会涉及"解释什么"的问题。这并非是一个像想象中那样单纯的问题。诚然,法律解释所要解释的就是法律,具体而言,法律文本中的法条就是解释的对象。但是,面对法律文本中的法条,解释者应该阐释出其中所隐含的是什么,则是一个需要进一步深究的问题,这便涉及所谓法律解释的目标问题。

法律解释的目标,是指解释者通过对法律条文、立法文献及其附随情况进行解释,所欲探究和阐明的法律规范的法律意旨。[①]作为法律解释目标的法律意旨,究竟应是立法者制定法律规范时的主观意思,还是存在于法律规范自身的客观意思,法律解释学者的回答并不相同,由此形成了在整个19世纪居支配地位的主观说和在19世纪末以后居主导地位的客观说,并且还存在与客观说相伴的折中说。

(一)主观说

主观说认为,制定法不存在任何漏洞,因此法律解释的目标在于探求立法者在制定法律时事实上的意思。该派学说的主要

[①] 梁慧星:《民法解释学》,中国政法大学出版社2000年版,第202页。

依据在于：

(1) 法律是立法者根据一定的客观规律制定的，里面必然隐含了其一定的意图和观念，如果仅仅考虑条文而不管内在的意思和精神，那么可能违背了立法者的意志。

(2) 立法者意图的探究也并非是凭空进行的，根据当时的立法资料、背景材料以及社会、经济条件，可以得到较为明确的结论，这将有利于法律的稳定性。通过这样的途径，民众也可以对法律及其可能的解释作出预测，以指导自己的行为。反之，如果法律解释仅仅拘泥于法律文本的文义，法律的稳定性就将会受到破坏，因为法律条文中有着大量的日常用语，这些日常用语的含义广泛且不确定，其意义还经常变动，难以有确定的标准，所有这些都会使民众无所适从。

(3) 有利于维护权力的分立。因为如果司法机关以探求法律内在含义为理由解释法律，那么，很有可能会轻视立法者的意思，导致法律意旨的根本改变，并加入自己的主观看法，这不仅不符合法治的精神，还会造成法律规范的名存实亡。

(二) 客观说

客观说认为，法律一经制定，便与立法者分离而成为一种客观存在；立法者于立法当时赋予法律的意义、观念及期待，并不具有拘束力，具有拘束力的是存在于法律内部的合理意义。因此，法律解释的目标是按照社会的发展变化去探究和阐明为法律内部合理性所要求的各种目的。客观说的主要依据是：

(1) 法律往往相对滞后于日新月异的社会发展，过去立法中的价值评价对于今日的社会可能不再适用。

(2) "立法者"的概念也难以确定。从实证意义上说，立法不是一个人的活动，而是由许多个持不同观点的立法参与者，在理念的碰撞、摩擦以及妥协之中形成的，为此，立法者应该是实际的法律草案起草者、审议者以及其他一切参与立法过程的所有人所组成。然而，包括立法机关内部的代议人员在内，立法者内部成员之间有关立法的意志往往并不一致，甚至在议院的多党政治游戏中还时常存在冲突。为此,所谓的"立法者"只能是法律文本的拟制性制作主体,一个单独的有意思能力的立法者是不存在的,所以对其意图的探究也是徒劳的。

(3)立法者意图的缺席对法律也没有任何影响,人们遵守法律仅仅因为法律的合理性而非由于法律体现了立法者的意图。这不仅不会像主观说所说的那样会破坏法律的稳定性,恰恰相反,正是体现了对稳定性的维护。因为对于普通民众来说,立法资料的获取是十分困难的,即便能得到,未经训练的人们也难以得出专业的结论,难以预见法律对自己行为的态度。

(4)对于分权,客观说认为,法院为了能实现自己法定的功能,必须拥有将法律条文具体化的权力。法院应该尊重立法机关在法律规范中已经明确表述的意愿,但那些抽象的、未经具体化的条文,则有待法院的解释应用,这不但是正确适用法律所必须的,还能发挥补充创造法律的功能,对于法律适应社会的发展是极有裨益的。

(三)折中说

上述两种观点是从两个不同的角度出发的,既有部分的真理性,也有一定的片面性。主观说过分拘泥于立法者的意图,无视超出法律的新的法律事实,其之兴盛与否与德国历史上的概念法学的传统是分不开的。概念法学认为法律是一个自足体,任何事实都可以从法律条文中找到相应的规定,但随着概念法学的衰弱,主观说也不再流行,虽然其后出现的被称为新主观说的观点,对主观说进行了修饰,不再仅仅从立法者心理意图出发,主张要分析法律背后的各种影响的因素,在法律未规定的情况下推测立法者的评价等,但也无法挽回该说的主流地位。另一方面,客观说在解决了法律落后于社会发展的问题时,则过分忽视了其内在的历史原因,没有厘定解释主体进行法的续造的界限。

鉴于上述两种学说的片面性,出现了力图将两者优点融合的折中说,又被称为"统一说"。① 该说认为,只有兼顾主观说与客观说的立场,法律的真正意义才能被发现。如在法律学方法论上作出标志性贡献的德国学者拉伦茨就持该说。他指出,法律解释的最终目标只能是:探求法律在今日法秩序的标准意义(其今日的规范意义),而只有同时考虑历史上的立法者的规定意向及其具体的规范想法,而不是完全忽略它,才能确定法律在秩序上的标准意义。②

在现代西方各国,客观说和折中说均居于重要地位,尤其是折中说,它虽然没有完全取代客观说而独立成为通说,但越来越多的学者开始接受这种观点。而在我国,目前许多在法律解释问题上作出专门研究的学者,大多数不同意主观说的观点,而倾向于客观说或折中说。

二、法律解释目标与方法的关系

法律解释的方法是实现法律解释目标的方法,因而目标与方法二者的联系是非常紧密的。目标是意欲达到的结果或标准,方法则是达到结果的手段。法律解释的目标与方法的关系总的来说是目标决定或主导着方法,但方法在反映目标的同时也对目标产生一定的制约作用。

(一)法律解释的目标决定和主导着法律解释的方法

法律解释的目标决定和主导法律解释的方法是两者的基本关系。不同的法律解释目标选择的法律解释的方法不同。在主观解释论的条件下,法律解释的方法自然是非常僵化和保守的。在概念法学盛行的 19 世纪被誉为注释法学派之王的德莫隆博说:"从理论上说,解释也即是对法律的说明。进行解释,也即是阐明法律的正确意味。不能变更,不能更改,不能增加。仅仅是

---

① 拉伦茨、科赫、吕斯曼等人均称之为"统一说"。参见〔德〕拉伦茨:《法学方法论》,陈爱娥译,商务印书馆 2003 年版,第 239 页第 15 个注释部分。
② 同上书,第 199 页。

予以宣示，予以认识。"①这一时期的另一位学者也认为，对于一切场合，成文法具有绝对且排他的支配力。对法律条文应予严格解释这一法则，不应容许有任何妥协和例外。在客观解释论的条件下法律解释的方法相应地也要灵活和自由一些。勒内·达维德于1983年为其《当代主要法律体系》中译本作序时写道："国家法规过分增多，以致运用起来极为困难，甚至无效。今天，超越这些法规，在很多领域，我们有恢复往日的明智，赞同'人治'甚于法治的趋势，后者只能为我们的行为提供典范，但无法在一切场合给予我们明确的解决办法，于是通过概括性词句的形式，公平再度行时，这些概括性词句告诫缔约人善意行为，告诫个人勿犯错误，要求政府部门勿滥用权力，而法律经常授权法官对于所受理的案件给予他认为最公平的处理。"②这是典型的客观解释论观点，其提出的解释方法的灵活程度近乎于到了绝对自由裁量的地步。

（二）法律解释的方法有时对目标有制约

法律解释的方法必然反映同时也追寻着法律解释的目标，这是由法律解释的目标所决定的，方法是手段，我们从手段中既可得知它意欲达到的目标是什么。比如目的解释方法和社会学解释方法，都是客观解释论的产物。解释方法反映出解释者所追寻的目标，社会学解释方法是自由法学派引入法律解释学的，在此以前的概念法学，在解释方法上着重文义解释及论理解释，法律以外的社会经济、政治、道德等因素的考虑则被斥为"邪念"。社会学解释方法重点在于对每一种解释可能产生的社会效果加以预测，然后以社会目的衡量，哪一种解释所产生的社会效果更符合社会目的。很明显，这是一种客观解释论条件下的解释方法。

但法律解释的方法与目标并非绝对一致，方法有时对目标也起着一定的制约作用，特别是在把解释的目标推到极端的情况下。因为说到底法律解释始终是一种解释的方法，既然是解释就无法脱离文本，既然是解释的方法或手段，且这种方法又作为一

---

① 转引自梁慧星：《民法解释学》，中国政法大学出版社1995年版，第38页。
② 转引自董皞：《司法解释论》，中国政法大学出版社1999年版，第237页。

种约定俗成,就不可能也不允许为达到解释的目标而不择手段。比如运用文义解释是不可能也不允许望文生义,另外创造出一套文本的。但方法也可能出现运用不当的问题。运用错误的方法或错误地运用方法,不当的运用方法或运用方法不当,都有可能造成与解释的目标相背离的结果。

第三节 法律解释的方法

法律解释方法有多种,对这些方法可以不同的标准进行分类。学界分类的标准很不统一。我们认为大陆法系的法律解释有以成文法为解释出发点,以注重法律原文为基础的特点。所以,文义解释和论理解释就成为法律解释的主要的和基本的方法,同时辅之以其他如比较法解释、社会学解释的方法。

一、文义解释

(一)文义解释的含义

文义解释一般又称为语法解释、文理解释、文法解释等,它是指按照法律条文的字义和语法,并按照构成法律条文的词的通常用法来解释该法律条文的含义。文义解释的特点是指在解释法律条文时,不考虑其他相关联的因素,将解释的焦点集中在语言上,而不顾及根据语言解释出的结果是否公正、合理。

在对法律进行文义解释时,通常可以从字面和语法两个方面来进行。

(1)字面解释:主要是从词义上对法律条文所使用的词汇予以注释,从而阐明法律条文的含义。字面解释是法律解释中最常用的一种方式,它能准确地表述立法者的意图,以符合立法的原意。例如,组织男性向同性卖淫是否属于组织他人卖淫行为,基本上可以通过字面解释来理解:"卖",是指出卖,因而必以获取金钱或者其他报酬为目的;"淫",是指违反道德规则的性行为;"卖淫",则是出卖肉体获取金钱。"性行为"主要是性交行为,因而卖淫主要存在于异性之间。性交之外出卖肉体满足性欲的性行为还有许多,既可以发生于异性之间也可以发生于同性之间。所以,刑法上的组织他人卖淫,既包括组织女性向男性(常见的)、组织男性向女性(少见的)的情形,也包括组织男性向男性(罕见的)以及组织女性向女性卖淫(未来可能会发现的)的情形。

(2)语法解释:主要是对法律条文的词组联系、句子结构、文字结构、文字排列及标点符号等进行语法结构的分析,从而阐明法律条文的含义和内容。语法解释是重要的文义解释方法,对于准确理解和把握法律条文的含义具有重要意义。如我国《民法通则》第117条第2款规定:"损害国家的、集体的财产或者他人财产的,应当恢复原状或者折价赔偿。"用语法分析对本条进行解释,第一层是因果关系,即"因"为"损害","果"为"恢复原状"或"折价赔偿"。在"因"与"果"之内部各方为并列关系,即损害对象无论是"国家的、集体的财产或者他人的财产",只要损毁其中之一,"因"之中的"损害"即可成立;无论是"恢复原状"或是"折价赔偿",只要择其一,即为达到要求之结果。在"因"之"损害"之前并未对加害者主观内容加以限定,无限定词即可知无论故意损坏抑或过失损坏,都构成本款所说之损害,从而必然引起"果"的发生。

(二)文义解释的优先性

法律是由文字和词语构成的,因此,所有的法律解释皆必须从构成法律的文字和词语开始。一般说来,即使法律规范的字义是清楚明白的,也不意味着不再需要法律解释;但如果法律规范的文义都不清楚,则肯定必须先对法律规范的文义进行解释。因此,可以说文义解释是所有法律解释方法中首先要考虑的解释方法,也是最重要的解释方法。只有在具有排除文义解释的理由时,才可能放弃文义解释。只要法律措辞的语义清晰明白,且这种语义不会产生荒谬的结果,就应当优先按照其语义进行解释。正如法谚所说"文字之解释为先",另一法谚曰"文义如非不明确,即应严守",这些都是指文义在解释中的优先性。文义解释的优先性在运用上可以分为严格优先性和表面优先性。在特定的法律领域和特定类型的案件中,存在着严格优先性的情况,即文义解释一概优先于其他解释。如在刑法领域,基于"罪刑法定"原则,文义解释的运用具有严格的优先性。再如民事诉讼法关于诉讼期间计算的规定,文义解释也是具有严格的优先性。如果在某些或者所有案件中对不同解释标准的排序只是为了让对方提出反证或者反驳,这是文义的表面优先性,也被称为文义的初始优先性。

(三) 文义解释中的两种语义及专业语义的优先性

文义解释中的语义还可以细分为通常语义(通常用语)和专业语义(专业术语)两种类型。这种划分是由法律词语的组成结构决定的,法律词语是由通常用语与专业术语构成的,那么法律条文所使用的语言既有普通用语也有专业用语。文义解释包括两方面:

一方面是对于法律规定所用的普通语词或词组,除非有充分理由作出其他不同解释,应当以普通说话者的理解为标准进行解释,也就是以标准字典、词典所给出的含义进行解释。字典和词典是法律解释者——学者、法官、检察官、律师等的常备工具书,法律解释离不开一国之标准字典和词典。另一方面是,对于法律规范所用的是专门词语或词组,或者具有专门含义的普通词语或词组,应该从专业含义的角度按照特别优于一般的规则解释。专业术语是具有法学专门含义的语词,是为法律规范或者法学研究的特殊需要而专门创设的语言。它强调法律文字的专业性,不能按照常人的使用习惯来理解,而必须按照法律界的习惯意义来理解。在法律领域,法律的特定抽象思维和法律的理念,其核心都是以术语的形式存在的,其专业数量之多,密度之大,都是非常突出的。如法定代理、遗嘱继承、诉讼当事人等,专业术语以其独特的含义或者词语区别于其他含义或者词语,因而其含义是固定和独有的,解释时必须按此含义进行。

另外,专业术语在解释上具有优先性。如果法律规范的用语与通常用语的语义不同,则需要按照其特殊含义进行解释。因为法律规范包含对适用者的要求内容,适用者必须受法律规范的约束,进行法律解释时必须首先从专业术语出发,同时专业术语本身就是为法律规范而创设的,具有特殊的意图和存在理由,因此专业术语在解释上具有优先性。当然,如果法律用语没有特殊的含义,就应当按照其通常含义进行解释。例如,美国曾经有一个案件,一个法律禁止进口植物果实,但不禁止进口蔬菜,有人进口番茄,因此发生了番茄究竟属于植物果实还是蔬菜的争议。对普通百姓来说,更多的人会认为番茄是蔬菜,而对于植物学家或海关人员来说,番茄则可能被视为水果。美国最高法院认为:"没有证据表明水果和蔬菜这些措辞在贸易或者商业上已获得特殊含义,因而必须按照其普通含义进行确定。在人们的日常用语中,番茄的典型含义是蔬菜。"

(四)同一法律术语的解释规则

在运用文义解释中,有一个值得注意的问题是,在使用同一法律概念时,原则上应做同一解释。就是说同一法律或者不同法律使用同一法律术语时,应当作相同的解释。无论从通常用语还是从法律术语的角度看,同一术语具有相同的含义,应当作同一解释,这也是维护法律适用安定性的需要。因为,如果同样的法律用语缺乏同样的含义,就意味着其含义缺乏固定性,人们在适用时就可能心中无数,无所适从。例如,"幼女"一词,在刑法典的任何条文中,都应被解释为不满14周岁的女性;"盗窃"在任何条文中,都是指违背占有人的意志,使用非暴力胁迫手段(平和手段),将对象转移为自己或第三者(包括单位)占有。

但是同一术语作相同的解释并不是绝对的,如果有理由足以否定其含义的相同性,同一概念具有不同意义的,那么对同一术语也可以作出不同解释。这是由法律概念的相对性决定的,即法律概念具有多义性,在不同的场合可能会选用不同的含义。例如,对我国《刑法》第236条规定的强奸罪中的"胁迫"与第263条规定的抢劫罪中的"胁迫",必须作出不同解释。如果像抢劫罪胁迫那样解释强奸罪中的"胁迫",那么许多以胁迫手段(如以揭发隐私相要挟)违背妇女意志而实施的强奸行为,就不可能成立强奸罪,使值得科处刑罚的行为置于刑法规制之外,因而不利于保护妇女的性权利。反之,如果像强奸罪中的胁迫那样解释抢劫罪的胁迫,则必然导致敲诈勒索与抢劫行为得到相同的处罚,造成轻重不同的行为得到相同的处理,违反公平正义理念。

尽管文义解释是法律解释的基础,但由于语言的多义性、人的认知能力的有限性以及客观事物的复杂性,仅仅根据文义常常不能确定特定法律规范或者法律语言的含义,甚至得出"荒唐结果",在这种情况下,文义解释必须与其他解释方法结合起来,在进行文义解释时必须考虑其他的解释方法。也就是说,在文义解释不能单独完成任务时,其他方法就成为文义解释的辅助因素或决定因素,发挥固定文义的作用。

二、论理解释

正如前面所说,文义解释是最基本的法律解释,但这种法律解释方式有着很大的局限性。很多时候,法律适用的困难并不仅仅是由于法律的字面意思不清楚而导致的,而是由于对法律所蕴涵的精神以及价值判断的不同理解产生的。一般说来,文义解释并不需要语言学之外的其他理论进行支撑,而其他的法律解释方法一般都是以某种学说或观点为基础的。因此,我们可以把根据一定的学理和逻辑从法律的精神出发对法律进行的解释称为论理解释。其特点是不拘泥于法律条文的字面含义,联系法律的整体结构、效力等级、历史渊源、法律的目的等因素作为法律解释的依据,不仅能够更深刻地解释立法者的原意,而且可以适应社会发展的需要甚至创制新的法律规范。

论理解释按照解释的方法的不同,主要分为:

(一)体系解释

体系解释又称为逻辑解释、系统解释、语境解释等,这是指将被解释的法律条文放在整部法律中乃至整个法律体系中,联系此法条与其他法条的相互关系来解释法律。正如萨维尼所言,法律制度和法律秩序是一个统一体,亦即是一个法律系统。故对法律的理解和解释离不开系统科学的观点和方法,将法律文本置于整个法律系统进行理解和把握,从而能够得出正确的认识和结论。

在解释学中,体系解释一直是一种比较重要的解释方法。这是因为,任何需要理解和解释的文字、句段都是整体的一个部分,其完整的意义只有在整体中才能得到精确的理解。甚至一个文本也是一个更大的文本的一个部分。比如说,柏拉图的《理想国》共有 10 卷,并非每一卷都明确谈到正义,但是,如果要思考柏拉图对正义的理解,就必须把《理想国》作为一个整体,仔细思考柏拉图对篇章结构的安排以及各卷之间转换的内在逻辑及其意义。而且,如果我们更深入地研究柏拉图的正义论的话,甚至仅仅关注《理想国》也是不够的,我们还必须把《理想国》纳入柏拉图的所有对话中来理解。柏拉图的 35 篇对话是一个完整的整体,在《理想国》中不曾明言的或者说被柏拉图故意忽视的东西,却可以在其他对话中找到相关的论述,而细心的读者可以发现柏拉图在《理想国》中精心留下的线索,这些线索引导和暗示着我们去读其他的相关文本。比如说,为了更准确地理解《理想国》,我们就必须充分关注《会饮篇》、《斐多篇》、《蒂迈欧篇》和《克里底亚篇》等,这样才能获得比较完整的对柏拉图正义观的理解。[1]

法律解释也一样,一个具体的法律条文比如说合同法条款,必须置于整个合同法乃至民法典中才能获得最准确的理解。而民法典则必须置于社会的整体法律语境中、法治事业中才能得到更好的理解。特别是那些弹性很大的基本原则,其含义只有在这一整体的法律语境或法治事业中才能获得确切的含义和精神。在体系解释的视域中,刑法本身也是一个内在逻辑性的体系。对刑法条文的理解应当将其置于整个刑法体系中才能获得正确的解释。尤其是刑法总则与分则是具有关联性的,对刑法分则条文

---

[1] 付子堂:《法理学进阶》,法律出版社 2005 年版,第 209 页。

的理解必然受到刑法总则规定的制约。根据我国《刑法》总则第14条与第15条的规定,"故意犯罪,应当负刑事责任";"过失犯罪,法律有规定的才负刑事责任"。对于这两个规定,不可离开规范意义单纯做形式的、文字上的理解,即不要认为,故意犯罪不需要法律规定也可以追究刑事责任,过失犯罪则需要法律规定;或者说,不要以为,对故意犯罪实行罪刑擅断主义,对过失犯罪实行罪刑法定主义。上述规定的含义是:由于刑法分则条文通常只是描述具体犯罪的客观要素,一般没有说明主观要素;因此,在刑法分则条文没有规定过失可以构成该罪的情况下,只有故意行为才可能构成该罪。例如,我国《刑法》第141条第1款前段规定:"生产、销售假药,足以严重危害人体健康的,处3年以下有期徒刑或者拘役,并处或者单处销售金额50%以上2倍以下罚金。"孤立地面对该条时,解释者并不清楚这里的生产与销售是仅限于故意行为,还是同时包括过失行为,因为在实践中完全可能因为过失而生产、销售了假药。但一旦联系我国《刑法》第14条与第15条的规定,解释者就会明确:由于该条并没有明文规定过失可以成立生产、销售假药罪,所以,只有行为人出于故意时,才可能成立该罪。

关于法律的体系,我国台湾学者王泽鉴先生将其分为外在体系和内在体系两类,前者指法律的编制体制,如民法第几编、第几节、第几款及前后文的关联位置;而后者则指法律秩序的内在构造、原则及价值判断等。法秩序是个阶层结构,犹如金字塔,宪法居其顶层,其下为一般法律,再其下为命令。① 内外体系交织,构成"法律的意义脉络"。

对法律所作的体系解释,就是在这种"意义脉络"中展开的。首先,要考虑某一解释对象在法典中的语言位置,是在总则中出现的,还是在分则中出现的,排列在第几节的第几个款项之中。对它的理解,要和上下文相联结,因为它是整体中的一个部分,绝非孤立和无依无靠的。例如,我国《民法通则》第122条规定:"因

---

① 参见王泽鉴:《法律思维与民法实例》,中国政法大学出版社2001年版,第223—226页。

产品质量不合格造成他人财产、人身损害的,产品的制造者、销售者应当依法承担民事责任……"该民事责任是过错责任还是无过错责任? 从《民法通则》的体系来看,本条处于其第六章第三节,属于特殊侵权行为;而此节的前一节即第二节为一般侵权行为,一般侵权行为的责任都是过错责任,而立法者没将本条安排在第二节里面,表明本条规定的不是一般侵权行为,不属于过错责任。再从本条的上下条来分析,第121条规定的是国家机关及其工作人员的侵权责任,第123条规定的是高度危险作业的侵权责任,而这两条都是无过错责任,此后的第124条、第125条也都属于无过错责任,由此可以认定第122条规定的也是无过错责任,因为从立法逻辑来讲,立法者断然不会从中插上一个过错责任条款在里面,这是立法者的一种有意安排。其次,要看解释对象所在的法典在整个法律体系这个大家庭中的位置,该法从属于哪一个部门,处于怎样一个效力级别,是特别法还是一般法,是上位法还是下位法。对它的解释,要做到在同一法域中作同一解释,并且对下位法的解释应服从上位法的含义,从而保证整个法律体系的统一。

当然,体系解释方法也有其局限性。法律内部虽要求有严格的逻辑关系,但法律总是由人起草的,由人制定的,人在起草和制定法律的过程中难免发生错误,包括逻辑上的错误。因此,在采用体系解释方法得出解释意见之后,还须再采用其他方法予以验证。

(二) 历史解释

历史解释又可以称为沿革解释、法意解释或立法原意解释。它是指在进行法律解释时,应当追寻、探求立法者的意图,将立法者的价值判断及其立法的目的和动机探求清楚,以立法者的意图作为理解法律文本含义的根本或最终标准。

在面对多个解释的备选答案时,选择其中最符合立法者意图的一项,这无疑是一种有益的解释方法。"虽然在立法者意图的存在及其可发现程度方面存在着许多尚未解决的歧异。但是,求诸立法者意图则是我们的司法过程中普遍的一环。"①利用有关资料,例如,立法中的调查报告、法律草案、立法起草大会和审议大会的记录、立法理由书或说明书,以及当时在理论界发生的相关讨论证明等,确认立法者的意图,并以此为标准对法律的各种解释答案进行选择和取舍,这就是继文义解释和体系解释之后的历史解释的方法。

法意解释与解释目标相关。"法解释学上关于解释目标存在主观解释论与客观解释论的对立,但今所谓法意解释,非为探求历史上的立法者于立法当时的主观意思,而是探求法律于今日所应有之合理意思,亦即客观意思。所以,在作法意解释时,一切立法资料,只是解释法律之参考资料,必须依社会现有观念,对立法资料予以评估,进行价值判断,以发现法律客观的规范意旨。"②

研究历史方法的最为重要的意义,乃是在何种情况下适用历史方法。由于法律规范的具体情况不同,历史方法的作用应当或者必然有所区别。在此我们区分为以下三种基本类型:

第一,必须适用历史方法的情形。对于立法当时即有特殊意图或者有特殊历史背景的法律规范,唯有历史方法能够贯彻立法意图或者实现立法功能,我们必须适用历史方法,否则被解释的法律规范即无实际意义。在这种情况下,用霍姆斯的话说,"一页历史就抵得上一卷逻辑"③。例如,我国《刑法》第196条规定了信用卡诈骗罪,当时金融机构所称信用卡是广义的,既包括具有透支功能的银行卡,也包括具有借记功能的银行卡。由于当时金融管理法规未对银行卡作这种细分,因而刑法中信用卡的概念与金融法规中信用卡的概念是一致的。但此后有关金融法规对银行卡根据功能作了细分,只有具有透支功能的才称为信用卡,其他则称为借记卡。在这种情况下,是否应当按照金融法规关于信

---

① 转引自朱力宇:《法理学原理与案例教程》,中国人民大学出版社2007年版,第358页。
② 梁慧星:《民法解释学》,中国政法大学出版社2000年版,第215—216页。
③ 转引自孔祥俊:《司法理念与裁判方法》,法律出版社2006年版,第271页。

用卡的含义解释刑法中的信用卡,就成为一个存在争议的问题。对此,坚持历史解释的立场,就应当对信用卡作广义的解释,因为在刑事立法时信用卡的概念就包括借记卡。在这种情况下,即使出现刑法中的信用卡含义与金融法规中信用卡含义不一致也在所不惜。因此,2004年12月24日全国人大常委会对刑法中的信用卡作出立法解释,规定信用卡是指由商业银行或者其他金融机构发行的具有消费支付、信用贷款、转账结算、存取现金等全部功能或者部分功能的电子支付卡。这一立法解释,就坚持了历史解释的立场。

第二,可以适用历史方法的情形。历史方法作为确定拟解释的法律规范的含义的方法之一,而不是唯一方法。例如,法律规范的文义需要借助于立法史、语境等多种方法进行确定,立法史只是确定法律规范含义的途径之一,但不是必不可少的依据。不过,在许多情况下,立法史对于确定法律规范的含义有重要价值。在这种情形下,立法史对法律解释的影响还与法律规范的存续时间长短有关系。正如法谚所说的,法律愈早,其语词和当时立法者的实际意图就愈不重要。与此相对应,法律愈早,近期的解释先例的影响就越大。① 同时,我国起草法律不搞立法理由书,也影响到历史解释方法在我国法律实践中的应用。

第三,无须考虑历史方法的情形。不考虑历史方法的情形,乃是按照其他方法足以确定法律规范的含义,或者不宜按照历史方法确定其含义(如按照客观目的对法律规范进行的解释)。

(三) 目的解释

目的解释就是按照制定某一法律的目的去解释法律的条文。当然,"为目的解释时,不可局限于法律之整体目的,应包括个别规定、个别制度之规范目的"②。

自德国伟大的法学家鲁道夫·耶林1877年发表了《法的目的》一书后,法的目的就成为了一个重要的概念。耶林从康德哲

---

① 转引自孔祥俊:《司法理念与裁判方法》,法律出版社2006年版,第272页。
② 梁慧星:《民法解释学》,中国政法大学出版社2000年版,第223页。

第十三章 法律解释 ★

学那里得到启发,认为法律规则不同于自然法则,自然法则符合因果律,而法律规则则不能依据自然因果律来进行推论,法律规则以某种目的为基础,因此,只有澄清了法律的目的才能说理解了法律。这样,在进行法律解释时探究法律的目的就成为一种新的并且非常重要的解释法律的方式。

例如,王泽鉴先生解释我国台湾地区《民法》第 798 条所称"自落"一语的意义:"民法所以设此规定,系鉴于果实落于邻地,已侵害他人所有权,并为维持睦邻及社会平和关系,勿为细物争吵,故将落地之果实'视为'属于邻地。准此以言,关于'自落',应从宽解释,凡非基于邻地所有人的行为致果实掉落的,均属之。如甲驾车不慎撞到乙之果树,致果实落于丙地,仍应为'自落',乙不得向丙请求返还。"[①] 再如,我国《合同法》第 73 条规定的债权人代位权,关于代位权行使结果之归属,有不同解释意见:第一种意见认为,应当判给原告即行使代位权的债权人,由其优先受偿;第二种意见认为,应当判归债务人,再由债务人的全体债权人按债权额比例分配。两种解释意见,均有其理由。考虑到合同法制定当时的背景,存在严重的所谓"三角债",已经影响到市场经济的正常发展,我国《合同法》设立第 73 条的目的,是要刺激债权人的积极性,促使债权人主动行使代位权,以解开"三角债"的死结。假如行使代位权的结果,先归属于债务人,再由其全体债权人按债权额比例分配,则债权人无须行使代位权亦可坐享其利益,而积极行使代位权的债权人必将得不偿失,这必然挫伤债权人行使代位权的积极性,而导致该条立法目的落空。有鉴于此,最高人民法院《关于适用〈中华人民共和国合同法〉若干问题的解释(一)》采第一种解释意见:行使代位权的结果,直接由行使代位权的债权人优先受偿。此系目的解释方法之成功运用。

运用目的解释方法,关键在于如何探究法律目的。这里所说的"目的"本身就是一个具有多义性的概念,其中既包括法律目

[①] 王泽鉴:《法律思维与民法实例》,中国政法大学出版社 2001 年版,第 284 页。

— 281 —

的,又可能包括社会目的。当然,典型意义上的目的解释方法主要考虑的是法律目的,但即使是法律目的,其又可能包括法律规定的立法目的、从法律中推断出的目的、立法者立法时的立法目的或立法者在当下可能具有的目的等。有鉴于此,我国台湾学者杨仁寿先生指出,法律目的的探究有三种方法:一是确定法律明确规定的目的;二是法律虽然没有明确规定,可以从法律的名称中得出其目的;三是法律既没有明确规定,又无法从名称中得出,遂采用逆推法,先发现个别规定或多数规定所要实现的"基本价值判断",再加以分析和整合,以得出多数规定要实现的目的,也就是规范目的,然后再综合,所得出的目的就是法律目的。①

但是,如果这样理解法律目的的话,就很难准确而清晰地区分法律目的和法律意图。法律的目的解释和历史解释之间也无法区分。因此,我们必须对法律的目的解释和立法者意图解释做更为严格和清晰的界定。苏力教授就认为,一般可以把目的解释包含在法意解释中,但目的解释在两个方面不同于法意解释。第一,目的解释可以基于对历史原意的考察,也可以是今天读者的构建,而一般说来法意解释拒绝构建的说法;第二,目的性解释从根本上说是向前看的,强调为适应未来而解释法律,强调法条现时所具有的合理含义,而法意解释是向后看的,强调的是忠实于过去,即立法时的意图。②

(四) 合宪性解释

所谓合宪性解释,是指依宪法及位阶较高的法律规范,解释位阶较低的法律规范的一种法律解释方法。例如,以宪法上的规定解释民法上的规定。

合宪性是对法律解释提出的一个根本要求,也是规范法律解释的一个重要控制措施。在逻辑上,它是法律解释的最后一个环节,也是解释活动之底限,在这一点上,它与文义解释在功能上有相同之处。

---

① 杨仁寿:《法学方法论》,中国政法大学出版社 1999 年版,第 154 页。
② 梁治平:《法律解释问题》,法律出版社 1998 年版,第 40—41 页。

拉伦茨指出:"在多数可能的解释中,应始终优先采用最能符合宪法原则的。"①该方法之所以重要,乃是由于:第一,法治要求法律至上,而法律至上归根到底是宪法至上,此乃宪政之内涵。宪法至上,就必然要求在法律解释中,应以服从宪法为第一要义。第二,与其他法律相比,宪法乃是一种原则法,它的规定颇为抽象,富含价值色彩,其指导性远大于操作性。强调法律解释中的合宪性,也便是要求在法律解释中尊重一些为宪法认可的基本价值准则,这无疑有利于促进法律趋向正义。第三,尽管在理论上关于法律效力等级的规定是清楚明白的,比如说中国的立法法就明确规定了各种法律的效力等级以及在其相冲突时的处理办法,但是,在具体的司法实践中,两种不同效力等级的法律是否相冲突或者说是否违反了宪法,是非常隐蔽的,需要在对法律条文的解释中进行鉴别和判断。

对法律条文进行合宪性解释,就是要求对法条含义的认定应与宪法的基本内容和原则无冲突,或者是在多个选择项中选取最与宪法相吻合的一种。在法治社会,违宪被认为是一种不可原谅的行为,因为它是对法治基础的破坏。对法律解释也必须时刻强调这一点。

有的学者认为,我们应当注意合宪性解释与目的解释和法意解释的区别。合宪性解释是以高位阶之规范,阐释低位阶法规之含义;目的解释系以某一位阶某法律之整个规范目的,阐释各个法律规定之含义;而法意解释则以立法史及立法资料等探求各个法律规定之立法意旨,阐释各条法律规定之含义。三者层次不同,解释方法也不同。②

三、比较法解释

所谓比较法解释,是指引用外国立法例及判例学说作为一项

---

① 〔德〕拉伦茨:《法学方法论》,陈爱娥译,商务印书馆2003年版,第243页。
② 杨仁寿:《法学方法论》,中国政法大学出版社1999年版,第171页。

解释因素,用以阐释本国法律意义内容的一种法律解释方法。[1]

"只了解一个国家的人,实际上一个国家也不了解。""因为不考察一个国家与其他国家的区别,是不可能真正了解这个国家的。"[2]依照这一说法,如果只了解中国法律,实际上连中国法律也不了解,因为不考察中国法律与其他国家的区别与联系,是不可能真正了解中国法律的。因此,将本国法律的相关规定或外国立法与判例作为参考资料,借以阐明法律条文的真实含义,是一种有效的解释方法。例如,我国《刑法》分则第267条使用了凶器的概念,但没有对凶器进行任何解释性规定,如果我们考察法国刑法典关于凶器的规定,了解德国与日本的判例对凶器的分类与解释,便能合理界定凶器的内涵与外延;当我们将"盗窃"解释为秘密窃取,而发现国外刑法理论与审判实践将"窃取"解释为"使用非暴力胁迫手段(平和手段),违反财物占有人的意志,将财物转移为自己或第三者(包括单位)占有",因而完全承认公开的盗窃时,我们会反思以往的盗窃定义。[3]

比较法解释是一种比较新兴的法律解释方法,是在19世纪随着比较法学的兴起和繁荣而逐渐进入法官视野的。一直到19世纪早期,欧洲大陆的法律科学都不是比较性的,而且也不曾有机会成为比较性的。这是因为在18世纪,人们曾认为人类的理性是无限的、万能的,可以凭借理性制定出完美的法律体系。这样,人们就完全没有必要去探究和比较不同国家和地区的法律,理性是衡量法律好坏的唯一标准。但其后,随着多元文化论的出现,民族国家的形成,人类交往范围的扩大,尤其是浪漫主义摧毁了理性的这种自信,已经没有哪种法律制度能够宣称自己是普世性的,不同的民族有不同的法律制度和法律精神。这样,对不同国家、不同民族、不同时代,尤其是不同法系的法律进行比较,就成为了一件重要的工作。在全球化的今天,比较的方法获得了更

---

[1] 梁慧星:《民法解释学》,中国政法大学出版社2000年版,第228页。
[2] 转引自张明楷:《刑法分则的解释原理》,中国人民大学出版社2004年版,第32页。
[3] 同上。

大的重要性,对传统法学和法律实践的很多方面进行了渗透,正是在此背景和基础上产生了比较法解释这一新兴的法律解释方法。尤其是那些后发展国家或者说法制尚不健全的国家和地区,其立法的过程就极深地打上了比较法的烙印,这样,在解释立法者意图时,就不得不通过比较法的视角来进行。而且,在立法者没有预见到的地方,比较法解释可以提供一幅比较协调的法律图景。

比较法解释主要应用于民法领域。这是因为民法领域里没有明确法律规定的地方比较多,而且法官也不得因为没有法律预先规定而拒绝判案。此外,各个国家之间的民法差异相对比较小,因此可以参照、借鉴的地方比较多。刑法由于受"罪刑法定原则"的限制,进行比较法解释的空间就要小得多。因此,相对于其他的法律解释方法,比较法解释具有很大的局限性,一般说来,只有在其他的解释方法都不足以解决问题的时候才会考虑这种解释方法;而且在使用时需要注意以下几个问题,不能滥用比较法解释而丧失或有损法律的权威性和客观性[①]:

第一,不得局限于法律条文之比较,应扩及于判例学说及交易惯例,尽可能对于外国法之真意及现时作用有充分了解,并将所引资料及参考理由说明。

第二,比较法解释系将外国立法例及判例学说引为解释资料,因此不可因外国立法例较佳,即径为援引采用,以取代本国法律规定。外国法律之斟酌,常可导致对本国法律规定之扩张或限缩解释,但不得超出法律文义之可能范围。

第三,外国立法例虽有重大参考价值,但是可否援引以解释本国法律规定或补充法律漏洞,应以不违反本国法律之整体精神和社会情况为度。

第四,应经由解释途径,将立法所继受之外国立法例,纳入本国立法体系,使之融为一体。

---

① 梁慧星:《民法解释学》,中国政法大学出版社 2000 年版,第 230—231 页。

四、社会学解释

在 19 世纪末,随着社会学法学的兴起并成为 20 世纪主导的法理学流派,社会学分析的方法也影响到了法律解释领域,其中一个重要的结果就是产生了一种新的法律解释方法即社会学解释。所谓社会学解释,就是指将社会学方法运用于法律解释,着重于社会效果预测和目的衡量,在法律条文可能文义范围内阐释法律规范意义内容的一种法律解释方法。①

从实践上看,缪勒案在社会学解释的历史上具有里程碑式的意义。1908 年美国俄勒冈州制定了一项限制女性劳动时间的法律,被一厂主缪勒提起诉讼,指控俄勒冈州制定的关于限制女性劳动时间的法律侵害了联邦宪法所保护的契约自由原则,从而违反了宪法。当时,著名律师布兰代斯担任了俄勒冈州的辩护律师。布兰代斯在其向联邦最高法院提出的"辩论概要"中,仅仅以两页的篇幅援引先例,而其余一百多页的篇幅乃是基于生活事实展开议论,通过大量的社会学数据证明了高强度和长时间的劳动确实极大地损害了妇女的身心健康,从而论证了保护女性立法的必要性,从而得出了俄勒冈州制定的法律并不违宪的结果。最后联邦最高法院采用了布兰代斯提供的证据,判决俄勒冈州法合宪。②

但是,我们应该比较谨慎地使用社会学解释的方法。在其他法律解释方法可以解决问题的情况下,一般就没有必要运用社会学解释的方法。这是因为社会学解释的方法需要收集大量的社会学事实作为证据,一般来说成本都比较高;而且事实的存在是否就能够有规范的意义,也不是没有疑问的。

由于社会学解释主要考虑法律所产生的社会效果或者如何才能使法律得到更好的实现,因此,社会学解释的操作方法,大体可以分为两个步骤:首先对各种解释可能产生的社会效果进行分

---

① 梁慧星:《民法解释学》,中国政法大学出版社 2000 年版,第 232 页。
② 转引自付子堂:《法理学进阶》,法律出版社 2005 年版,第 213—214 页。

析,然后再对法律的各种目的进行评判。

【课后阅读文献】
1. 张志铭:《关于中国法律解释体制的思考》,载《中国社会科学》1997年第2期。
2. 季卫东:《法律解释的真谛——探索实用法学的第三条道路》,载《中外法学》1998年第5、6期。
3. 陈金钊:《文义解释:法律方法的优位选择》,载《文史哲》2005年第6期。
4. 王彬:《法律解释的本体与方法》,载《西南政法大学学报》2006年第1期。
5. 周小苑:《法律解释中的价值判断》,载《法制与社会》2007年第1期。

【思考题】

一、名词解释
  1. 法律解释
  2. 正式解释
  3. 非正式解释
  4. 字面解释
  5. 限制解释
  6. 扩充解释
  7. 文义解释
  8. 论理解释
  9. 体系解释
  10. 历史解释
  11. 目的解释
  12. 合宪性解释
  13. 比较法解释
  14. 社会学解释

二、选择题
  1. 下列关于法律解释的哪一项表述是正确的?(   )
    A. 法律解释作为法律职业技术的核心,在任何有法律职业的国家中,其规则和标准没有不同
    B. 法律解释方法是多种多样的,解释者往往只使用其中的一种方法

C. 法律解释不是可有可无的,而是必然存在于法律适用之中

D. 法律解释具有一定的价值取向性,因此,它是一种纯主观的活动,不具有客观性

2. 2001年全国人大常委会作出解释:《刑法》第410条规定的"非法批准征用、占用土地",是指非法批准征用、占用耕地、林地等农用地以及其他土地。对该法律解释,下列哪一种理解是正确的?( )

A. 该解释属于立法解释

B. 该解释的效力与所解释的刑法条文的效力相同

C. 该解释与司法解释的效力相同

D. 该解释的效力具有普遍性

3. 根据我国《立法法》的规定,下列哪些情况属于全国人大常委会法律解释的权限范围?( )

A. 法律的规定需要进一步明确具体含义的

B. 法律规定业已修正需要重新定义其相关内容的

C. 法律制定后出现新的情况,需要明确适用法律依据的

D. 法律之间发生冲突,需要裁决其效力优先性的

4. 有的公园规定:"禁止攀枝摘花。"此规定从法学的角度看,也可以解释为:不允许无故毁损整株花木。这一解释属于下列哪一项?( )

A. 体系解释   B. 文义解释   C. 目的解释   D. 历史解释

5. 《刑法》第263条规定,持枪抢劫是抢劫罪的加重理由,应处10年以上有期徒刑、无期徒刑或者死刑。冯某抢劫了某出租车司机的钱财。法院在审理过程中确认,冯某抢劫时使用的是仿真手枪,因此,法官在对冯某如何量刑上发生了争议。法官甲认为,持仿真手枪抢劫系本条款规定的持枪抢劫,而且立法者的立法意图也应是这样。因为如果立法者在制定法律时不将仿真手枪包括在枪之内,就会在该条款作出例外规定。法官乙认为,持仿真手枪抢劫不是本条款规定的持枪抢劫,而且立法者的意图并不是法律本身的目的;刑法之所以将持枪抢劫规定为抢劫罪的加重事由,是因为这种抢劫可能造成他人伤亡因而其危害性大,而持仿真手枪抢劫不可能造成他人伤亡,因而其危害性并不大。对此,下列哪些说法是正确的?( )

A. 法官甲对《刑法》第263条规定的解释是一种体系解释

B. 法官乙对《刑法》第263条规定的解释是一种目的解释

第十三章　法律解释 ★

  C. 法官对仿真手枪是不是枪的判断是一种纯粹的事实判断

  D. 法官的争议说明：法律条文中所规定的"词"的意义具有一定的开放性，需要根据案件事实通过"解释学循环"来确定其意义

6. "法律的生命不在于逻辑，而在于实践"这一名言体现了哪种法律解释的目标？（　　）

  A. 主观说　　　B. 客观说　　　C. 折中说　　　D. 新主观说

三、简答题

1. 试述法律解释的概念和特征。
2. 试述法律解释的必要性。
3. 怎样理解当代中国的法律解释体制？
4. 试述法律解释的目标及其与法律解释方法的关系。
5. 法律解释的方法有哪些？

四、材料分析题

1. 《刑法》第244条之一规定："违反劳动管理法规，雇用未满16周岁的未成年人从事超强度体力劳动的，或者从事高空、井下作业的，或者在爆炸性、易燃性、放射性、毒害性等危险环境下从事劳动，情节严重的，对直接责任人员，处3年以下有期徒刑或者拘役，并处罚金；情节特别严重的，处3年以上7年以下有期徒刑，并处罚金。"

  问题："情节严重"这一构成要件，是仅就第3种情形而言，还是同时就第1、2、3三种情形而言？

2. 甲与乙共谋盗窃乙所在工厂的旧铝缸体。某星期日，甲与乙开车到工厂，因大门已锁上，乙叫值班员丙开门，甲乙开车进去装旧铝缸体时，丙说："这是我的班，你们不能装，领导知道会扣我的奖金。"乙说："没事，都是旧的。"丙表示："反正我也认识你们，你们爱装不装。明天跟领导汇报。"甲乙运走了价值4000余元的旧铝缸体。丙事后向领导作了汇报。

  问题：甲乙的行为是否构成盗窃罪？

3. 《刑法》第141条第1款规定："生产、销售假药，足以严重危害人体健康的，处3年以下有期徒刑或者拘役，并处或者单处销售金额50%以上2倍以下罚金；……"

  问题：这里的生产与销售是仅限于故意行为，还是同时包括过失行为？

4. 被告人石某，原系北京某中学教务处主任。根据北京市财政局的有关规定，学校为弥补经费不足，对毕业年级收取"讲义费"，列入学校基本账户，属代

收款科目。该费用实质是由学校代为保管、使用的学生私人财产,必须用于学生的学习活动支出,如有结余应如数返还。被告人石某于2006年6月,利用其职务之便,以用"讲义费"给学生购买纪念品的名义,领取转账支票1张,金额为13万余元,后用假发票报销平账,将该款侵吞。同年7月,石某又利用负责退还学生"讲义费"的职务便利,伪造学生签字,冒领"讲义费"3万余元。北京市东城区人民法院经审理认为,被告人石某身为国有事业单位工作人员,利用职务之便,将本单位管理的"讲义费"非法占为己有,其行为已构成贪污罪。根据我国《刑法》第271条第2款、第382条、第383条和第64条的规定,判决被告人石某犯贪污罪,判处有期徒刑10年。一审宣判后,被告人提出上诉,北京市第二中级人民法院裁定驳回上诉,维持原判。

问题:请用本章所学的知识,对法院的判决进行法理分析。

第十四章 法律推理

☞ **本章提示**
- 法律推理的含义与特点
- 法律推理的分类
- 法律解释与法律推理的关系
- 法律推理的方法

第一节 法律推理概述

一、法律推理的含义与特点

法律推理就是在法律论辩中运用法律理由的过程。或者说，是人们在有关法律问题的争议中，运用法律理由解决问题的过程。法律推理就是讲道理，以理服人。此处的"理"，是法律理由，包括法律的正式渊源或非正式渊源。

法律推理与一般推理相比，有这样几个特点：

第一，法律推理是一种论辩性推理。

法律推理的功能不在于获得认识上的新知，而是一种为法律适用的结论提供正当理由的辩护性推理，属于论辩的推理。正如美国法学家波斯纳所说："法律寻求的是合理性证明的逻辑而不仅仅是或者主要不是发现的逻辑。"① 由于社会环境纷纭复杂，法律上的争议往往极其复杂，单凭有限的规则和逻辑推导法官往往无法应付众多纷争，特别是在两个或者两个以上可能存在的前提或基本原则间进行选择成为必要时，对于一个问题的答案是否正确就会产生疑问，因为各方面都有强有力的论据支持。在这种情

---

① 〔美〕波斯纳：《法理学问题》，苏力译，中国政法大学出版社1994年版，第6页。

况下,各方都必须通过对话、辩论、批判性探究等方法来发现最佳的答案。由于不存在使结论具有确定性的无可辩驳的"首要原则",所以,我们通常所能做的就是提出有道理的、有说服力的和合理的论辩去探索真理。

第二,法律推理是一种寻求正当性证明的推理。

自然科学研究中的推理是一种寻找和发现真相和真理的推理。而在法学领域,因为法律是一种社会规范,其内容为对人的行为的要求、禁止与允许,所以法律推理的核心主要是为行为规范或人的行为是否正确或妥当提供正当理由。法律推理所要回答的问题主要是:规则的正确含义及其有效性即是否正当的问题,行为是否合法或是否正当的问题,当事人是否拥有权利、是否应有义务、是否应负法律责任等问题。

第三,法律推理是一种实践理性。

比利时哲学家佩雷尔曼指出:法律推理"不是一种形式的阐释,而是一个旨在劝说和说服那些它所面对者们的论辩,即这样一个选择、决定或态度是当前合适的选择、决定或态度。根据决定所据以作出的领域,在实践性论辩所给出的理由,'好的'理由,可以是道德的、政治的、经济的和宗教的。对法官来说,它们实质上是法律的,因为他的推理必须表明决定符合他有责任适用的法律"[1]。在法律推理中,人们总是寻求尽量减少被视为专断和非理性的意志的干扰。法学家的任务,就是运用法律推理的方法,依照法律制度努力促进的价值,使法律的精神与文字协调一致。

第四,法律推理的总体模式呈"演绎论证模式"。

法律推理过程不是一个简单的演绎推理可以概括的。有时法律规范不是很明确,或者存在法律漏洞,这就需要寻找恰当的法律规范;案件事实的确定也是一件复杂的事情,因此,那种认为法律推理是简单的三段论推理过程的观点是不正确的。但是,从总体结构看,法律推理总是呈一种"演绎论证模式"。

---

[1] 转引自《国家司法考试辅导用书》,法律出版社2007年版,第54页。

第五,法律推理要受现行法律的约束。

现行法律是法律推理的前提和制约法律推理的条件。法律的正式渊源或非正式渊源都可以成为法律推理中的"理由",成为行为的正当性根据。在我国,宪法、法律、行政法规、地方性法规都是法律推理的前提。在缺乏明确的法律规定的情况下,法律原则、政策、法理和习惯也会成为法律推理的前提。例如,在一起行政诉讼案中,原告提出被告上海市长宁区人民政府不具有执法主体资格,其根据是建设部《城市危险房屋管理规定》第5条第2款规定:"县级以上地方人民政府房地产行政主管部门负责本辖区的城市危险房屋管理工作。"法院没有支持原告的主张,根据的不是有关法律规定,而是我国行政法学界比较公认的"行政应急性原则"和该案的特殊性。[①] 在英美法系国家,来自于判例中的法律规则,也是法律推理的前提。

二、法律推理的分类

对于法律推理,可以按照不同的标准进行分类。[②] 根据法律推理中是否主要依靠和包含法律的价值理由而把它分为实质法律推理和形式法律推理两大类。

(一)形式法律推理和实质法律推理的含义

所谓形式法律推理,就是在法律适用过程中,根据确认的案件事实,直接援引相关法律条款,并严格按照确定的法律条款的形式结构所进行的推理。这主要表现为根据一般性的法律规范判断,推导出具体的案件裁决、判决结论的思维活动过程。

所谓实质法律推理,又称辩证推理,就是在法律适用过程中,侧重对法律规定和案件事实的实质内容进行价值评价或者在相互冲突的利益间进行选择的推理。

形式法律推理的基本特点在于它具有结论的确定性。在运用形式法律推理的过程中,不掺杂或介入其他的非法律因素,不

---

① 李昌道:《98上海法院案例精选》,上海人民出版社1999年版,第440页。
② 参见付子堂:《法理学进阶》,法律出版社2005年版,第221—225页。

因人而异,不同的人面对同样的案件事实,会选择相同的法律规范,最终得出相同的结论。形式法律推理的结论的可靠性主要与推理的形式结构有关,而与内容关系不大。而实质法律推理不以或不仅仅以某一确定的法律条款作为推导依据,还必须以一定的价值理由作为隐含的或者显现的附加依据进行推理。因此,实质法律推理是一种涉及实质内容和一定价值理由的非形式的推理,法律推理的形式在实质法律推理中不是最重要的因素。

按照上面的定义,形式法律推理的主要形式是演绎推理,而归纳推理和类比推理都应当属于实质法律推理;因为应用归纳推理和类比推理得出结论都或明或暗地包含有价值理由。

(二)形式法律推理和实质法律推理之间的关系

形式法律推理和实质法律推理之间既有区别,又有联系。它们之间的联系表现为:

(1)二者追求的最终目的相同。法律推理的过程实际上是综合运用两种推理方式的过程,二者都是为法律适用服务的,它们的最终目的都是要调节和指导人们的行为,解决争议或纠纷,调整法律关系,实现一定的法律秩序。

(2)二者的适用步骤相同。适用法律有三个必经的环节:一是弄清案件事实;二是确定适用的法律条文;三是根据法律规定推出案件的判决结论。其中第一个环节不是纯粹推理的问题,而要靠实际调查取证来解决;第二、第三个环节则是在确定前提、进行推论,属逻辑分析和推理的范畴。人们在实际生活中使用形式与实质法律推理一般都要经历上述三个环节才能得出最终的结论,只不过实质法律推理所运用的法律依据主要是概括、抽象的法律原则、公理或原理等。

(3)二者的适用主体大体相同。法律推理并非法官的专利,因为法律在法院外的作用就像在法院内的作用同样繁多和重要:法律是供普通的男男女女之用的,它被认为是他们对怎样生活而进行的某种建构。公民、律师和法学家们都可以使用这两种法律推理方式来解决法律问题,只不过他们经推理而得出的结论不像法官那样具有法律效力和强制执行力而已。无论形式法律推理,还是实质法律推理,两者的使用主体都是相同的。

同时,形式法律推理与实质法律推理还存在下列区别:

(1)二者所体现的价值观念不同。形式法律推理主要指演绎推理。就演绎推理而言,它要求严格依照法律规范来进行推理,基本上保持了法律的"原汁原味",是合法价值观念的完美体现。因此,形式法律推理追求的是法的确定性、稳定性的价值。

实质法律推理的形式多种多样,其所追求的价值观念是"合理"。所谓合理,是指符合社会进步与社会发展、发展民主、保障人权和公序良俗的理念。无数事实表明,合理与合法之间的矛盾是不可避免的。这主要是由法律的相对稳定性与社会发展的持续性的矛盾、社会关系的复杂性和人的认识的局限性的矛盾决定的。

(2)二者的适用范围不同。形式法律推理主要适用于有明确法律规范的场合,实质法律推理主要适用于疑难案件的处理。

(3)二者所采用的推理方法不同。形式法律推理主要采用演绎逻辑的推理方法,而实质法律推理采用的是辩证推理的方法。

(4)价值判断在两种推理中所起的作用不同。价值判断在形式法律推理中的作用极为有限,但在实质法律推理中却起着中心作用。实质法律推理不像形式法律推理那样是从确认的案件事实和明确而完备的法律规定出发,凭借演绎推理模式就可以逻辑地导出裁决、判处结论,而是根据一系列"法律内"或"法律外"的因素综合案件事实进行实质内容上的价值判断;也就是说,实质法律推理主要涉及对法律规定和案件事实本身实质内容的评价和价值判断。可以说实质法律推理的主要依据甚至可以说唯一的依据就是价值判断,因为实质法律推理主要适用于适用法律有困难的情况,如果离开了价值判断案件就无法解决。可见价值判断在实质法律推理中的地位是在形式法律推理中所无法比拟的。

需要特别强调的是,把法律推理分为形式法律推理和实质法律推理只是为了研究和论述的方便,并不意味着这两种推理之间是相互排斥、水火不容的。事实上,在法律适用过程中,这两种推理经常是交叉使用、相互渗透、相互补充、密不可分的。只是在不同的国家和地区对这两种推理形式互有侧重。

(三)形式法律推理和实质法律推理的应用

一般说来,在以成文法为主要法律渊源的大陆法系国家,法律适用时是以形式法律推理为主的;在以判例法为主要法律渊源的英美法系国家,实质法律推理的运用范围就非常广泛。我国是一个制定法国家,形式法律推理是适用法律的最基本的、最常用的推理。

形式法律推理和实质法律推理在民事和刑事法律适用活动中也互有侧重。一般地,形式法律推理在刑事法律活动中比较常见;而在民事法律适用、经济法律适用中运用实质法律推理的机会就比较多。

三、法律解释与法律推理的关系

(一)法律解释与法律推理的区别

(1)二者所要完成的任务和针对对象不同。法律解释是对法律规定的含义进行说明,而法律推理则是在法律论辩中通过运用法律理由,以理服人。

(2)前者针对的是法律规定,通过研究法律文本,阐发其意旨,后者则不仅针对法律规定,还包括案件事实,通过演绎和辩证推理等方法得出令人信服的法律结论。

(二)法律解释与法律推理的联系

(1)它们都与具体的法律问题有关。在发生具体的法律问题需要应用法律加以解决时,就往往要进行法律解释和法律推理。

（2）二者在很多情况下是不可分割的，在进行法律解释时，离不开推理方法的运用，而在法律推理过程中，常常需要对法律规范进行解释然后运用于具体案件事实，特别在法律规定不明确或含义有争议的情况下，法律解释更是法律推理过程中的一个十分重要的组成部分。

四、法律推理在法律实施中的地位与作用

在法律实施过程中，法律推理具有重要的地位和作用：

首先，法律推理是法律实施的重要前提。法律规范由于其概括性和抽象性，在应用到具体案件解决法律问题时，往往还需要进行进一步的分析、阐发，对于有歧义或争议的，还需要有权机关加以说明或明确，这些都离不开法律解释；而要由法律规范和案件事实得出法律结论，法律推理更是必备环节，可以说，没有法律推理，就不可能有法律的实施。

其次，法律推理有助于保障法律的正确、公正实施。在法治社会中，法律推理是培养法律职业思维方式的重要方式，这是在保证司法独立的前提下，通过法律职业共同体的自律或自治，避免司法腐败，实现司法公正的重要途径。法律推理有助于保证裁判公正。法院是解决纠纷的地方，法院又是讲理的地方。法院的讲理，一方面是提供判决的理由，另一方面是说明这些理由与结论之间的合乎逻辑的联系，也就是讲理包括前提的合理与过程的合理两个方面，法律推理正是这两方面合理的保证。

第二节　法律推理的方法

法律推理的类型如何划分，法律推理的具体方法有哪些，历来众说纷纭。正如波斯纳所说的，它是一个杂货袋。我们认为，法律推理主要包括演绎推理、辩证推理几种方法。

一、演绎推理

演绎推理是指从一般到特殊的推理,即根据一般性的知识推出关于特殊性的知识。其特点是结论寓于前提之中,或者说结论与前提具有蕴含关系,所以它又是必然性的推理。只要前提真实,推理形式正确,结论就必然真实。

演绎推理在结构上由大前提、小前提和结论三部分组成。大前提是那种概括了若干同类个别事物中共性的普遍性判断;小前提是对某一个别事物属于大前提主词外延的一种说明;结论表明该个别事物也具有在大前提中普遍性判断所揭示的属性。由于生活世界存在着特殊与普遍之间的内在联系,而那种共性、普遍性是同类事物的任何个别都共同具有的,所以一个正确的演绎系统,本身是对这种特殊与普遍之间的联系的反映。[①] 演绎推理的典型形式是三段论,它借助于一个共同的概念把两个前提连接起来,从而推出一个结论。演绎推理的逻辑结构可以简单地表述为:所有 M 是 P,S 是 M;因此,S 是 P。

在成文法国家,法律之适用通常被认为系属于演绎推理形式之运用。即一般法律规定被认为是大前提,而具体生活事实通过涵摄被归属于法律构成要件之下形成小前提,然后通过演绎推理之逻辑结构导出具体法律事实的法律后果。当代中国也是以制定法为法律渊源主体的国家,制定法中各种具体规定,是人们进行法律推理的大前提,所以演绎推理在法律推理中被广泛运用。

例如一个法院审理一个重婚罪刑事案件,如果它判决被告(甲、丙)有罪并判刑,那么这一判决中所体现的三段论推理大体上是:大前提是我国《刑法》第 180 条规定:有配偶而重婚的,或者明知他人有配偶的而与之结婚的,处 2 年以下有期徒刑或者拘

---

① 此处的普遍性判断、共性等并非指人们通常所理解的普遍原理、共同本质,而主要是指英国哲学家维特根斯坦所讲的事物之间的"家族相似"(family resemblance)。参见〔英〕维特根斯坦:《哲学研究》,汤潮、范光棣译,生活·读书·新知三联书店 1992 年版,第 46 页。

役。小前提是经查证属实的案件事实,甲已有配偶乙而又与丙结婚;丙本人虽未结婚但明知甲有配偶而却与之结婚,因此甲丙二人均犯有重婚罪。在这里,重婚是联系大小前提的共同概念,通过这一概念的中介作用,使大小前提联系起来,即法律规定重婚罪,案件事实表明甲丙二人行为都构成重婚,因而通过从一般到特殊的推理,判决二人均犯重婚罪。判决中对二人的判刑可能不同,例如甲被判处 2 年徒刑(最高刑),丙被判处 15 日拘役(最低刑)。这可能是因为法院根据刑法中关于量刑的规定,考虑到二人犯罪不同情况,例如甲负有主要责任,因而才作出轻重不同的处刑。这又涉及另一推理问题。

演绎法律推理具有与一般演绎推理不同的特点。美国法学家史蒂文·J. 伯顿认为,法律演绎推理的关键步骤有三:(1) 识别一个权威性的大前提;(2) 明确表述一个真实的小前提;(3) 判断重要程度。而其中的真正的问题可能在于"选定大小前提并在它们之间确立一种适当的关系"。[①] 在此,有必要分步骤进行分析。

第一步的问题是如何寻找大前提。大前提是用作法律依据的法律规定。有两个因素影响着对大前提的找寻。其一是对案件事实的全面、准确的把握。即到底发生了什么事情?其二是人们的法律知识。人们只有具备足够的法律知识和法律训练才知道如何"全面"、"准确"地确定案件事实,才能够"对号入座"、在自己的法律知识之网中找到合适的大前提。

第二步的问题是如何确定小前提。这一过程其实是在事实与法律之间的反复沟通与联络的过程。因为小前提是对某一个别事物属于大前提主词外延的一种说明,而法律演绎推理的小前提通常是对某一特定的、待判断问题的描述。在有些情况下,对小前提的描述并非易事。"到底发生了什么事情?"这种描述有可能是一个颇具"技巧性"的事情,需要精心"剪裁",以使案件事实

[①] 〔美〕史蒂文·J. 伯顿:《法律和法律推理导论》,张志铭、解兴权译,中国政法大学出版社 1998 年版,第 54—55 页。

与大前提相符合。

第三步是判断重要程度。"判断重要程度就是判断在案件的许多事实中哪些事实可以证明把该案归于一法律类别。"①由于有很多事实,任何事实都可能重要或者不重要。所谓重要的事实是那种恰好与有关法律要做什么的规范性指示相吻合的事实。而规则是抽象的,事实是具体的,"一个案件的事实并非事先就包装在规则的语言之中"②。要想使案件事实"符合"相应的法律规定,从而可以适用,就需要解释规则的含义,解释(说明)案件事实以及它与这个规则相符合的程度。因此,判断重要程度对法律演绎推理的正确进行是至关重要的,而对这一问题的解决却在演绎推理之外。

例如,在一起行政诉讼案中,原告向县工商管理机关申请企业名称登记,该行政机关根据《企业名称登记管理规定》(1991年5月国务院批准,国家工商行政管理局发布)第9条的规定,"企业名称不得含有下列内容和文字:(一)有损于国家、社会公共利益的;(二)可能对公众造成欺骗或者误解的",认为原告使用一历史上的、可能引起人们消极联想的人名进行登记有违社会公共利益,因此拒绝批准。该行政相对人根据同一法规的第10条第3款"私营企业可以使用投资人姓名作字号",到公安机关把自己的名字改为那个历史人物的名字,进而以自己的名字再次申请。仍然遭到拒绝。他向法院起诉以维护自己的权利,但被判败诉。③我们认为问题主要出在法律推理上。法院在法律推理过程中只针对是否违反"社会利益"的问题进行论辩,没有回答当事人"是否可以以自己的名字申请注册公司名称"的问题。从法律推理方面来讲,这存在三方面的问题。其一是判断重要程度的问题:发生了什么事情?是有关违反社会公共利益的判断,还是当事人以

---

① 〔美〕史蒂文·J.伯顿:《法律和法律推理导论》,张志铭、解兴权译,中国政法大学出版社1998年版,第117页。
② 同上书,第62页。
③ 中央电视台《今日说法》2000年12月6日。

自己的姓名作字号的问题？这个问题又影响着下一个问题。其二是识别大前提的问题。我们认为处理该案件的权威性大前提应当是第 10 条的规定，而不是第 9 条，因为后者是一个并不确定的问题，前者才是确定的，有资格作为大前提。其三，法院没有对所有论题进行充分说理，有违程序公正。因为只有纠纷解决者听取双方的论据和证据，推理论及双方所提出的（所有）论据和证据，才是公正的、不偏不倚的。

在科学研究中，演绎推理的一种具体方法是公理方法。公理是少数几个作为推理大前提的、不加证明的初始原理。这种方法要求公理的独立性、公理系统的无矛盾性和完备性。[①] 在演绎法律推理中，作为推理大前提的法律规定，可以逐渐发展成为独立的规范体系，但却很难作到完备和无矛盾。法律的这一特点，决定了判断重要程度的问题需要通过演绎推理之外的工作来解决。

在法律适用过程中，形式推理作为经常使用的一种方式，常常会发生一些谬误。常见的谬误是实质内容的谬误，大体上有以下几种形式：

第一，偶然的谬误，即将一个一般规则适用于不应适用该规则的特殊情况。例如，刑法规定，犯罪者应受刑罚，但如果将这一规则适用于不能负刑事责任的精神病人就是错误的。

第二，偶然谬误的反面，即与偶然谬误相反，将一个仅适用于特殊情况下的规则适用于一般情况。例如，我国《民法通则》规定，合同当事人可以选择处理合同争议所适用的法律。但如果将这一仅适用于涉外经济合同的特殊规则适用于一般经济合同当然是错误的。

第三，文不对题的谬误，即改变前提中的要点，例如一个辩护人为被告甲所作的辩护要点是，甲是好人，所以他不会犯这种罪。

第四，循环论证的谬误，即用以证明论题的论据本身要靠这一论题本身来证明。例如以甲有权利来证明乙负有义务，反过

---

① 夏甄陶：《认识论引论》，人民出版社 1986 年版，第 305 页。

来,又以乙负有义务来证明甲有权利。

第五,根据不足的谬误,如某商店有一天被窃,甲在那一天曾去购物,因而认为甲是偷窃者。

第六,许多问题的谬误,即对一个包含若干问题的问题或必须推定前提的问题,要求作出一个简单的回答。

形式推理中的谬误还有文字上的谬误,通常是指用词上的失误。例如在前提和结论中使用多义词、模棱两可的词,用代表事物部分的前提来论证事物整体的结论,等等。此外,还有通常形式逻辑中讲的三段论推理中的谬误。

二、辩证推理

(一) 辩证推理的含义及其适用的情形

辩证推理,即侧重对法律规定和案件事实的实质内容进行价值评价或者在相互冲突的利益间进行选择的推理。它的特点在于:不能以一个从前提到结论的单一连锁链的思维过程和证明模式得出结论。[1] 类比推理、法律解释、论辩、劝说、推定是通常进行辩证推理的具体方法。

美国法哲学家博登海默认为在解决争议时有必要运用辩证推理的情形有以下三种[2]:

(1) 法律未曾规定可为所受理案件适用的判决原则的新情形。这种情形也许会发生在新创设的法律领域中,如原子能或环境控制领域中;它也会出现在传统领域中,如合同与侵权领域中。这种情形是在现行有效的原则不能适当地适用或扩大适用于异常组合的事实时才发生的。

(2) 一个问题的解决可以适用两个或两个以上互相抵触的前提,但必须在它们之间作出真正选择的情形。博登海默所举

---

[1] 参见〔英〕麦考密克、〔奥〕魏因贝格尔:《制度法论》,周叶谦译,中国政法大学出版社1994年版,第202页。

[2] 〔美〕博登海默:《法理学:法律哲学与法律方法》,邓正来译,中国政法大学出版社2004年版,第519—521页。

"海因斯诉纽约中央铁路公司"一案为说明这种情形提供了一个范例。在该案中,一个16岁的小男孩游过哈勒姆河之后,他爬上了一块从该河一端的堤岸处伸出的跳板。该跳板是设置在铁路地段上的。正当他站在跳板的顶端准备跳水时,他被该铁路公司所有的电线杆上掉下来的高压线触死并被击入河中。在这个孩子母亲所提出的损害赔偿诉讼中,两方辩护人得出了两种互相抵触的比喻。铁路方律师将事故发生时该男孩的地位比为非法侵入私有者土地的地位,因而该土地所有人对他不承担应有注意的责任。原告律师争辩说,该跳板以上或以下的空间是属于国家的,因而该男孩应视为类似于公路上的行人。下级法院采纳了被告方提出的那种比喻并驳回了原告方的起诉。然而上诉法院则接受了相反的观点,撤销了原判。撰写此判决理由的卡多佐法官指出,双方各自的比喻类推从逻辑上讲都是可以接受的。但他却得出结论道:正义与理性要求被告承担这种法律责任。对这一判决理由的研究表明,在那些无法以某个明确适用的法律前提推论出结果的情形中所需的推理是颇为复杂的。

(3)对于所受理的案件尽管存在着规则或先例,但是法院在行使其所被授予的权力时考虑到该规则或先例在此争讼事实背景下总的来说不甚完美而拒绝适用它的情形。例如美国纽约州法院1882年审理的瑞格斯诉帕尔默(Riggs v. Palmer)一案就出现过这种情况。在该案中,继承人帕尔默知道他的祖父曾立下遗嘱,要给他留一大笔遗产。但他的祖父新近再婚,可能会改变这一遗嘱而使他一无所得。帕尔默为了得到这笔遗产,最后毒死了自己的祖父。如果按照遗嘱法,帕尔默祖父的遗嘱合法有效,因此,根据遗嘱,帕尔默有权获得这笔遗产。但是厄尔法官(Earl, J)论证说,在任何地方,法律都得遵循下述原则,即任何人不得从其错误行为中获得利益,因此,遗嘱法应被理解为禁止继承人以杀人等错误的方式来获得遗嘱中所规定的遗产。这样,帕尔默就丧失了继承权。在该案中,如果简单地依据遗嘱法判决帕尔默有权获得这笔遗产,显然有违正义,因此,厄尔法官没有依据遗嘱法规则进行简单的形式推理,而是根据实质正义的原则否定了帕尔默的继承权,案件的推理过程是一种以实质正义为依归的辩证推理。形式的法律推理与正义原则背道而驰这种情况,在法律推理的权威性依据亦即大前提自身的正当性受到质疑的情况下,表现得尤为尖锐。例如,在第二次世界大战后对纳粹战犯的审理就面临着这一问题,如果按照纳粹所颁布的法律,纳粹分子所犯下的许多战争罪行在形式意义上可能会是合法的。

在所有上述情形中,法院不可能通过分析的论辩方式,也就是用演绎等方法去解决争议问题。在这种性质的情形中,即使是律师在试图劝说法院作出有利于其代理人的结论时,也不可避免地要诉诸辩证推理方式。①

随后的学者们对此进行了补充,认为下列几种情况下也需要使用辩证法律推理:首先,法律规定本身的意义模糊;其次,出现了"法律空隙"或"法律漏洞",即在法律中对有关主题没有直接的明文规定;再次,同一位阶的法律规定之间有抵触;最后,某些法律规定明显严重落后于社会发展情势,严重不公正。即出现通常所说的"合法"与"合理"的矛盾。在出现上述情况时,在原有的法律修改之前或者新法律制定出来之前,一个法院在受理一个在它管辖范围内的案件时,就需要辩证推理。

从各国法制实践来看,在出现以上这些情况时,主要通过以下一些形式来进行辩证推理:第一,通过对法律精神的理解来处理具体案件;第二,通过衡平和拟制等法律技术来克服法律规则的僵化,从而谋求对个案处理的公正性;第三,根据国家政策或法律的一般原则处理案件;第四,以习惯和社会习俗作为推论的基础来处理具体案件;第五,根据法理或伦理意识进行推理;第六,根据事物的性质进行判断和推理,甚至可以依据法官的直觉进行推理。

(二)类比推理

类比推理(有时也称为类推适用)是最常用的一种辩证推理

---

① 参见〔美〕博登海默:《法理学:法律哲学与法律方法》,邓正来译,中国政法大学出版社2004年版,第520页。

方法。类比推理是根据两个对象某些属性相似而推出它们在另一些属性上也可能相似的推理形式。① 它的基本逻辑形式是：对象 A 有属性 $P_1 \cdots P_m$、P_n；对象 B 有属性 $P_1 \cdots P_m$；所以，对象 B 有属性 P_n（n 大于 m）。

在法律适用过程中，类比推理的最基本形式大体上可以概括为：一个规则适用于甲案件；如果乙案件在实质上与甲案件相似，那么适用于甲案件的规则也可以适用于乙案件。例如，如果在某个案件 A 中，某甲购买了一瓶汽水，在饮用时汽水瓶发生爆炸，导致某甲双目失明，某甲要求供应商某乙承担损害赔偿责任，结果，法院认为该商品属于可能危及人身、财产安全的商品和服务，而某乙没有就该商品的性质向某甲作出真实的说明和明确的警示，并说明正确避免危险发生的方法，因此，判决某甲胜诉。如果有另一个案件 B，该案中，某丙购买了一个咖啡炉，在使用的过程中该咖啡炉发生爆炸，致 1 人死亡，某丙遂起诉到法院，要求供应商某丁承担相应的损害赔偿责任。如果这两起案件具有实质上的类似性，那么，法院就应当把 A 案件中所包含的有关危险消费品的法律规则同样适用于 B 案件，也就是说，应当判决支持丙的诉讼请求。

类比推理在普通法系和大陆法系都存在，但是，相比较而言，类比推理在普通法系比在大陆法系远为广泛和重要。普通法系法官之所以普遍采纳类比法律推理，主要原因在于普通法国家实行的是判例法，强调遵循先例。在先例制度下，案件审理的基本要旨是"同样案件同样判决"②，这个原则实际上可以分为两个规则，即同样案件同样判决和不同案件不同判决。

在普通法系，法律类比推理的过程可以分为以下几个阶段：

第一，识别一个权威性的基点或判例，以便确定法律适用的规则。如果把法官手头需要处理的案件称为目标案件的话，那

---

① 张保生：《法律推理的理论与方法》，中国政法大学出版社 2000 年版，第 292 页。
② 〔美〕史蒂文·J.伯顿：《法律和法律推理导论》，张志铭、解兴权译，中国政法大学出版社 1998 年版，第 30 页。

么,与之相对应,法官在进行类比推理时首先就必须确定一个进行类推的源案件,亦即先例。在这一阶段,法官不得出于个人偏好对权威性判例置之不理;另外,法官选择的先例应当能够成为法官整个类比推理得以展开的出发点。从理论上讲,法官可以在各级法院的判决中寻找判例,甚至可以在外国法院的判决中寻找判例。但是一般而言,普通法国家的法官很少有以外国法院的判决作为类推源案件的。而且,就国内判例而言,普通法国家的判例本身也是有等级的。

对于什么东西可以作为类比推理的基点,美国法学家伯顿认为:"至少有7个背景因素可能包含着有用的基点:(1)制定法文字的通常含义;(2)适用同一制定法规则的司法判例;(3)无争议的假设案件;(4)由同一制定法中其他一些规则所支配的案件或情况;(5)与制定法相联系的历史事件或情况;(6)与法律制定同时期的经济和社会实践,以及(7)立法史。"[1]当然,这个基点不是一成不变的,它可以被后来的案件否决,"否决的案件就取代被否决的案件成为后来这类案件的具有权威的基点,从而改变了法律"[2]。

第二,将目标案件与源案件进行对比,分析它们的相同点和不同点。对于目标案件与源案件的共同与差异了解得越清楚,法官对于审判中需要解决的核心问题就会越清楚,正确判决案件的把握也就越大。在这一阶段,法官不仅需要非常仔细地分析先例,而且需要尽可能全面地、客观地了解目标案件与源案件的相同与不同。法官如果无视目标案件与源案件的重要差异,那么,法官的类推将会受到质疑。

第三,判断是事实上的相同点还是不同点更为重要。在这一阶段,法官必须决定,在比较中所发现的相同点和不同点何者更为重要?这种判断的参照标准可以是规则的构成要件,也可以是

---

[1] 〔美〕史蒂文·J.伯顿:《法律和法律推理导论》,张志铭、解兴权译,中国政法大学出版社1998年版,第89页。
[2] 同上书,第35页。

两个案件在实质上是否具有同一性以及是否具有相同的学说和理论基础等。如果认为相同之处重要,那么就应当依据先例判决;如果认为两案之间的不同之处更为重要,那么就应当坚持不同案件不同判决。

　　虽然人们通常认为,遵循先例的推理形式主要以类比推理为主,但制定法下同样可以运用此方法。例如,我国《民事诉讼法》第92条和第93条对诉讼和诉前财产保全作了规定。有一个案件的当事人既没有在诉前也没有在诉讼中,而是在一审后但判决尚未生效期间申请财产保全。这是否可以适用以上财产保全的法律规定?我们认为可以,采用的就是类比推理。具体过程是:现行法律关于财产保全的规定适用的前提是这一纠纷可能或者就是要由法院来裁断;保全的目的是防止当事人处分财产从而使诉讼失去意义。裁判未生效期间的保全虽然没有明确涵盖在法律条文里(立法者只考虑到了诉前和诉讼中有财产保全的情况,而对虽已进行了一级诉讼但还可能继续下一步诉讼时的保全问题却似乎有疏忽),但与法律已规定的财产保全相比,这种情况是可能出现的(只不过比较少见),而且它的前提和目的与之也是相类似的,因而也应当产生已有规定的法律效果。所以,现有财产保全的规定应当作为本案法律适用的大前提,当事人可以申请财产保全。

　　类比推理是一种从个案到个案的推理,它立足于对具体案件的处理,并强调判决的一致性,以保持法律的连续性和可预见性;同时它还体现了平等对待的原则和对法律传统的尊重。而从类比推理的结构来看,类比推理采用的则是一种间接推论的形式。另外还应当注意,类比推理并不是单纯的逻辑运演,因为在类比推理中,作为推理基础的类似性判断实际上是一种价值评价活动,例如,替身母亲以收取报酬的方式将其妊娠的婴儿交给替身母亲合同所规定的婴儿的父母,这种行为与买卖婴幼儿是否具有实质的类似性?医生对病人实施安乐死的行为与谋杀是否具有实质的类似性?对这种类似性无论是作出肯定的判断还是作出否定的判断,都属于价值评价活动,我们对其结论不能像事实命题一样可以进行真假判别,只能对之作出正当或不正当的评判。从这个意义上讲,我们认为有人把类比推理纳入形式法律推理之中是不合适的。

(三) 归纳推理

归纳推理与演绎推理的思维路径相反,是从特殊到一般的推理。归纳推理的基本逻辑形式是:

A_1 是 B, A_2 是 B, A_3 是 B……A_n 是 B;

所以,一切 A 都是 B。

显然,归纳推理的结论包含了前提中所未给出的 A 的某些知识。

运用归纳方法进行法律推理的合理性主要在于生活世界所具有的某种必然性和规律性。而这种必然性和规律性是通过个别现象的偶然性、多样性表现出来的。我们可以通过认识大量个别现象的偶然性和多样性去把握生活世界的那种必然性和规律性,并在此基础上指导我们对待知事物(案件)的认识,对世界的发展趋势和未来进行预测、把握和规范。归纳法律推理的任务在于:通过整理、概括经验事实,使分立的、多样的事实系统化、同一化,从而揭示对象的那种必然性和规律性。①

归纳推理的具体方法大致是:首先,汇集众多个别案件及经验事实;其次,对所汇集的对象进行比较、分类和概括;最后,发现或者确定归纳得以实现的案件和经验事实中那些共同的特征和属性,并形成具有普遍性的判断。例如,最高人民法院于 1989 年 11 月 21 日发布的《关于人民法院审理离婚案件如何认定夫妻感情确已破裂的若干具体意见》,它把夫妻感情确已破裂这一判决离婚的法定界限具体化为 14 条意见,凡符合其中之一的,视为夫妻感情确已破裂。在这 14 条意见中,有一些就是通过运用归纳推理概括司法实践中的成功判例得出的,其中如:"婚前缺乏了

---

① 夏甄陶:《认识论引论》,人民出版社 1986 年版,第 297 页。

解,草率结婚,婚后未建立起夫妻感情、难以共同生活的";"因感情不和分居已满3年,确无和好可能的,或者经人民法院判决不准离婚后又分居满1年,互不履行夫妻义务的"。① 在这个《意见》形成过程中,首先是有大量的有关离婚的个别案件和经验事实;然后,是最高人民法院对上述案件和事实进行比较、分类和概括;最后,是以前面工作为基础,发现各种夫妻感情确已破裂案件与感情尚未破裂案件的不同特征以及各种感情确已破裂案件的共同特征,从而形成有关判断夫妻感情确已破裂的普遍性意见。

在科学研究中常常使用的归纳推理方法有:统计方法、直觉归纳法、不完全枚举法、完全归纳法。我们以为,可以在法律推理中运用的归纳推理主要是前三种。特别是不完全枚举法,被大量使用。由此种方法所归纳出来的一般结论,如果遇到一个反例,就会被推翻,所以,它的结论是不完全的,具有或然性。为了保证归纳推理正确,首先,需要注意归纳结论的确定性程度应当根据检验、证伪的彻底性来评价:结论越确定,需要的案件越多;结论比较笼统,需要的案件可以比较少。控制的种种有关条件越多,则排除其他假说就越彻底。② 其次,法律目的、法律价值是进行合理选择的重要保证。

在此,我们应特别指出的是,有人认为归纳推理应属于形式法律推理,因为它可以用形式逻辑的方法去刻画。但我们知道,作为法律推理的归纳推理,我们重视的不是它的形式,而是其实质内容。从特殊的事例归纳出一般的原则,这一过程实质就是一个法律解释的过程。不同的法官对于完全相同的案例,也会得出完全不同的规则。同时,选择一个判例作为权威的规则,也必须依据法官的选择标准。这些标准不是逻辑问题,而是随着制度而异或在同一制度中随时间而异的实体问题。因此,我们可以看

---

① 转引自陈智慧、李学兰:《婚姻、收养、监护与继承——亲属法原理与实务》,复旦大学出版社1997年版,第147—148页。
② 〔英〕L.乔纳森·科恩:《理性的对话》,邱仁宗译,社会科学文献出版社1998年版,第79页。

出,法官在进行归纳推理时,其价值判断起着主导的作用,我们不能把它划入形式法律推理的范畴。

【课后阅读文献】

1. 解兴权:《法律推理的含义、性质及其功能》,载《法律科学》1998年第6期。
2. 张骐:《司法判决与其他案例中的法律推理方法研究》,载《中国法学》2001年第5期。
3. 葛洪义:《法律原则在法律推理中的地位和作用》,载《法学研究》2002年第6期。
4. 周永坤:《我国现行法律解释与法治观念的冲突》,载《现代法学》2006年第4期。
5. 李源:《试论法律解释的基本规则》,载《学习月刊》2007年第2期。

【思考题】

一、名词解释

1. 法律推理
2. 形式法律推理
3. 实质法律推理
4. 演绎推理
5. 类比推理
6. 归纳推理

二、选择题

1. 形式法律推理的主要形式有(　　)。
   A. 归纳推理　　B. 演绎推理　　C. 类比推理　　D. 当然推理
2. 下列哪一种情况下要应用实质法律推理?(　　)
   A. 法律规定非常明确的情况下
   B. 出现法律漏洞的情况下
   C. 法律概念含糊不清的情况下
   D. 法律规范相互冲突的情况下
3. 杨某是某省高速公路建设指挥部的处长,为某承包商承建的某段高速公路立交桥绿化工程结算问题向该工程的建设指挥部打招呼,使该承包商顺利地拿到了工程款,然后收受了该承包商的10万元人民币。一审法院依据上述事实认为杨某的行为触犯了我国《刑法》第 385 条的规定,构成受贿罪,判处杨某有期徒刑 10 年。杨某不服,提出上诉。二审法院经审理认为杨某的上述行为不构成受贿罪,撤销一审判决,宣告杨某无罪。理由是,该工程的建设指挥部是一个独立的单位,其人、财、物均归该省所管辖的某市的人民政府管理,因此,该省高速公路建设指挥部与该工程建设指挥部之间不存在直接的领导关系。另外,该承包商的工程结算款不属于不正当利益,杨某的行为不具备"为请托人谋取不正当利益"的受贿罪要件。关于法院在法律适用中所运用的法律推理,下列何种说法是不正确的?(　　)

 A. 一审法院运用的是一种辩证推理

 B. 二审法院运用的是一种类比推理

 C. 一审法院运用的是一种演绎推理

 D. 二审法院运用的是一种辩证推理

4. 某地电缆受到破坏,大面积停电 3 小时,后查知为邢某偷割电缆所致。邢某被控犯"危害公共安全罪",处以 5 年有期徒刑。邢某不服上诉,理由是自己偷割电缆变卖所得仅 50 元钱,顶多属于"小偷小摸"行为。二审法官依照最高人民法院《关于审理破坏公用电信设施刑事案件具体应用法律若干问题的解释》维持原判。对此,下列哪一种理解是正确的?(　　)

 A. 法官根据最高人民法院的解释对邢某行为所作出的判断是一种事实判断

 B. 《关于审理破坏公用电信设施刑事案件具体应用法律若干问题的解释》是司法解释

 C. 在这个案件中,法官主要运用了"演绎推理"

 D. 邢某对自己行为的辩解是对法律的认识错误

5. 下列表述哪些可以成立?(　　)

 A. 司机李某在驾车途中因突发心脏病,把车停在了标有"此处禁止停车,违者罚款 100 元"处,但李某最终没有受到处罚。此为运用辩证推理的结果

 B. 在法的适用中,需要对"父母有抚养教育子女的义务,子女有赡养扶助父母的义务"这一规定进行限制解释

 C. 林某因他杀死亡,其与妻子的婚姻法律关系因此而终结。引起该婚

姻关系终结的死亡事件属于法律事件

D. 已加入甲国国籍的原福建人沈某在乙国印制人民币假钞 20 万元,其行为是否适用中国法律,属于法的空间效力问题

三、简答题

1. 试述法律推理的概念和特点。
2. 试述形式法律推理与实质法律推理的联系。
3. 试述法律推理与法律解释的关系。
4. 演绎推理有哪些关键步骤?
5. 在什么情形下需要进行辩证推理?
6. 类比推理的过程通常包括哪几个阶段?
7. 简述归纳推理的具体方法。

四、材料分析题

1. 某民法典第 1 条规定:"民事活动,法律有规定的,依照法律;法律没有规定的,依照习惯;没有习惯的,依照法理。"

   问题:请从法律解释与法律推理的角度分析该条规定在法律适用上的价值与条件。

2. 在加利福尼亚州,沙利文太太与沙利文先生是加州大学医学院的本科同学,他们在坠入爱河后的很短时间里就结婚了,并很快有了孩子。沙利文太太为支持丈夫的事业,只好选择了退学去工作。沙利文先生经过 9 年的努力,终于获得了医学博士学位,又经过 8 年的奋斗,终于有了自己的医院。在此期间,沙利文太太又为他生了 4 个小孩,并由于操持家务而过早衰老。沙利文先生发现自己与沙利文太太之间的差距越来越大,几乎没有共同语言,因此提出离婚。但是考虑到沙利文太太过去的付出,愿意将现有的家庭财产全部留给沙利文太太。沙利文太太只好同意离婚,但是她提出了进一步的请求:要求分享沙利文先生的未来收益,因为她认为,职业教育是财产。沙利文先生对此要求当然是不予同意。他认为,在法律中,"财产"被定义为可以被所有人拥有,可以用来交换和移转占有的一种物。土地、房子、珠宝等是财产,职业教育不符合法律中的财产的特点,因此它不是财产。两人为此发生分歧,起诉至法院。

   认真阅读材料,并结合本章内容,回答下列问题:

   (1) 假设您是沙利文先生的律师,您如何构造一个法律推理,来支持沙利文先生的请求?请写出推理过程,并说明您使用了何种形式的法

律推理。

（2）假设您是沙利文太太的律师,您又将如何构筑一个法律推理,支持自己的当事人的主张呢？请写出法律推理过程,并说明您使用了何种形式的法律推理。

（3）假设您是受理此案的法官,您的观点如何？请说明您是如何进行法律推理,并支持自己的判决结论的。

第十五章 法律论证

☞ **本章提示**
- 法律论证的概念
- 法律论证的特征
- 法律论证的方法
- 法律论证与其他法律方法的关系
- 法律论证的意义

第一节 法律论证概述

一、法律论证的兴起

在18世纪的德国汉诺威城,有一个叫明希豪森的乡绅,他早年曾在土耳其、俄罗斯参加过战争,退役后经常在家乡讲一些当兵时的趣闻。其中有一则趣事是这样的:他有一次行走时不幸掉到一个泥潭中,四周没有可以抓得到的东西,没有办法,他就抓着自己的头发用力把自己从泥潭中拉了上来。这个故事后来被德国当代批判理性主义法哲学家汉斯·阿尔伯特用来批判启蒙时期的两个传统哲学,即理性主义和经验主义。在阿尔伯特看来:任何科学的命题都可能遇到"为什么"之无穷追问的挑战。[①] 也就是说,人们可能会就任何主张或命题提出疑问,并对该主张或命题的理由进一步追问,这个理由的理由是什么?比如,你说你知道明天会下雨。我可以问你,你是如何知道明天会下雨?你可能会回答:我从天气预报得知的。我会进一步追问:你怎么知道

---

① 舒国滢:《走出"明希豪森困境"》,载〔德〕罗伯特·阿列克西:《法律论证理论》,舒国滢译,中国法制出版社2002年版,代译序第1页。

第十五章　法律论证

天气预报就是对的呢？如此下去,你的每一个新的主张都会受到新的追问。这个过程会一直继续下去,直到出现以下三种结果:第一,不断提出新的理由支持你的主张,无限倒退;第二,在某一个主观选择的点上拒绝回答,武断终止;第三,重复你已经说过的理由,循环推论。我们把这种状况叫做"明希豪森三重困境",在哲学上,它还有个名字叫"阿格里帕的三难困境"。

在司法领域,我们也时常会遇到这样的诘难。当某一判决作出后,这一结论至少会受到败诉方的质疑,为什么判对方而不是我方胜诉?法官的回答可能是,根据法律规定与法律事实,经推理得出的。不可避免地,法官的回答会受到进一步的追问,为什么选择这条法律规定而不是对我方有利的另外一条?或者,对法官你所适用的那条法律规定为什么解释出那样的意思,而不是另外的意思?如我们前面所讲过的,在法律解释中,就存在各种各样的解释方式,文义解释、体系解释、比较解释、目的解释、合宪解释、社会学解释等,对于同一条法律规定,使用不同的解释方法,就有可能解释出不同的意思来,经推理得出的结论就有可能是不同的。法官必须对他所选择的法律规定、所采纳的解释方法、并依此进行推理得出的结论进行论证,说明这一结论的合法性以及合理性基础,这个过程就是法律论证。

在理论研究上,法律论证始于20世纪70年代的欧美法学界,律师和论证理论家们对这一方法尤为感兴趣。80年代以后,法律论证日益得到体系性的研究,涉及论题、方法、原则、观念等,其领域也扩展到诸如立法程序、法律过程、法官裁判程序等。其中,对法律判决进行理性证立的问题,已成为法律论证理论的核心问题。近四十年来,法律论证在理论上获得极大的发展的同时,在制度实践中也逐渐展现其生命力。在理论上,主要有阿列克西的程序性法律论证理论、佩雷尔曼的修辞论证理论、图尔敏侧重逻辑的论证理论等等。在实践中,1973年2月14日,德国宪法法院发布决议:所有法官的司法裁判必须建立在理性论证的基础上;《德国民事程序法》第313条第1款和《荷兰宪法》第121条都以法律的形式明文规定了法官的论证义务。在我国司法实务领域,为判决说理、判决理由公开的呼声不断高涨,标志着法律职业共同体以及公众开始理性地对待司法裁判过程。

二、法律论证的概念

什么是论证?对于这一概念的含义,应当从与另一相关概念"证明"的区别谈起。我们在中学的代数或几何课中,经常会遇到一些证明题,先告诉你一个命题或结论,然后要求根据一般的数学公式或定理对该命题或结论进行证明。在证明过程中,我们从公理性的、确定为"真"的前提出发,使用形式逻辑方法——演绎推理,得出具有强制性的结论。经证明而得出的结论,不是正确的,就是错误的,不可能出现似是而非的情形,证明的过程及结论具有确定性以及强迫他人接受的性质。证明方法主要在自然科学领域使用,而自然科学世界的最大特点就是相对于人的主观世界的独立性,它可以为人类所认识,也可以通过科学方式描述出来,却很难被评价,它所强调的就是不可推翻的证明或证据。而论证主要是在社会科学领域使用的一种方法,从大多数人能够接受的共识这样的前提出发,主要使用非形式逻辑的多元方法,得出可接受的结论。在论证中,前提的真是或然性的、可论辩的,结论的真也不是必然的。在日常生活中,我们常发现自己处于这样一种境地:不能给自己提出的论题提供确定性的逻辑证明,只能提供一些论据以表明这个论题不是没有根据的、把这个论题视为真论题是对的。这种情况下,使人信服某个观点,并不需要确切的逻辑证明,有时也不可能进行逻辑证明,反而需要借助一些实践知识,有时用非理性的方法去说服别人也是必要的。比如我们可以提出"性本善"这一命题的论据和理由,却难用形式逻辑的演绎推理去证明它的真实性,即使在孔圣人那里,也只能是使用大量的文笔、耗费大量的口舌去论证、说服人们相信并接受性本善的命题。

从对证明和论证的区别分析中,可以看出,两种方法有着一个共同特征:都是后设性的概念。就是说,先给出一个结论,然后要求提供这一结论的理由,它们的目的是弄清楚一个已有的命题或结论,而不是产生一个新的结论。与此相关,在法学领域的论证概念也就是为一个法学命题或结论提供理由的过程。这恰恰是与法律推理相反的思维过程。法律推理,是在知道法律规定和案件事实的基础上,利用三段论的演绎推理方法推出法律结论的过程。这一过程是由已知推未知,得出一个新的结论;而法律论证则是为已经找到的法律结论求证的过程,利用众所周知的理由论证一个已知的法律结论的正当性。

综上所述,广义的法律论证就是为一个已知的法律结论寻找正当性理由的思维过程,它包括立法论证和司法论证,以及日常生活中关于某一事件的法律意义的争论等。而狭义的法律论证,一般是指司法裁判过程中法官、律师或当事人等就案件事实与法律规定进行论辩,寻求裁判结论正当化的思维过程。这与法律解释和法律推理是在同一个层面的概念,都立足于司法的领域研究法律思维问题,都可以看做是法律方法的一种。

司法领域中的法律论证可以区分为两个层面的证立:内部证立和外部证立。内部证立所要解决的问题是,判决是否从法律规范和案件事实这两个前提中逻辑地推导出来,也就是说,法律上所表述的规范是否能够恰当地包含当前所要解决的事实纠纷,两者是否能够形成有效的演绎推理关系。外部证立主要是论证大前提——法律规范的选择是否正确,即法律规范经过各种方法解释而阐发出来的含义,在当前案件中适用是否恰当。[①]

三、法律论证的特征

第一,法律论证是贯穿整个司法裁判过程的一种思维方式,是法律思维的一种。

广义的法律论证可以涉及生活的各个方面,比如,法学家们

[①] 理论界一般认为,法律论证的外部证立主要集中于对推理大前提的证立,而对于推理的小前提——案件事实的确认,主要在诉讼法领域的证据规则中进行讨论。

单纯就某一法学问题所进行的理论论辩,法官之间就案件裁决的商讨,当事人在法庭上的争议,立法机关对法律问题的讨论,学生之间、律师之间、政府或企业的法律顾问之间的论辩,以及媒体有关法律问题所进行的带有法律论辩性质的争辩等。但是,典型的法律论证是存在于司法裁判中的一种论辩过程。现代司法裁判方式应该在程序上保证诉讼当事人表达诉求的机会,使之能够平等表达自己诉讼请求,并使争讼各方就各自的主张展开充分的论辩。一个人主张某个观点,他必须提供充分的理由论证自己观点的正确性,司法过程尤其如此,任何法律观点必须得到充分的论证才能成立,法律论证是贯穿于整个司法裁判过程的一种思维方式,它是一种基本的法律思维方式。

第二,法律论证是对判决结论的证立过程,是一个说服听众、讲法说理的过程。

法律解释是通过各种解释手段阐释蕴含在文本式的法律规范中的恰当含义,以便在法律规范和待解决的争议案件之间建立逻辑关系,也就是在大前提和小前提之间建立逻辑关系,然后进行演绎推理得出结论。而法律论证恰恰是对这一过程与结论的证立过程,提供充分的理由论证法律规范和案件事实之间的逻辑关系以及为什么选择这一法律规范而不是其他的。法律论证应当说明判决结论不仅在法律上是合法的,而且在事实上是合理的、可接受的,因此,法律论证不仅要讲法,而且要说理,说服争讼当事人、法律职业共同体以及社会公众有效接受判决结论。

第三,法律论证是论题学取向的思维方式,强调通过对话寻求对纠纷的解决途径。

所谓论题,是指许多立场、观念的组合。其基本特征是可以容纳多种观点在一起的共存,所以论题学的思维方式就是从或然性的原理、知识或"普遍接受的意见"为起点,论证结论的可接受性,因此,论题学思维方式的本质就是可论辩性。论题学的思维方式,可以导致价值多元化,允许多元价值观的并存,反对单一权威价值。司法裁判过程中,论题学的性质一方面体现在裁判结论是在争讼当事人充分论辩的基础上作出的,注重通过对话、协商解决纠纷;另一方面,法官必对法律进行解释,他不但要考虑使判决为争讼两造、法律职业共同体以及社会公众所能接受,而且要根据自己的价值观念,使公平、正义等价值因素融入其中,法官对各种因素的衡量也有论题学之性质。法官的任务,就是在各种价值冲突中,寻找一种和谐状态的平衡点,以便当事人所接受。

第四,法律论证是排除司法专断的有效措施,是对法治理论的证立。

再完善的法律也难以涵盖多样的案件事实,法官不可能像自动售货机那样,这头输入案件事实,那头输出判决结论,他必须根据自己对法律的理解,并采用各种方法来解释法律条文,以应对复杂多变的现实世界。这种情况下,法官极有可能主观地根据自己的价值取向任意解释法律,作出专断的判决。法律论证理论要求法官断案必须说明理由,而且理由也必须能够被证立。论证的要求在一定程度上可以约束法官裁判的任意和专断,使他的行为符合法律的规定。任何一个法律裁判行为的合法证立,都在微观层面上体现着法官对法律的严格遵守、体现着他对法治理念的实践,因此,对判决结论的合法性证立,在深层意义上就是对法治理论的证立。①

第二节 法律论证的方法

一般认为,法律论证的基本方法或者基本形式,主要有三种:逻辑、修辞和对话。

一、逻辑

在论证的各种方法中,最为悠久的就是逻辑方法。我们都知道,古希腊时期盛行论辩之风,那时,是否符合逻辑被当作评价人

---

① 谢晖、陈金钊:《法理学》,高等教育出版社2005年版,第459页。

们讲话、论辩质量的基本标准。直到今天,我们在肯定一个人讲话、行事时,最常用的评价之词就是:这个人讲话、行事比较有逻辑。在论辩中,我们攻击对方主张、辩护己方观点时,是否符合逻辑是最直接、最有效的方法或手段:你方主张不符合逻辑,我方观点在逻辑上是有效的。在法律领域,尤其是法庭论辩当中,逻辑也是各方论证己方观点、攻击对方观点的最有效方法。

　　在法律论证中,逻辑方法的基本要求就是形式有效性,无论什么样的法律结论,它必须在逻辑上可以被重构。也就是说,法官经过解释、推理得出判决结论这一过程,应当使用逻辑语言被表述出来,大前提、小前提和结论这三者之间的关系必须在逻辑上是有效的。只有当某一判决在逻辑上有效时,才能从法律规则和案件事实当中得出结论。在这里,逻辑的方法就是形式三段论的方法。比如,任何人都会死,苏格拉底是人,所以苏格拉底会死。这是典型的三段论推理,任何人都不会怀疑它的有效性,这是我们在日常论辩中经常使用的一种逻辑方法。在法律论辩中,这种逻辑方法也是法官、律师所经常使用的。比如,凡杀人者都应当被判死罪,李四杀了人,所以李四应当被判死罪。这是司法过程中必须使用的一种逻辑方法,任何一个有效的判决都应当能够被表述为这种逻辑形式。

　　逻辑方法的另一层含义是前后一致。逻辑上前后一致的要求,在日常论辩中经常被用来指责他人"前言不搭后语"的缺陷。在法律论证中,前后一致的要求即是法律裁决应当基于一种普遍规则。这种要求也被称作"一般化原则"或"可普遍化原则"。当有人主张一个法律裁决是基于一种普遍法律规则时,他即主张这种解决办法也适用于同类案件。众所周知,在英美法系国家有"判例法"制度,就是逻辑的方法在前后一致含义上的应用。

　　逻辑的方法是法律论证的基本方法,但这种方法所侧重的是法律论证的形式有效性,而非实质有效性。即前提正确,通过有效的逻辑推理,得出的结论必定正确。但是,如果大前提并非正确,即使使用有效的逻辑推理方式得出的结论也必定是不正确的。所以,逻辑的方法只能保证判决是由前提到结论进行推理这一过程的正确性,却无法保证法律推理大前提的正确性。这是在普通逻辑中我们耳熟能详的一个定理,如果前提错误,推理过程正确,则结论必定错误。因此,逻辑的方法只能保证司法过程在形式上的有效,却不能保证司法结论在实体内容上的正当与合理。与逻辑方法强调法律论证的形式方面相比,修辞方法注重的是法律论证的内容及其可接受性。

二、修辞

所谓修辞,一般的理解,就是使用各种语言方法与技巧,恰当地表现所要表达的内容的一种活动。它最早源自于古希腊时期的法律诉讼中,许多土地因政制更迭在暴政时期被没收,在法庭上请求归还土地时,修辞手段大量被运用,并由此衍生出一套关于演说与论辩之技巧的学问即修辞学。在这种情况下,修辞的产生与运用,含有目的正当的意蕴。这是修辞与诡辩的不同之处,虽然二者都是以论辩的技巧说服他人,但诡辩的意图却是有意使用谬误的推论来颠倒是非。因此,在法律论证中,修辞的方法就是以正确适用法律、有效解决纠纷为目的,使用各种语言技巧说明判决结论在内容上是正当的,说服他人接受判决结论的一种方法。

修辞与逻辑两种方法,有着很大的不同。如前所述,法律论证中的逻辑方法是基于有效的演绎推理、必然得出某种结论的三段论式的论证方法。这种论证方法,只能保证判决是由前提到结论进行推理这一过程的正确性,却无法保证推理大前提的正确性。而用以作为裁判依据的法律规范面对具体案件时,由于规则本身的开放性结构,它经解释可以释放出多样性的含义来。比如,刑法中对于抢劫罪与抢夺罪区别对待:抢劫罪是8种严重危害社会安全和人身安全的罪名之一,年满14周岁者犯此罪即应承担责任;而犯抢夺罪者只有年满16周岁才承担刑事责任。单从刑法规范上抽象地看,二者界限似乎很是明显,但面对具体案件时就会显现二者界限的模糊,如行为人趁人不备,将他人背包抢走,同时致被害人胳膊轻伤,行为人的行为是抢劫还是抢夺则会存在争议。此时,如果没有明确的司法解释予以明确规定,主审法官欲适用抢劫的有关规则定罪时,他必须说服与其意见不同的其他法官接受他的观点,这恰恰是修辞方法的用武之地。

与逻辑方法不同,修辞是以已经获得普遍接受的命题——共识为出发点,旨在说服他人接受某一具有争议性的命题或观点。在法律论证中,修辞方法的应用场合一方面是针对逻辑推理的大前提的可论辩性,在这个阶段,当事人及其律师会尽其所能说服法官采纳己方所援引的法律规定,法官也应当就其所据以裁判的法律规定说明理由;另一方面,判决结论作出后,法官应当使用正当的修辞方法,说服当事人、法律职业共同体以及社会公众接受该结论,以使判决产生相应的社会实效。

在强调修辞方法在法律论证中积极价值的同时,也应当注意避免诉讼过程中修辞方法的滥用。在英美法庭上,修辞的方法已经臭名昭著。它经常被律师们不择手段地使用,借以博得陪审团和法官的同情心,因此经常出现官司赢了、但判决未必正确的结果。这样的判决结论是不会具有持久法律效力的,所以,在法律论证过程中应当注意修辞方法使用的场合和程度。

三、对话

对话,源于亚里士多德的论题学理论,或称论辩术。在古希腊时期,论辩术就被当作一种专门的技艺传授,主要应用于公众集会场合和法庭上,论辩行为在当时是被当作发现真理、展现智慧的一种方式。对话方法的基本程序是这样的,首先确定一个需要讨论的论题,通常是作为一个问题出现,比如"世界上是否有完全相同的两片叶子",然后讨论者首先提出一个构成这一论题的肯定观点,并举出支持这一观点的若干理由;接着又提出一个反

第十五章 法律论证

对的观点,并列举相关理由;继而衡量正反两方面理由的轻重,最后给出对这一论题的一种回答,并说明原因。可见,最初对话式的论辩实际上是一个人的问答逻辑,后来演变为双方共同论证一个问题,一方持肯定态度,另一方持反对态度,双方按照事先约定好的程序顺次列举各自的理由,最后得出一个答案。这种对话的论证方法,其实就是我们常见的辩论。在法庭上,当事人之间对诉讼问题的争论也是如此进行的,民事诉讼中的对抗式诉讼模式就是这种对话方法的典型制度表现。因此,对话的方法有助于我们提高论辩能力,并能使我们从正反两方面认识问题的症结所在,尤其是在疑难案件中,通过对话更有助于我们的法律思维能力以及分析问题能力的提高。

如果说逻辑侧重于形式有效性,修辞涉及论证的内容方面,而对话方法则强调程序上的正当化。对话方法的最杰出代表就是阿尔尼奥、阿列克西和佩策尼克三位当代著名的论证理论家,他们把论证理论视为通过对话达致理性共识的一种沟通方式。如阿列克西的程序性论证理论,就是通过设定一些程序性规则,只要对话者遵守这些程序性规则,最后达成的结论就被视为是正确的。对话和修辞两种方法都主要适用于法律推理大前提的论证中,并都要求最后达成一定的共识。但二者也存在一些差异,对话强调对程序性规则的遵守,摒弃对话者感性因素的干扰,而修辞依赖于论证者的思想信仰或价值取向,依赖于诉诸听众激情的方式;另外,通过理性的对话,最后得出的只有一种正确答案,而修辞则承认面对纠纷可能存在多种解决办法。

从现代法治理念的角度讲,如果把古希腊时期当作法治理论发轫的源头,那么,对话之于法治的意义则在于给予论辩者一个平等参与、表达自己意见的程序性权利,这对于司法公正尤为重要。因此,对话成为现代司法诉讼过程中的基本论证方法,只有在给诉讼当事人提供足够的对话空间、并充分听取对话各方论证理由的基础上,法官才能作出判决。

第三节　法律论证与其他法律方法的关系及其意义

一、法律论证与其他法律方法的关系

1. 法律论证与法律解释

作为一种法律方法,法律论证和法律解释的关系非常密切。首先,二者都是对传统的法律形式主义三段论的批判。在传统观念中,我们在很大程度上认为,司法过程类似于自动售货机,法官就是自动售货机的操作员,根本不需要对法律进行解释,直接对案件事实套上法律规定就可得出判决结论,我们法院的判决书也因此习惯于如下的形式:"基于以上所认定的事实,根据某某法律第某某条之规定,兹判决如下……"但遗憾的是,尽管法律条文中的文字是固定的,但其意义却是流变的,面对具体的事实纠纷,法官必须通过解释的手段,阐明它的具体含义,隐藏在形式化三段论推理背后的是法官辛勤的解释工作。可以说,法律解释是在三段论中直接质疑大、小前提意义是否确定的一门学问,而法律论证则是进一步站在这个基础上对形式化三段论的质疑与修正。其次,法律论证是在解释之后使用的一种方法。我们都知道,法律解释中蕴含着较大程度的法官的主观理解,不同的法官往往根据不同的解释方法获得不同的解释内容,这样就有可能对同一案件作出不同的裁判结论。但是,司法裁判中不可能允许多个结论并存,法律解释提供了对法律的复数理解,我们必须在这复数理解中选择一个。但这个选择并不是任意的,谁的解释正确,必须有一个说明的理由,这就是法律论证。法官有义务为判决说理,并公开判决理由,这是现代司法公开与公正的基本要求。

解释了,就必须论证,由法律解释与法律论证的这种基本关系延伸出二者的区别。第一,法律解释是为判决结论提供前提的,从这个意义上讲,它是为发现一个新的结论而努力的;而法律论证则是在判决结论得出之后,论证从前提到结论的逻辑关系是否正当。论证不产生新的结论,只是对已有结论的说明,因此,它

是一个后设性的概念。第二,法律解释处理的是"前提是什么"的工作,而法律论证处理的是"为什么是这个前提"的工作。面对案件事实,法律解释就是为其寻找合适的法律规范,建构法律推理大前提,因此,解释关注的是三段论推理的前提是什么。法律论证则要说明,在众多的解释内容中,为什么选择这种解释而不是那种解释作为推理的前提。第三,从整个司法裁判的过程来看,法律解释仅存在于对法律推理前提的寻找过程中,经过解释,找到与案件事实相对应的法律规范后,解释的任务基本完成。而法律论证则贯穿整个司法裁判过程,不仅在寻找法律推理的前提的过程中,它要为法律解释作出说明;而且在法律推理过程中,法律论证也必须为推理的大小前提之间的逻辑关系提供保证。

2. 法律论证与法律推理

一般认为,法律推理包括形式推理和实质推理,形式推理主要是指三段论的演绎推理,实质推理包括的范围较为广泛,涉及归纳、类比、推定、论辩等。这种意义上的法律推理,与法律论证既有联系又有区别。

法律论证与法律推理的联系如下:第一,两者在一定程度上都体现出对法治理论的支持。如前所述,法律论证要求法官必须对判决结论进行理性证立,说明判决理由的要求可以有效地排除司法专断、并在深层意义上对法治理论进行证立。形式化的法律推理,要求任何判决结论的形成都必须经过三段论的演绎推理,演绎推理的最主要特征就是如果前提为真,则得出的结论必定为真,因此,只要推理大前提——法律规范的选择是正确的,判决结论也就是正确的。形式化的演绎推理利于法官恪守法律规定、排除不良干扰、严格依法裁判,而依法裁判是法官实践法治理念的最基本要求。第二,两者都使用形式逻辑的方法。在法律论证中,有逻辑的方法可以保证论证的有效性,这个逻辑方法就是形式三段论。而法律推理则是形式三段论在司法过程中最后阶段的运用。形式三段论是一个逻辑工具,在不同的环境中使用可以产生不同的作用,在法律推理中,它的作用就是从法律规范和案件事实的蕴涵关系中,演绎推理得出判决结论,其目的是由已知规范推出未知结论;在法律论证中,利用形式三段论重构从前提到结论的逻辑关系,以表明从前提到结论是逻辑地、而非任意得出的,其目的是为结论的存在寻求正当化理由。

法律论证与法律推理的区别在于:第一,法律推理是从已知的前提推出一个新的结论,而法律论证是已经知道结论而后说明理由。在这个意义上,推理和论证是相逆的,推理是从前提推出结论,论证却是对结论的证立。第二,法律推理就是形式三段论的演绎推理,而在法律论证中,除去三段论的逻辑方法之外,还有修辞和对话等各种论证方法。第三,法律推理是在通过法律解释、漏洞补充、价值衡量等各种法律方法的使用、建构大前提和小前提的基础上,在司法过程的最后阶段才使用的一种法律方法,而且,法律推理是任何判决结论都必须经过的一关。而法律论证则是在司法过程的各个阶段都会使用的一种法律方法,不仅包括对大小前提之间逻辑关系的证立,还包括对前提自身的证立,论证就是对推理、解释等各种法律方法的使用提供保证的。

二、法律论证的意义

在理论上,法律论证为我们提供了一个达致法律确定性的可能途径,证立了法治的可能性。纵然法律规范是以白纸黑字的方式明示出来的,但它的不确定性却是众所周知的。从抽象规则迈向具体个案的任何一个过程都不可避免地会遇到许多困难,如法律规则面对案件事实时的模糊性、意义的流变性、含义的多样性以及法律人对其理解的不同性等等,都会对我们的法治信仰产生一定的冲击,因为法治的最基本含义就依法办事,若法律不确定了,又如何依法办事?为了应对上述困难,理论家们发展出了各种法律方法,以弥补规则的缺陷。法律解释、漏洞补充、价值衡量、类推适用等等,我们不可否认这些方法在司法过程中的积极作用,但也不能忽视它们所带来的是更多的不确定。单就法律解释来说,就存在不下十数种的解释方法,使用不同的解释方法就会产生不同的解释结果,这样反而增加了法律的不确定。漏洞补充方法的出现,实际上就是赋予法官一定程度的规则创制权力。法官权力扩大,如果缺少约束,就增加了任意裁判的可能性。本为克服法律的不确定而引入的各种法律方法,如果缺少约束,就会增加法律不确定的复杂程度。而法律论证,恰恰就是为克服这些方法所带来的不确定而存在的,它主要是通过要求人们对理性规则的遵守,来消解规则在面对具体个案时的不确定。比如阿列克西的程序性论证理论,就是通过设定一系列的理性程序来约束人们在论辩、对话过程中的任意行为,人们对在论辩中对理性程序的遵守,所获得的结论就是理性的、正确的。

在实践中,法律论证的意义主要体现在以下几个方面:第一,法律论证有助于我们形成对司法裁判的理性证立观念。法官的裁判不是任意性的活动,相反,由于司法裁判是现代社会解决纠纷的终局性行为,而且是代表着国家行使司法权力的公权行为,法官必须为自己的行为进行理性的证立,"在判决书中公开判决理由"是司法证立义务在实践中最直接的体现。第二,法律论证有助于我们形成科学、理性的司法程序,保证司法裁判的正确性。阿列克西的程序性论证理论的基本思想就是通过对一系列论证规则的遵守,保证法庭上的各方主体公平有效地展开充分的论辩,这与现代对抗式诉讼模式中的机会平等、充分论辩、谁主张谁举证等原则在基本原理上是相通的。第三,法律论证有助于我们形成合理的关于法律观点的交流方式。在法律论证的理论设计中,每一项法律判断的形成,都是建立在双方或多方当事人充分交流并取得一定共识的基础之上的,这既符合现代民主法治的理念要求,又能够节约司法判决成本;而且,建立在共识基础上的判决结论比较容易被当事人所接受,能够获得较好的法律实效,降低执行成本。

【课后阅读文献】
1. 焦宝乾:《法律论证的几个基本理论问题》,载《比较法研究》2005年第6期。
2. 陈金钊:《法律论证及其意义》,载《河南省政法管理干部学院学报》2004年第 4 期。
3. 葛洪义:《试论法律论证的源流与旨趣》,载《法律科学》2004 年第 5 期。
4. 葛洪义:《法律论证的概念、意义与方法》,载《浙江社会科学》2004 年第 2 期。
5. 舒国滢:《法律论证》,载《法律方法与法律思维》第 1 辑,中国政法大学出版社 2002 年版。

【思考题】

一、名词解释

法律论证

二、简答题

1. 简述证明思维和论证思维的区别与联系。
2. 简述对话的方法在法律论证中的重要性。

三、论述题

1. 试论述法律论证与法律解释、法律推理的关系。
2. 结合当前司法实践中为判决说理的发展趋势,论述法律论证在司法过程中的意义。

第四编
法理学简史

第十六章 中国法理学的历史

☞ **本章提示**
- 夏商西周法理学的萌芽
- 春秋战国时期的法理学思想
- 秦至清代中期法理学思想的演变
- 近代中国法理学的诞生和成长
- 中国近代法理学的特征

第一节 中国古代法理学思想的产生和发展

近代以前的中国,并无严格意义上的法理学学科,作为学科意义上的中国法理学,是近代中国受西方法学影响而产生、发展起来的。然而,中国在历史上产生过独特的人类文化,同时也拥有丰富的法律文化遗产。中国古代虽无法理学之名,却有法理学之实。① 我国自古以来就有关于法律现象的哲理思考,即法理学

---

① 梁启超:《中国法理学发达史论》,载《饮冰室合集》(文选第5册),中华书局1936年版,第42页;王振先:《中国古代法理学》,商务印书馆1929年版,自序。

思想。但是由于"法理学思想"与"作为学科的法理学"出现于历史上的不同时期,在独立并整合成为一门学科之前,法理学思想与古人的哲学、政治学、伦理学等思想常常是结合在一起的。① 中国的法理学思想萌芽于夏、商、西周时期,发展于春秋战国时期,秦汉至清代中期发生演变。从先秦时期的法家管仲、商鞅、韩非到封建时代的法律思想家董仲舒等,都对法的本质、法的起源、法的功能以及作用等进行过深刻的阐述。

从发展阶段来说,中华人民共和国成立之前,中国法理学的历史大体上可以分为四个阶段,即夏、商、西周时期,春秋战国时期,秦至清代中期,清末至中华民国时期。

一、夏、商、西周时期

夏、商、西周时期是我国法理学思想的萌芽时期。这一时期以"神权法"思想为主线,经历了从"天命"、"天罚"到"以德配天"、"明德慎罚"思想观念的变化,确立了以"亲亲"、"尊尊"为基本原则的礼治思想,成为中国古代最早的法理之源。早在四千多年前的夏朝,人们无法摆脱对"天"的依赖,生存状况的好坏几乎完全依赖于"天",因而"天"被尊为至上神,人世间规范人们行为的法律也成了天的"意志"。法起源于"天",是神意的体现,人们的行为合法就是合乎神意,违法就是违反神意,就要受到神的制裁即"天罚"。《尚书·皋陶谟》:"天秩有礼,天讨有罚,故圣人因天秩而作五礼,因天讨而作五刑。"商朝直接把"天"与自己的祖先联在一起,称自己是"天"的嫡传子孙。如《诗经·玄鸟》称:"天命玄鸟,降而生商",将原来对"天"的自然神崇拜,与对自己祖先神的崇拜结合在了一起。国王作为"天"在人间的代理人,代表上天对不服从其统治的人、方国、部族实行天罚即"恭行天罚"、"代天行罚"。西周时期,人们认识到只信奉"天"或者"天神、上帝"是不行的,必须重视人心向背,提出了"以德配天"的思想,在刑罚

---

① 付子堂:《法理学进阶》,法律出版社2005年版,第5页。

方面,主张"明德慎罚",反对族刑连坐、滥杀无辜,注意区分犯罪的偶犯和累犯、故意和过失等,体现出西周较为丰富的刑事法理观念。

礼起源于原始社会人们祭拜神灵和祖先的习惯,中国最早的字书《说文解字》说:"礼者,履也,所以事神致福也。"对神灵和祖先的祭拜都有一定的仪式,这种仪式在本族中往往以习惯的方式流传下来,要求族人严格遵守。夏、商时期把这些习惯称为"礼",因而"礼"具有了规范的意义。不过,在夏、商二代,"礼"主要以"神权"的方式表现出来,所以,天人交通的仪式也称为"礼",比如占卜。周公在夏、商二代旧礼的基础上经过整理使其上升为一个庞大而又细密的规范体系。它上至国家的典章制度,下至社会生活的各个方面,举凡国家的政治制度、社会制度、军事制度、行政制度、经济制度、婚姻家庭制度、宗法伦理制度等等都有具体的礼的规定,礼成为一切行为的准则,是普遍适用的行为规范。所以,有学者认为:"周礼"是西周的"根本法","周公制礼"是礼的"法典化"。所以法不仅源于天,而且源于礼。由于礼本身只规定了具体的等级规范而没有规定具体的刑罚制度,所以,如果按照现代意义的法律规范的构成三要素来说,礼只是指法律规范的假定和模式部分,不包括后果部分。但是周公制礼同时确定了"出于礼而入于刑(法)"的原则,使礼与刑(法)合而为一,成为法律规范三要素都包括在内的完整的法律规范体系,也正是从这个意义上《荀子》说:"非礼,是无法也",进而提出了"礼法"的概念,这也就成为我们分析和论证"礼法"思想的历史依据。古人所谓"明刑弼教",实质即是以法律制裁的力量来维持礼,加强礼的合法性和强制性。合礼就是合法;违礼就是违法,就要受到法的制裁。

二、春秋战国时期

春秋战国时期是我国古代法学思想理论最为繁荣的时期。当时各种学说纷纷产生,各种流派相继兴起,出现了"百家争鸣"

的繁荣局面,其中对法学理论谈论最多的学派是儒、墨、道、法四家。它们从不同的角度、不同的立场对法的概念、法的起源、法的本质、法的作用以及法与其他社会现象的关系等问题进行了系统的探讨,使我国古代法理学思想迅速地发展起来。

(一) 法的概念

儒家曾用礼和刑,墨家曾用"天志"、"法仪",道家用"道"等词语来概括"法";法家也曾从不同的角度、用不同的方式给法定义。尽管他们不能像今天这样对法的概念作出一个全面概括,但今天的法的概念正是古代用语的延续。

以管仲为代表的齐法家对法作出了详细的解释:"尺寸也,绳墨也,规矩也,衡石也,斗斛也,角量也,谓之法。"(《管子·七法》)"法者,天下之仪也,所以决疑而明是非也,百姓所悬命也。"(《管子·禁藏·杂篇四》)"法者,天下之程式也,万事之仪表也。"(《管子·明法解·管子解五》)"杀僇禁诛谓之法。"(《管子·心术上》)把法比作程式、仪表,说明法所规范的主要是民众的外部行为。

商鞅认为法是统治人民、防止人民犯罪、管理国家的基本手段:"法者,国之权衡也。""法者,君臣之所共操也。"(《商君书·修权》)韩非则明确指出:"法者,编著之图籍,设之于官府,而布之于百姓者也。"(《韩非子·难三》)"法者,王之本也。"(《韩非子·心度》)强调法是一种成文的制度,君主制定出来后,由官府即国家机构掌握,同时必须公布到百姓中去的治理国家的重要工具,是君主统治天下的基础。

总之,法家认为法是由君主或官府制定执行的,确定人们财产地位的,以刑为核心的,所有民众都必须遵守的成文行为规范。

(二) 法的起源

儒家学派的代表人物孔子对法的起源作了系统的阐述:"今大道既隐(原始社会解体),天下为家,各亲其亲,各子其子,货力为己,大人世及以为礼,城郭沟池以为固,礼义以为纪;以正君臣,以笃父子,以睦兄弟,以和夫妇,以设制度,以立田里,以贤勇知,以功为己。故谋用是作,而兵由此起。禹、汤、文、武、成王、周公,由此其选也。"(《礼记·礼运》)孔子认为,由于原始社会的解体和私有制的出现,为了保护私有制度,产生了法律制度和统治阶级的官僚机器。

墨家学派提出了"一同天下之义"的国家和法律起源论。墨子认为,人类社会曾经经历过"未有刑政",即没有国家、没有法律的时期,那时"一人则一义"、"十人则十义","人是其义而非人之义",造成天下大乱。为了改变这种局面,墨子提出必须建立"政长",即国家机构、各级官吏和天子;建立"政刑",即国家制度和法令,由里长统一里内的意见上同于乡长,乡长统一乡内的意见上同于国君,国君再上同于天子,"上之所是,必皆是之;上之所非,必皆非之",(《墨子·尚同》)这样就能使天下得到治理。但天子制定的法律必须符合天意,即天子必须上同于天。这种法律起源论否定了国家和法律是先天存在的说法,因而是进步的。

法家对法的起源进行了精辟的论述,提出了与传统的"天命神权"截然不同的法律起源论。《管子·君臣》认为"古者未有君臣上下之别",人们"兽处群居",相互以武力争夺,"不得其所"。为了制止这种混乱,"智者"利用"众力"禁止人们之间的相互侵害,于是就产生了"君"、"国"和"赏罚"。商鞅也认为法不是一开始就有的,而是经历了一个发生、发展的阶段:"古者未有君臣上下之时,民乱而不治。是以圣人列贵贱,制爵位,立名号,以别君臣上下之义。地广、民众,万物多,故分五官以守之。民众而奸邪生,故立法制为度量以禁之。是故有君臣之义,五官之分,法制之禁。"(《商君书·君臣》)韩非继承了商鞅的观点,进一步指出古代由于"人民少而财有余",人们无须争夺,也不需要法律,后来由于"人民众而货财寡",发生了争夺,因而产生了制止争夺的国家和法律。

先秦时期的思想家不仅将法看成是一定历史发展阶段的产物,而且认为法产生以后仍然处于不断发展、完善的过程中,因而儒家学派的荀子提出了"法后王"的主张:"欲观圣王之迹,则于其粲然者矣,后王是也。彼后王者,天下之君也,舍后王而道上古,譬之是犹舍己之君而事人之君也。"(《荀子·非相》)法家学派的商鞅指出以往有作为的政治家都是"各当时而立法,因事而制礼;礼法以时而定,制令各顺其宜。"故"治世不一道,便国不必法古"(《商君书·更法》)。韩非也指出:"治民无常,唯治为法。法与时转则治,治与世宜则有功。……时移而治不易者乱,能治众而禁不变者削。故圣人之治民也,法与时移而禁与能变。"(《韩非子·心度》)从而为其变法提供了理论根据。记录道家、儒家思想比较完整的《淮南子》一书更明确地指出:"先王之制,不宜则废之;末世之事,善则著之。""天下岂有常法哉!当于世事,得于人理,顺于天地,祥于鬼神,则可以正治矣。"(《淮南子·氾论》)先秦思想家的法的进化理论,是对中国古代法理学的一大贡献。

(三) 法的本质

这是先秦思想家论述的最为充分的问题。他们在对法的定义作出解释的基础上,对法与平等、法与公正、法的公开性和稳定性等作了阐述,其中某些观点揭示了封建法律的本质。

(1) 法具有公平性和公正性。儒家认为"同罪异罚,非刑也"(《左传·僖公二十八年》),"为政者不赏私劳,不罚私怨"(《左传·昭公五年》)。表达了儒家学派关于平等、公正运用法律和刑罚的思想。墨家提出"不党父兄,不偏富贵,不嬖颜色。贤者,举而上之,富而贵之,以为官长;不肖者,抑而废之,贫而贱之,以为役徒"(《墨子·赏贤中》)的观点,要求"赏必当贤,罚必当暴"。体现了墨家学派关于法的公平、公正的思想。法家学派的代表人物商鞅提出了"刑无等级"的主张,要求"自卿相将军以至大夫庶人,有不从王令、犯国禁、乱上制者,罪死不赦"(《商君书·赏刑》)。韩非则主张"法不阿贵,绳不挠曲",强调"刑过不避大臣,赏善不遗匹夫"(《韩非子·有度》)。这种平等适用法律的思想是对贵族特权的否定,因而具有进步意义。

(2) 法具有公开性和稳定性。法家学派商鞅的"故圣人为法,必使之明白易知"、"诸官吏及民有问法令之所谓于主法令之吏,皆各以其故所欲问之法令明告之"(《商君书·定分》)。和韩非的法必须"设之于官府,而布之于百姓者也"(《韩非子·难三》),都强调了法的公开性。儒家学派的"出令不信,刑政放纷,动不顺时,民无据依,不知所力,各有离心。上失其民,作则不济,求则不获,其何以能乐"(《国语·周语下·单穆公谏景王铸大钟》)和商鞅的"国贵少变"(《商君书·去疆》),则表述了法的稳定性在治国中的重要意义。

(四) 法的作用

《管子·七臣七主》曾经概括地介绍过法的作用:"法者,所以兴功惧暴也;律者,所以定分止争也;令者,所以令人知事也,法律政令者,吏民规矩绳墨也。"

(1) "定分止争"。法家学派的代表人物慎到做了很浅显的比喻:"一兔走,百人逐之,非一兔足为百人分也,由未定。……积兔满市,行者不顾,非不欲兔也,分已定矣。"(《吕氏春秋·慎势》)意思是说,一个兔子跑,很多人去追,但对于集市上的那么多的兔子,却看也不看。人们不是不想要兔子,而是所有权已经确定,不能再争夺了,否则就是违背法律,要受到制裁。

(2) "兴功惧暴"。"兴功"即鼓励人们立战功,目的是富国强兵,如韩非所言"国无常强,无常弱。奉法者强,则国强;奉法者弱,则国弱"(《韩非子·有度》)。"惧暴",是指制止臣民犯罪,维护社会秩序。《管子》认为"治国使众莫如法,禁淫止暴莫如刑"(《管子·明法解》)。商鞅也认为治理好国家的方法只能是"任法":"法任而国治矣"(《商君书·慎法》)。

(3) "一民使下"。儒家的荀况认为统治者必须以法治理百姓:"由士以上则必以礼乐节之,众庶百姓则必以法数制之。"(《荀子·富国》)齐法家认为法是一种君王役使臣民、使其行为划一的工具:"法者,上之所以一民使下也。"(《管子·任法》)商鞅指出治民最好的办法就是用法:"昔之能治天下者,必先治其民者也。……民本,法也,故善治者塞民以法。"(《商君书·画策》)韩非也认为:"夫圣人之治国,不恃人之为吾善也,而用其不得为非也。恃人之为吾善也,境内不什数;用人不得为非,一国可使齐。为治者用众而舍寡,故不务德而务法。"(《韩非子·显学》)即圣人治国的最好的办法是法而不是德。

(五)法与其他社会现象的关系

(1)法与道德。儒家学派对法与道德的关系作了精辟的阐述,如孔子说:"道之以政,齐之以刑,民免而无耻;道之以德,齐之以礼,有耻且格。"(《论语·为政》)认为用"德"、"礼"治国比用"政"、"刑"效果好,因而提出了"德主刑辅"的主张。法家学派的韩非也主张治国要用"刑"和"德"两种手段:"明主之所导制其臣也,二柄而已矣。二柄者,刑、德也。何谓刑德?曰:杀戮之谓刑,庆赏之谓德。"(《韩非子·二柄》)尽管儒法两家所讲的德含义并不完全相同,但在将德与法(刑)视为软硬两手,交替使用这一点上是一致的,并成为以后历代统治阶级统治人民的基本方法。

(2)法与经济、法与政治。在法与经济的关系方面,齐法家提出了"仓廪实则知礼节,衣食足则知荣辱"(《管子·牧民》)的观点,认为解决百姓的衣食问题是让百姓守法的前提。在法与政治的关系方面,韩非认为"法"是治理国家的基本手段,但仅仅有法是不够的,要想维护君主的专制统治,还必须有"术"和"势"。"术"是指君主自己掌握的控制和驾驭臣下的手段,"势"则是君主所拥有的权势。老子和申不害等人都曾谈论过"术"对于统治者治国的重要性,慎到却特别强调"势"在维护君主专制统治中的作用。韩非在总结前人思想的基础上,提出了"以法为本",法、术、势相结合的主张,认为君主只有内藏术、外恃法、背托势,才能牢牢抓住权力,左右臣下的命运。这种政治法律思想对于后世封建社会产生了深远的影响。

三、秦至清代中期

(一)秦汉时期

尽管先秦时期各个学派对法和法律现象进行了激烈的争论,形成了丰富的法学思想,但法学理论还处在探索阶段,并未定型。

直到秦汉时期,在吸收春秋战国时期丰富的法理学思想成果的基础上,才形成并确立了影响中国达两千年之久的法学世界观。这一时期法理学思想的发展,大体分为三个阶段。一是以法家思想为核心的秦代法理学思想,二是以黄老思想为基础的汉初法理学思想,三是汉武帝时期随着封建正统法律思想的确立,中国传统法理学思想正式确立。这一时期人们对法的探讨不像春秋战国时期那样活跃,仅仅局限于法的概念、法的起源、法的作用、法与其他社会现象的关系等方面。

(1)法的概念。对法是什么的问题,先秦思想家已进行了充分的论述,秦汉时期的思想家对这一问题谈论不多,他们主要是吸收了法家的观点,一是将法与狭义上的律等同起来,认为法即是律,律即是法,而当法转为律后,法的义务色彩、强制色彩更为突出,这一世界观影响了此后两千余年中国封建社会法理学的发展。二是认为法即是刑,如汉初思想家陆贾认为:"夫法者,所以诛暴也。"(《新语·无为》)汉文帝在诏书中也明确指出:"法者,治之正,所以禁暴而卫善也。"(《汉书·刑法志》)汉初的思想家贾谊说得更明白:"夫礼者禁于将然之前,而法者禁于已然之后。"(《汉书·贾谊传》)东汉许慎在《说文解字》中所谓"法,刑也"的定义,表达了当时统治阶级的这一立场。法成为禁止人们不得为非或对为非行为予以惩治的工具。

(2)法的起源。法源于君主,是君主意志的体现。经过秦始皇的专制独裁,董仲舒的天人感应、君权神授、三纲五常等学说的浸润之后,君主的地位更加神秘、更加神圣不可侵犯,"法自君出"便成为统治阶级的普遍观念。国家的各种法律,如律、令、诏、制等,都由皇帝批准和发布,正如杜周所言:"前主所是著为律,后主所是疏为令。"(《汉书·杜周传》)法源自君主的意志得到了中国古代绝大多数统治者和士大夫的赞同,成为古代中国人法学世界观的重要内容。

(3)法与道德的关系。在法与道德的关系方面,董仲舒继承和发展了儒家的思想,主张德主刑辅,并用天人感应、阴阳五行学说进行了理论论证,他说:"天道之大者在阴阳。阳为德,阴为刑;刑主杀而德主生。是故阳常居大夏,而以生育养长为事;阴常居大冬,而积于空虚不用之处。以此见天之任德不任刑也。……王者承天意以从事,故任德教而不任刑。刑者不可任以治世,犹阴之不可任以成岁也。为政而任刑,不顺于天,故先王莫之肯为也。"(《汉书·董仲舒传》)

除董仲舒外,其他思想家也表达了同样的观点。如桓谭在其《新论·王霸》中提出了"王道"与"霸功"并用的主张,但两者相比,前者优于后者。所谓"王道",就是"先除人害,而足其衣食,然后教以礼仪,而威以刑诛,使知好恶去就,是故大话四凑,天下安乐";所谓"霸功",就是"尊君卑臣,权统由一,政不二门,赏罚必信,法令著名,百官修理,威令必行"。刘向在《说苑·政理》中阐述得更清楚:"是以圣王先德教而后刑罚,立荣耻而明防禁。"王充也表达了与董仲舒相同的观点,即强调礼义,也注意法的作用,主张以礼为主,礼法结合:"古礼三百,威仪三千,刑亦正刑三百,科条三千,出于礼,入于刑,礼之所去,刑之所取,故其多少同一数也。"(《论衡·谢短》)

德主刑辅即以德为主、以刑为辅成为中国古代法学世界观的一条主线。在统治阶级的心目中,道德教化是治国的根本,法始终是治国的工具,是德治、教化未能奏效时迫不得已施用的惩罚,因而引发了中国古代法律虚无主义的产生。

(二) 魏晋南北朝时期

魏晋南北朝时期由于社会战乱、大一统专制国家权威的低落、东汉末年神学目的论法学观的衰微,导致儒学独尊地位的衰落,思想领域出现了多元化的趋势。玄学的出现以及佛教的传入,影响到人们对法的根本看法,出现了多元化的法学世界观,不过儒家的礼法名教仍然占有主导地位。这一时期的思想家对于法的起源、法的作用、礼与法的关系等进行了探讨。

(1) 法的起源。无神论者的代表鲍敬言批判并否定"君权神授"的"天命论"、"天罚论",提出了暴力征服说。他认为"天生烝民而树之君"不过是儒者编造的谎言,人类之初"无君无臣","安得聚敛已夺民财?安得严刑以坑穽(jing)"(《抱朴子·内篇:诘鲍》);也不存在剥削、掠夺、法律和刑罚,君主和法律的产生,是暴力和征服的结果:"夫强者凌弱,则弱者服之矣;智者诈愚,则愚者事之矣。服之,故君臣之道起焉;事之,故力寡之民制焉。"

(2)法的作用。针对东汉末年封建正统的法学世界观被宣扬谶纬、空谈名教的思潮所掩盖,曹操、诸葛亮等人提出了在礼法结合的基础上厉行法治的思想。他们非常重视法律的作用,曹操说:"夫治定之化,以礼为首。拨乱之政,以刑为先。"(《三国志·魏书·高柔传》)诸葛亮说:"吾今威之以法,法行则知恩,限之以爵,爵加则知荣;恩荣并济,上下有节。为治之要,于肆而著。"(《三国志·蜀书·诸葛亮传》)在司法实践中,他们采取了各种厉行法治的措施,如曹操在行军过程中因马受惊撞入麦田而割发代刑,体现了他"设而不犯,犯而必诛"的思想。诸葛亮则"科教严明,赏罚必信,无恶不惩,无善不显,至于吏不容奸,人怀自立,道不拾遗,强不侵弱,风化肃然。"(陈寿《进诸葛亮集表》)他们的法治思想,促进了法学理论的发展。

玄学思想家则提出了约禁省法,甚至不要礼法、否定名教的思想。他们从"天道自然无为"的观点出发,认为一切礼法制度都是"有为"的产物,应该受到蔑视。嵇康主张"越明教而任自然",实行"无为而治"。阮籍认为礼法名教和君臣制度是一切祸乱的根源,他甚至把礼法比作"坏絮",把礼法之人比作躲藏在"坏絮"、"裤裆"中的"虱子"(《阮籍集·大人先生传》)。总的来说,源于道家的玄学思想在对魏晋南北朝法律改革和法学发展作出贡献的同时,也在一定程度上助长了法律虚无主义的流行。

这一时期从印度传入中国的佛教对法和法学也产生了一定的影响。受佛教"空"的观点的影响,人们认为礼教、法律都是"空",在客观上改变了人们对法律的看法,造成了法律虚无主义的泛滥。

(三)隋唐时期

隋唐时期,随着大一统中央集权国家的重新确立,魏晋南北

朝时期那种多元化的法理学思想发生了变化,逐步演变为更为成熟、更加完善的法学思想和理论。具体体现在以下几个方面:

(1)法的起源。唐朝中后期的韩愈提出了"圣人"立法设刑的法律起源论,认为上古时代,没有礼乐政刑,是"圣人""为之礼,以次其先后;为之乐,以宣其壹郁;为之政,以率其怠倦;为之刑,以锄其强梗"(《韩畅黎文集·原道》)。与韩愈的理论不同,柳宗元进一步提出了时势创造国家和法律的思想。他认为,法律和国家一样,既不是上帝所创造,也不是圣人所发明,而是时势发展的产物,是为了制止因争夺财物而发生的争斗而产生的:"争而不已,必就其能断曲直者而听命焉。其智而明者,所伏必众;告之以直而不改,必痛之而后畏。由是君长刑政生焉。"(《柳河东集·封建论》)

韩愈和柳宗元的国家和法律起源论,并无新意,但在中唐以后唐王朝日益衰微,佛、道等迷信思想横行的情况下,坚持从人的角度、从时势的角度来阐述国家与法律的起源问题,促进了我国法理学的发展。

(2)德刑关系。隋唐初期的政治家继承了传统儒家的德主刑辅观点,并身体力行,使之深深地扎根于中国古代法律之中,成为唐律的灵魂。《唐律疏义》在其首篇《名例篇》中即点明了德与刑的关系:"德礼为政教之本,刑罚为政教之用,犹昏晓阳秋相须而成者也。"中唐以后的思想家仍然坚持这一观点,如陈子昂指出:"臣闻刑者,政之末节也。先王以禁暴厘乱,不得已而用之。"(《旧唐书·刑法志》)即治理国家应当以仁义为先,刑法为末。韩愈也指出:"礼法二事,皆王教之端"(《韩昌黎文集·复雠状》),"孔子曰:导之以政,齐之以刑,则民免而无耻。不如德礼为先,而辅以政刑也"(《韩畅黎文集·潮州·设置乡校牒》)。陈子昂、韩愈等人对德主刑辅的强调,为改革当时的司法黑暗及倡导德治、教化、轻刑等起了积极的作用。

(四)宋元明清时期

确立于汉代,成熟于隋唐的中国古代法理学思想,经历了宋元时期理学的冲击、变异之后,在明清时期没有什么大的变化,尤其是在朱元璋和满清王朝专制统治的淫威下,知识分子已无法对一些法的基本问题展开讨论和研究,只能将精力投入到法律注释学和普法上来,导致了中国古代法学的衰落,因而在法的起源、法的作用、法与道德的关系、人与法的关系等方面基本上沿袭前代,无大的变化,只在个别方面有所发展。

(1) 法的起源。自汉代以后,"法自君出"已成为人们的普遍观念,因而对于法的起源问题基本上不再探讨。只有明末清初的启蒙思想家黄宗羲提出了新的观点,他认为:"有生之初,人各自私也,人各自立也",那时没有君主,也没有法律。但到后来,由于各人只顾个人,"天下有公利"无人兴办,"有公害"无人除掉,才产生了"使天下受其利"、"释其害"的"人主"。可见黄宗羲的国家和法律起源论的核心是"公利"说,是适应统一协调"公利"和"私利"的关系的需要而产生的。

(2) 法的作用。封建社会后期的统治者和思想家虽然既重道德教化又重法,但由于阶级矛盾进一步深化,所以特别重视法的作用,尤其注重法在治吏中的作用。朱元璋说:"夫法度者,朝廷所以治天下也。"(《明太祖实录》卷一一六)但与道德教化相比,法只能处于辅助的地位,是礼、道德、教化的辅助性工具。

(3) 法与道德。宋元明清时期的统治阶级在法与德的关系方面,沿袭传统的"德主刑辅"思想,但在不同时期各有侧重。宋朝中期的统治阶级特别注重以德治、教化治理国家,如李觏指出:"圣人之所以治天下国家,修身正心,无他,一于礼而已矣……礼乐刑政,天下之大发也;仁义礼智信,天下之至行也。八者并用,传之久矣。"(《盱江集·礼论第一》)但对于盗贼犯罪绝不手软,严加惩处。南宋时期的理学将法律视为维护封建统治秩序的工具,是辅助儒学教化的手段,治国既要依靠"礼",又要依靠"法"和"刑":"政者法度也,法度非刑不立,故欲以政道民者,必以刑齐民。德者义理也,义理非礼不行,故欲以德道民者,必以礼齐民,二者之决,而王伯分矣。"(《朱熹集·答程允夫》)明朝中后期特别突出德治教化的作用,强调礼法并用:"圣人之治,以教为先。""为治大要二:礼与法也。礼也者,教化之所从出者也……是则礼之所以禁于将然者也。"(《大学衍义补》卷六)"礼乐者,刑政之本,刑政者,礼乐之辅……是则所谓修道之教,王者之道,治天下之大经大法者也。"(《大学衍义补》卷一)清朝初期的统治者对于法与道德的关系也作过很好的论述:"帝王化民以德,齐民以礼,不得已而用刑。"(《清史稿·世祖本纪》)启蒙思想家顾炎武也强调:"礼义,治人之大法;廉耻,立人之大节。盖不廉则无所不取,不耻则无所不为。人而如此,则祸败乱亡。"(《日知录》卷十三"廉耻")

(4)近代法律体系初步建立。维新变法运动开启了中国法制现代化的历程。变革传统专制政治法律制度成为这一时期的主流思潮,维新派明确地以民主、民权、平等和自由等现代观念和原则作为创建新的政制体系的价值选择和目标指向,并提出了取代传统法制的以宪法为根本大法的新的法律体系模式。尽管康有为等人所领导的维新变法运动并未能取得多少实际成果就被顽固派残酷地绞杀了,但他们所确立的在新的价值基石上重建政治和法律制度的目标却始终昭示着后来的人们。1901年,慈禧集团不得不宣布实施"新政",扯起"变法"、"修律"的旗帜,他们所选定的"修律"领头人沈家本、伍廷芳经过艰苦工作,主持草拟了《大清新刑律》、《大清商律草案》、《大清民律草案》、《民事诉讼法》、《刑事诉讼法》等贯注着新精神的法典,标志着传统的中华法系的瓦解。从清末修律及立宪,后经南京临时政府、北京政府的推动,到南京国民政府"六法全书"的颁布,标志着中国近代法律体系的最终确立。在这一过程中,沈家本主持的清末修律起到了极为关键的作用,因为,它不仅决定了清末法律样式的选择,而且还决定了中国法律发展的方向。从1902年至1911年,在沈家本的主持下,基本上建立了以宪法、刑法、民法、商法、刑事诉讼法、民事诉讼法和少量行政法在内的近代法律体系,初步勾画了中国未来法律发展的方向。①

第二节 中国近代法理学的探索与变革

一、近代中国法理学的诞生和成长

中国近代法理学的诞生和成长,并不是中国传统社会自然发展的产物,而是清末修律与西法东渐的结果。

19世纪30年代以后,西方传教士在中国出版中文著作、创办中文刊物的活动,揭开了西法东渐的序幕,法理学也随着这一过程开始进入中国。1864年丁韪良翻译出版的美国国际法学家惠顿的《万国公法》、美国传教士林乐知等主办的《万国公报》等刊物以及当时出版的政治法律译著,也为中国近代法理学的诞生奠定了早期的基础。1901年清政府开始修律活动之后,随着外国法律专家来华参与立法与教授法律,法学留学生的派遣与陆续回国,法律教育活动的蓬勃开展,西方法理学著作的大规模翻译以及中国法学工作者自己撰写的法理学著作的出版,中国近代法理学开始形成。如1838年在《东西洋考每月统纪传》发表了郭守腊撰写的中国近代第一篇中文的法理学论文——《自主之理》,文中对西方的"法治"一词作了最早的解释,并对罪行法定、审判公开、陪审制度以及人权保障等问题作了阐述。后来在1900年12月创刊的《译书汇编》上,发表了一批有分量的译文和论文,同时,梁启超也发表了一批比较有名的法理学论文,如1896年的《中国宜讲求法律之学》、1904年的《中国法理学发达史论》和《法理学大师孟德斯鸠之学说》等,对法理学的内涵以及历史演变等作了阐述,对中国近代法理学的萌芽与诞生起了重要的推波助澜的作用,从形式上讲,梁启超是中国近百年来第一个较为系统阐述法理学的学者,其所撰《中国法理学发达史论》是中国第一部法理学专论。而织田万著的《法学通论》、孟森编写的《新编法学通论》等的出

---

① 田东奎:《沈家本与中国近代法律体系的确立》,载《哈尔滨学院学报》2004年第6期。

版，标志着中国近代法理学的初步形成。①

中华民国建立以后，法理学研究领域的著作日益增多，从清末到1949年，中国共出版了法理学方面的著作425种，除了著作之外，民国时期还发表了500多篇法理学方面的论文和译文。②

在法理学研究进步的同时，涉及法理学内容的教学活动也逐步展开。1867年以后开始的京师同文馆的"万国公法"课程，包含了对西方自然法思想的讲授，1902年设立的山西西学专斋将"法理"列为法律学专业课程，1906年成立的京师法律学堂，已经开设了"法学通论"的课程。至民国时期，各法政专门学校和综合性大学中的法律院系中，都开设了法理学内容的课程。如国立中央大学，第四学年有"法理学"、"法律伦理学"、"比较法律哲学"、"法学名著研究"等课程。在私立东吴大学法律学院，第一学年有"法学通论"课程，第四学年有"法学名著"和"法律与宗教"等课程。在北京法政专门学校，也开设了"法学通论"课程。只是在当时法理学的地位并不高。1949年以后，中国台湾地区继续保留了原有的法理学与法学绪论的课程设置模式。

因此，近代中国通过全方位地引进西方法理学，并且经过中国学术界的努力成功地将这一学科逐步本土化，促成了中国近代法理学的诞生。

二、中国近代法理学形成的标志及其特征

（一）中国近代法理学形成的标志

民国中叶，西方法理学的主要内容都已经传入中国，并经过中国法学界的努力得以本土化，即在西方法理学的基础上，初步建立起了一座中国近代法理学的大厦，其主要标志为：

（1）对涉及法律的一些基本问题都已经有了比较充分的阐述，如关于法的概念、法的起源、法的本质、法的分类、法的解释、法的执行、法的效力、法的社会功能、法的本位、法与其他社会现

---

① 何勤华：《中国法学史》（第三卷），法律出版社2006年版，第127页。
② 同上书，第128、133页。

象的关系等。

（2）在法的内部以及法与其他社会现象之关系方面，对该领域涉及的几种主要关系都已经有了研究，比如对权利与义务、法治与人治、三权分立与制衡、国内法与国际法、法与事实、法与平等、法与民主、法与自由、法与社会、法与审判、法与理想、法与阶级、法与政策、法与公平正义、法与道德、法与经济、法与政治、法与国家等的关系，当时都已经作出了研究。

（3）关于法系和法学流派问题，已经开始了探索。比如，对前者，我们已经介绍了当时世界上的各大法系，如罗马法系、英美法系、回回法系（伊斯兰法系）、印度法系、中华法系等。对后者，则当时的介绍与研究更加活跃，从自然法学，到历史法学，到社会学法学、哲理法学、利益法学、马克思主义法学，到无政府主义法学等，当时学界都已经有了介绍与评论。

（4）关于法理学语境中的一整套概念术语，已经确立了起来。如法、法律、法治、法制、法理学、法律学、法律哲学、法学通论、法系、法学流派、法律关系、法律渊源、自然法、实定法、权利、义务、正义、平等、自由、民主以及各个部门法学中的概念术语，如宪政、公法、公权、私权等，此时也已经基本齐全。

这样，至民国中叶，一方面，法学的体系已经确立，另一方面，法理学的内涵也已经明了。虽然，当时的学术界对什么是近代法理学这个问题还不是十分清楚，表达时有些混乱，但其大致包含的内容已经明了，即必须有一些涉及法的基本理论问题，对法律与其他社会现象的关系有系统的研究和说明，有一整套关于法的现象世界中的基本概念和术语，对法系和法学流派等也已经有了阐述，等等。

因此，自清末修律至 1949 年国民党政府垮台，中国通过全方位地引进西方的法理学，并比较成功地将这一学科逐步本土化，确立了这一学科成立的基本要素，最终建立起了一个与中国封建律学完全不同的全新的法理学学科。

（二）中国近代法理学的特征

综观中国近代法理学的诞生与成长过程，我们可以看到其具有如下特点：

（1）研究成果中，译著占较大比重。在法理学领域，有分量的作品之中，译著占了一个很大的比重。如《法律关系》、《孟德斯鸠法意》、《法理学大纲》、《公法与私法》，以及两本《法学通论》，都是日本学者的成果。与此相联系，留学生所起的作用、产生的影响也比较大，不仅这些译著的译者是海外归来的留学生，就是中国近代法理学科的一些学术带头人，如孟森、王宠惠、吴经熊、孙晓楼、周鲠生、蔡枢衡等，也几乎都有在海外留学的经历。

（2）日本法理学研究的影响较大。在翻译的外国法理学著作中，虽然有一些译自美国、德国等西方国家，如庞德的《社会法理学论略》（陆鼎揆译，上海商务印书馆 1920 年版）、拿特布尔格斯它的《法律哲学概论》（徐苏中译，上海会文堂新记书局 1931 年版）、密拉格利亚的《比较法律哲学》（朱敏章译，上海商务印书馆 1937 年版）和巴得生的《比较法理学发凡》（胡庆育译，上海太平洋书局 1937 年版）等，但主要都译自日本。当时日本各著名法理学家如穗积陈重、穗积重远、织田万、高柳贤三、美浓部达吉、梅谦次郎、牧野英一、小野清一郎、户部宽人、三谷隆正、矶谷伟次郎、三潴信三、奥田义人、坚田三郎的作品，都被引入了中国。

（3）法理学研究中，历史部分占较大比重。在中国人自己写的法理学著作中，对历史部分阐述的比重比较大。梁启超的《中国法理学发达史论》、王振先的《中国古代法理学》，研究的领域都是中国古代的法理学。吴经熊的《法律哲学研究》，其中的相当篇幅也是研究中国古代的法理学。这说明，生活在当时的法理学家，都承受着中国传统社会法律文化的重负。这一特点，对新中国以后的法理学的发展也产生了重要影响。自 20 世纪 50 年代以后，我国学术界对中国古代人治与法治问题的多次讨论，中国古代法律思想在中国现代法理学学科中占有较大比例，等等，都是上述影响的表现。

（4）在法理学教学与研究领域，实用主义倾向很严重。这可以从法学通论的大量出版以及国民党军队中的法理学教学、培训中可以看到(在民国时期保留下来的法学通论作品中,有近七分之一的著作是由各种警察学校、陆军军官学校、警察训练所、国民党干部训练团等组织编写的讲义)。① 而如上所述,在中国近代法理学作品中,法学通论是带有法学概论性质的课程,其相当多的内容是部门法的知识。法理学以及法律哲学在教学和科研中不受重视,这是中国近代法理学诞生与成长过程中的一个显著特征。

(5)理论与实践的脱节比较严重。一方面,国民党政府比较重视对各层干部的法理学教育、培训,另一方面,近代法理学所要探讨和阐明的就是保障人权,强调法律面前人人平等,强调契约平等,强调民主和自由,强调三权分立,尤其是强调对公民权利的尊重和严格保护,而在这些方面,国民党政府做得都不是很好。因此,就使中国近代法理学这门学科,从一开始诞生之日起,就带有非常明显的理论与实践相脱节的现象。

这种现象不仅在民国时期一直持续着,即使新中国建立之后,由于种种原因,也没有能够及时解决,只是到了1978年党的十一届三中全会之后,由于我党基本路线的拨乱反正才开始获得实质性的改变。

(6)中国近代法理学的成果,是中国现代法理学的学术起点和历史基础之一。中国近代法理学的成果,虽然在新中国建立之初被作为国民党的伪法统之组成部分而遭到全部否定,但其基本内核如关于法的概念、起源、性质、作用,法与其他社会现象的关系以及法学流派、法学方法论等的研究成果,在经历了七十余年时间的历史冲刷之后,仍然保持着其恒久的学术价值,中国近代法理学在体系、内容、概念术语以及方法论方面的成就,应当是中国现代法理学的学术起点和历史基础之一,中国近代法理学是中

---

① 在我国,中国法律思想史一般都被归属于中国法律史学科之内,但有些大学,将其放在法理学教研室中,其教学与科研也与法理学合在一起。许多学习中国法律思想史的中青年学者,都在从事法理学研究。这些,也都是法理学研究受中国法律思想影响的具体事例。

国现代法理学发展的一个不应忽视并且也是无法逾越的阶段。我们只有在对中国近代法理学进行比较细致的梳理、总结和提炼的基础上,才能发展起更加成熟的中国现代法理学。

必须指出的是,作为中国现代法理学之资源的中国近代法理学,目前还没有引起学术界的足够重视,在中国现代法理学的研究中,几乎无人提及中国近代法理学的作品就是突出的例子。因此,挖掘、整理和研究中国近代法理学的成果,总结其诞生与成长过程中的经验和教训,应当是中国现代法理学界的一项重要任务。[①]

第三节 新中国的法理学

一、1949—1978年:法理学的探索与反思

通过法律的革命变革的主要规律在于"计划和破坏,即积极和消极的变化。破坏是指通过毁坏或拆除已建立的法律秩序的变化。计划是建立新法律秩序的变化。在现实生活中,两者经常是连在一起的。'革命'一般是指两者,毁坏旧的和建立新的。法律革命也有这两个方面"[②]。历史步入20世纪中叶,一个新的社会主义中国在东方崛起,伴随着社会主义改造和建设事业的推进,中国的社会结构和意识形态领域发生了根本性革命,法理学同其他社会科学一样,也接受了这场革命的洗礼,获得了新的生命力。法理学革命的直接社会理论前提就是对旧法观念的彻底批判。1949年2月,中共中央发布了《关于废除国民党的六法全书与确定解放区的司法原则的指示》,指出:"在人民民主专政的政权下,国民党的六法全书应该废除,人民的司法工作不能再以国民党的六法全书为依据,而应该以人民的新的法律作依据。……同时司法机关应该经常以蔑视和批判国民党六法全书及国

---

① 何勤华:《中国法学史》(第三卷),法律出版社2006年版,第166—171页。
② 〔美〕弗里德曼:《法律制度》,李琼英、林欣译,中国政法大学出版社1994年版,第323页。

民党其他一切反动的法律、法令的精神,以蔑视和批判欧美日本资本主义国家一切反人民的法律、法令的精神,以学习掌握马列主义——毛泽东思想的国家观、法律观及新民主主义政策来教育、改造司法干部。"1952年在全国范围内掀起的司法改革运动作为"反对旧法观点和改革整个司法机关的运动"①,则奠定了包括法理学在内的整个法学的政策基础。在旧法制和法学被彻底摧毁,西方法学被彻底否定以后,就面临着如何构建新法学的重任。

当时,在西方国家的重重包围与封锁下,为巩固国家政权,故采取了全面学习苏联的"一边倒"的外交政策。正如其他学科一样,苏联法学便成为中国法学的最好范本。从20世纪50年代初开始,就大规模地翻译出版了苏联的法学教材和论著,并直接作为高等院校的教材使用。《国家与法的理论》便是法理学在这一特定背景下的具体表现形式。之所以把国家与法作为法学共同的研究对象,是因为"国家与法权是随着私有财产的产生和阶级的分化同时产生和存在的。既不存在没有国家的法权,也不存在没有法权的国家",而且"法从属于国家"。②"不了解国家问题,就不可能正确地了解法律问题,脱离开对国家的本质、职能、形式、机构及其发展规律性的认识,就不可能正确认识法律现象;同时,要认识国家的本质、要研究国家的组织和活动,也必须研究这些组织和活动的法律形式及其内在的规律性。正因为法、法律现象与国家有着如此密不可分的联系,所以国家与法的理论,作为一门综合地、从一般理论方面研究法和法律现象的学科,作为法学各专业的基础理论,就必须把法、法律现象同国家问题,紧密地结合起来进行研究。这也是我们这门课程为什么叫做'国家与法的理论'的原因。"③而把国家与法的理论定位于"是关于阶级斗争的学问",则是如此研究法理学的更深层的理由。

---

① 《必须彻底改革司法工作》,载《人民日报》1952年8月17日社论。
② 孙国华:《关于如何编写〈国家与法权理论教科书〉的几个问题》,载《政法研究》1963年第1期。
③ 中国人民大学法律系:《国家与法的理论》,中国人民大学出版社1979年版,第2页。

从 1949 年到 1957 年，法学界开展了较为自由、宽松的理论探讨，对法理学的一些重大理论问题进行了富有新意的研究，为法理学的发展奠定了基础。毫无疑问，新中国成立后的近十年，法理学在实质上的革命和在形式上的继承与创新，对新型国家权力关系的铸造及其运行功不可没，为中国法学奠定了初步基础。当然，其缺陷与不足也是明显的。如果说此时的法理学存有许多缺点甚至某种程度的非科学性，那么，从 1957 年以后至 1976 年，中国法理学则遭受了从挫折到没落的厄运。

20 世纪 50 年代末，随着反右斗争严重扩大化，法学界很多专家学者被打成"右派分子"，沦为"专政对象"；法学研究已被批判"政法战线上的右派观点"所取代；法学教育大大倒退，实际上业已停止招生。先前刚刚起步的法理学研究再也无人问津，法理学中的基本范畴和重要原理，如法的继承性、法律面前人人平等、法律关系、权利与义务、法律规范等成为禁区。特别是在"以阶级斗争为纲"的思想正式提出后，法理学便由"国家与法的理论"倒退为"人民民主专政和人民民主法制"，以"党的领导"、"群众路线"和"对敌专政"为内容，法的阶级斗争工具论和统治阶级意志论成为整个法理学的基本内容，使本来就还没有完成独立学科体系创构的法理学丝毫也没有法学的气息了。特别是作为社会主义法制的基础原则之一的公民在法律面前一律平等原则，竟被斥之为资产阶级原则，至于法治、人权等基本理论更惨遭批判。总体而言，"文革"十年，由于法律被视为束缚"无产阶级专政下继续革命"的绊脚石，包括法理学在内的全部法学惨遭不幸，荡然无存。

二、1979 年以后：法理学的科学化

1979 年中国法学历经磨难后得以恢复，法理学继续沿用"国家与法的理论"这一传统模式，并出版了一些教材与论著，供高校使用与参考。人们很快就感觉到这种具有强烈政治色彩的理论体系与现实经济政治改革很不协调，为了改变这一现状，1981 年，北京大学出版社率先出版了新的法理学——《法学基础理论》（并于1983年修订),明确将法学的研究对象提炼成"法律这一特定社会现象及其发展规律",而法学基础理论则旨在研究"法律的基本概念,原理和规律等"。将国家理论从法理学中分离出去。1982年法律出版社出版了全国高校统编教材,其框架结构大致为:(1)导论。法学的研究对象、方法与特征,法学基础理论的课程体系及意义。(2)法的本质特征,法的发展规律,法与其他社会现象的关系。(3)剥削阶级类型的法。(4)中国社会主义法的本质和作用。阐述了社会主义法产生的必然性,人民意志性及法律与政策、人民民主专政、经济、精神文明,民主与法制的关系。(5)中国社会主义法的制定和实施。阐释了中国社会主义法的制定及其原则与程序、法律形式的意义与分类、法律关系及其构成,法律体系与法律部门、法的适用的要求与原则,法律效力与法律解释、法的遵守和对违法的制裁。(6)结束语。概括说明了法的消亡的社会历史条件和方式。

毋庸讳言,法学基础理论的问世标志着法理学开始走出国家法学和政治法学的误区,为法学发展和国家建设特别是民主法制实践起到了理论注脚和推波助澜的积极作用。

以往的法学成就是不容抹杀的,但是,应该承认我国法学是落后的,它已大大落后于我国生产力的解放与发展,落后于生产关系的改变和巩固,落后于上层建筑中政治制度和法律制度对法学理论的要求。某些方面,甚至还落后于资本主义工业化国家,如经济组织管理和生产力发展与法制建设方面的问题。政治理论课尤其是社会发展史的一般原理被简单地照搬到法理学中,导致在思维模式上,过分强调意识形态的纯洁性,缺乏重视实践经验的科学态度;在理论基点上,用"阶级对立"的简单公式来取代生动的阶级分析方法;在价值取向上,以超现实的理想主义道德尺度约束个体行为,具有蔑视个人的国家主义倾向。进一步具体分析,法学理论(包括方法)落后的主要原因是受到了以下五个"主义"的干扰:(1)主观唯心主义。实事求是的传统被遗忘,代之以唯意志论、精神万能论;法学多从原则和概念出发,用以往的现成话语来硬套纷繁复杂、不断变化的客观现实;搞实用主义,一切服从政治需要。(2)法律取消主义。用专政排斥法制,以政策取代法律,搞人治不搞法治。(3)历史虚无主义。离开阶级性与继承性、革命性与科学性相结合的原则,对旧法和法学理论采取一笔抹杀、全盘否定的态度。(4)封建与专制主义。个人权威高于法律权威,搞家长制、一言堂;法学领域禁区多、忌讳多、帽子棍子多。(5)左倾教条主义。天天讲理论联系实际,可是在法学研究中又往往脱离实际,引经据典,照搬照抄,把活生生的马克思主义理论变成僵死的教条①,以至"人权"、"法治"被视为资产阶级口号;"法律至上"被当作"以法抗党";"法律面前人人平等"是"敌我不分";讲"法律有继承性"是"为反动法律招魂"。②

20世纪末期近二十年坚持不懈的大讨论,使法理学从内容到形式,从理论到体系,各个方面都有了质的飞跃,取得了辉煌的成就。体现为以下十大转变:

(1)从政治哲学之法理学转变为法律科学之法理学。

(2)从研究方法的单一性转变到法理学研究方法的系统化、科学化。

(3)从法的唯阶级性转变到法的阶级性与社会性的对立统一。

(4)从法功能的专政性转变到民主与法制、人权与法律相结合。

(5)从法的批判性转变到在"扬弃"前提下肯定法律继承和法律移植。

(6)从法与经济的一般关系论转变到市场经济实质上就是法制经济论。

(7)从重政策轻法律转变到法律、政策并重,进而转变到治国主要依靠法律。

---

① 吴家麟:《我国法学为什么落后?》,载《西南政法学院学报》1981年第1期;王勇飞、张贵成:《中国法理学研究综述与评价》,中国政法大学出版社1992年版,第33—35页。
② 郭道晖等:《中国当代法学争鸣实录》,湖南人民出版社1998年版,第3页。

(8)从注释法学转变到实然法研究与应然法研究并重。

(9)从注重法的适用转变到法的适用与法的监督制约并重。

(10)从工具性法制价值分析转变到依法治国的法治论。①

【课后阅读文献】

1. 何勤华:《中国近代法理学的诞生与成长》,载《中国法学》2005年第3期。
2. 王炯华:《〈李达法理学大纲〉述评》,载《华中科技大学学报(社会科学版)》2002年第6期。
3. 张薇薇:《梁启超〈中国法理学发达史论〉读后》,载《观察与思考》2000年第12期。
4. 赵明:《近代中国对"权利"概念的接纳》,载《现代法学》2002年第1期。
5. 李龙、汪习根:《二十世纪中国法理学回眸》,载《法学评论》1999年第4期。
6. 张文显:《新时代新阶段的中国理论法学》,载《法制与社会发展》2004年第1期。

【思考题】

一、选择题

1. 从形式上讲,中国近百年来第一个较为系统阐述法理学的学者是( )。
   A. 梁启超   B. 沈家本   C. 织田万   D. 孟森
2. 作为学科意义上的中国法理学产生于( )。
   A. 先秦   B. 秦汉   C. 隋唐   D. 近代
3. 近代中国学者撰写的著作中,( )部分占的比重较大。
   A. 政治   B. 经济   C. 历史   D. 地理
4. 在近代学者们翻译的外国法理学著作中,译自( )的占大部分。
   A. 英国   B. 美国   C. 德国   D. 日本

二、简答题

1. 简述中国近代法理学形成的标志。
2. 简述中国近代法理学的特征。

---

① 李龙、汪习根:《二十世纪中国法理学回眸》,载《法学评论》1999年第4期。

三、材料分析题

礼起源于原始社会人们祭拜神灵和祖先的习惯,中国最早的字书《说文解字》说:"礼者,履也,所以事神致福也。"对神灵和祖先的祭拜都有一定的仪式,这种仪式在本族中往往以习惯的方式流传下来,要求族人严格遵守。夏、商时期把这些习惯称之为"礼",因而"礼"具有了规范的意义。不过,在夏、商二代,"礼"主要以"神权"的方式表现出来,所以,天人交通的仪式也称为"礼",比如占卜。周公在夏、商二代旧礼的基础上经过整理使其上升为一个庞大而又细密的规范体系。它上至国家的典章制度,下至社会生活的各个方面,举凡国家的政治制度、社会制度、军事制度、行政制度、经济制度、婚姻家庭制度、宗法伦理制度等等都有具体的礼的规定,礼成为一切行为的准则,是普遍适用的行为规范。

问题:有学者认为:"周礼"是西周的"根本法",中国古代的"礼"具有法的属性。试对这种说法进行分析。

第十七章 西方法理学的历史

☞ **本章提示**
- 古希腊、罗马时期:智者派的法律思想,柏拉图和亚里士多德的法律理论,斯多葛派的自然法观
- 中世纪的法理学:《圣经》中的自然法思想,奥古斯丁的法律哲学,阿奎那的法律思想
- 资产阶级革命时期的法理学:格老秀斯的自然法和霍布斯的《利维坦》,洛克的《政府论》和孟德斯鸠的《论法的精神》,卢梭的平等理论和社会契约论
- 近现代西方法理学:哲理法学、历史法学、功利主义法学、分析法学、社会法学、新自然法学

第一节 古希腊、罗马的法理学

在古希腊,关于法理学的思考就已经开始了。尽管当时尚不存在法理学的理论知识体系,但是,希腊的思想家们在其哲学、伦理学和政治思想的论述中,包含了关于人类法律现象的一些基本问题,例如法律与权力、理性的关系,法律与人、神、自然的关系,法律与正义、利益的关系,人治和法治,公民守法的道德基础和政治基础等等。而且,他们还就这些问题提出了各种可能的解决办法,虽然其中的某些观点已经被证明不适合现代社会,然而这些问题是法理学的永恒主题,直至现在,世界各国的法理学家们仍然在思考并努力解决这些问题。

一、智者派的法律思想

希腊早期的法律与宗教没有什么区别,人们经常援引特尔斐

神庙①的名言作为行为的规则,因为那被认为是阐明神意的权威性意见。宗教仪式渗透在立法和司法的形式中,祭司在司法中起着至为重要的作用,国王作为最高法官,其职责和权力被认为是宙斯亲自赐予的。"公元前5世纪,希腊的哲学和思想发生了一次深刻的变化:哲学开始与宗教相分离","人们渐渐地不再把法律看做是恒定不可改变的神授命令,而认为它完全是一种人为创造的东西,为权宜和便利而制定,并且可以根据人的意志而更改。同样,人们否弃了正义概念中的形而上的特性,开始根据人的心理特征或社会利益对其进行分析"②。而完成这种改变的正是被称为智者派(或诡辩派)的思想家。

古希腊智者派,是公元前5世纪中叶至公元前4世纪古希腊出现的一批以教育为职业的哲学家和思想家,他们传播诡辩术、语法和修辞。智者自称或被认为是有智慧的人,他们的活动是追求知识和智慧。智者们在政治法律思想上具有很大的差异。他们有的代表土地贵族的利益,主张贵族主义政治,其代表人物是卡里克利。有的代表新兴的工商业奴隶主的利益,主张民主主义政治,其代表是普罗泰戈拉。因此,不能把他们归为一个统一的学派。尽管如此,他们在学术上有一些共同的特征:第一,哲学上的自然主义。智者们从"自然"这个概念出发,认为国家所制定的法律只是根据"意见"或"风俗习惯",人们遵守它,是违反自然的。因为它不能代表正义,而且是少数人制定的。第二,认识论上的相对主义和怀疑主义。智者不相信存在客观真理。例如,普罗泰戈拉就提出,"人是万物的尺度,是存在的事物存在的尺度,也是不存在的事物不存在的尺度"③。这被人理解为每个人都是万物的尺度,在人们发生意见分歧的时候,没有客观评价的尺度来判断谁对谁错。这一观念在法律思想上的后果就是以法律作

---

① 特尔斐(Delphi),希腊古都,因 Apollo 太阳神神殿而著称。特尔斐在古代被认为是已知世界的中心,是天堂与大地相接的地方。
② 〔美〕E.博登海默:《法理学:法律哲学与法律方法》,邓正来译,中国政法大学出版社1999年版,第5页。
③ 〔英〕罗素:《西方哲学史》,何兆武、李约瑟译,商务印书馆1963年版,第111页。

为评价行为的尺度。智者们相信,"正义即强者的利益",法律是政府为了自身的利益而制定的。因此,服从法律就是正义的,而违反法律就是非正义的。

二、柏拉图的法律观

柏拉图出生于雅典一个富有的奴隶主贵族家庭,受过良好的教育,他师从苏格拉底,又是亚里士多德的老师。柏拉图的《对话集》曾被译成多种文字出版,在西方法律思想中占有重要地位。

柏拉图的法律思想是以正义为出发点和归宿的。正义与国家的关系,一直是西方法律思想关注的重大问题。而柏拉图的《理想国》阐述的核心问题就是"什么是正义"。他从国家(城邦)正义和个人正义确定正义的原则,并构造一种以他的正义观为指导的理想城邦和理想的统治者模式。柏拉图认为,正义就是"一个人应当做他的能力使他所处的生活地位中的工作"[①]。这种正义观,实质上是要求城邦国家的各个阶级都依照自己的能力各守本分,使社会有机体的各个部分间保持一种和谐的关系。在柏拉图的法律理论中,正义是制定法律的指导原则,也是一种高于实在法的更高原则。只有在他所提出的理想城邦中,正义才能得到实现。在任何一个政府里,一个统治者,当他是统治者的时候,他不能只顾自己的利益而不顾属于老百姓的利益,他的一言一行都是为了老百姓的利益,一个真正的治国者追求的不是他自己的利益,而是老百姓的利益。反过来,在法律与正义同一的地方,维护法律就是维护正义,遵守法律就是服从正义。这种观点反映在立法方面就是,立法不是为城邦任何一个阶级的特殊幸福,而是为了造成全国作为一个整体的幸福。法律运用说服或强制,使全体公民彼此协调和谐,使他们把各自能向集体提供的利益让大家分享。

《理想国》是早期著作,《政治家篇》和《法律篇》是晚年的主

---

① 〔美〕E.博登海默:《法理学:法律哲学与法律方法》,邓正来译,中国政法大学出版社1999年版,第7页。

要著作。如果将这三部著作的法律思想相比较,可以认为,《理想国》主张的哲学王统治是人治的思想,而《法律篇》则体现了柏拉图的法治观,《政治家篇》则是从人治向法治过渡的桥梁。虽然晚年的柏拉图仍然认为贤人政治是第一好的国家,但是,在意识到贤人政治难以实现之后,他转而求其次,开始设想第二好的国家方案,即法治。在《法律篇》中,柏拉图阐明了他的法治理论,这主要体现在以下几个方面:第一,重视立法工作。柏拉图认为,实行法治的前提是做好立法工作。立法的最根本原则是要遵循公正和善的理念。第二,强调守法和法律的权威。柏拉图指出,法律权威至高无上是新理想国最重要的特征,这事关城邦的生死存亡。国家的统治者是"法律的仆人",这表明在柏拉图的法治国蓝图中,法律享有最高的权威。为了使人们遵守法律,可以采用两种立法技术,即劝说和暴力。以往的立法者没有考虑到这一点,在立法时,往往只采用后者,而没有使法律能兼容说服性和威胁性。这一思想转变在西方法律思想史上也产生了重要影响。

三、亚里士多德的法律理论

亚里士多德是古希腊继柏拉图之后的伟大思想家,百科全书式的大学者。他在政治法律理论方面的著作主要有:《政治学》、《雅典改制》、《伦理学》等。他在政治理论和伦理学理论中对法律问题作的大量深刻而精辟的论述,对当代法理学仍然具有重要影响。

亚里士多德的政治学和法律思想是以其正义思想为基础的。亚里士多德认为,正义可以在一般和特殊两种不同的意义上来使用。在一般的意义上讲,它等同于守法。特殊正义又分为分配正义和矫正正义。分配正义根据接受者的功绩来分发荣誉和奖励。矫正正义,就是在非自愿的交往中,当一个人对另一个人造成了损害,使其蒙受了损失时,就要从损害方的好处中拿出一些加到蒙受损失的人那里,补偿其损失。矫正正义的实现有赖于一位中立的裁判者,他作为公正的化身,使侵害者受到惩处,使受害者得到补偿。在亚里士多德看来,法律与正义之间存在着紧密的关系。他指出,正义是法律的目的,法律的实际意义应该是促成全邦人民都能适用正义和善德的永久制度。同时,法律本身也是正义的体现。在通过法律确定一定的行为规则之后,它就为社会划定了某种评价标准,不以执政者自己的偏好和爱憎而发生变化。法律的首要性质就是其公正性,作为一种衡量行为的公共尺度,对一切人都平等对待;法律的作用是促进社会的正义与善德,保障城邦的共同利益。

亚里士多德是第一位系统地论述法治问题的思想家,他系统地论证了法治的优点和法治的含义。亚里士多德认为,法治优于一人之治,法治含义可以总结为:一是存有良法,二是对于法律的普遍服从。亚里士多德主张法治反对人治,这是同他所追求的以中产阶级为主体的共和政体的政治主张紧密联系在一起的。

亚里士多德在创立其政治学体系的同时,也继承了柏拉图以正义和善德作为城邦和法律的目的的传统。这一传统超越了特定的历史阶段,成为现代法理学和法哲学的内核。亚里士多德以现实主义的态度看待君主的德行和才能,追求实践中可行的治理方式,主张以理性的法律作为治国的依据。法治的精髓在于,法律具有至高无上的权威,统治者也应该受法律的约束。这一思想已经成为现代法治思想的常识,也成为法治社会的思想基石。

四、斯多葛派的自然法观

古希腊大部分理论在论证其哲学和政治法律观点时,都是从自然出发的。最古老的希腊哲学家习惯把宇宙结构解释为某种单一原则的表现,对这种原则,他们有不同的看法,认为是运动,是强力,是火,是湿气等。此后,希腊各学派把这个名词的范围加以扩展,使它不仅包括了有形的宇宙,而且包括了人类的思想、惯例和希望。"按照自然而生活",这一哲学上的律令,使自然现象与社会的伦理与道德现象之间具有同构性。以自然规律或自然法则为基础,来论证政治、伦理和法律规范的正当性,推论出一些被认为是正当的规范,是古希腊人为后世的政治和法律理论思想家们留下的宝贵遗产。对古罗马法学、中世纪神学法律思想、近代和现代的法律思想都提供了一种"自然法"的思想方法。因此,英国法学家亨利·梅因指出:"如果自然法没有成为古代世界中一种普遍的信念,这就很难说思想的历史、因此也就是人类的历史,究竟会朝哪一个方向发展了。"①但另一方面,也要强调的是,古希腊自然法思想的产生,也是一个逐步发展的过程。正式构成自然法思想的应该归于斯多葛学派,其创始人芝诺最重要的理论贡献就是自然法,他首先提出了自然法的定义,自然平等观,世界国家、世界政府和世界法律的思想。其自然法思想直接为西塞罗所继承。

西塞罗是古罗马杰出的法律思想家。他的《论共和国》和《论法律》在西方法律思想史上占有重要地位。

西塞罗认为,自然法是最高的理性,它根植于自然,是正义的体现,是神的意志,它是为着实现理性、正义和神意而支配和禁止一定的事物、一定行为的规则,它鼓励人们履行自己的义务,约束人们不去为非作歹,这种规则依靠自然的强制力或约束力来实现。什么是法律?西塞罗认为:"法律是植根于自然的、指挥应然行为并禁止相反行为的最高理性。""这一理性,当它在人类的意识中牢固确定并完全展开后,就是法律。"②法律是自然法的具体体现,法的根源是自然法。所谓根源体现为两个方面:从内容上讲,法律作为区分"正义与非正义"的标准,只不过是自然法以人的语言的表述;从效力上讲,法律的效力来自于其道德性,即它符合自然法的要求。法不是以人们的意见和意志为基础,而是以自然为基础的。虽然立法机构的立法行为需要有一定的法律规则,需要有立法资格,但是,并非立法机关制定的一切法令都是法律,立法机关按自己的意志,但是违背人民的利益和国家利益的立法并不具有法律效力。因此,法律之所以成为法律,具有法律效力,

---

① 〔英〕梅因:《古代法》,沈景一译,商务印书馆1959年版,第43页。
② 〔古罗马〕西塞罗:《国家篇 法律篇》,沈叔平、苏力译,商务印书馆1999年版,第151页。

是因为它具有道德性,是因为他与自然法相符合。在论述自然法与人定法的关系时,西塞罗主张"恶法非法"。虽然"恶法非法"的思想是在近代自然法理论中提出的,但在西塞罗的著作中得到了充分体现。他认为,凡是不符合自然法,立法者在立法时违背对人民的承诺,不是出于国家和人民的利益考虑而制定的法令,都不能称为法律,或者说不具备法律的效力。

公元前27年,奥古斯都皇帝授予若干法学家公开解释法律的特权,他们的解释具有法律效力,法院必须遵循,法学家的地位更加显赫。公元1—3世纪,是罗马法的古典时期,正是在这个时期,出现了大批的法学家,形成了一个法学家阶层,其中最著名的有五大法学家,他们是盖尤斯(Gaius,130—180)、保罗(Paulus,?—222)、乌尔比安(Ulpianus,166—228)、伯比尼安(Papinionus,150—212)、莫迪斯蒂努斯(Modestinus,?—224)。法学家们协助皇帝立法、解答法律问题、撰写法学著作、从事法学教育,对罗马法学作出了杰出贡献。[①] 公元426年,罗马皇帝狄奥多西二世颁布了《学说引证法》,规定五大法学家的著作具有法律权威性。五大法学家继承和发展了西塞罗的法律思想,他们的思想体现在《查士丁尼国法大全》中。如在《查士丁尼学说汇纂》的序言中提出,善良就是指道德,公平则是指正义。在这里,法律与道德混在一起,与正义是等同起来的。"正直生活,不害他人,各得其所",这一为希腊法学家所倡导的自然法基本观念,受到罗马法学家的尊崇。近代古典自然法学把法律看成是理性的体现,是正义的体现,就沿袭了自古希腊、古罗马的这种自然法的法律观。但是,到19世纪分析法学和法社会学产生之后,这种法律观就失去了其主导地位,从此,法律被认为是相对独立于政治、道德的社会制度。现代新自然法认为,法律与道德之间具有本质的联系,但是,法律系统的相对独立性则已经成为现代法理学的共识。尽管罗马法学家关于法律的定义有其时代的局限性,但是,从正义的原则出发

[①] 法学家们的著作仅《罗马法大全》就引用了2000多部,法学教育也达到了相当高的程度。参见付子堂:《法理学初阶》,法律出版社2005年版,第26页。

确定权利与义务的一般原则,把希腊人的公平正义观念具体化为法律概念、术语、原则和技术,不能不说是罗马法学家的卓越贡献。

第二节 中世纪的法理学

一、《圣经》中的自然法思想

在为数不多的论及《圣经》里自然法的思想家中,往往认为圣保罗的思想带有自然法的思想。据《新约》中《使徒行传》记载,圣保罗在希腊曾经与当时的两大学派(伊壁鸠鲁派和斯多葛派)的学士争论过,因此,圣保罗受他们的影响而提出自然法的思想不是没有根据的。圣保罗并没有提出"自然法"一词,而用其他的术语表达出来。圣保罗说:"神的义正在这福音上显现出来;这义本出于信,以致于信。"①可以说,"义"、"信"即是与"律法"相对的自然法。在这两者的关系上,圣保罗有较多的论述。首先,信与律是一致的。他举例说,没有律法的外邦人如果顺着本性行法律上的事,虽然他们没有律法,但是结果与有律法的人所得到的结果是一样的,即自己就是自己的律法。换言之,外在的法律与内在的本性实际上是一致的。其次,当信与律发生冲突时,信高于律。圣保罗说,神应许亚伯拉罕和他的后裔能够承受这个世界,不是因为这个律法,而是因为信而得到的义。信与律的冲突并不意味着以信害法,而是信对律进行补充和充实,"我们因信废了律法吗?断乎不是! 更是坚固律法"。② 另外一个方面,律法是福音的先声。圣保罗解释道,人类在没有因信得救之前,受着律法的约束。从这个意义上讲,律法是人类训蒙的师傅,它引导人们到基督那里,使人因信称义。而且,如果人凭着信就可以得救时,人们就可以不受律法的阻碍了。圣保罗对信与律的分析已接近自然法论者对于自然法与实在法的论述。

---

① 《罗马书》第一章第 17 节。
② 《罗马书》第三章第 31 节。

《圣经》与基督教的关系决定了它在中世纪的作用。在中世纪,圣经词句在各法庭中都有法律效力。《旧约》使文艺复兴时期和现代早期诸文明的相当部分受到启发,16世纪的加尔文教派和在此以前的许多基督教徒都把《旧约》当成法律和政治的一种理论依据。加尔文自己也把上帝比喻为伟大的律法者,认为他在《圣经》中传下了许多人们必须逐字遵循的法规。《圣经》中描述的契约制度、审判制度和人权法等等都对后世发生着影响。从法律思想史方面看,《圣经》连接了古罗马到中世纪之间的法律思想,严格地说,它是斯多葛自然法理论和奥古斯丁神学法律理论的中介。在斯多葛以前,自然法和实在法的区分是对法律的两种基本分类,而从奥古斯丁开始,把法律分为神法、自然法和实在法。没有圣保罗的"信",就不会出现奥古斯丁的神法。这个特点在托马斯·阿奎那那里,更加突出。

二、奥古斯丁的法律哲学

奥里略·奥古斯丁是欧洲中世纪的神学家、新柏拉图主义者、基督教教父哲学的完成者。奥古斯丁的法律观受到斯多葛学派,尤其是西塞罗的自然法学理论的影响,他把自然法思想结合进他的神学思想之中,形成了自己的神学法律观。

奥古斯丁的法律观是以基督教教义为依据而形成的。他认为法律产生于上帝,是正义的体现。法律的目的在于维护和平与秩序。国家只有作为维护人间的和平的工具才是正当的。他将法律分为两种:神法和人法。所谓神法是"上帝的法律"或"永恒法"。人法即世俗法律的产生是人类原罪的产物。在人类的黄金时代,人人平等和自由。所有的人共同享有财产和利益,并在理性的指引下像亲兄弟一样生活在一起。但是,由于人类本质的堕落而产生了暴力,人不可能不犯罪。因此,有必要用法律惩罚犯罪的人,使他们改邪归正。尘世的法律是对人们邪恶本性的约束和惩罚,只有这样才能实现社会安定。关于法律(人法或世俗法律)的效力的问题,奥古斯丁认为,君王制定的法律应当得到服从。因为服从君王是人类社会的共同准则,那么对万能的君王即天主的命令更应该毫不犹豫地服从。人类社会中的权力有尊卑高下之序,下级服从上级,天主则凌驾于一切之上。由此看来,奥古斯丁一方面强调人法要符合神法,服从神法,否则就是非正义的,就不能存在;另一方面他又强调人们对君主的法律的服从,只有这样才能维护社会的和平与秩序。他的法律观既维护了上帝的至高无上的权威,又为君主专制提供了辩护。

奥古斯丁的神学和政治法律学说在西方基督教文化以及政治法律学说中占据着重要的地位。他以《圣经》为依据,系统地阐释了基督教的教义,为基督教教义奠定了理论基础,是西塞罗之后、阿奎那之前最主要的思想家。他的"上帝之城"与"世俗之城"的学说,由后世神学家发展为教权至上的学说,对西欧封建社会的政治思想有着重要的影响。他的法律思想从斯多葛学派和西塞罗的自然法思想滑向了神学自然法的方向,但从西方法律思想的传承的意义上讲,仍不失其重要的意义。

三、阿奎那的法律思想

托马斯·阿奎那是西欧中世纪著名的神学家、政治思想家和经院哲学家。亚里士多德的思想对阿奎那的法律和正义思想产生了特别重大的影响,他将亚里士多德的理论适用于基督教神学,并将二者综合为一个精致的思想体系。其经院哲学体系被视为天主教国家中唯一正确的思想体系,并广为传播。20世纪新托马斯主义法学的兴起,表明阿奎那的思想仍然有不小的影响。

阿奎那对法律的性质作了明确的界定。在阿奎那看来,法这个名词(在词源上)由拘束一词而来,因为人们受法的拘束而不得不做某事。所以,"法是人们赖以导致某些行动和不作其他一些行动的行动准则或尺度"[①]。而这种行动的准则和尺度是理性,理性是人类行动的第一原理。正是理性在指导着人们行动并达到

---

① 〔意〕托马斯·阿奎那:《阿奎那政治著作选》,马清槐译,商务印书馆1963年版,第104页。

一定的目的。这段论述表明,阿奎那认为:就法律的外部特征来说,它是人们行为的规范,具有强制力;就法的实质来讲,它是人类理性的体现。阿奎那提出,法律的目的是公共幸福。法律不是为了个人的利益而是为了整个社会的公共幸福。实质上,阿奎那关于法的性质、效果的论述并无创见,他只是将亚里士多德的伦理学、西塞罗的理性主义和经院哲学的繁琐论证结合起来,他的理论贡献是他在《神学大全·论法》总论中提出,并在分论中详细阐述的法的分类说。

在法律的分类上,阿奎那继承了西塞罗的理性主义和自然法思想,建立了更成熟的自然法体系。但是,为了适应神学的需要,他又利用了教父哲学,把自然法置于永恒法与神法之下。这样,人类社会的人法不仅要像西塞罗所说的那样要服从于自然法的评判和指导,而且,还要受到永恒法和神法的评价。这种思想是与基督教所主张的教权高于王权的思想一脉相承的。阿奎那详细论述了永恒法、自然法、人法和神法这四种不同的法的含义以及它们之间的关系。世界上一切事物,都受神的管辖与统治,同样就是受永恒法的支配和调整。因此,它是最高类型的法律,其他一切法律都从永恒法产生。自然法是上帝统治人类的法律,是永恒法在理性动物人类的体现。"这种理性动物之参与永恒法,就叫自然法。"①人法是人依靠理性从自然法的箴规得出的关于人的行为的特殊安排,是人类根据其理性制定的法律。人法是自然法的推理结果,是人的理性的体现。没有对自然法的实质性的符合,任何规则都不能被称为人法。人法渊源于永恒法并从属于自然法。"法律是否有效,取决于它的正义性。但在人类事务中,当一件事情能够正确地符合理性的法则时,它才可以说是合乎正义的;并且,像我们所已经知道的那样,理性的第一个法则就是自然法。"②神法是永恒法通过《圣经》对自然法和人法的补充。

---

① 〔意〕托马斯·阿奎那:《阿奎那政治著作选》,马清槐译,商务印书馆1963年版,第107页。
② 同上书,第116页。

第三节 资产阶级革命时期的法理学

随着文艺复兴和宗教改革的深入,随着资本主义的兴起,理性主义作为一种思想武器得以长足地发展,到17、18世纪,宣传人类理性和自然法的运动达到了顶峰。这种理性运动在法律思想领域的体现,就是所谓的"古典自然法学",这种理论主张自然法代表人类的理性或本性,是最高的法律。按照人类的普遍理性,人们可以推演出详尽的、普遍适用于人类的法律或法典。之所以称为"自然法学",是因为他们都认为自然法是一种高于并指导政治社会的国家和法律的人类理性。称为"古典",是因为他们的理论非常完善,可视为一种经典之说。这种理论从性质上看,它代表了新兴资产阶级的利益;从地位上看,这种理论是西方近现代法律制度的理论基础。

古典自然法学的发展大致可以划分为三个阶段。这三个阶段与这一时期的社会、经济和知识的发展阶段大体同步。第一阶段是文艺复兴和宗教改革以后发生的从中世纪神学和封建主义中求解放的过程,其标志是:宗教中新教的兴起、政治上开明专制主义的崛起、经济中重商主义的出现。格老秀斯、霍布斯、斯宾诺莎、普芬道夫的理论均产生于这一时期。这些思想者的理论有一个共通点,就是他们都认为自然法得以实施的最终保障应当主要从统治者的智慧和自律中去发现。第二阶段约始于1649年英国的清教改革。该阶段以经济中的自由资本主义,政治及哲学中的自由主义为其标志,洛克和孟德斯鸠的观点是这一时期的代表性观点。他们都试图用一种权力分立的方法来保护个人的天赋权利,并反对政府对这些权利的不正当侵犯。第三阶段的标志乃是对人民主权和民主的坚决信奉,自然法因此取决于人民的"公意"和多数的决定。这一阶段最杰出的代表人物是法国政治思想家卢梭。自然法学发展中的第三个阶段对法国政治制度的发展产生了深刻的影响,而第二阶段的自然法理论则在美国占据了优势。

一、从格老秀斯的自然法到霍布斯的《利维坦》

(一) 格老秀斯的自然法

雨果·格老秀斯是近代首先论述自然法理论的人,也是近代国际法的奠基人。在法律的理论和法律的实践中,他都有独到之处。

格老秀斯认为,在人类早期,原始的习惯维持着社会秩序的状况。这种习惯实际是与人类的理智相一致的,并成为自然法的渊源。自然法可概括为"他人之物,不得妄取;误取他人之物者,应该以原物和原物所生之收益归还物主,有约必践,有害必偿,有罪必罚"[①]。人类理性是自然法的渊源,自然法是人类理性的体现。自然法是正当的理性准则,指示我们理性和社会性的行为,指引着道义上公正的行为。在自然法和实在法的关系上,格老秀斯认为,"自然法之母就是人性,社会交往的感情就产生于此,并非由于其他的缘故,遵守契约即为民法之母,而自然法又是从契约的约束力所生,因此可以说自然法是民法之祖。有人性然后有自然法,有自然法然后有民法"。"一国的法律,目的在于谋取一国的利益,所以国与国之间,也必然有其法律。"[②]这种法律所谋取的不是任何国家内部的利益,而是各国的共同利益。这种国与国之间的法律,被称为国际法,以区别于自然法。

格老秀斯还是近代社会契约论国家观的倡导者,认为国家起源于人类的契约,而非上帝的创制。简而言之,在格老秀斯看来,在文明社会出现以前,人类历史上存在一种自然状态,人类在自然状态下得不到安全保障,人们在理性的启示下,认识到联合起来的好处,于是他们就联合起来,建立了有组织的社会。方式是每个人放弃他所享有的自然权利,把它交给少数人或某个人,使之管理全社会的事务,这样就用契约的方式建立了国家,用法律和强制力保护全社会的利益。他认为,人们建立国家的目的在于

---

① 《西方法律思想史资料选编》,北京大学出版社1983年版,第138页。
② 同上书,第139页。

谋求公正,国家的根本任务就是维护公共安全。在主权问题上,格老秀斯认为,凡行为不受别人意志或法律支配的权力就叫主权,他主张布丹的君主主权论。

格老秀斯继承和发展了古希腊罗马的思想家提出的自然法理论,摆脱了中世纪宗教神学的桎梏,使自然法理论成为世俗政治理论。他奠定了近代理性主义的基石,他奠定了近代契约论的基础,为资产阶级民主的建立开始了思想准备。他又是近代国际法理论的鼻祖,对后世思想家有重要影响。

(二)霍布斯的《利维坦》

关于自然法,托马斯·霍布斯说,人类在自然状态下,都有自然权利和自由,人们在自然律的支配下生活。"自然权利"就是每一个人按照自己所愿意的方式运用自己的力量,保全自己的天性,也就是保全自己的生命的自由。因此,这种自由就是用他自己的判断和理性认为最合适的手段去做任何事物的自由。这一自然法的定义表明,霍布斯的自然法的理论是典型的理性主义自然法理论,是以上帝的命令来解释的神学自然法,同时也不同于自然主义的自然法,其自然法的中心点是"自我保存"的个人主义。

在西方思想史上,霍布斯是近代较全面、较系统地论述国家问题的思想家,他有关国家的理论在很大程度上影响了洛克、卢梭甚至黑格尔的思想。

霍布斯认为,人类在求取和平的激情的驱使和理性的引导下,发现并订立了自然法。但自然是一个道德规范,只能约束于人的内心。当自然法(诸如正义、公道、谦谨、慈爱)与驱使我们走向偏私、自傲、复仇等的自然激情相冲突时,自然法便显得苍白无力了。在没有建立一个足够强大的权力来保障自然法的实施,来保障人们的安全的时候,仍旧无法脱离战争而求得和平。于是,人们相互约定建立一个拥有权力的国家。人们相互订立契约约定,把大家所有的权力和力量托付给一个人或一个能把大家的意志化为一个意志的多人组成的集体。大家都把自己的意志服从于其意志,把自己的判断服从于其判断。这就不仅是同意或协调,而是全体真正统一于唯一人格之中。"此即彼伟大之'利维坦'所以产生也。"①承担这一人格的人就称为主权者,主权者拥有主权,其余则均为臣民。

霍布斯的实在法理论建立在自然法理论基础之上,认为国家制定的实在法应该符合自然法的原则,不过实在法更详细、更具体,因为它是国家主权者的意志的体现。关于实在法的定义,霍布斯认为,法律普遍说来是主权者的一种命令,而不是一种建议,而且这种命令不是任何人对任何人的命令,而是专对有服从义务的人发布的命令。据此,说霍布斯是分析法学的先驱是不无道理的。

二、从洛克的《政府论》到孟德斯鸠的《论法的精神》

古典自然法学发展的第二阶段是以试图确立防止政府违反自然法的有效措施为其标志的。在这一阶段,法律主要被认为是一种防止独裁和专制的工具。专制统治者在欧洲各国的出现,明确表明迫切需要一些防止政府侵犯个人自由的武器。因此,古典自然法学的重点便转向了法律中那些能够使法律制度起到保护个人权利作用的因素。法学理论在这一阶段所主要强调的是自由,而第一阶段对安全的关注则远远超过了对自由的关注。

(一)洛克的《政府论》

在约翰·洛克的政治理论中,关注自由的新趋向表现得极为明显。洛克假设说,人的自然状态乃是一种完全自由的状态。在这种状态中,人们能够以他们认为合适的方法决定自己的行动和处理他们的人身和财产,而无须得到任何人的许可或听命于任何人的意志;洛克还进一步假设说,这种自然状态是一种平等的状态。在这种状态中,没有一个人享有高于另一个人的权力,人们毫无差别地享有自然界的一切条件和运用自己的身心的能力,不

---

① 《西方法律思想史资料选编》,北京大学出版社1983年版,第194页。

存在从属和受制的关系。

在自然状态下,人们普遍地享有自然权利,这种权利是与生俱来的,即所谓的"天赋人权"。洛克认为这些权利包括:生命、自由和财产权。洛克认为,人类天生都是自由、平等和独立的。如果不得本人的同意,不能把任何人置于这种状态之外,使受制于另一个人的政治权力。"任何人放弃其自然自由并受制于公民社会的种种限制的唯一方法,是同其他人协议联合组成为一个共同体,以谋他们彼此间的舒适、安全和和平的生活,以便安稳地享受他们的财产并且有更大的保障来防止共同体以外任何人的侵犯。"①社会契约使人们丧失了一些权利,但是比较而言,人们在社会中生活比在自然状态中生活要好。洛克强调指出,人们在订立社会契约时,只是把一部分权力交给社会,社会或立法机关行使自己的权力,必须为人民谋福利和保护我们的生命、自由和财产。否则,就超出了"公众福利"的需求,人民就有权进行反抗。反抗也是人民的一项自然权利。

在近代资产阶级思想家中,洛克是第一个提出分权学说的人。他说:"在一切情况和条件下,对于滥用职权的强力的真正纠正办法,就是用强力对付强力。"②人们加入了政治社会,成为了国家的成员,他因此放弃了他为执行他的私人判决和违犯自然法行为的权力。由于他已经把他能够向官长申诉的一切案件的犯罪判决交给立法机关,他也就给了国家一种权力,即在国家对他有此需要时,使用他的力量去执行国家的判决。这些其实就是他自己的判决,是由他自己或者他的代表所作出的判断,这就是公民社会的立法权和执行权的起源。也就是说,自然状态下的私人权利通过社会契约变成了一种公共的权力。在这里,洛克把权力分为三种,即立法权、行政权和对外权。由于对外权并不是一种独立于行政权之外的权力,洛克的权力分立论仅仅是两权分立论。在这三种权力中,洛克认为立法权是最高的。设置在人世间的裁

---

① 〔英〕洛克:《政府论》(下篇),叶启芳、瞿菊农译,商务印书馆1964年版,第59页。
② 同上书,第95页。

判者有权判断一切争端和救济国家成员可能受到的损害,这个裁判者就是立法机关或立法机关所委任的官长,也就是后来孟德斯鸠单独提出的司法权。洛克已经发现并提出了司法权的问题,可是他没有能够展开,形成典型的三权分立的制度。这个任务到了孟德斯鸠的时候,才得以完成。

洛克还是近代资产阶级法治主义的主要倡导者之一,他的理论是这个时期最为典型的理论,也被视为一种经典。他提出了法治的基本含义:第一,国家必须以正式的法律来统治;第二,执行已经公布的法律;第三,法律面前人人平等。洛克的法律思想不仅在当时的英国发挥过重大的作用,而且给整个世界的资产阶级革命运动带来了深远的影响。美国的杰弗逊在起草《独立宣言》时,就努力从《政府论》中寻求理论根据;法国大革命以后,遵循洛克提出的分权原则制定了宪法;其他国家的资产阶级革命,也都受到洛克思想的影响;"不可转让的人的自然权利"的观点传播得广泛、深远。洛克对于资产阶级法律思想体系的形成,起了更为显著的作用,他是资产阶级法治主义的奠基人,是自由主义的鼻祖,也是资产阶级分权学说的倡导者。

(二)孟德斯鸠的《论法的精神》

查里·路易·孟德斯鸠关于法的概念是较为独特的,他说:"从最广泛的意义来说,法是由事物的性质产生出来的必然关系。在这个意义上,一切存在物都有它们的法。"[1]这里的"法"包含有事物存在的根据和法则的含义,是一种广义上的法。从方法论上看,这是从社会关系的角度探讨法律问题的倾向。在孟德斯鸠看来,具体的法,即他所称的为人为法,只不过是法这个总概念的一部分,即法在人类中的表现,是通过理性而产生的行为规范。他认为:"一般地说,法律,在它支配着地球上所有人民的场合,就是人类的理性;每个国家的政治法规和民事法规应该只是把这种人类理性适用于个别的情况。"[2]在这一点上,孟德斯鸠与其他自然

---

[1] 〔法〕孟德斯鸠:《论法的精神》(上册),张雁深译,商务印书馆1961年版,第1页。
[2] 同上书,第6页。

法学派有共同的地方,认为抽象的理性是自然法的渊源,自然法是人为法的基础。

孟德斯鸠认为,为了避免和限制战争状态,就需要制定法律,这就是人为法。这种法律既包括人与人之间的法律,也包括国与国之间的法律。接着,孟德斯鸠提出了著名的法的精神的概念。他认为,法律必须反映和表现下列几个方面的关系:法律要反映一个国家的整体情况;法律要同国家政体的性质、原则相适应;法律要和国家的自然条件相适应;法律要与政治所能容忍的自由程度相适合,与居民的信仰、性情、财富、人口、贸易、风俗习惯等相适应;法律与法律之间要相互适合;与法律的渊源、立法目的及作为法律基础的事物秩序相适合。综合这巨大的"关系",便构成了孟德斯鸠所说的"法的精神"。这是一个庞大的研究课题。《论法的精神》一书的中心思想就是围绕这个问题展开的。

自由和分权理论,是孟德斯鸠政治法律思想体系中的基本问题之一。在自由的问题上,孟德斯鸠提出了他的经典说法,在一个有法律的社会里,自由仅仅是:一个人能够做他应该做的事情,而不被强迫去做他不应该做的事情。或者说,自由是做法律所许可的一切事情的权利。如果一个公民能够做法律所禁止的事情,他就不再有自由了,因为其他的人也同样会有这个权利。要保障人们的自由,就必须限制权力对于自由的侵犯,这里,孟德斯鸠提出了他著名的分权学说。他说,政治自由只有在那些国家权力不被滥用的地方才存在。"但是一切有权力的人都容易滥用权力,这是万古不易的一条经验。有权力的人们使用权力一直到遇有界限的地方才休止。""要防止滥用权力,就必须以权力约束权力。"[①]孟德斯鸠认为,最可靠的政府形式是那种立法、行政、司法三权分立的政府,三权相互独立、并分别由不同的国家机关行使,以达到权力间的相互制衡。

孟德斯鸠的三权分立学说与洛克的分权论相比,在理论上更

---

① 〔法〕孟德斯鸠:《论法的精神》(上册),张雁深译,商务印书馆1961年版,第154页。

为系统、深入、细致。为资产阶级政治制度的建立奠定了基础,对1789年法国《人权宣言》和1791年法国宪法以及美国1787年宪法产生了直接的影响。此后,人们说到"三权分立",一般是指孟德斯鸠的理论。今天,关于分权学说发生了许多的变化,对于分权的理论的评价也各不相同,但是有一点还是为人们所坚持的,那就是,权力的分立和制衡是保障人们自由和社会民主的必要手段,是对于专制的一种合适的对抗方式。

三、卢梭的平等理论和社会契约论

让·雅克·卢梭认为,在自然状态下人与人之间本来都是平等的,由于后来"有一些人完善化了或者变坏了,他们并获得了一些不属于原来天性的,好的或坏的性质,而另一些人则比较长期的停留在他们的原始状态。这就是人与人之间不平等的起源"①。由此,卢梭论述了自然状态和自然法的理论。当自然状态无法再维持下去的时候,人们就"寻找出一种结合的形式,使它能以全部共同的力量来卫护和保障每个结合者的人身和财富,并且由于这一结合而使每一个与全体相联合的个人又只不过是在服从自己本人,并且仍然像以往一样地自由"②。关于结合的具体方式,卢梭认为只有全部转让,才能做到没有任何人奉献出自己,而人们可以从社会得到同样的权利,并增加社会的力量以保护自己的利益。通过这种方式建立的集合体表现了人民最高的共同意志。这意志就是"公意"。这样的社会或国家,就是卢梭理想化了的民主共和国。通过社会契约,人们由自然状态进入到社会状态。由于社会契约,人类丧失了他天然的自由以及得到一切东西的权利,但是同时,他得到了社会的自由以及享有一切东西的所有权。而且,由于人的道德性,使人不再仅仅受欲望的驱使,使自己服从一种法律的支配,也由于这种支配,人享有真正的自由。基于公

---

① 〔法〕卢梭:《论人类不平等的起源和基础》,李常山译,商务印书馆1962年版,第63页。
② 〔法〕卢梭:《社会契约论》,何兆武译,商务印书馆1980年修订第2版,第23页。

意的社会契约,逻辑结果便是卢梭的人民主权论。人民主权论一般被认为是卢梭理论的最高成就,从而也被认为是近代自然法理论的最高成就。卢梭认为,社会契约所构成的统一政治体,存在一种超乎各成员之上的绝对权力。这种权力在受公意指导时,就是所谓的主权。卢梭认为,国家主权属于全体人民,主权具有如下特征:第一,主权是不可转让的。第二,主权是不可分割的。第三,公意永远是公正的。第四,主权是绝对的、完全神圣的和不可侵犯的权力。

在论述了社会契约之后,卢梭谈到了法律,"法律乃是公意的行为","法律只不过是我们自己意志的记录"。在这个意义上,卢梭说,"凡是实行法治的国家——无论它的行政形式如何——我就称之为共和国;因为唯有在这里才是公共利益在统治着"①。卢梭心中理想的民主共和国,就是一个法治国。

第四节 近现代西方法理学

古典自然法学所倡导的自然法、自然权利、社会契约以及自由平等、民主法治、分权理论,成为资产阶级反对封建主义和宗教神学的理论武器。在理论上开辟了新的天地,而且这种理论的影响并不局限于西方社会。到19世纪功利主义和实证主义兴起之前,在理论上讲,古典自然法学的理论是法学中的主导思想。也就是说,在资产阶级夺取政权和建立政权的时代,自然法理论是其理论的基础。在这个意义上讲,古典自然法学的理论是一种革命的理论,是一种破坏性的理论。工业革命之后,务实的精神取代了理想的追求。与之相适应,19世纪的哲理法学、分析法学和历史法学从各自的角度批判了近代的自然法学,自然法学慢慢地退出了历史的舞台。而到了19世纪末20世纪初,一种新的自然法学开始兴起,而在第二次世界大战之后,自然法学似乎又成为

---

① 〔法〕卢梭:《社会契约论》,何兆武译,商务印书馆1980年修订第2版,第51页。

法理学的一种新的武器。自然法、平等、自由、尊重、权利和道德等,又成为法理学的常用词。特别是在富勒、罗尔斯和德沃金的理论中,他们与古典自然法学的联系似乎更为密切。

一、哲理法学

哲理法学派用哲学的观点和方法阐述法律理论。哲理法学派的代表都试图通过形而上学的方法发现一些标准,以此来构造法律制度、法律学说和法律概念的完整的法哲学体系。其主要代表是德国的康德和黑格尔。

(一)康德的法律哲学

德国的哲理法学是由伊曼努尔·康德创立的。康德的法律学说深受自然法学派的影响,他和卢梭一样,假设人类社会曾存在过一段自然状态。在自然状态下,人人是平等的和自由的。人类社会应有规范、应有主人,以调和矛盾和冲突,这样便产生了国家,有了统治者。康德在形式上承认国家起源于社会契约,但是,他并不认为契约是真实存在的,而是从道理上讲的,是一种先验的纯粹的观念。在康德看来,国家是一群人联合在法律之下的实体。康德指出,公民社会的原则,一为人是自由的,二为人是平等的,三为每一个人都是独立的。康德主张人民主权原则,认为国家主权表现在国家的三项权力上,即立法权、行政权和司法权。这三项权力中最高的权力是立法权。

康德认为,法律的内涵是一切条件的总和,在此种条件的总和之下,任何人的有意识的行为按照一条普遍的自由法则,确实能够和其他人的有意识的行为相协调。法律是绝对命令的一种体现,其性质是一种强制力量。法律的普遍原则是:一个人的意志的自由行使,根据一条普遍法则,能够和其他任何人的自由并存。一项法律权利,应该有两个方面的要件,一是这项权利有其法律的依据;二是对权利的侵害会导致对侵害者的强制。法律的强制与人们的自由是统一的,它们基于作用与反作用的平衡的物理法则。但是,康德也承认,有两种法律并不具备这两个方面的特征：一是衡平法，这是没有强制的权利；一是紧急避难权，这是没有权利的强制。康德明确区分了"法理学"和"法哲学"。"实在权利和实在法律的实际知识，可以看做属于法理学的范围。可是，关于权利和法律原理的理论知识，不同于实在法和经验的案件，则属于纯粹的权利科学。所以权利科学研究的是有关自然权利原则的哲学上的并且是有系统的知识。""纯粹的权利科学"即为法哲学或法的形而上学。康德说："从事实际工作的法学家或立法者必须从这门科学中推演出全部实在法的不可改变的原则。"[1]康德认为，道德是调整人们内心世界的法则，是先验的，是每个人生来俱有的，而法律是调整人们外部行为的规则，它是国家以强制力为后盾的。康德把法律分为自然法、实在法和正义三类。由于康德认为，只有实在法才具有强制力，所以他为法律理论中实证主义的兴起铺平了道路。

（二）黑格尔的《法哲学原理》

黑格尔认为，法哲学作为一门科学，它以法的理念为对象。具体地说，以法的概念及其现实化为对象。在黑格尔看来，法学是哲学的一个部门，其出发点是其他学科的成果和真理。因此，法的概念就其生成来说，是属于法学之外的东西。

黑格尔说，法一般说来是实在的，从形式上看，它必须采取在某个国家具有权威性的有效的形式。这种法律权威，也构成了实在法学的指导原则。他赞同孟德斯鸠的历史观点和哲学立场，即整个立法和它的各种特别规定不应孤立地、抽象地看，而应该把它们看做在一个整体中依赖的环节。这个环节与构成一个民族和一个时代特性的其他一切特点相联系。黑格尔称其法哲学的方法是一种"整套思辨的认识方法"[2]，即一种从一个论题到另一个论题以及进行科学论证的哲学的方法。黑格尔对法下了一个哲学的定义，他说："法的基地一般说来是精神的东西，它的确定的地位和出发点是意志。意志是自由的，所以自由就构成法的实

---

[1] 《西方法律思想史资料选编》，北京大学出版社1983年版，第398页。
[2] 〔德〕黑格尔:《法哲学原理》，范扬、张企泰译，商务印书馆1961年版，第1页。

体和规定性。"① 意志和自由是统一的,意志没有自由是一句空话,自由只有作为意志,作为主体才是现实的。意志的发展经过了三个阶段,这就是抽象法、道德与伦理。黑格尔认为,国际法是调整国家之间关系的法律,国际法的主体是主权国家。

黑格尔的法权哲学的建立改写了西方古、近代自然法哲学中的权利观念,它标志着国家和法的学说由自然主义到意志—自由主义转变的完成,同时也标志着以权利与权力关系为自己的基本问题的近代法哲学体系的形成。这是对两千多年来的西方法哲学史的一场变革,从而开始了一个"黑格尔主义的法哲学时代"。这个时代以第二次世界大战后自然法哲学的复兴告一段落。②

二、历史法学

历史法学是用历史的观点和方法研究法律现象,是作为古典自然法学的对立面出现的。古典自然法学强调法律中人的理性,而历史法学强调的是法律所体现的民族精神和民族共同意识。古典自然法学强调法律的基本原则是普遍的和固定不变的,而历史法学则认为各个民族在各个历史时期有不同的法律,统一的、普遍适用的和固定不变的法律是根本不存在的。古典自然法学强调人定法必须服从自然法,而历史法学重视习惯法的作用,忽视和轻视人定法以及法典的作用。古典自然法学是启蒙思想的产物,而历史法学是复古和保守思潮的产物。历史法学典型代表有德国的萨维尼和英国的梅因。

(一)萨维尼的历史法学

弗里德里希·卡尔·冯·萨维尼是德国历史法学派的主要代表人物。萨维尼认为,法既不是理性的产物,也不是人的意志的产物,法同民族语言一样有自己产生和发展的历史。法律是民族意识的有机产物,是自然而然逐渐形成的,法律起源于习惯,习惯是法律最初的不成熟的表现形式。"法律随着民族的发展而发

---

① 〔德〕黑格尔:《法哲学原理》,范扬、张企泰译,商务印书馆1961年版,第10页。
② 林喆:《黑格尔的法权哲学》,复旦大学出版社1999年版,第379页。

展,随着民族力量的加强而加强,最后也同一个民族失去它的民族性一样而消亡。"①法律具有双重的生命力,首先,法律是社会整体的一部分,它与社会共存,不会突然消失。其次,法律是法学家所掌握的一门特殊知识。因为这个缘故,法律越来越矫揉造作和复杂化。在不同时期,同一民族的法律可能不同,它或者表现为原始习惯法,或者表现为经过人为设计过的实在法。但是,萨维尼声称,不论表现为哪种法律,要在二者之间划出一条截然的分界线,也显然是不可能的,因为两者往往相互交织在一起。这里,萨维尼把法律发展具体分为以下几个阶段:第一阶段是自然法,它存在于民族共同意识中,表现为习惯法。第二阶段是学术法,具体表现在法学家的意识之中。第三阶段是法典法,使习惯法和学术法统一。萨维尼认为当时的德国是处于习惯法的阶段,它还没有能力制定出一部好的法典。对制定统一的德国民法典的主张,他表示坚决反对。他认为,统一德国立法的时机还不够成熟,对于当时的德国来说,习惯法最适用,因为习惯法体现了德国民族精神和民族共同意识。"民族精神"和"民族共同意识"实际指的就是各个民族的不同个性,这个个性的总和就是该民族的共同性格,就是该民族的"共同意识"。法律就是这种"民族共同意识"的体现。

(二) 梅因的历史法学

亨利·梅因是英国历史法学派的奠基人和主要代表人物,著名的法律史学家。梅因的法理学理论主要体现在他的《古代法》一书中。他对自然法理论进行了深刻批判。他指出,这一理论不过是纯理论上的推测。事实上,人类社会根本就不存在"自然状态","自然法"、"自然权利"之类更谈不到。但是,梅因并不否认自然法理论在西方的传播、影响和作用,并且认为,这种影响和作用是非常巨大的。梅因断言,国家不是起源于人们相互订立的契约,而是起源于以父权制为基础的家庭团体。

---

① 《西方法律思想史资料选编》,北京大学出版社1983年版,第527页。

梅因对古代法以及法律制度的产生和发展的历史进行了广泛深入的研究,从中发现了法律进化的普遍规律。梅因说,每个进步社会的发展是一致的,其特点是家族依附的消灭和代之而起的个人义务的增长,个人不断代替了家族,成为民事法律考虑的单位,用以代替原来家族各种权利义务的东西便是"契约"。在以前,"人"的一切关系都是被概括在"家族"关系之中的,这是一个起点,在以后的发展中,所有的这些关系都是因"个人"的自由合意而产生。在西欧,奴隶的身份被消灭了,代替它的是雇佣关系。夫妻关系和父子关系也发生了变化,当他们成年以后,就变成了一种契约的关系。梅因总结说,如果我们把身份这个名词用来表示一种人格状态,则我们可以说,所有进步社会的运动,到此处为止,是一个"从身份到契约的运动"①。

三、功利主义

杰里米·边沁是功利主义的创始人,在西方政治法律思想史上和伦理思想史上占有重要地位。边沁反对体现理性的自然法,又反对鼓吹习惯法的历史法学,把自己的政治法律思想建立在功利主义基础之上。他认为人生的规律就是"趋乐避苦"。正是这个"趋乐避苦"的人的本能,支配着人的一切行为,成为人生的目的。边沁这里所谓的"苦"与"乐"就是功利。对于乐与苦的各种判断必须根据功利的逻辑来决断,以保证把幸福和快乐增加到最大限度,把痛苦减少到最小限度。边沁反对契约说,认为契约事实上是不存在的,国家不是基于契约而是基于服从的需要而产生的。功利不仅是国家产生的根据,而且也是国家存在和国家目的之所在。边沁积极倡导代议制度,力主改革议会。他提出了议会改革计划。边沁极力反对自然法学说,斥责自然法、理性法都是毫无意义的胡说。他把法律视为主权者自己的命令,是主权者采纳的命令的总和。立法应遵循的根本原则就是功利,就是"为最

---

① 〔英〕梅因:《古代法》,沈景一译,商务印书馆1959年版,第97页。

大多数人谋求最大量的幸福"。一个立法者首要的任务就是在立法开始之前,要用数学的方法计算苦与乐。法律必须努力达到以下四个目标,即公民的生存、富裕、平等和安全。在这四项目标中,边沁认为安全是最主要的。

密尔继承和发展了边沁的功利主义思想。他认为,人世间企求的并不是金钱、权力本身,而是快乐,金钱、权力只是达到快乐的工具和手段。有人把密尔的理论称为新功利主义,因为他不只讲个人的享乐,而是强调社会之乐。密尔认为,国家是经过人们深思熟虑后建造的,是人们意志和劳动的产物。他把代议制政府看做是最理想的政府形式。在这种理想的代议制政府形式下,全体人民共同享有自由,被统治者的福利是政府的唯一目的,人民在道德和智力上是进步的,有着最好的法律、最纯洁和最有效率的司法、最开明的行政管理、最公平和最不繁重的财政制度。

四、分析法学

分析法学的核心就是对于法律进行一种实证的分析,或者说,对于一个国家制定法的客观分析。从这个意义上讲,一个国家有了自己的一套法律制度,就存在对于这种法律制度的解释和适用,这种对于法律的解释,就是最原始意义的分析。因而,我们可以说,西方分析实证主义法学的形成,是与成文法的发达密不可分的。

(一) 奥斯丁的分析法学

约翰·奥斯丁是19世纪英国分析法学的首创者。边沁的功利主义法学思想对奥斯丁的法律思想很有影响。奥斯丁分析法学的理论基础是功利主义和实证主义,他把二者结合起来,创立了分析实证主义法学。1832年,奥斯丁出版了《法理学范围之限定》。在该书中,他严格定义了法律,提出了著名的法律命令说。《法理学范围之限定》的目的就是要将法理学从其他学科中分离出来,确立法理学研究的范围,以使法理学成为一门真正的科学。

奥斯丁的理论可分为三个部分:第一,法律命令说,即法律是主权者的一种命令,这种命令以制裁作为后盾。第二,严格区分法律和道德,法理学的任务是研究法律,而不管它道德上的善与恶,也就是人所谓的"恶法亦法"。他把法分为四类:神法或上帝法;人法;实在道德及其规则;隐喻性或象征性的法。① 上述四类法虽然都适用于人类,但是真正严格意义上的法是人法,即实在法。只有它才是直接约束人类关系的,才是法理学研究的对象。奥斯丁把法律同道德区别开来,认为任何时候都不应将两者相混淆。这也是分析法学的一个根本性的命题,这对后世的法理学产生了巨大的影响。第三,严格界定法理学的任务,区分"法律的应然"和"法律的实然",将法理学的研究范围限定于"法律的实然"。奥斯丁的分析法学就是从形式上分析法律原则、概念和特征,而对法律的价值则不作任何的评价。在以后的一百多年里,在英语国家,奥斯丁的分析法学成为法理学的权威。

(二)哈特的新分析法学

赫伯特·哈特,英国著名法理学家,当代新分析法学的创始人。《法律的概念》是哈特的代表作,也是20世纪新分析法学最重要的著作。

新分析法学是相对于19世纪英国奥斯丁所创立的分析法学而言的。在博登海默看来,新分析法学有别于旧分析法学的显著特征为:第一,新分析法学家承认其他研究法律现象的方法,如社会学的解释方法和自然法哲学的方法也是合理的;第二,有相当多的人都运用了现代的尖端逻辑工具,另外一些人则坚决依靠20世纪语言科学的发现和成就;第三,对司法程序进行了更周密和更详尽的调查研究,其程度超过了传统分析法学家的研究工作。② 博登海默认为,上述特征在哈特的著作中得到了明确的表现。另外,以哈特为代表的新分析法学在20世纪50年代的崛起,在某种程度上应归功于哈特与富勒论战的逐步展开。

---

① 《西方法律思想史资料选编》,北京大学出版社1983年版,第500页。
② 〔美〕E.博登海默:《法理学:法律哲学与法律方法》,邓正来译,中国政法大学出版社1999年版,第125页。

法律命令说作为一种法律思想可以以早期(旧)分析法学的创始人奥斯丁的阐述为代表。哈特深入地剖析了这种法律思想所包含的弊端和引人误解之处。哈特声称需要一个新的开端,这个新的开端就是哈特的"法律规则说",即第一性规则和第二性规则的结合。哈特认为,法律区别于其他规则的特点在于,它是第一性规则和第二性规则的结合。其中,第一性规则是设置义务的规则,即"人们被要求去做或不做某种行为,而不管他们愿意与否"。第二性规则"规定人们可以通过做某种事情或表达某种意思,引入新的第一性规则,废除或修改旧规则,或者以各种方式决定它们的作用范围或控制它们的运作"①。这里,第二性规则按其作用,又可分为承认规则、改变规则和审判规则。第一性规则与第二性规则的结合,不仅是法律制度的中心,而且是用以分析曾经迷惑过法律思想家的大量问题的最有力的工具。其中,承认规则是法律制度的基础,但它也是一个事实问题,它存在于法官、官员和其他人的实践中。

由于哈特把语义分析哲学和社会学的方法导入法理学,并审慎地吸收自然法学的一些观点和方法,新分析法学因此克服了旧分析法学和纯粹法学的诸多缺陷,提高了分析法学的能力,阐明了某些一直困惑着法学家的问题,扩大了分析法学的范围。

五、社会学法学

社会法学派是从法学出发,结合运用社会学的概念、观点和方法研究法律现象,强调法律的社会目的、作用和效果的一种法学流派,其理论基础或前提是孔德的实证主义哲学和社会学。

社会学法学在 20 世纪的出现有着深刻的社会、经济、政治、文化等方面的原因。工业革命所带来的各种社会问题日益严重,实用主义、怀疑主义成为主导性的社会思潮,人们的思想观念随时代的发展也有了较大的变化,在这样的情况之下,西方国家不

---

① 〔英〕哈特:《法律的概念》,张文显等译,中国大百科全书出版社 1996 年版,第 83 页。

得不一改以往那种"守夜人"的身份,充分运用行政、法律等手段对劳动、福利、经济、教育等方面的问题予以调节和干预。于是,"法社会化"成为时代的潮流。早期社会法学于19世纪末率先出现在欧洲,后传入美国,故而20世纪的社会法学又可分为欧洲社会法学和美国社会法学,前者以德国社会学家韦伯、奥地利法学家埃利希等人为主要代表,后者以庞德为主要代表。社会法学派又可分为社会连带法学、利益法学、自由法学、社会工程法学和现实主义法学等支派。这一学派的出现是现代西方法学领域的一件大事,西方三大主流法学派的鼎足之势因此而形成。

(一)埃利希的学说

尤金·埃利希的《法律社会学的基本原理》一书使他荣获"欧洲法社会学之父"的称号,而《法律的自由发现和自由法学》无疑是自由法学的宣言书。埃利希历来被奉为自由法学的创始人和主要代表,与德国法学家埃托罗维茨齐名。自由法学是在与利益法学(其代表人物有德国法学家赫克等人)相同历史条件下产生的社会法学的一个支派,也是对当时盛行于欧洲大陆的概念法学和司法中的形而上学的反叛。自由法学的主要特征可概括为:反对成文法规是唯一的法的渊源的观点,重视社会现实中的"活法"和"自由法"的作用;主张扩大法官的自由裁量权,允许法官可以根据正义原则和习惯自由地创制法律规则。埃利希的学说是20世纪初期欧洲社会法学的代表,对于社会法学思想在美国的传播和发展也有很大的影响,"活法论"更是使他闻名于世。

"活法"理论是埃利希理论的一大特色,也是其思想体系的一个重要组成部分,对欧美后来的社会法学的发展均有一定的影响。埃利希认为,法并非都由国家制定,许多保证社会秩序的规则都是法。因此,他称非国家制定的法为"活法"。在埃利希看来,"活法"是指在日常生活中通常为各种社会团体中的成员所认可,并在实际上支配社会一般成员行动的规则。它并不存在于成文法典的条文中,而是存在于各种民间的婚姻契约、买卖契约、用益租赁契约、建筑贷付契约、抵押贷付契约、遗嘱、继承契约以及团体的章程中。虽然它不像制定法那样公开、明确,但是,在现实生活中,却有着巨大的影响力。既然"活法"为埃利希所大力推崇,被认为是起着实际的社会控制作用。那么,在他看来,这就意味着法官不仅应当知晓成文法规,而且应当了解活法;法官可以而且应当在制定法尚未涵盖的领域,运用"自由判决的方法"去发现法律并将其适用于案件的审理之中。

埃利希的"活法"理论对于后来者不乏启示作用,"书本上的法"与"行动中的法"可以说是制定法与"活法"的翻版。"活法"理论另外的意义或价值还在于,它揭示了法与社会现实之深刻的内在联系,可以引发我们对此类问题的深层思考。

(二)庞德的社会学法学思想

罗斯科·庞德,美国著名法学家,美国社会工程法学的创始人和主要代表。庞德的社会工程法学是从批判机械法理学开始建设的。庞德严厉抨击机械法学把法看作目的本身,似乎法官们也是为了保持逻辑上的一致而使用法律,提出要用社会法学取代机械法学。庞德的社会工程法学把法类比为一种社会工程,把法学类比为一门社会工程学。把法比作社会工程,意味着要像对待工程师那样衡量立法者、法官和法学家的工作。社会工程法学要研究秩序,而不是去争论法的性质;要考虑利益、主张和要求,而不仅仅考虑法定的权利;要考虑人们所要保障和满足的东西,而不仅仅考虑人们曾企图用来保障和满足这些东西的制度;要考虑把人们面前要做的事做到什么程度,而不仅仅考虑怎样去做它;要考虑一种体制如何活动,而不仅仅考虑它是否有条不紊或完美无缺;要根据法律秩序——法律主体的活动,而不是根据法律——经验和制度来考虑;要注意考虑调整各种关系或调和、协调各种不同的主张和要求的活动,而不是调整、调和、协调本身。总之,我们越是清楚地认识到我们正在做什么和为什么这样做,则我的社会工程将越有效。①

作为一种社会工程,法的目的是尽可能合理地建筑社会结构,以有效地控制由于人的本性而不可避免出现的社会矛盾和冲突,以最小的阻力和浪费最大限度地满足社会中人类的利益。这涉及利益的平衡或权衡。为此,庞德重点研究了利益、利益分类和在对利益进行平衡或权衡时所涉及的价值问题。西方法学家认为,庞德对法哲学的"最重要的贡献"就在这个方面。

六、新自然法学

新自然法学是指第二次世界大战后复兴的自然法学,传统上大体分为神学的新自然法学和非神学的新自然法学。前者的代表为马里旦,后者的代表有富勒、德沃金和罗尔斯等。新自然法学的形成有着社会、经济、历史、文化等多方面深层的原因,概而言之,主要体现在以下方面:首先,新自然法学的形成主要是针对希特勒统治时期的德国纳粹立法的反应。其次,20世纪50年代以来,发生在西方国家尤其是美国的一系列重大政治事件,诸如黑人运动、反对美国卷入越南战争、学潮和妇女争取平等权利的斗争等,以及对这些事件的反思都极大地促进了新自然法学的形成。当然,同一时期发生在西方国家的其他一些事件(例如在纽伦堡对法西斯德国主要战犯的国际审判)也是自然法得以复兴和流行的重要原因。②

朗·富勒,美国著名法学家。人们把富勒划入自然法学派,主要是根据其"事业论"的法律概念和"程序自然法"(即"法的内在道德性")。③ 富勒新自然法的基本思想是强调法律与道德的不可分,不仅立法具有实体的道德目的,而且法律本身的存在也必须以一系列的法制原则为前提,此即所谓法律的内在道德论。为了论证法律和道德的不可分,富勒进一步提出了真正的法律制

---

① 参见张文显:《二十世纪西方法哲学思潮研究》,法律出版社1996年版,第123页。
② 同上书,第50—52页。
③ 同上书,第63页。

度所必须具备的一系列条件,这就是他所称的"法制原则"或"法律优越性"。他认为,缺乏其中任何一个条件,并不单纯导致坏的法律制度,而是导致一个根本不宜称为法律的东西。富勒认为一个真正法律制度应具有八项法治原则:法律的一般性原则,法律应该公布,法律应当适用于将来而非溯及既往,法律的明确性原则,避免法律中的自相矛盾,法律的可行性原则,稳定性原则,官方行为与法律一致性原则。富勒宣称,以上论述的八项法治原则即指法律的内在道德。

富勒的法律定义是:法律是使人的行为服从规则治理的事业。富勒认为,他的法律概念表明,他将法律看作是一种有目的的以及如何为此而克服困难的活动,而其他那些法律概念却只在这种活动的边缘附近游戏。富勒并不研究理想的法律制度,他的自然法学的核心在于"制度设计"问题,而不同于法律实证主义者关心的"既定"问题。这种自然法学使我们想到法律所"给予"的在于发展,实在法仅是法律现象的一个方面,法律面临着永远存在的问题,人们的理性和努力应一直试图解决这些问题。[①]

此外,第二次世界大战以后的法学令人目不暇接。必须提到的有现实主义法学、批判法学、经济分析法学、新马克思主义法学、新自由主义法学、现象学法学、存在主义法学、综合性法学、女权主义法学等。但是从总体上看,法学总格局仍然属于"三分天下"——新自然法学、新分析法学和社会学法学三大派鼎立。

【课后阅读文献】

1. 周旺生:《西方法理学历史鸟瞰》,载《云南大学学报(法学版)》2003 年第 2 期。
2. 任满军:《智者派:法理学溯源》,载《盐城师范学院学报(人文社会科学版)》2003 年第 2 期。
3. 〔英〕詹姆斯·哈里斯:《现代西方法理学的基本问题》,载《法制与社会发展》2002 年第 5 期。

---

① 沈宗灵:《现代西方法理学》,北京大学出版社 1992 年版,第 65—69 页。

4. 胡玉鸿:《西方三大法学流派方法论检讨》,载《比较法研究》2005年第2期。
5. 万斌:《西方法理思想的历史演变规律》,载《浙江大学法律评论》(专刊) 2002年。

【思考题】

一、选择题

1. "正义即强者的利益"是( )的主张。
   A. 米利都派 　　　　　　　　B. 伊壁鸠鲁派
   C. 斯多葛派 　　　　　　　　D. 诡辩派

2. "一切有权力的人都容易滥用权力,这是万古不易的一条经验。""要防止滥用权力,就必须以权力约束权力。"是( )的观点。
   A. 格老秀斯 　B. 洛克 　　C. 孟德斯鸠 　D. 卢梭

3. 自由法学的代表人物有( )。
   A. 埃利希 　　B. 富勒 　　C. 罗尔斯 　　D. 赫克

二、名词解释

1. 哲理法学
2. 社会工程法学
3. 新自然法学

三、简答题

1. 简述阿奎那的法的分类说。
2. 简述古典自然法学发展的三个阶段。
3. 简述新分析法学有别于分析法学的显著特征。

四、论述题

1. 试述黑格尔的《法哲学原理》。
2. 试述梅因的历史法学。
3. 试述哈特的"法律规则说"。

五、材料分析题

富勒新自然法的基本思想是强调法律与道德的不可分,不仅立法具有实体的道德目的,而且法律本身的存在也必须以一系列的法制原则为前提,此即所谓法律的内在道德论,亦即"程序自然法"。为了论证法律和道德的不可分,富勒进一步提出了真正的法律制度所必须具备的一系列条件,这就是他所称的"法制原则"或"法律优越性"。他认为,缺乏其中任何一个条件,并不单纯导致坏的法律制度，而是导致一个根本不宜称为法律的东西。富勒认为一个真正法律制度应具有的八项法治原则：法律的一般性原则，法律应该公布，法律应当适用于将来而非溯及既往，法律的明确性原则，避免法律中的自相矛盾，法律的可行性原则，稳定性原则，官方行为与法律一致性原则。

问题：结合以上材料，讨论富勒的"内在道德论"。

第十八章 马克思主义法理学的产生和发展

☞ **本章提示**
- 马克思主义法理学的特点
- 马克思早期的法律思想及其演变
- 马克思主义法理学的形成
- 马克思主义法理学的发展
- 马克思主义法理学在中国的发展

19世纪40年代马克思主义法理学的出现,法学领域发生了根本变化。马克思主义法理学,是以马克思主义理论为指针,着重阐述法律的产生、存在、发展和变化规律的科学。其特点可以概括为:

第一,马克思主义法理学以辩证唯物主义和历史唯物主义为其理论基础,研究全部法律的一般性问题,它所涉及的是法律这种社会现象的整个领域。它不同于资产阶级法理学,也不同于法学体系中的其他分支学科。

第二,马克思主义法理学是无产阶级法律观的科学表现,是无产阶级革命的思想武器。它运用无产阶级的世界观和方法论,研究了法律发展的全部历史,批判地继承了人类的法律文化遗产,科学地阐明了法律现象的基本原理和规律性。马克思主义法理学的阶级性与科学性是统一的。无产阶级的根本利益同社会发展的客观要求是一致的,因此,它敢于揭示客观真理;科学的世界观和方法论,为揭示法律的规律性提供了可能条件,无产阶级为实现自己的历史使命,也必须科学地揭示法律的规律。

第三,马克思主义法理学深入分析了法与社会经济生活条件之间的内在关系,揭示了法与统治阶级意志之间的关联性,科学地阐述了法的本质属性。

第四,马克思对于文明社会的法学史,总是在批判中有继承,在继承中又有批判。他从来没有对黑格尔、费尔巴哈的思想置之不理,也没有把它们作为绝对真理,全盘接受。他在批判地继承中,精辟地阐发了个人与社会、法与自由、法与平等、法与人权、法与权利、法与利益等方面的关系,展示了马克思主义法学的内在价值和强大生命力。

第五,马克思主义法学是实践法学,它建立在法律实践的基础上,从现实生活出发,使法学的概念、范畴和原理的阐述,具有丰富的实证材料,成为真正科学的法学。

马克思主义法理学在整个法学体系中占有重要的地位。它为研究其他法学分支学科提供了正确的立场、观点和方法,使其他分支学科能够在正确的世界观和方法论指导下阐述法律的具体问题,它所阐述的基本概念、基本原理和规律性,对其他法学学科具有指导的意义。当然,法理学与其他法学学科有着密切的联系,其他法学学科为法理学提供事实和结论,它们在相互影响、相互渗透、相互依赖中发展和提高。

第一节 马克思早期的法律思想演变

马克思于1835年就读于波恩大学法律系,一年后转入柏林大学法律系。大学初期,他信仰康德、费希特的自然法哲学。1837年开始阅读黑格尔的著作,并结识了黑格尔左派(即青年黑格尔派)分子,加入了在柏林的黑格尔左派小组。在此以后的一段时间里,马克思成了黑格尔的弟子,黑格尔法哲学是马克思法律思想发展的出发点。

1841年马克思大学毕业。1842年为《莱茵报》撰稿,后被聘为该报主编。从此,马克思邀请了不少有名望的撰稿人,其中有年轻的恩格斯,使《莱茵报》的威信大大提高。马克思把《莱茵报》办成反对专制政府的革命民主主义的报纸,赢得了人民的赞许和支持,但也遭到反动当局的迫害,1843年3月马克思辞职。不久,《莱茵报》被反动当局查封。在此期间,马克思发表了一系列文章。列宁在《卡尔·马克思》一文中指出,从马克思在《莱茵报》上发表的文章,可以看出马克思已从唯心主义转向唯物主义,从革命民主主义转向共产主义。

一、马克思的新理性批判主义法学观

马克思的第一篇论文《评普鲁士最近的书报检查令》,和首次发表在《莱茵报》上的论文《关于出版自由和公布等级会议记录的辩论》,都是论述出版自由的法学专论。这两篇论文的法学观属于新理性批判主义法学观。

马克思的《评普鲁士最近的书报检查令》与《关于出版自由和公布等级会议记录的辩论》两篇文章,就法理学来说,还是黑格尔的唯心主义观点。他用来反对书报检查令,批判普鲁士政府,以及赞扬出版自由的依据,是对理性、精神的唯理论的崇拜。但又和黑格尔不同:黑格尔认为,出版自由要服从国家利益与政府的意旨,实际上是要维护普鲁士的专制国家制度;而马克思的立场是革命民主主义者,其矛头指向德国的专制制度。马克思在分析各个等级对待出版自由问题的态度时,揭示了德国的社会结构,其中孕育着正确认识个人和阶级,阶级和阶级之间关系的唯物主义历史观的萌芽。马克思痛斥反对出版自由的诸侯、贵族,赞扬农民代表的发言,开始站到被压迫的劳动人民一边。正是马克思的革命民主主义思想和政治基础,使他无论在世界观还是在政治立场方面产生新的突破。

二、马克思向历史唯物主义法学观的过渡

在马克思生活的年代,所谓林木盗窃问题关系到当时德国贫苦农民的物质利益。由于农民破产、生活贫困、林木盗窃问题日益严重。为地主贵族效劳的省议会认为惩罚措施不严格,要求把

拾枯枝列入盗窃林木的范围,予以法律制裁。

马克思在评论第六届莱茵省议会的辩论的第三篇论文《关于林木盗窃法的辩论》一文中,对地主的这种不法行为,从私人利益与法、习惯权利与法、罪与非罪及罪与罚、实体法与程序法等方面对普鲁士的国家和法进行了抨击。在这里,他第一次超出了精神领域,探讨了物质利益问题。

三、马克思转向唯物主义法学观

（一）费尔巴哈人本主义法律观的影响

马克思在《莱茵报》工作时,碰到了许多重大的经济和政治问题,而其中最关键的是国家问题。马克思原来对国家和法的看法基本上是黑格尔的唯心主义观点,把国家看成是抽象的、理性的实现,把法律看成是人类理性的产物和表现。可是,大量的事实却表明普鲁士国家和法律是富人的工具,而不是什么"国家理性和国家伦理"。由于理论与现实的冲突,使马克思对自己原来信奉的黑格尔法哲学发生了怀疑,开始了新的探索。经过一年多的准备,写成了《黑格尔法哲学批判》(手稿)。正如马克思所说,"为了解决使我苦恼的疑问,我写的第一部著作是对黑格尔法哲学的批判性的分析……我的研究得出这样一个结果:法的关系正像国家的形式一样,既不能从它们本身来理解,也不能从所谓人类精神的一般发展来理解,相反,它们根源于物质的生活关系,这种物质的生活关系的总和,黑格尔按照18世纪的英国人和法国人的先例,称之为'市民社会',而对市民社会的解剖应该到政治经济学中去寻找"。

马克思转向唯物主义法律观,受到路·费尔巴哈法律观的影响。路·费尔巴哈通过对宗教和思辨哲学的批判,把被黑格尔搞得本末倒置的存在和思维、物质与精神的关系完全颠倒过来,进而把这一思想推广到法的领域,提出人本主义的法律观。马克思借助和吸收费尔巴哈思想,批判和清算黑格尔的唯心主义。但是,马克思从来不是纯粹的费尔巴哈派,他敏锐地发现费尔巴哈过多地强调自然而过少地强调政治,并把黑格尔的保守哲学体系连同富于革命意义的辩证方法一起抛弃了。马克思通过对黑格尔法哲学的批判,剥去包裹着黑格尔辩证法的神秘外壳,吸收其合理内核,并试图加以改造,从而为科学的、辩证的法学方法提供理论探索的经验。

(二) 市民社会与国家和法

在《黑格尔法哲学批判》一文中,首先批判的是黑格尔关于国家对市民社会问题上的唯心主义观点。黑格尔认为,家庭、市民社会、国家是伦理观念发展的三个阶段。家庭和市民社会是从属于国家的,它们的存在是以国家的存在为转移的。国家的意志和法律对家庭和市民社会来说是一种必然性,当它们发生矛盾时,家庭和市民社会必须服从国家的利益和法律。不是市民社会决定国家和法,而是国家和法决定市民社会。

马克思明确提出是市民社会决定国家和法,不是国家和法决定市民社会。他认为,家庭和市民社会是国家的前提,它们才是真正的活动者;家庭和市民社会是国家的真正构成部分,是国家的存在方式;家庭和市民社会本身把自己变成国家,它们方是原动力;国家没有家庭的天然基础和市民社会的人为基础就不能存在。

马克思还进一步具体分析财产关系与法的内在联系。按照黑格尔的观点,国家政权统治着私有财产,使它服从整体的普遍利益。因此,长子继承制是政治的要求。马克思则相反,认为长子继承是土地占有制本身的结果,是已经硬化了的私有财产,是最独立和最发达的私有财产。国家制度是"私有财产的国家制度"。法是财产关系的外在表现形式,财产关系则是法的实在内容。

(三) 人民主权与君主主权

马克思在批判黑格尔的国家观时,开始了对人的本质问题的论述。黑格尔抽象地单独地考察国家的职能和活动,把特殊的个体性看作它们的对立面,因此,他把国家的职能和活动同个人的联系看成是外在的、偶然的。马克思强调要以"现实的人"为基础,从"现实的人"的活动中揭示人的"社会特质",人的肉体存在是人的自然基础,但是与国家发生联系的,不是作为肉体的个人,而是作为国家的个人。国家是和国家的个人发生联系的,国家的职能和活动也是和个人相联系的,国家只有通过个人,才能发生作用,个人是国家的基础。

黑格尔反对把君主主权和人民主权对立起来,认为君主主权是人民主权的代表和象征,从而抬高君主主权,贬低人民主权。马克思对此作了批驳,认为主权这个概念本身就不可能有双重的存在,更不可能有自身对立的存在。君主主权指的是在君主身上实现的主权,人民主权指的是只能在人民身上实现的主权,这是两个完全对立的主权概念。马克思主张人民主权,指出如果国王是国家的真正主权,那他对外也应当被认为是独立国家,只有作为人民,才能成为人格现实的理念。

（四）民主制与君主制

黑格尔国家与法律观的要害,就在于从保守的政治观出发,竭力维护普鲁士的君主制,把君主立宪称为国家制度的现代成就。

马克思坚决反对黑格尔推崇君主立宪制,而主张民主制。他认为,在君主制中是国家制度的人民,在民主制中则是人民的国家制度,是人民创造国家制度；在君主制中,人为法律而存在,人是法律规定的存在,在民主制中,不是人为法律而存在,而是法律为人而存在,人的存在就是法律。因此,马克思认为,君主制只是国家制度的一种,并且是不好的一种。民主制是任何国家制度的本质,一切非民主制的国家形式,都是对国家本质的歪曲。"民主制是君主制的真理"。马克思所主张的民主制,不是资产阶级的民主制。虽然马克思承认资产阶级民主制比封建专制制度进步,但是它只不过是人民在政治世界的天国中的平等,而在人民的世俗生活中却是不平等的。

应当指出,在《黑格尔法哲学批判》中,马克思用唯物主义思想批判地改造黑格尔的法哲学,提出市民社会决定国家和法的著名论断。虽然他对市民社会的具体内容没有作出说明,但为历史唯物主义法理学的形成奠定了坚实的理论基础。同时,这一时期的马克思受到启蒙思想家的"人民主权"思想和费尔巴哈人本主义的影响,"民主制"、"人民"的概念都是从一般意义上讲的,都未带有阶级内容。尽管如此,马克思的思想远远超过启蒙思想家和费尔巴哈。

第二节 马克思主义法理学的形成

1845年至1848年,是马克思主义的辩证唯物主义和历史唯物主义完整而系统地确立的时期,也是马克思主义法理学的创立时期。这一时期的最主要著作有:马克思和恩格斯合著的《德意志意识形态》[①]和《共产党宣言》。

一、《德意志意识形态》中的法理学思想

《德意志意识形态》第一次比较完整、系统地阐述了历史唯物主义的基本原理和科学共产主义理论,并以此为理论基础,科学分析了法的本质及其特征,深刻揭示了法的产生、发展及其消灭的历史运动规律性,使法理学发生了根本变革,是马克思主义法理学诞生的标志。

(一)法的本质及其特征

在马克思以前,众多的思想家都曾试图揭示法的本质。他们有的认为"意志"是法的基础,有的认为权力是法的基础等,都没有科学地回答法的本质问题,其主要原因就在于他们都以唯心史观为理论基础。

《德意志意识形态》揭示了物质资料生产在社会生活中的决

[①] 《德意志意识形态》于1846年4月基本完成,但由于反动当局和青年黑格尔分子的种种阴谋而未能出版。到1847年在一家小杂志上发表了第二卷中的第四章。1932年,才由苏共中央马克思列宁主义研究院用原文全文发表。

定作用,论述了生产关系与生产力的辩证关系,阐明了经济基础与上层建筑关系的原理,从而指明了法律根源的物质性和本质的阶级性。该书第一次明确指出了国家与法对所有制的依赖关系,认为国家与法必须与一定的经济关系相适应,离开了所有制,国家与法是不可想象的。资本主义国家是与资本主义私有制相适应的。并指出,那些决不依个人"意志"为转移的个人的物质生活,即他们的相互制约的生产方式和交往形式,是国家的现实基础。

马克思、恩格斯认为,法律只能是统治阶级意志的表现,而不可能是被统治阶级意志的表现。在一定社会经济关系中占统治地位的统治阶级除了必须以国家的形式组织自己的力量外,他们还必须给予他们自己的由这些特定关系所决定的意志以国家意志即法律的一般表现形式。

青年黑格尔分子施蒂纳等人,宣称法律的"国家意志"是个人的"自我意志"。马克思、恩格斯指出,国家意志绝不是个人的意志表示,它不受任何一个单个人的任性所左右。个人的统治必须同时是一个一般的统治。法律是整个统治阶级的共同利益所决定的他们共同意志的体现。法律的整体性特点,要求统治阶级中的任何成员做到"自我舍弃",以求得整体利益的"自我肯定";要求统治阶级中的每一个成员一体遵循,进而成为全社会共同遵循的行为规则。

一些唯心主义思想家也宣称法律是"国家意志",但他们完全忽视了社会经济关系对"国家意志"的决定作用,把法律看做是统治者的一时灵感,因而"经常发现法律在世界的硬绷绷的东西上碰得头破血流"。因此,必须把国家意志的主观性与经济关系的客观性结合起来考察法律,并且使法律的客观性成为法律的主观性的基础,才能科学揭示法律的本质。

在马克思、恩格斯看来,统治阶级的物质生活条件是在不断变化发展的,法律因客观情况的变化而被修改。他们说,如果这些新的情况侵害了整个统治阶级的利益,那么这个阶级一定会改变法律。如果这些新的情况只触犯个别的人,那么这些人的反抗意志当然不会受到大多数人的任何注意。

(二)法的发展规律

马克思、恩格斯首先阐明了法的起源。他们认为,任何新的生产力的发展,都会引起分工的进一步发展。分工的发展,推动生产力与生产关系的矛盾运动,导致私有制和阶级的出现。阶级对立的出现,需要有公共政治机构,这就是国家。国家是一种虚幻代表的"普遍利益"的政治共同体,它同各种"特殊利益"相脱离,所以需要对"特殊利益"进行干涉和约束,这种干涉和约束的途径和手段,就是制定和执行法律。可见,法律与国家是同时产生的,它们都是阶级社会特有的产物。

他们接着进一步区分了人类文明社会中本质不同的社会形态以及与之相适应的法律类型。马克思、恩格斯指出,分工发展的各个不同阶级,同时也就是所有制的各种不同形式。人类社会的第一种所有制是"部落所有制",这一时代没有阶级、国家和法律。第二种所有制是"古代公社所有制和国家所有制"(即奴隶制),这一时代的广大奴隶不是法律关系的主体,而是法律关系的客体,是"会说话的工具"。第三种所有制形式是"封建的或等级的所有制","在政治上表现为特权",法律的特征集中表现为"特权法"。资本主义社会的基础是"纯粹的私有制",资产阶级国家是与现代资本相适应的政治组织形式,其法律"表现为权利、平等"。资产阶级法律带有明显的虚伪性,毋宁说是"虚假法"。被压迫的无产阶级为了保住自己的个性,就应当消灭整个旧的社会形态和一切统治,就"必须首先夺取政权"。社会主义法律的基本特征是实现无产阶级对社会的统治,确认"作为个性的个人"的存在。

马克思、恩格斯认为,法律文化在历史的长河中,具有不容抹杀的继承性。那些反映法律内容的某些形式、规定、术语乃至原则,是人类的精神文化遗产。

(三)法与自由

马克思、恩格斯否定抽象的自由观,认为自由是具体的历史现象。自由首先是对客观必然性的认识，人们在现有的生产力所决定和所容许的范围之内取得自由，不认识客观性，就只能在铁的规律面前碰得头破血流。自由更重要的是对客观世界的改造，改造客观世界的实践，是一条由必然王国向自由王国飞跃的桥梁。对实践的唯物主义者，即共产主义者说来，全部问题都在于使现存世界革命化，实际地反对和改变事物的现状。

从哲学意义上讲，自由是对客观世界的认识和改造，而从伦理政治意义上讲，自由的获得则必定有赖于把个人融于"真实的集体"之中。在马克思、恩格斯看来，资产阶级思想家、法学家心目中的国家和法律，是一种"虚幻的集体"、"冒充的集体"，因此要用"真实的集体"来代替。这个"真实的集体"就是共产主义社会。自由是有阶级性的，只有在本阶级的集体中才可能有个人自由。因此，自由要求遵守反映本阶级共同意志的法律。

历史唯物主义的确立，为马克思主义法理学奠定了基础。《德意志意识形态》以历史唯物主义为武器，科学地阐明了法学基本原理，形成了历史唯物主义法理学体系。

二、《共产党宣言》中的法理学思想

《共产党宣言》（以下简称《宣言》）发表于 1848 年 2 月，它是继承和发展人类先进文化思想的产物，是马克思和恩格斯参加和领导共产主义运动的伟大成果。《宣言》是马克思、恩格斯为共产主义者同盟起草的纲领，是科学共产主义的第一个纲领性文件，也是马克思主义法理学的经典论述。它从历史唯物主义的基本原理出发，揭示了法的运动规律，分析了法律的阶级本质和特征，为无产阶级建立社会主义法制指明了方向。

（一）社会发展与法

《宣言》阐明了历史唯物主义的基本观点：生产力决定生产关系，经济基础决定上层建筑，即从物质生产、经济基础去了解人类社会历史的发展。自从阶级产生以来的全部历史，都是阶级斗争的历史，必须用阶级、阶级斗争的观点和阶级分析的方法去观察阶级社会中的各种现象。

社会基本矛盾运动推动着人类社会由低级阶段向高级阶段的不断发展。因此,与现代化大生产相联系的无产阶级,将诉诸革命手段,打破阻碍生产力发展的资本主义生产关系,建立与生产力相适应的社会主义生产关系,建立与社会主义经济基础相适应的社会主义上层建筑。社会主义上层建筑以及法律制度的建立是历史的必然。

阶级斗争是社会基本矛盾的直接表现,是文明社会发展的直接动力。一切阶级斗争都是政治斗争,它集中表现为在阶级斗争中占优势的那个阶级夺取政权。文明社会的历史都是阶级斗争的历史,法是阶级矛盾和阶级斗争的产物和表现,法从来都是阶级斗争的重要工具。在资本主义社会中,无产阶级在经济上遭受残酷的剥削,在政治上深受压迫。他们要获得解放,就必须用暴力推翻资产阶级统治,建立自己的统治。无产阶级革命斗争的形式是多种多样的,有"合法"斗争,也有武装斗争。《宣言》否定盲目追求武装起义、反对无产阶级所进行的一切"合法"斗争的"左"倾机会主义,也反对迷信"合法"斗争、企图通过议会道路使资本主义"和平"进入社会主义的右倾机会主义。马克思、恩格斯指出,无产者在阶级斗争中利用资产阶级内部的分裂,迫使他们用法律形式承认工人的个别利益。但是这种"合法"斗争只能是一种辅助手段,无产阶级只有通过暴力革命,才能夺取政权,建立无产阶级专政。

《宣言》指出,如果无产阶级在反对资产阶级的斗争中一定要联合为阶级,如果说它通过革命使自己成为统治阶级,并以统治阶级的资格用暴力消灭旧的生产关系,那么它在消灭这种生产关系的同时,也就消灭了阶级对立和阶级本身存在的条件,从而消灭了它自己这个阶级的统治。这就是说,无产阶级作为统治阶级的国家将随着阶级的消灭而消亡。法律与国家是不可分割的,国家的消亡也就是法律的消亡。

(二)法的本质

《宣言》在揭露资产阶级法的本质时写道:你们的观念本身是

资产阶级的生产关系和所有制关系的产物,正像你们的法不过是被奉为法律的你们这个阶级的意志一样,而这种意志的内容是由你们这个阶级的物质生活条件来决定的。这段论述经典地表述了资产阶级法的本质,也深刻地揭示了法的本质是阶级意志性与物质制约性的统一。资产阶级的法是被奉为法律的资产阶级意志,它不是各个阶级的"共同意志",更不是被统治阶级的意志,而只能是资产阶级意志的表现。法律具有国家意志性,资产阶级为了巩固自己的政治统治,实行统一的法制,把本阶级的整体意志上升为法律,成为国家意志,获得全体社会成员一体遵循的效力。

被奉为法律的资产阶级意志的内容,是由资产阶级的物质生活条件决定的。这个科学结论经历了一个较长的演变过程。马克思早期在实际中就感到物质利益同政治斗争、哲学思想、法律思想的联系,在批判黑格尔法哲学的过程中,他发现法的关系正像国家的形式一样,既不能从它们本身来理解,也不能从所谓人类精神的一般发展来理解,相反,它们根源于物质的生活关系。《德意志意识形态》一书阐明了国家与法对所有制的依赖关系。《宣言》指出法的内容是由统治阶级的物质生活条件决定的论断,是过去思想的深化。马克思、恩格斯认为,资产阶级法的本质特征是由资本主义雇佣劳动和私有制决定的。因此,要废除资本主义法,就必须首先废除这种法赖以生存的资本主义私有制。

法的本质的阶级意志性和物质制约性是辩证统一的关系。离开一定阶级的物质生活条件,统治阶级意志就成为无源之水,无本之木,没有统治阶级的意志,这种物质生活条件也无从表现。客观决定主观,内容决定形式,本质决定现象。统治阶级的物质生活条件是法的社会基础,法是统治阶级意志的反映,这就是马克思主义法学不同于一切剥削阶级法学的根本界限。

(三) 无产阶级专政与法

《宣言》指出无产阶级专政的内涵是"无产阶级上升为统治阶级,争得民主"。并指出了无产阶级专政的历史任务是无产阶级利用自己的政治统治,一步一步地夺取资产阶级的全部资本,把一切生产工具集中在国家即组织成为统治阶级的无产阶级手里，并且尽可能快地增加生产力的总量。《宣言》虽然还没有使用"无产阶级专政"这个名词，但这一思想贯穿在本书的始终。后来，马克思在《1848年至1850年的法兰西阶级斗争》一书中，第一次运用"无产阶级专政"概念。

无产阶级在建立自己的政治统治的过程中，在废除旧的生产关系和建立新型生产关系的过程中，以及在发展生产的过程中，都必须采取法律措施。例如，采取法律措施剥夺剥夺者，把土地所有权、信贷和运输事业等集中到国家手里。

无产阶级要建立自己的法律，就必须废除旧法。马克思、恩格斯强调指出："工人阶级不能简单地掌握现成的国家机器，并运用它来达到自己的目的。"认为必须摧毁压在自己头上的、由那些组成官方社会的阶层所构成的全部上层建筑。并明确提出了"两个决裂"的光辉思想：共产主义革命就是同传统的所有制关系实行最彻底的决裂；毫不奇怪，它在自己的发展进程中要同传统的观念实行最彻底的决裂。这里所指的要摧毁资产阶级的上层建筑，最重要的是国家与法，要实行最彻底决裂的传统观念包括旧法律观念在内。

第三节　马克思主义法理学的发展

马克思主义法理学的发展，分为两个时期，即从1848年至巴黎公社时期和巴黎公社至19世纪末期。这两个时期的著作很多，这里只介绍《资本论》(第一卷)、《家庭、私有制和国家的起源》两本书中的主要法理学思想。

一、《资本论》中的法理学思想

《资本论》是马克思主义的百科全书，它进一步论证和集中地体现了马克思主义法理学。

（一）法律与经济

《资本论》写道：法权关系是一种反映着经济关系的意志关

系。商品交换过程中当事人双方的意志表示应当一致,否则交换行为就成为不可能。因此,商品交换是商品所有者的一种意志行为。

商品交换在根本上取决于客观经济生活,在形式上则完全是自由选择的结果。没有自由观念就不能发生商品交换。商品经济的基本规律是价值规律,它客观上要求商品交换时必须遵循等价交换的原则。商品交换的自由和平等都是基于所有者对自己商品的所有权而发生的。行使权利支配商品的最终目的是要实现一定的经济利益。经济利益是商品交换参与人的行为目标和内在动力。这种自由、平等、权利是一种要求和观念,它们在发展中一般会得到国家的有利于统治阶级的确认,成为法律。

马克思说,法律形式作为单纯的形式,是不能决定这个内容本身的。法律形式只能表达被反映的内容本身。内容的性质如何决定着法律的正义与否。这个内容,只要与生产方式相适应、相一致,就是正义,只要与生产方式相矛盾,就是非正义。

法的物质制约性有两个方面的内在矛盾:一方面具有相同的经济基础的、政治的、法律的、社会的现象之间存在着变异和程度的差别;另一方面,法的观念不可能与产生它的所有制关系完全符合。因此,基于相同的经济基础的法,其形式却有无穷无尽的程度差别,以及法与经济基础的不平衡发展。

马克思还论述了法对经济及其客观规律的反作用。政治、法律的发展以经济发展为基础,但是它们又都互相影响并对经济基础发生影响。人类社会自身发展的规律属于客观法则,法律则是统治阶级制定的主观法则。法律不能创造或消灭客观法则,但是一旦法律正确反映了客观法则,它就能起到促进客观法则的巨大作用;反之,必然阻碍其发展。马克思认为,资本主义发展的决定性因素是劳动生产力的不断提高,此外还存在着别的有关因素。统治阶级运用国家权力和法进行原始积累。工厂法加速了资本主义生产向大工业的过渡。

(二)法的阶级本质

马克思指出,社会上占统治地位的那部分人的利益,总是要把现状作为法律加以神圣化,并且要把习惯和传统对现状造成的各种限制,用法律固定下来。现状的基础是由一定生产力发展状态自然形成的生产关系。现状的形式是规则和秩序本身。这种规则和秩序本身,对任何要摆脱单独的偶然性或任意性而取得社会的固定性和独立性的生产方式来说,是一个必不可少的要素。习惯和传统是规则和秩序最初的和不成文的表现形式,法律则是对规则和秩序明文的表现形式,它有十分肯定和不可任意侵犯的神圣性质。统治阶级把现状作为法律加以神圣化,实质上就是把统治阶级的根本利益神圣化。法律实质上是为统治阶级服务的。

马克思揭示了资本主义工厂立法的经济根源、阶级根源及其与生产力的关系。在资本主义社会里,工厂主是绝对的立法者,其立法与自身利益相一致,而与雇佣工人的利益尖锐对立。资本主义生产关系是资本主义工厂立法的经济根源,资本家不仅利用经济强制,而且以法律强制来加强对工人的剥削。无产阶级与资产阶级之间的斗争是资本主义工厂立法的阶级根源,资产阶级法律靠国家强制力把资本与劳动之间的斗争限制在有利于资本的范围内。工厂法是大工业的必然产物,工业革命引起法律关系的革命,同时工厂法对大工业的发展具有反作用。

马克思揭露了资产阶级法律原则的虚伪性。资产阶级法律宣布私有财产神圣不可侵犯的原则,但是表面上的商品生产的所有权掩盖着实际上的资本主义占有的规律,法律所保护的是资本家的财产,法律的基本精神就是所有权。资产阶级法律确认契约自由原则,但契约自由实际上只不过是资本家剥削工人雇佣劳动的自由,对于广大工人和其他劳动人民来说,同其他的自由一样是虚伪的。资产阶级法律宣布天赋人权,认为一切人的权利能力在法律面前都是平等的,法律上宣布的平等只是形式上的平等,是在不平等前提下的平等,平等地剥削劳动力是资本的首要人权。

(三) 法的政治职能与社会公共职能

法不仅受到阶级必然性的支配,也同时受到自然规律和社会发展最基本要求的制约。马克思指出,政府对社会的全面干涉包括两方面:既包括执行由一切社会的性质产生的各种公共事务,又包括由政府同人民大众相对立而产生的各种特殊职能。所谓"公共事务"是为保持人类社会的生存条件而采取的一些最低限度的措施。公共事务的管理与特殊职能(政治职能)是密不可分的统一体,它们彼此不可分割。但矛盾的主要方面是政治职能。社会公共职能一般有利于统治阶级更有效地实现阶级统治,有时也会有利于人民。但这种偏离现象是局部的、有限的,在总体上法始终是统治阶级意志和利益的反映。

马克思又指出,国家公共事务的管理,在很大程度上"同资本完全无关",以至于当资本主义的外壳炸毁以后,国家的这个职能继续存在,并且还会获得更大的发展。

二、《家庭、私有制和国家的起源》中的法理学思想

恩格斯的《家庭、私有制和国家的起源》(以下简称《起源》)是马克思主义关于国家和法的问题的一本杰出的专著。

(一)家庭的起源和发展

《起源》指出,历史中的决定性因素,归根结底是直接生活的生产和再生产。但是,生产本身有生活资料的生产和人类自身的生产两种。这两种生产互相促进、互相影响,构成人类社会历史的全部内容。

家庭的产生和发展,基本上是同社会生产发展阶段相适应的。原始社会的最初阶段没有家庭,那时人类处于杂乱性交关系的原始状态。《起源》依次地描绘了人类由血缘家庭、普那路亚家庭、对偶家庭和一夫一妻制家庭的演进过程。恩格斯指出,血缘家庭和普那路亚家庭只不过是群婚制的两种形式,因此这四种家庭形式其实是三种婚姻形式。三种婚姻形式大体上与人类发展的三个主要阶段相适应,即群婚制与蒙昧时代相适应,对偶婚制与野蛮时代相适应,一夫一妻制与文明时代相适应。一夫一妻制是不以自然条件为基础,而以经济条件为基础,即以私有制对原

始的自然长成的公有制的胜利为基础的第一个家庭形式。一夫一妻制是丈夫统治下的牢固的个体婚制,是为私人财产所有权和财产继承权服务的家庭形式。

在资本主义社会,虽然形式上废除了一夫多妻制,但实际上资产阶级仍然过着以通奸和卖淫为补充的一夫多妻的生活。资产阶级的"结婚自由",不过是在自由契约掩盖下的买卖婚姻,目的在于维护男子统治的资产阶级权利。在资产阶级法律上虽然也规定有男女平等原则,但由于在经济上和政治上的不平等,使妇女在婚姻家庭关系中依赖于男子。

婚姻自由和真正的一夫一妻制只有在消灭了资本主义生产关系后才能充分实现。

(二) 国家与法产生的根源和过程

国家和法不是从来就有的,原始社会是不知国家和法为何物的社会。国家和法伴同阶级的出现而产生,是私有制和阶级矛盾不可调和的产物和表现。

在原始社会里,生产力极其低下,人们共同劳动、共同生活、共同占有、共同分配,与此相适应的社会组织和社会规范是氏族组织和原始习惯。原始习惯是人们在长期的共同生活和共同劳动过程中自发形成的,它的实施主要靠人们的自觉遵守和氏族首领的威信。恩格斯称原始社会是一种十分单纯质朴的制度,但他毫不含糊地指出氏族制度的局限性。氏族制度是以生产极不发达、人口极度稀少为前提的。因而,生产的发展和人口的增加,必然地要导致其灭亡。

氏族制度的崩溃,是原始社会后期生产力发展的必然结果。它的解体是一个长期而缓慢的历史过程,其中的决定性因素是适应生产力的发展而不断发展的社会分工。第一次社会大分工,产生了第一次社会大分裂,即分裂为两个阶级:主人和奴隶、剥削者和被剥削者。第二次社会大分工,劳动力价值的提高,使奴隶制成为社会制度的一个本质的组成部分。第三次社会大分工,产生了商人阶级,使人类社会迈入文明时代的门槛。

国家是在氏族制度的废墟上兴起的,法是氏族习惯的延续和变革。氏族制度瓦解的过程,也就是国家与法产生的过程。

恩格斯分别考察了希腊人、罗马人和日耳曼人的国家产生的具体过程,指出这三个国家的产生代表着三种不同的国家产生的形式。雅典国家是直接从氏族社会本身内部发展起来,从阶级对立中产生出来的,是国家产生形式中最纯粹、最典型的形式。它是通过提修斯、梭伦、克利斯提尼三次改革,通过部分地改造氏族制度的机关,部分地用设置新机关来挤掉旧机关,最后全部以真正的国家权力机关来取代旧氏族制度的机关的发展过程。罗马国家的产生是由不属于"罗马人民"的外族人所组成的平民,同罗马氏族贵族进行斗争并取得胜利的结果。德意志国家的产生是德意志人征服了罗马帝国的直接结果,其根源在于德意志人和罗马帝国的社会内部条件。

阶级对立使原来社会成员之间完全平等的关系变成不平等的关系,原始社会习惯已经无能为力了,必然要求另一种新的社会规范来代替。奴隶主阶级通过掌握的国家政权,制定一系列只符合奴隶主阶级利益的行为规则,并以国家暴力机器为后盾,把本阶级的意志强加给整个社会。这种社会规范就是人类历史上第一次出现的法。

可见,国家与法的产生是同一过程,它们都是从氏族制度脱胎而来,不可避免地带有氏族的痕迹。但是,国家和氏族机关、法和原始习俗有着本质的区别,不能混为一谈。否定它们之间的历史联系,或者否定它们之间的原则界限,都是错误的。

(三)国家与法的本质、特征及其发展规律

恩格斯通过对国家与法的起源的分析,科学地概括了国家与法的本质。他指出,国家是个历史范畴,它是社会在一定发展阶段上的产物;国家是个阶级范畴,它是阶级矛盾不可调和的产物和表现;国家是抑制阶级冲突,建立统治秩序的工具;国家是在经济上占统治地位的阶级用来镇压和剥削被统治阶级的手段。

恩格斯还阐明了国家不同于氏族组织的基本特征:第一,国家是由地区来划分它的居民,而氏族是由血缘关系区分人群;第二,公共权力的设立。构成这种权力的是军队、宪兵、监狱和各种强制机关,以及随之而来的捐税和法律。

《起源》还揭示了法的本质和基本特征。阐明了法适应一定的经济需要而产生,是由一定的经济关系决定的历史唯物主义原理。论证了法的阶级属性,认为它是统治阶级利益和要求的反映,是统治阶级进行阶级统治的工具。统治阶级通过国家制定或认可,把自己的意志上升为法律,并以警察、监狱、法庭等国家强制机构为后盾,凭借国家强制力保证其实施。全体居民的一切活动必须服从国家的意志,遵守国家的法律。

国家与法都是历史的范畴。它们在历史发展的一定阶段上产生,也将在历史发展的一定阶段上消灭。恩格斯指出,文明时代是社会发展的一个阶段。文明时代经历了奴隶制、农奴制和雇佣劳动制三个发展阶段,与此相适应,也出现了奴隶制国家和法、封建制国家和法,以及资本主义国家和法。在资本主义阶段,以私有制为基础的阶级社会已经走到了它的尽头。这些阶级的存在不仅不再必要,而且成了生产的直接障碍。以私有制为基础的阶级社会,必然要被以公有制为基础的社会所取代。阶级不可避免地要消失,随着阶级的消失,国家和法也不可避免地要消失。以生产者自由平等的联合体为基础,按新方式来组织生产的社会,将把全部国家机器放到它应该去的地方,即放到古物陈列馆去,同纺车和青铜斧陈列在一起。

需要指出的是恩格斯在该书中谈到氏族组织时,运用过"法律"、"法规"、"权利"、"审判"、"判决"等术语。这一般有两种情况:一是沿用前人著作中的用语;二是指已发生局部质变的氏族习惯。因此,不能据此而认为原始社会便有了法律。从本书的精神实质和一般理论概括来说,原始社会是不存在完整意义的法律的。

第四节 马克思主义法理学在中国的发展

以毛泽东同志为代表的中国共产党人,把马克思主义法理学普遍原理同我国的法制实践相结合,逐步形成了具有中国特色的马克思主义法律思想——毛泽东法律思想。它是毛泽东思想体系的重要组成部分,是中国新民主主义革命和社会主义建设时期,建立和健全人民民主法制的理论基础。它的产生既是马克思主义自身发展的必然要求,也是中国革命发展的必然结果。

毛泽东法律思想是学习与运用马克思主义法理学的结果,是马克思主义法理学在中国的继续,它的根本理论内容同马克思主义法理学一脉相承。但它不是马克思主义法理学的简单重复。毛泽东法律思想是发展了的马克思主义法理学,它为马克思主义法理学贡献了许多新内容。

毛泽东法律思想不仅体现在毛泽东著作、党和国家有关的文献中,也包括我们党在新的历史条件下的新发展。

一、毛泽东思想对马克思主义法理学的发展

以毛泽东为代表的中国共产党人创立的人民民主专政的国家和法律理论丰富了马克思主义法学宝库。俄国十月革命一声炮响,给中国人民送来了马克思主义。毛泽东、周恩来、朱德、刘少奇等老一辈无产阶级革命家和中国共产党人的杰出代表,把马克思主义原理与中国革命的实践相结合,在批判剥削阶级法律制度,论证和建立新民主主义革命法制的过程中,创造性地提出了有关中国马克思主义法学的一些理论。不过由于当时党的中心任务是领导人民群众夺取政权而不是法制建设,所以,有关法制的思想理论往往包含在国家学说中,散见于《新民主主义论》、《论政策》、《论联合政府》、《论人民民主专政》、《关于废除国民党的六法全书与确定解放区的司法原则的指示》、《关于废除伪法统》等论著和文献中。中华人民共和国成立后,在领导社会主义民主

和法制建设的过程中,毛泽东等党和国家领导人发表了一系列重要讲话、指示、著作,丰富和发展了马克思主义法理学。如毛泽东的《关于中华人民共和国宪法草案》、《在省市自治区党委书记会议上的讲话》、《关于正确处理人民内部矛盾的问题》,周恩来的《专政要继续,民主要扩大》,刘少奇的《中国共产党中央委员会向第八次全国代表大会的政治报告》,董必武的《关于党在政治法律方面的思想工作》、《进一步加强人民民主法制,保障社会主义建设事业》、《在军事检察院检察长、军事法院院长会议的讲话》等。这些讲话和著述中提出的两类矛盾学说,对人民实行民主、对敌人实行专政的学说,民主和社会主义的立法原则,纲领性和灵活性相结合的立法思想,有法可依、有法必依的法制原则,以事实为根据、以法律为准绳的司法原则,都是对马克思主义法理学的发展。遗憾的是,20世纪50年代中期以后,由于种种原因,党的最高领导人忽视法制在社会经济生活、政治生活和文化生活中的作用,把法治与党的领导对立起来,致使法制建设停顿,法学研究停滞不前,一度繁荣的法学急剧衰败。

二、邓小平理论对马克思主义法理学的发展

邓小平建设有中国特色社会主义民主法制的理论极大地发展了马克思主义法理学。自20世纪70年代中后期,特别是经过党的十一届三中全会邓小平同志成为党的第二代中央领导集体的核心以后,邓小平同志以开辟社会主义建设新道路的巨大政治勇气和开拓马克思主义新境界的巨大理论勇气,把马克思列宁主义毛泽东思想的基本原理与当代中国实际和时代特征相结合,在和平与发展成为时代主题的历史条件下,在我国改革开放和社会主义现代化建设的实践过程中,在总结我国社会主义胜利和挫折的历史经验并借鉴其他社会主义国家兴衰成败历史经验的基础上,科学地把握社会主义本质,第一次比较系统地初步回答了中国这样经济文化比较落后的国家,在无产阶级领导人民夺取政权以后,如何建设社会主义、如何巩固和发展社会主义的一系列基

本问题,创立了有中国特色社会主义理论,即邓小平理论。邓小平理论用一系列新的思想、观点,继承和发展了马克思列宁主义和毛泽东思想,是当代中国的马克思主义,对我国改革开放和社会主义建设有着全面的长期的指导作用。

在创立建设有中国特色社会主义理论和领导中国人民建设有中国特色社会主义的实践过程中,邓小平同志深刻地总结了我国和其他社会主义国家在民主和法制建设方面的经验教训,并根据我国新时期改革开放和社会主义民主法制建设的实践经验,创造性提出了建设有中国特色社会主义的民主和法制理论。邓小平民主法制思想博大精深,涉及社会主义民主和法制建设的方方面面。(1)有关社会主义初级阶段的理论。我国社会将长期处于社会主义初级阶段,我国的民主和法制建设必须以这个基本国情为依据。(2)党在社会主义初级阶段的"一个中心、两个基本点"的基本路线是民主和法制建设的根本指导思想。(3)生产力标准(三个"有利于")是评价社会主义民主和法制的根本标准。(4)坚持和改善党的领导是加强社会主义民主,健全社会主义法制的政治保障。(5)为了保障人民民主,必须加强法制。必须使民主制度化、法律化,使这种制度和法律具有稳定性、连续性和极大的权威,并使这种制度和法律不因领导人的改变而改变,不因领导人的看法和注意力的改变而改变。(6)民主和法制是统一的,民主是法制的前提和基础,法制是民主的体现和保障;不要社会主义民主的法制,决不是社会主义法制;不要社会主义法制的民主,决不是社会主义民主。(7)解放思想,更新观念,推进经济体制改革和政治体制改革,是发展社会主义民主,健全社会主义法制的动力和保障。(8)在社会主义民主和法制建设中,既要认真地划清社会主义民主和法制与资产阶级民主和法制的界限,又要大胆地借鉴资产阶级民主和法制的有益的经验。(9)一手抓建设和改革,一手抓法制。建设、改革与法制同步,用建设和改革推动法制,用法制保卫和引导建设和改革。(10)有关"一国两制"的战略思想。一国两制是实现祖国和平统一的必由之路。一国两制的提出引起了一系列法学理论的更新。应当指出,邓小平有中国特色的社会主义民主和法制理论作为新时期毛泽东思想的组成部分,也是全党智慧的结晶。

三、"三个代表"重要思想对马克思主义法理学的发展

以江泽民为核心的中国共产党第三代领导集体与时俱进、开拓创新,以新的理论观点和工作经验丰富和深化了马克思主义法学。20世纪90年代以后,在推进社会主义政治文明,依法治国、建设社会主义法治国家的伟大实践中,以江泽民同志为核心的党中央领导集体高度重视法制建设,重视法学研究和法学教育,推动了法学的理论创新和进步。特别是江泽民同志的一系列重要讲话和文章把社会主义民主、法治思想阐述得更加明确、深入、丰富,同时更具有理论形态。江泽民同志的法学理论要点包括:(1)提出并科学阐述了"三个代表"重要思想,为法理学的理论创新、法律的制度创新提供了科学范式。(2)明确提出了依法治国,建设社会主义法治国家的基本方略和奋斗目标。(3)汇纳党的十一届三中全会以来法治思想的精华,全面地揭示了依法治国的本质,阐述了法治的基本内容。(4)在邓小平"没有民主就没有社会主义"著名论断的基础上,进一步提出没有民主和法制就没有社会主义,就没有社会主义的现代化,把法制与社会主义更加紧密地联系起来,突出了法制也是社会主义的本质内容和本质规定,在此基础上把法治国家作为全面建设小康社会的基本目标。(5)进一步阐明了党与法治的关系,强调党领导人民制定法律,又自觉地在宪法和法律的范围内活动,不能以党代政,也绝不能以党代法,作为执政党的共产党必须依法执政。(6)进一步阐述了法制与文明的关系,强调依法治国是社会进步、社会文明的一个重要标志。(7)更全面地阐述了经济和社会发展与法制的关系。(8)强调要把民主法制实践和民主法制教育结合起来,不断增强广大人民群众的民主意识和法制观念,突出了让人民群众在民主法制实践中理解民主法制、学会民主法制。(9)提出并科

学阐述了依法治国与以德治国的关系,依法治国属于政治文明,以德治国属于精神文明,两个文明相辅相成。(10)根据我国社会主义法治国家建设的现实和方向,提出了法制建设的目标和任务,明确了立法、执法、司法、法律监督、法制教育等法制建设的各个环节的核心或重心问题。江泽民同志的上述思想为我国法学、特别是法理学的发展提供了丰富的理论资源,推进了法学的理论创新。

四、科学发展观对马克思主义法理学的发展

科学发展观是党的十六届三中全会中提出的"坚持以人为本,树立全面、协调、可持续的发展观,促进经济社会和人的全面发展",按照"统筹城乡发展、统筹区域发展、统筹经济社会发展、统筹人与自然和谐发展、统筹国内发展和对外开放"的要求推进各项事业的改革和发展的一种方法论。作为一种新的社会发展的指导思想和思维方式,科学发展观的具体内容包括:第一,以人为本的发展观。就是要以实现人的全面发展为目标,从人民群众的根本利益出发谋发展、促发展,不断满足人民群众日益增长的物质文化需要,切实保障人民群众的经济、政治和文化权益,让发展的成果惠及全体人民。第二,全面发展观。就是要以经济建设为中心,全面推进经济、政治、文化建设,实现包括经济发展在内的社会全面进步。第三,协调发展观。就是要统筹城乡发展、统筹区域发展、统筹经济社会发展、统筹人与自然和谐发展、统筹国内发展和对外开放,推进生产力和生产关系、经济基础和上层建筑相协调,推进经济、政治、文化建设的各个环节、各个方面相协调。第四,可持续发展观。就是要促进人与自然的和谐,实现经济发展和人口、资源、环境相协调,坚持走生产发展、生活富裕、生态良好的文明发展道路,保证一代接一代地永续发展。

科学发展观是建立全面和谐社会所必须遵循的路径和方法,而构建和谐社会是实现科学发展观的努力方向和目标。和谐社会的建构必须通过以法律为主导的制度性变革来保证实现。那

第十八章 马克思主义法理学的产生和发展

么,作为与社会经济、政治、文化发展相适应、相协调,包括制度变迁、精神转换、体系重构等在内的当代中国法律发展必然在科学发展观指导下,出现一系列的调整或变化:

1. 确立"以人为本"的法律发展观

在漫长的法律思想和法律制度发展史中,法律应以什么为价值归依始终困扰着人们。柏拉图在《法律篇》中发问"法的确立应当归功于谁?归功于某位神,还是归功于某些人?"①至今依然发人深省。关于法律发展观可以大致概括为三种:

一是"以神为本"的法律发展观。早期中西方都存在将法律看做是"神启"、"神谕"的观念。例如,亚里士多德将法律的权威最终归结为"超自然的神";托马斯·阿奎那将法的权威归结为永恒的上帝;中国古代也强调法自君出,而君主是"天子",是"天道"的代言者。尽管与学者所说的"神"的内涵是有差别的,但是,在将法律的形成和发展归结为超现实的力量方面是一致的。

二是"以民为本"的法律发展观。中国历史上存在过大量讨论君民关系的思想文献。如《尚书》中的"民可近,不可下;民为邦本,本固邦宁"。《孟子·梁惠王下》中的"民为贵,社稷次之,君为轻","乐民之乐者,民亦乐其乐;忧民之忧者,民亦忧其忧"等。虽然这种"重民"、"以民为本"的思想在法律制度化方面得到了部分实现,例如减轻徭役、整顿吏治、宽缓刑罚等,在客观上也起到了一定的限制王权,保护民众利益的效果;但是,"以民为本"的法律发展观总的来说是在君民对立的架构中展开的,是以通过"驯服"民众以维护君主"治理"为目标的。因此,中国古代的"以民为本"的法律发展观不过是君主更为高明的统治术。

三是"以人为本"的法律发展观。随着资本主义在西方的逐步确立,资本主义商品经济的发展、文艺复兴、宗教改革运动、思想启蒙运动等多元合力,使"人"从"神"的遮蔽中解放出来,西方逐渐形成强调"人"的高贵性,弘扬人的个性,突出世俗幸福和自

---

① 〔古希腊〕柏拉图:《柏拉图全集》第3卷,王晓朝译,人民出版社2003年版,第365页。

由，肯定人的主体性地位和创造性的人本理论。作为方法论的人本理论，在西方法律发展史上影响深远。近代西方的制度实践——宪政、法治、民主等都从中受益匪浅。"必须指出的是，建立民主与法制制度是为了维护人的自由与尊严，并不是为了民主而民主；而法治也不仅指依法而治的意思。易言之，我们是为了保障人的自由与人的尊严而要建立民主与法治制度；民主是保障人的自由与人的尊严的手段，而法治，如果它是以基本人权为基础的话，则是维护人的自由与人的尊严的架构。"[1]

当代中国法律发展确立"以人为本"的法律发展观，同西方的人本理论当然有密切的联系。例如，在分析工具概念语词上，我们使用大量的"舶来"语汇。但要注意两者之间的区别。第一，当代中国的"以人为本"法律发展观是以人的全面发展、人类的可持续发展、本国与外国的共同发展为前提和目标的。这与西方资本主义社会在实践层面推进的孤立发展，牺牲别国利益谋求自身发展，是有本质区别的。第二，当代中国的"以人为本"法律发展观的"人"不是抽象的人或观念的人，而是具体的人，现实的人。"以人为本"要求法律发展必须立足于建立人与社会的协调关系。一方面明确将"以人为本"作为法律发展的最高价值取向，法律既要肯定作为社会关系主体的人的价值，又要针对现实中人的"异化"现象进行矫正；另一方面法律必须坚决反对漠视人、漠视少数人、漠视弱势人的倾向。

总之，"以人为本"是马克思主义社会历史观和法学观的重要基本原则。"以人为本"是当代中国的法律发展的价值取向，也是民主法治建设的正当性基础。"以人为本"的法律发展观是指：首先，在价值选择上，必须肯定"人"是社会主义法治民主建设的出发点和归宿。法律在调整社会关系的过程中，法律发展必须始终肯定并尊重人的价值和意义。法律要大力弘扬"以人为本"的价值理念和精神；充分提倡人的主体观念、权利意识；努力营造并唤

---

[1] 林毓生：《中国传统的创造性转化》，生活·读书·新知三联书店1998年版，第318—319页。

起公民身份感、责任感;坚持以尊重和保障人权、实现基本自由,建立和谐社会为法律发展目标。"以人为本"的法律发展模式强调人的尊严和自由应该是法治和法律发展的应有含义,这一方面要求法律必须正面肯定人的权利、人格、尊严、自由等价值;更为重要的是,"以人为本"要求法律必须提供"正派社会不羞辱人的"①价值理念。法律要坚决摒弃不把人当人的错误价值理念,如,将人当作物品,将人当作机器,将人当作动物等。其次,"以人为本"的法律发展模式是一套制度体系。该制度体系一方面为上述一系列的价值准则提供各项制度支撑;另一方面制度实践是法律精神价值的衡量标尺,通过法律制度的实践效果,不断完善"以人为本"的法律发展模式的价值体系。

2. 进一步推进国家民主化进程,充分发挥民众的力量

制度创新、法律发展到底应依赖谁的力量?是代表社会精英的政府还是最为普遍的人民大众?中国法学界有三种基本观点:第一,政府主导推进法律发展。此种观点强调仅依靠民众自发推进法律发展无法满足现实中国对法律的需要,必须借助一个能够充分行使公共职能的强大国家的存在,依靠一个现代化的、理性化的、法制化的政治架构来推动法治转型。但此种观点受到大量的理论责难,例如,哈耶克曾指出"文明于偶然之中获致的种种成就,实乃是人的行动的非意图的结果,而非一般人所想象的条理井然的智识或设计的产物"②;如果法律发展仅依赖于有计划的理性推进,这无疑是"通往奴役之路"。第二,民众主导推进法律发展。这种观点立足中国政治国家强大,市民社会弱小的现实,强调法律应尊重民众,保障人权;法律或政治架构应立足于提供更为开放的空间和广泛的途径,使人民大众能够充分发挥自己的

---

① 马格利特指出,一个正派社会应该是不羞辱人的社会。所谓"羞辱"是指"任何一种行为和条件,他使一个人有恰当的理由觉得自己的自尊心受到了伤害",其本质即是不把人当人,"羞辱把一个人从共同体中革除。使一个人失去了对自己生存的基本把持"。参见徐贲:《正派社会和不羞辱》,载《读书》2005年第1期。
② 转引自邓正来:《规则·秩序·无知》,生活·读书·新知三联书店2004年版,第74页。

创造力；法律的发展本身即包括积极推进国家民主化进程，切实实现人是自己和国家的主人的宪政目标。而国家在法律发展中起到的是外在的、消极的保障功能。第三，政府与民众双重推动。此观点主张政府与民众是不可人为地完全分割开来的，也不应是完全对立的。在法律发展上，既要注重精英政府的理性能力发挥，为社会供给正式的法律和制度，同时，也要肯定民众自发创造非正式法律制度对正式法律的接纳或消解的检测功能。这样，政府的法律只有通过了民众的检验才可能最终成为法律发展的内容；而民众的非正式制度也受到国家正式法律的约束。政府与民众的"非此即彼"的关系就转变为"彼此制约平衡"的关系。

科学发展观指导下的当代中国法律发展强调"人的全面发展"是法律发展的指导原则；"保证一代接一代地永续发展"是法律发展的前提性条件；"让发展的成果惠及全体人民"是法律发展的目的。这些都明确了当代中国法律发展的力量依赖应逐步从政府主导转向人民大众与政府双重推进的模式。"以人为本"的价值理念再次强调"我们切不可赞美民主的同时又鄙视、轻视中国民众以他们的实践所表现出来的创造力，不可高歌平等的同时又把中国人（包括古人）的实践智慧和理性视为糟粕"[①]。

【课后阅读文献】

1. 邵诚：《发展法理学的一点想法》，载《法律科学》1995 年第 3 期。
2. 马梦启：《建立马克思主义法理学的科学体系》，载《当代法学》1996 年第 4 期。
3. 张文显：《马克思主义法理学——理论、方法和前沿》，高等教育出版社 2003 年版。
4. 修义庭：《马克思主义法理学》，上海远东出版社 1993 年版。

---

① 苏力：《法治及其本土资源》，中国政法大学出版社 1996 年版，第 21 页。

第十八章 马克思主义法理学的产生和发展 ★

【思考题】

一、选择题

1. 标志着马克思主义法理学形成的论著是(   )。

   A.《评普鲁士最近的书报检查令》

   B.《黑格尔法哲学批判》

   C.《德意志意识形态》

   D.《共产党宣言》

2. 马克思在(   )中,第一次使用"无产阶级专政"概念。

   A.《1848 年至 1850 年的法兰西阶级斗争》

   B.《评普鲁士最近的书报检查令》

   C.《德意志意识形态》

   D.《黑格尔法哲学批判》

二、简答题

1. 简述《共产党宣言》中关于法的发展的基本论点。

2. 简述《共产党宣言》中关于法的本质的基本论点。

三、材料分析题

西塞罗认为:法律是植根于自然的、指挥应然行为并禁止相反行为的最高理性……这一理性,当它在人类的意识中牢固确定并完全展开后,就是法律。阿奎那认为:就法律的外部特征来说,它是人们行为的规范,具有强制力;就法的实质来讲,它是人类理性的体现。孟德斯鸠说:从最广泛的意义来说,法是由事物的性质产生出来的必然关系。在这个意义上,一切存在物都有它们的法。萨维尼认为,法既不是理性的产物,也不是人的意志的产物,法同民族语言一样有自己产生和发展的历史。法律是民族意识的有机产物,是自然而然逐渐形成的,法律起源于习惯,习惯是法律最初的不成熟的表现形式。

奥斯丁认为法律是主权者的一种命令,这种命令以制裁作为后盾。

《共产党宣言》在揭露资产阶级法的本质时写道:你们的观念本身是资产阶级的生产关系和所有制关系的产物,正像你们的法不过是被奉为法律的你们这个阶级的意志一样,而这种意志的内容是由你们这个阶级的物质生活条件来决定的。

问题:结合上述材料,论述马克思主义法理学的主要特征。

主要参考文献

1. 陈金钊:《法理学》,北京大学出版社 2002 年版。
2. 陈守一:《法学研究与法学教育论》,北京大学出版社 1996 年版。
3. 程燎原:《从法制到法治》,法律出版社 1999 年版。
4. 邓世豹:《授权立法的法理思考》,中国人民公安大学出版社 2002 年版。
5. 邓亚秋:《法律职业伦理学论纲》,重庆人民出版社 2001 年版。
6. 范进学:《法的观念与现代化》,山东大学出版社 2003 年版。
7. 房文翠:《法学教育价值研究》,北京大学出版社 2005 年版。
8. 付子堂:《马克思主义法律思想研究》,高等教育出版社 2005 年版。
9. 付子堂:《法理学初阶》,法律出版社 2005 年版。
10. 葛洪义:《法理学》,中国政法大学出版社 2002 年修订版。
11. 公丕祥:《法制现代化的理论逻辑》,中国政法大学出版社 1999 年版。
12. 郭成伟:《法学教育的现状与未来》,中国法制出版社 2000 年版。
13. 郭成伟:《外国法系精神》,中国政法大学出版社 2001 年版。
14. 郭道晖、李步云、郝铁川:《中国当代法学争鸣实录》,湖南人民出版社 1998 年版。
15. 韩秀桃:《司法独立与近代中国》,清华大学出版社 2003 年版。
16. 韩忠谟:《法学绪论》,中国政法大学出版社 2002 年版。
17. 郝铁川:《秩序与渐进:中国社会主义初级阶段依法治国研究报告》,法律出版社 2004 年版。
18. 何怀宏:《西方公民不服从的传统》,吉林人民出版社 2001 年版。
19. 何勤华:《西方法学史》,中国政法大学出版社 1996 年版。
20. 何勤华:《中国法学史》(第 1、2 卷),法律出版社 2000 年版。
21. 何勤华:《律学考》,商务印书馆 2004 年版。
22. 贺卫方:《具体法治》,法律出版社 2002 年版。
23. 贺卫方:《中国法律教育之路》,中国政法大学出版社 1997 年版。
24. 洪逊欣:《法理学》,台湾三民书局 1982 年版。
25. 胡玉鸿:《法学方法论导论》,山东人民出版社 2002 年版。

26. 黄建武:《法的实现:法的一种社会学分析》,中国人民大学出版社 1997 年版。
27. 黄文艺:《当代中国法律发展研究》,吉林大学出版社 2000 年版。
28. 霍宪丹:《当代法律人才培养模式研究》,中国政法大学出版社 2005 年版。
29. 季金华:《司法权威论》,山东人民出版社 2004 年版。
30. 季卫东:《法律程序的意义》,中国法制出版社 2004 年版。
31. 黎国智、马宝善主编:《行为法学在中国的崛起》,法律出版社 1993 年版。
32. 李步云:《法理探索》,湖南人民出版社 2003 年版。
33. 李步云:《走向法治》,湖南人民出版社 1998 年版。
34. 李步云:《中国法学——过去、现在与未来》,南京大学出版社 1988 年版。
35. 李达:《法理学大纲》,法律出版社 1983 年版。
36. 李贵连:《二十世纪的中国法学》,北京大学出版社 1998 年版。
37. 李林:《立法理论与制度》,中国法制出版社 2005 年版。
38. 李龙:《良法论》,武汉大学出版社 2001 年版。
39. 李龙:《依法治国方略实施问题研究》,武汉大学出版社 2002 年版。
40. 李振宇:《边缘法学探索》,中国检察出版社 2004 年版。
41. 梁晓俭:《凯尔森法律效力论研究》,山东人民出版社 2005 年版。
42. 刘金国、舒国滢主编:《法理学教科书》,中国政法大学出版社 1999 年版。
43. 刘旺洪:《法律意识论》,法律出版社 2001 年版。
44. 刘星:《法律是什么》,中国政法大学出版社 1998 年版。
45. 刘兆兴:《比较法学》,社会科学文献出版社 2004 年版。
46. 刘作翔:《法理学》,社会科学文献出版社 2005 年版。
47. 苗连营:《立法程序论》,中国检察出版社 2001 年版。
48. 戚渊:《论立法权》,中国法制出版社 2002 年版。
49. 钱穆:《中国思想通俗讲话》,生活·读书·新知三联书店 2002 年版。
50. 强世功:《法律人的城邦》,上海三联书店 2003 年版。
51. 沈同俊、刘同华:《司法职业道德》,中国政法大学出版社 1997 年版。
52. 沈宗灵:《现代西方法理学》,北京大学出版社 1996 年版。
53. 苏力:《道路通向城市——转型中国的法治》,法律出版社 2004 年版。
54. 苏力:《法治及其本土资源》,中国政法大学出版社 1996 年版。
55. 苏力:《送法下乡:中国基层司法制度研究》,中国政法大学出版社 2000 年版。

56. 苏力:《也许正在发生:转型中国的法学》,法律出版社 2004 年版。
57. 孙国华、朱景文主编:《法理学》,中国人民大学出版社 1999 年版。
58. 孙晓楼:《法律教育》,中国政法大学出版社 1997 年版。
59. 孙笑侠、夏立安主编:《法理学导论》,高等教育出版社 2004 年版。
60. 孙笑侠等:《法律人之治:法律职业的中国思考》,中国政法大学出版社 2005 年版。
61. 汤唯、孙季萍:《法律监督论纲》,北京大学出版社 2001 年版。
62. 王人博、程燎原:《法治论》,山东人民出版社 1989 年版。
63. 文正邦:《走向 21 世纪的中国法学》,重庆出版社 1993 年版。
64. 夏勇:《法治源流:东方与西方》,社会科学文献出版社 2004 年版。
65. 谢邦宇等:《行为法学》,法律出版社 1993 年版。
66. 谢政道:《法学绪论》,台湾扬智文化事业股份有限公司 2002 年版。
67. 徐亚文:《程序正义论》,山东人民出版社 2004 年版。
68. 许传玺:《中国社会转型时期的法律发展》,法律出版社 2004 年版。
69. 闫国智:《法理学》,山东大学出版社 2003 年版。
70. 杨鸿烈:《中国法律对东亚诸国之影响》,中国政法大学出版社 1999 年版。
71. 杨鸿烈:《中国法律思想史》,中国政法大学出版社 2004 年版。
72. 杨仁寿:《法学方法》,中国政法大学出版社 1999 年版。
73. 杨日然:《法理学论文集》,台湾月旦出版社股份有限公司 1997 年版。
74. 姚建宗:《法律与发展研究导论》,吉林大学出版社 1998 年版。
75. 于兆波:《立法决策论》,北京大学出版社 2005 年版。
76. 张根大:《法律效力论》,法律出版社 1991 年版。
77. 张冠梓:《论法的成长》,社会科学文献出版社 2000 年版。
78. 张恒山:《法理要论》,北京大学出版社 2002 年版。
79. 张乃根:《西方法哲学史纲》,中国政法大学出版社 2002 年版。
80. 张文显:《二十世纪西方法哲学思潮研究》,法律出版社 1996 年版。
81. 张文显:《司法改革报告:法律职业共同体研究》,法律出版社 2003 年版。
82. 张文显:《法理学》(第二版),高等教育出版社 2003 年版。
83. 张文显:《马克思主义法理学》,高等教育出版社 2003 年版。
84. 张志铭:《法律解释操作分析》,中国政法大学出版社 1999 年版。
85. 周长龄:《法律的起源》,中国人民公安大学出版社 1997 年版。
86. 周旺生:《立法论》,北京大学出版社 1994 年版。

87. 朱景文:《法理学研究(上册)、(下册)》,中国人民大学出版社2006年版。
88. 卓泽渊:《法治国家论》,法律出版社2003年版。
89. 〔澳〕维拉曼特:《法律导引》,张智仁、周伟文译,上海人民出版社2003年版。
90. 〔德〕茨威格特、克茨:《比较法总论》,潘汉典等译,法律出版社2003年版。
91. 〔德〕霍恩:《法律科学与法哲学导论》,罗莉译,法律出版社2005年版。
92. 〔德〕卡尔·拉伦茨:《法学方法论》,陈爱娥译,商务印书馆2003年版。
93. 〔德〕科殷:《法哲学》,林荣远译,华夏出版社2002年版。
94. 〔德〕魏德士:《法理学》,丁晓春、吴越译,法律出版社2003年版。
95. 〔俄〕拉扎列夫主编:《法与国家的一般理论》,王哲等译,法律出版社1999年版。
96. 〔法〕贡塔·托依布纳:《法律:一个自创生系统》,张骐译,北京大学出版社2004年版。
97. 〔法〕勒内·达维德:《当代主要法律体系》,漆竹生译,上海译文出版社1984年版。
98. 〔美〕贝勒斯:《法律的原则》,张文显译,中国大百科全书出版社1996年版。
99. 〔美〕博登海默:《法理学:法律哲学与法律方法》,邓正来译,中国政法大学出版社2001年版。
100. 〔美〕弗里德曼:《经济学语境下的法律规则》,杨欣欣译,法律出版社2004年版。
101. 〔美〕卡多佐:《司法过程的性质》,苏力译,商务印书馆2000年版。
102. 〔美〕罗伯特·斯蒂文斯:《法学院:19世纪50年代到20世纪80年代的美国法学教育》,阎亚文等译,中国政法大学出版社2003年版。
103. 〔美〕罗斯科·庞德:《普通法的精神》,夏登峻等译,法律出版社2001年版。
104. 〔美〕威格摩尔:《世界法系概览》(上、下),何勤华等译,上海人民出版社2004年版。
105. 〔日〕美浓部达吉:《法之本质》,林纪东译,台湾商务印书馆股份有限公司1998年版。
106. 〔日〕穗积陈重:《法律进化论》,黄尊三等译,中国政法大学出版社1997年版。
107. 〔意〕卡佩莱蒂:《比较法视野中的司法程序》,徐昕译,清华大学出版社

2005年版。
108. 〔英〕丹宁:《法律的正当程序》,李克强等译,法律出版社1999年版。
109. 〔英〕哈特:《法律的概念》,张文显等译,中国大百科全书出版社1996年版。
110. 〔英〕韦恩·莫里森:《法理学》,李桂林等译,武汉大学出版社2003年版。